現代中国地域研究叢書—— **2**

National Institutes for the Humanities
Contemporary Chinese Area Studies

「大国中国」の崩壊

マーシャル・ミッションからアジア冷戦へ

松村史紀
Fuminori Matsumura

keiso shobo

「現代中国地域研究叢書」刊行にあたって

　21世紀に入った今日，中国の巨大な変貌はなお現在進行形である。2000年にGDP1超ドルを超えた中国が，その10年後何と6兆ドル近くにも膨れ，世界第2位の経済大国に躍り出た。しかし，勢いはそれに止まらず，世界的に著名な経済学者・胡鞍鋼氏は2011年の『瞭望』第1号で，「中国は如何にして米国に追いつき，追い越すのか」と題する論文を掲載し，2020年にはGDPで米国を抜くという強気の見通しを発表した。

　海外からの直接投資は依然高水準をキープし，内陸部を中心に高速鉄道や高速道路，空輸など流通インフラの整備も急ピッチで進み，「世界の工場」としてのプレゼンスはさらに増大傾向にある。しかも，2008年夏のリーマン・ショックに端を発した世界金融危機以降，経済低迷が続く先進各国を尻目に，中国は着実に「世界の市場」としての実績をもあげるようになってきた。世界の超大国に君臨してきた米国も，低迷する経済に直面し人民元切り上げ，大幅貿易赤字の改善など中国との貿易不均衡是正を柱にせざるを得なくなっている。国内でも賛否の声はあるものの中国は，上記の胡鞍鋼論文の「米国に追いつく」という大戦略を現実的に着実に志向し始めているかのように見える。

　また中国イニシアティブの「地域統合」も漸進的に進んでいる。2010年のASEAN＋中国のFTAの実効に続き，2011年には中国・台湾のECFA（実質的な中台FTA）が実効に移された。あるいはロシアをはじめ中央アジア諸国，いわゆる上海協力機構（SCO）との経済連携も進展する気配にある。とくにエネルギー資源に関しては戦略的な重要性が高い。あるいは幾つかの国との間で人民元決済が進んでいるが，もしこうした人民元決済が国際的に広まっていくとするなら，中国を軸とした地域統合，いわゆる「人民元圏」の形成というという話も将来現実味を帯びてくる。

　中国の大国化はいうまでもなく経済に限られたことではない。軍事力の増強も極めて急ピッチで進んでいる。1990年より2009年まで公表の軍事費だけで

も前年比連続二桁台と信じられないほどの大幅増を続けてきた。これによって，ハイテク兵器・大量破壊兵器，長短距離ミサイルの拡充などに加え，原子力潜水艦の配備，航空母艦の建造など海軍力も飛躍的に増強されてきた。今や軍事力も米国に次ぐ世界第2位との評価がなされるようになっている。

それに伴い，2009年の初め頃から，中国外交は重要な変化を見せるようになってきた。具体的には，それまでの外交の基本姿勢はかつて冷戦崩壊直後に鄧小平が発した「韜光養晦」（目立つ行動を控え，力を醸成せよ）路線であった。しかし，今や「積極的に打って出る」（積極有所作為）外交路線に転じた。

しかしこうした「大国化現象」と並行して，経済・政治・社会・外交など各方面での摩擦・矛盾も拡大し深刻化している。経済的な貧富の格差，環境破壊，大気・水・土壌汚染の増大は，腐敗・汚職，抗議の声の圧殺などと絡み，今やそれ自体の問題であると同時に，政治・社会・教育上の不平等・不公正や秩序の不安定化に拍車をかけている。高速鉄道や地下鉄の大惨事も急成長のひずみである。抵抗作家・劉暁波のノーベル平和賞受賞をめぐる中国当局の介入圧力などが，国際社会からの痛烈な批判を呼び起こした。あるいは，南シナ海における東南アジア周辺諸国との摩擦，東シナ海における日本・韓国との摩擦などが顕在化してきた。しかし，それでも中国のプレゼンスは増大し，中国を抜きにして「世界の未来」は語れなくなっている。

では以上のようなダイナミックに変貌する中国をどのように理解すればよいのだろうか。まず，各専門領域での個別の問題について，しっかりした分析方法と詳細な資料・データの下に冷静で客観的な分析による判断が重要である。同時にこれらの個別研究を踏まえながら，それらをつなぎ合わせ，あるいは歴史学や文化人類学など別の角度からのアプローチを含めたトータルな中国を描き出していく必要がある。さらには，米国・日本・インド・欧州・アジア・アフリカといった他国・他地域との関係，国際社会における中国の存在や役割をめぐる分析なども求められるところである。

これらの研究をすべて個人的に試みることは疑いなく不可能である。しかも「現代」を扱う研究ということは，大量の情報の取得や組織的な本格的な調査も必要としている。したがって，それらを踏まえたしっかりとした調査・分析

による研究を進めるには，それなりの研究意欲が高く，調査・資料収集に熱心な比較的若い世代の本格的な人材育成が不可欠になる。研究とは，本人の知的関心・好奇心，鋭い問題意識を前提とすることは言うまでもない。が，さらには本人の強い忍耐力，それをサポートする優れた研究環境が必要となってくる。

　大学共同利用機関法人・人間文化研究機構（NIHU）現代中国地域研究拠点形成プログラムの重要な活動の1つは，まさにこうした人材育成にある。われわれの世代が，先の世代の研究者，先生方に育てられたように，いな上記のような中国を取り巻く状況を鑑みればそれ以上に，次世代の人材を育てていく使命を背負わされているといって過言ではない。しかしこれまでのところ，われわれの世代がそうした使命に十分に応えられていたかどうか，率直なところ私には胸を張れる自信はない。

　本叢書刊行の意図は，まさに次世代の現代中国研究者育成の一環である。学術的な出版事情の厳しい中，われわれは優れた資質を持つ次世代研究者たちの支援に可能な限り本腰を入れて取り組まなければならない。もちろん，こうした試みに対して次世代研究者達も自らを奮い立たせ，苦しい研究環境にも立ち向かい，より優れた研究者になるべく切磋琢磨してほしいと願う。

　こうした相乗効果を生み出すことができることを強く希望しながら，本叢書の刊行を継続し発展させ，優れた現代中国研究者がこうした活動の中で輩出されることを強く希望する。

　2011年秋

NIHU 現代中国地域研究
早稲田大学幹事拠点代表

天児　慧

目　　次

「現代中国地域研究叢書」刊行にあたって　　天児　慧

序章　「大国中国」の崩壊 ……………………………………………… 3

1. 2つの経験　3
2. 研究対象のフォーカス　6
3. アジアにおける冷戦の形成　8
   - (1)　冷戦史研究のいま　8
   - (2)　米中対立の構造化　10
   - (3)　局地的な米ソ対立　13
   - (4)　米国からみたアジア冷戦　15
   - (5)　中国革命からみたアジア冷戦　16
4. 戦後米国と「大国中国」の崩壊　18
   - (1)　マーシャル・ミッション研究　18
   - (2)　3つの設問　21
   - (3)　戦後史と冷戦史　23
5. 本書の特徴　24
   - (1)　研究方法　24
   - (2)　構成　27

第1部　米国のアジア・中国政策（1940年代）

第1章　米国の戦後アジア地域秩序構想と中国 ……………………… 31

1. 2つの構想　31
2. 第一期：「中国大国化」構想の起源　33
3. 第二期　34

vi　　　　　　　　　　　目　　次

　　(1)　役割の変化　34
　　(2)　「大国中国」の崩壊へ　38
　4.　第三期　40
　　(1)　中国政策をめぐる論争　40
　　(2)　変化の胎動　42
　　(3)　「封じ込め」の構想　44
　5.　第四期　47
　　(1)　国務省にとっての防衛線　47
　　(2)　強硬的な防衛線　50
　　(3)　防衛線の展開　52
　　(4)　2つの路線　53

第2章　米国と「中国の統一」……………………………………………56

　1.　米国にとっての「中国の統一」　56
　2.　第一期：問題の起源　58
　3.　第二期前半：3つの立場　59
　　(1)　国民政府の多元化　59
　　(2)　米ソ対立と国共対立　62
　　(3)　ハーレイの構想　64
　　(4)　国共調停の始動　66
　4.　第二期後半：「中国の統一」をめぐる問題　68
　　(1)　問題の顕在化　68
　　(2)　優先順位をめぐる論争　70
　　(3)　並存する方針　72
　5.　第三・四：問題の終焉　74
　　(1)　抑制的な関与　74
　　(2)　国府への全面支援　76
　　(3)　新しい勢力への対応　78

目　次　vii

第2部　マーシャル・ミッションの展開

第3章　戦後中国とソ連 ……………………………………………… 83
1. 終戦から内戦へ　83
2. 平和な国家建設をめざして　86
   (1) 重慶から政協へ　86
   (2) 政協路線の瓦解へ　90
3. 中国内戦とソ連　94
   (1) 戦後中国のなかのソ連　94
   (2) 最初の争奪戦（1945年8月〜11月中旬）　98
   (3) 「戦利品」をめぐる交渉（1945年11月中旬〜1946年2月）　103
   (4) ソ連軍撤退と東北情勢（1946年3月以降）　108

第4章　マーシャル・ミッションの任務決定過程 ……………… 117
1. マーシャル・ミッションの概観　117
   (1) 人物像　117
   (2) 全行程の概観　119
   (3) 政策決定の特徴　120
2. それぞれの「中国の統一」　124
   (1) 政府内の決定過程　124
   (2) 国務省の原案　126
   (3) 陸軍省の修正案　128
3. マーシャルの任務決定　130
   (1) 3つの決定　130
   (2) 華北方針をめぐる論争　132
4. マーシャルと「中国の統一」　134

第5章　「停戦協定」の成立 ………………………………………… 138
1. 「例外」をめぐる問題　138

2. 3つの「停戦」案　141
　(1)　米国にとっての「例外」　141
　(2)　無条件の進軍　142
　(3)　解放区の堅持　143
　(4)　最初からの合意　145
3. 「例外」規定をめぐる論争　146
　(1)　東北地域　146
　(2)　熱河，チャハル　147
　(3)　「例外の内容」をめぐる論争　152
4. 「停戦協定」の成立　154

第6章　連合政府構想の展開 ……………………………………… 158
1. 限定的関与　158
2. 政治交渉への関与　161
3. 停戦のための調停　166
　(1)　「中国本土」の停戦　166
　(2)　漢口と広東の停戦調停　169
4. 調停の早期終了　172
5. 限定的関与の変容　175
　(1)　「限定」の解除へ　175
　(2)　停戦という立脚点　179

第7章　東北方針の展開 ……………………………………………… 181
1. マーシャルの東北方針　181
　(1)　政策の変遷　181
　(2)　接収の最優先　183
　(3)　中共の交渉戦略　188
2. 米国の情勢認識　191
　(1)　証拠に乏しい推測　191
　(2)　脅威の増幅　192

目　次　　　　ix

　3.　東北方針の変容過程　197
　　(1)　原則の堅持　197
　　(2)　停戦と国府接収の並存　201
　　(3)　初めての回答　205
　4.　東北方針の終焉へ　211

第8章　国共調停の終焉過程 ………………………………… 213
　1.　最後の調停　213
　2.　戦場を背景にした交渉　215
　　(1)　国府の交渉戦略　215
　　(2)　中共の交渉戦略　221
　3.　内戦下の政策目標　227
　　(1)　米国からみた国共　227
　　(2)　中国分断の警戒　231
　　(3)　連合政府の樹立　234
　4.　調停方法の喪失　237
　　(1)　停戦を基礎にした調停　237
　　(2)　2つの準備　241
　　(3)　停戦を前提にしない調停　245
　　(4)　委譲から終焉へ　249
　5.　連合政府構想の瓦解へ　253
　　(1)　影響力の喪失　253
　　(2)　目標と方法の乖離　257

第9章　「中国喪失」をめぐる論争 ……………………………… 259
　1.　『中国白書』の発表　259
　2.　マッカーシズムの展開　262
　　(1)　最初の騒動　262
　　(2)　マッカーサー解任を受けて　263
　　(3)　中国政策への非難　264

3. 「中国喪失」をめぐって 269

終章　マーシャル・ミッションからアジア冷戦へ‥‥‥‥‥‥‥‥ 273
  1. 戦後米国と「大国中国」の崩壊 273
  2. 戦後米国の中国政策 276
   (1) 「中国大国化」構想の脆弱性 276
   (2) 中国内戦の意味 277
  3. アジアの戦後史 281

参考文献‥‥‥‥‥‥‥‥‥‥‥‥‥‥‥‥‥‥‥‥‥‥‥‥‥‥‥‥‥‥ 285
あとがき‥‥‥‥‥‥‥‥‥‥‥‥‥‥‥‥‥‥‥‥‥‥‥‥‥‥‥‥‥‥ 307
人名索引‥‥‥‥‥‥‥‥‥‥‥‥‥‥‥‥‥‥‥‥‥‥‥‥‥‥‥‥‥‥ 311
事項索引‥‥‥‥‥‥‥‥‥‥‥‥‥‥‥‥‥‥‥‥‥‥‥‥‥‥‥‥‥‥ 314

「大国中国」の崩壊
——マーシャル・ミッションからアジア冷戦へ——

序章　「大国中国」の崩壊

1. 2つの経験

　いま，アジア地域は大きな変動のなかにあるようにみえる[1]。冷戦が終焉してから，この地域の経済的相互依存はこれまで以上に進展してきた。またアジア太平洋経済協力会議（APEC）やASEAN地域フォーラム（ARF）などの地域協力がすすめられ，かなり断続的ではあるが，米国，日本，中国，韓国，北朝鮮，ロシアが参画する6者協議も行われてきた[2]。そして2010年，これまで飛躍的な経済成長を続けてきた中国がいよいよGDP総額で世界第2位の地位にのぼりつめた。これとは対照的に経済的停滞に悩まされてきた日本は，依然経済大国ではあるものの，GDP総額で世界第3位へと移行した。

　これだけみれば大きな変化が生まれているこの地域にも，冷戦の遺物だけはいまも根づよく生き残っている。中国大陸と台湾，そして韓国と北朝鮮はそれぞれ分断状態におかれたままであるし，さらに米国は同盟国である日本や韓国に軍事プレゼンスをおき続けている。冷戦が終焉したことで，こうした勢力配置の存在意義に少なからず変化があったことは確かである。例えば，日米同盟は1990年代後半，地域的あるいはグローバルな安全保障に取り組むことを

---

1)　本書で「アジア」という場合，日本，中国，台湾，韓国，北朝鮮という極東を中心にしながらも太平洋，米国，ロシア（あるいは旧ソ連），そして東南アジアへと広がる地域を想定している。一般に，「東アジア」と表記される地域とほぼ同一であるが，便宜上，本書では主に「アジア」という表記を用いる。利用する資料の原文に「東アジア」という表記がある場合は，原文の用法を優先する。

2)　1990年代から21世紀初頭における東アジアの地域情勢の変容を体系的に論じたものとして，以下を参照。田中明彦（2001：39-72）。また冷戦後の東アジアにおける地域協力についての理論的考察は，例えば李鍾元（2004：1-10）を参照。

「新たな役割」として掲げ，冷戦期とは異なる意味を与えられている[3]。ところが，中台・南北朝鮮の分断や米国を中心にして形成された同盟システムなど冷戦期につくられた勢力配置それ自体は，完全にそのすがたを消滅させることなく，いまもなお生き残っている[4]。このような勢力配置の起点は，一体どこにあるのだろうか。

　国際政治の原点に立ち返って，この問題を考えてみたい。近代以降，国際政治は大きな戦争の後，戦勝国の大国を中心にして平和な秩序が構想されてきた。その構想は主に2つの柱から構成されていた。1つは戦勝国を中心にして大国間に協調を成り立たせるというものであり，もう1つは戦勝国が敗戦国を処理するというものである[5]。したがって，戦後の平和構想というとき，それは戦勝者の理想をかたちにしたものに近い。少なくとも20世紀の前半までは，この平和が次の戦争によって崩されてしまうことになった。カー（Edward H. Carr）の優れた表現を借りれば，「理想は制度に統合されたとたん理想ではなくなり，独りよがりの利益を表現することになるが，それはまた新たな理想によって打ち壊されねばならない」ものだということになる[6]。その上，20世紀前半には戦争が「勝敗のつくまで戦われ，敗者は何らの権利も持たない」[7]という状況にまで至り，戦後世界においては勝者が圧倒的な力を背景にして，自らの理念を平和構想として表現することになった。

　では，現代アジア地域の国際政治を基礎づけた大きな戦争とは，どのようなものだっただろうか。さまざまなものを列挙することはできるだろうが，なかでも2つの経験がこの地域に与えた意味は大きい。1つは第二次世界大戦である。これによってこの地域にも勝者と敗者が生まれた。さらに，かつての「帝国」は崩壊あるいは衰退し始め，これと並行するようにして植民地地域が次々に独立していった。もう1つの経験は冷戦である。これがこの地域に東西の分断をもたらした[8]。冷戦のさなか，米国がつくり上げた同盟システムは，その

---

3)　冷戦終結後の日米同盟の「新しい役割」は，伊藤（2004：11-23）を参照。

4)　以上の見取り図については，白石（2001：第6章），Ikenberry（2008：19-37）を参照。

5)　本章の議論と必ずしも一致しない点もあるが，戦争と戦後の平和秩序の設計に関しては，藤原（1998a：26-60），Ikenberry（2001）を参照。

6)　Carr（[1939] 1964：94; 邦訳 [1996] 1998：183）。訳文は，引用者が大幅に修正した。

7)　カー（[1952] 2006：42）。

序章 「大国中国」の崩壊　　5

存在意義が大きく変化してはいるが，いまなお健在である。以上，2つの経験
はそれぞれに異なる特徴をもってはいるが，互いに結びつくことになった[9]。
そのプロセスをたどってみよう。

　まず，第二次大戦はこの地域に勝者と敗者を生んだ。このとき勝者は戦後の
平和秩序を構想した。この構想を支えていたのは，やはり2つの柱である。1
つは戦勝国（連合国）の大国を中心にした協調，もう1つは戦勝国による敗戦
国（敵国）の処理である。このような構想は戦時中から戦後にかけて，各条
約・宣言・演説のなかでさまざまに表現された。その全体像は例えば，1946
年1月14日，トルーマン（Harry S. Truman）米国大統領が連邦議会にあてた
年頭教書のなかで，次のように表現されている。

　　1945年，我々の敵が最終的に敗北した。現在，我々の眼前にあるのは公
　正で恒久的な平和を打ち立てる仕事である。その目的達成のために最も緊要
　な任務は，敵国が再び戦争を起こさないよう彼らから完全に，永久に力を奪
　うことである。国際平和の維持にとって更に重要なことは国際連合という戦
　時の合意を保持しながらそれを平和のために役立てていくことである。……
　　極東における我々の基本政策は，強い，独立した，統一された民主的中国
　の発展を促すことである。これは米国の伝統的政策である[10]。

　ここでは，戦勝国による敵国の処理と連合国の大国間協調がそれぞれ想定さ
れている。アジア地域において，前者にあたるものは連合国（主に米国）によ
る日本占領，後者として想定されていたのは戦時中に生まれた「中国大国化」
構想であっただろう[11]。

　ところが戦後中国に内戦が起こったことで，「大国中国」の成立をめざす構

---

8)　上記2つの戦争の経験を含めたグローバルヒストリーとして，Reynolds（2000）を参照。
9)　以上の点については，松村（2010b：7-26）でもう少し詳細に論じている。
10)　The State of the Union (The President's Message to the Congress), (US-Bulletin 1946, vol. XIV,
　　no. 344: 136, 139).
11)　Tang (1963: chs. 2-3; 邦訳 1967：第2-3章)．「大国中国」の成立に期待する米国政府の一連の
　　政策は，一般に「中国大国化」構想と呼ばれるが，この用語が定着することになったのは，おそ
　　らくタンの研究成果によるところが大きい。

想は大きく崩れてしまう。これによって，戦勝国を中心にした大国間協調が成り立たなくなっていく。このプロセスと並行するようにして，米国の日本占領政策もまた大きく転換していった[12]。

こうして第二次大戦後の平和構想はみるみるうちに瓦解していったが，その核心部分——戦勝国と敗戦国の区分——だけはどうにか生き残り，冷戦の東西対立と結びついていった。例えば，日本では戦後生まれの平和憲法と冷戦下に生まれた日米安全保障条約（以下，日米安保）は共存してきたし[13]，朝鮮半島では第二次大戦後ようやく植民地から独立したにもかかわらず，冷戦の進展とともに南北分断という状況がそれに重なった。戦後中国は国際連合のなかで大国という地位を得ながらも，冷戦のなかで中台分断という情勢におかれることになった。だから「第二次大戦中の『大同盟』の崩壊過程が「冷戦」の醸成過程であった」[14]といえるだろうし，この2つの大きな戦争の経験はいびつに結びついていった[15]。

2. 研究対象のフォーカス

この2つの経験が結びついて現在のアジア地域が形づくられているとすれば，その結節点を追いかけることが，現代の起点をたどることにつながるだろう。その史的プロセスはさまざまに考察することができるだろうが，研究対象としてはあまりに広い。そこで本書では，戦勝国を中心にした大国間協調の構想が崩壊していくプロセスを扱うことにしたい。なかでも戦後米国が「大国中国」の成立をめざしながら，やがて中国内戦によってその試みが瓦解していくまでの史的過程に研究対象をフォーカスする。この過程が最も顕著に現れたのは，1945年12月から1947年1月までマーシャル（George C. Marshall）がすすめた国民党と中国共産党（以下，中共）との調停活動である。この一連の調停は一般にマーシャル・ミッション（Marshall Mission）と呼ばれている。

---

12) 占領政策の転換については，以下を参照。五十嵐（1995），Schaller（1985; 邦訳 1996）。
13) 添谷（2005）参照。
14) 石井修（2002：154）。第二次大戦中の連合国が戦後対立し，冷戦に至る過程については，Gaddis（2005: ch.1）も参照。
15) この全体像については，松村（2010b：7-26）を参照。

序章 「大国中国」の崩壊　　　　7

　これは中国情勢がきわめて大きく変動した時期にあたる。1945年末から国共両者は政治・軍事上の合意事項を次々に達成していき，戦後中国で平和な国家建設がいよいよ始まると予測したものもいた。ところが，翌年3月，中国東北にいたソ連軍が撤退すると，当該地域をめぐる国共両者の軍事衝突は激化し，夏までにその衝突は華北へ波及していく。結局，マーシャルは拡大する内戦を前にして調停を終え，帰国することになった。

　本書の主題は，マーシャル・ミッションを通して，戦後アジアの国際政治史を考えることにある。では，このマーシャル・ミッションはこれまでどのように研究されてきたのだろうか。その研究内容を詳しく検討する前に，代表的な研究を列挙してみよう。米中関係に関する研究は膨大な量にのぼるが，そのうちマーシャル・ミッションを扱った研究を中心にみておこう。まず，1960年代後半に米国政府の公文書が大量に公開される以前，ファイス（Herbert Feis），タン（Tan Tsou），クベック（Anthony Kubek）がそれぞれ研究書を発表している[16]。次に，1970年代以降，米国政府の関連資料の公開がすすむなかで，入江昭，バーグ（Paul A. Varg），リーバイン（Steven I. Levine），コーエン（Warren I. Cohen）の研究が登場する[17]。またボーグ（Dorothy Borg）ら，ハーディング（Harry Harding）らがそれぞれ編集した研究書にもマーシャル調停についての論考が収められている[18]。さらに，1980年代後半から1990年代にかけて，米国の資料に限定されず，国民党，中共，さらには旧ソ連の資料も利用した研究が増えていく。ウェスタッド（Odd Arne Westad），王成勉（Wang Chen-mian［台湾］），牛軍，資中筠（中国大陸）の研究が最も代表的であるだろう[19]。1998年には世界各国の研究者がマーシャル・ミッションに関する1冊の研究書をまとめている。この書籍には，米国，中国（国共），ソ連にとってマーシャル調停が何であったかを論じた研究が多数収められているが，調停の全体像を体系的に理解できるような編集にはなっていない。ただし，総合的なマーシャル・ミッション研究はその後発表されていないため，現在もなお高い

16）　Feis (1953); Tang (1963; 邦訳 1967); Kubek (1963).

17）　Iriye (1974); Varg (1973); Levine (1979：349-375); Idem (1987); Cohen (2000). なお，コーエンの作品は，第1版が1971年に出版されている。

18）　Borg and Heinrichs, eds.(1980); Harding and Yuan, eds.(1989).

19）　Westad (1993); Wang (1991：349-372); 王成勉編（1992); 牛軍（1992b); 資（1987)。

水準の研究書であることに違いはない[20]。近年になっても，マーシャル・ミッションを含めた戦後米中関係を扱う研究書は発表されてはいる[21]。

　以上，ここで取り上げた研究は，マーシャル・ミッションをさまざまに解釈してきたが，彼らの議論の全体像を示すためにも，大きな枠組みから先行研究を捉えなおすことはできないだろうか。多くの論者は明示的にせよ，暗示的にせよ，「アジアにおいて冷戦がどのように形成されたのか」という問題を背景にして，議論を組み立てている。そこで冷戦史研究を整理しながら，先行研究を批判的に検討することにしたい。

3. アジアにおける冷戦の形成

(1) 冷戦史研究のいま

　冷戦史についての研究成果はこれまで膨大な数にのぼる。それだけに「冷戦」が意味するところは，論者によって少なからず異なっている。ここでは，多くの研究のなかで最大公約数になっているような特徴を整理するにとどめたい。第二次大戦の後に生まれ，1990年前後に終わった「冷戦」には，主に4つの特徴があったと考えられる。第1に，米国とソ連という二超大国が国際政治のなかで圧倒的優位に立ち，勢力範囲をめぐる争いや軍備拡張など権力政治闘争を繰り広げた。そこから米ソが中心となる東西両陣営がつくられていく。第2に，両者の争いはこれにとどまらず，政治経済体制の正当性をめぐるイデオロギー対立（自由主義，資本主義対共産主義，社会主義）と結びつくものだった。第3に，核兵器が登場したことで，局地戦争は存在しても世界戦争には至らないという状況が生まれた。以上，3つの特徴が重なり合って，第4の特徴を導くことになった。つまり米ソを中心とする敵対関係が，かつて植民地であった地域の脱植民地化運動と連動していくことになったのである。この「第三世界」をめぐる米ソ対立は，ときに深刻な内戦，（超）大国による軍事介入などを引き起こした[22]。

20）　Bland (1998).

21）　代表的なものを挙げておく。Lutze (2007); Qing (2007); 陶 (2004：上); 関 (2010)。

22）　以上の特質は主に，高橋進 (1989：86-90); 山極 (1994：5-10); Westad (2005) を参照した。

序章 「大国中国」の崩壊　　9

　本書では，米ソが中心となってイデオロギー対決，軍事的対峙，政治的緊張を西側，東側陣営にそれぞれ押し広げていく過程を「冷戦の構造化」として捉えたい。具体的には，米ソを中心とした同盟関係の形成，ある地域諸勢力に対する軍事・政治・経済的支援を通じた間接的介入，直接的介入，さらに軍拡競争などがここに含まれる[23]。

　さて，冷戦の終焉とともに，旧東側陣営諸国から公文書をはじめとする大量の資料が公開・出版された。このような「新しい」資料を利用しながら，過去のものとなった冷戦を再考することが，冷戦史研究を勢いづけることになった。その研究動向は，簡単に整理すれば，次のような特徴をもっている[24]。第1に，マルチ・アーカイバルな研究である。特に旧東側陣営の資料を利用することで，冷戦期には米国外交史から眺めることが主流となっていた冷戦史を再検討しようという試みである[25]。第2に，このような特徴の帰結として，冷戦史に登場するアクターを増やそうとする試みがなされた。米国，ソ連にとどまらず，新資料が公開された国家，地域の役割を再評価しようとするものである[26]。第3は，冷戦に登場するアクターの選好をどのように理解するかという問題である。これはアクターが一国の安全保障に基づいて行動するのか，あるいはイデオロギーなど普遍的な原理に基づいて行動するのかという，古くて新しい論争である。1970年代後半には，米国外交史の研究を中心にして前者に重点をおく研究が登場した。しかし，冷戦が終わってからは，後者の役割を強調する研究が増えた。新資料を解読するなかで，旧東側陣営の政策決定が意外なほどにイデオロギーから影響を受けていたと分析する論者が現れたためである[27]。第4は，扱うイシューの拡大である。軍事，政治，経済といった領

23）これは鴨が整理した「冷戦の構造化」という概念に依拠した（鴨 1994：13-72）。当然のことながら，「構造化」は米ソが主導的にすすめることもあれば，現地政府からの要求に沿ってすすめられることもある。その典型例は，戦後西欧諸国による米「帝国の招聘」である（Lundestad 1986：263-277）。

24）以下を参考にした。Westad（2000c：1-23）；田中孝彦（2001：523-547）；同（2003：1-8）。なお，このような趨勢を反映した最新かつ大型の成果として，Leffler and Westad eds.（2010：vol. I-III）がある。

25）例えば，以下が挙げられる。Mastny（1996）；Zubok and Pleshakov（1996）；Westad, ed.（1998a）；Tucker（1997：273-281）；下斗米（2004）；同（2006）；張盛発（2000）。

26）Westad（2005）は代表的な成果である。その他，例えば中国の役割を再評価しようとする研究については，Idem（2003）；牛軍（2002：84-103）；陳兼（2002：52-61）がある。

域にとどまらず，社会や文化を取り込んで，総合的に冷戦を理解しようという試みである[28]。いずれも，歴史を分析する方法としては目新しいものではないものの，「新しさ」がことさらに強調されることになった。

(2) 米中対立の構造化

では，アジアにおける冷戦の形成について，これまでどのような議論があったのだろうか。ここで，従来の研究を大きく2つに分類してみたい[29]。

第1は，「米中対立の構造化」というイメージである（以下，第一イメージ）。これは，米ソ冷戦が構造化していくイメージを米中関係に投影したような見方である。つまり米国と東側陣営に帰属する中国が中心となり，イデオロギー的対立，軍事的対峙，政治的緊張がアジア地域に押し広げられていく過程とでもいうべきものを想定した議論である。この過程は多くの場合，「アジア冷戦」あるいは「東アジア冷戦」と呼ばれている。

この第一イメージは通説に近い議論であり，ここに多くの研究成果を挙げることができる[30]。彼らの議論には，主に3つの特徴がある。第1に，分析の中心はあくまでも（超）大国である。まず米国とソ連（ときに英国）を考察の中心におき，中華人民共和国成立後には，米中両国の対立を分析の主軸にすえることになる。第2に，国家の対外行動を分析するとき，おしなべてイデオロギーよりは一国の安全保障に重点がおかれる。第3に，1949〜1950年頃までアジアにおいて冷戦は展開されていなかったと考える。中華人民共和国が成立

---

27) 前者を強調するものとしては，Yergin (1978) など。後者を重視する研究としては，Westad (2000a：551-565); Westad (2005); Leffler (2000：46-63); Gaddis (2005); 陳兼 (2002：52-61) など。

28) このような研究としては，例えば以下が挙げられる。Reynolds (2000); Westad (2005); 田中孝彦 (2001：523-547)。近年のものとして，Qing (2007)。

29) マクマンはアジア冷戦の各イシュー（米中関係，米韓関係，米日関係などで論争となっている諸問題）について研究動向を要領よく整理した数少ない成果の1つである。しかし「アジアにおける冷戦の形成」という点から研究動向を整理しているわけではない。McMahon (1988：307-327)。なお，菅（[1992] 1997：序章）では，米ソ冷戦の起源論一般，米国のアジア政策という文脈で先行研究が整理されている。

30) Iriye (1974); Gaddis (1987：ch.4); Idem (1997：ch.3); Yahuda (1996); Zhao (1997); Blum (1982); Cohen (1980：13-52); Hunt (1980：185-233); Heinrichs (1980：281-292); Tucker (1983); Graebner (1984); Levine (1987); Nagai (1977：15-42); Lee (1995); 神谷 (1977); 小此木 (1986); 藤原 (1992：327-361); 林利民 (1998：130-136)。

し，中ソ友好同盟相互援助条約が結ばれ，そして朝鮮戦争が勃発したことで冷戦がヨーロッパからアジアへと波及していったと議論するからである。第一イメージにとって，この第3の点が最も特徴的である。

このような研究を代表するものとして，入江昭の議論を挙げることができる。彼は「ヤルタシステム」という概念から考察をすすめる。ヤルタシステムとは，1945年2月のヤルタ会談で合意された内容を基礎に形成された国際関係の枠組みのことであり，主に2つのレベルから構成されている。第1は，パワー・ポリティクス（権力政治）のレベルである。このレベルにおいては，米英ソは地政学的思考をもとにして勢力範囲を確定し，勢力均衡を維持しようとする。第2のレベルは，政策決定者の認識である。米ソ関係を協調的とみなすか，敵対的とみなすかが重要な問題となる。政策決定者がそれを敵対的だとみなす場合，入江はその認識を冷戦的認識と理解する[31]。

彼はこのような枠組みを組み立てた上で，アジアにおいては朝鮮戦争が起こるまでヤルタシステムが維持されていたと考察する。戦後，主に米ソがこの地域において勢力範囲を二分してきた。米国が太平洋，とりわけ日本において支配的パワーを得たのに対して，ソ連が北東アジア（中国東北，樺太，千島など）で優越的パワーを保持していたからである。当初，中国は米ソいずれの勢力範囲にも属さない，いわばグレーゾーンにあった。1950年になると，中華人民共和国はソ連と「中ソ友好同盟相互援助条約」を締結し，ソ連の勢力範囲に入ることになった。ここでヤルタシステムは一部修正を余儀なくされるが，米ソは朝鮮戦争まで基本的に自らの勢力範囲を越えないでパワーの強化に努めたとされる。一方，政策決定者の認識レベルでは，もっと早くから変化が生まれていた。米ソが相互にイデオロギー対立を激化させ，冷戦的認識をもつようになるのは1946年以降だという。ところが権力政治のレベルにおいて，すぐに大きな変容は起こらず，朝鮮戦争が勃発して初めて米ソはヤルタに変わる新秩序を模索し，自らの勢力範囲を超えたパワーを追求していったとされる。休戦後，米ソ対立よりもむしろ米中対立が顕在化していった。そのとき，ヤルタシステムとは異なる「サンフランシスコシステム」が生まれ，米国・日本がソ連・中

---

31) Iriye (1974 : chs. 3-4).

華人民共和国と対峙するという状況が訪れた[32]。

　以上が入江の議論であるが，実はアジアにおいていつ冷戦が開始したのかという点について，彼は明示していない。権力政治のレベルと政策決定者の認識レベルで変化が生じ始める時期に差異があることがアジアにおける冷戦形成の特徴であるという点を述べているにすぎない[33]。ただし，彼の分析によれば「ヤルタシステム」が朝鮮戦争直前まで維持されたことになるため，この議論を受け入れる論者の多くはアジアにおける冷戦の形成を朝鮮戦争期，あるいはその休戦後であると主張している[34]。

　第一イメージに属する研究のなかでも，「アジア冷戦が形成される時期」については，さらに2つの見方がある。1つは，その時期を朝鮮戦争勃発に求める見方である。彼らは，1949年から1950年6月までの米国のアジア政策の特徴が，基本的にアチソン（Dean G. Acheson）国務長官の政策路線にあったと理解している。アチソンの路線には2つの特徴がある。1つは中共とソ連との離反を促進して，中共への外交的接近を試みるというものであり，もう1つは西太平洋の島嶼地域に封じ込め線を引くという戦略である（第1章を参照）。このうち前者の戦略を評価した上で，当時米国には中共との敵対を避け，さらに外交関係を樹立できる見込みがあったと論じるのが「機会喪失論」である[35]。ギャディス（John L. Gaddis）は「機会喪失論」を否定するが，アチソンの封じ込め戦略を評価し，それが当時の米政府内のコンセンサスを形成していたと分析する[36]。いずれにしても彼らは，朝鮮戦争を契機にアチソン路線が破綻し，米中対立が構造化していったのだと議論する。

　もう1つの見方は，1949年後半，アジアに対する封じ込め政策をめぐって

---

32)　Ibid (chs. 3-5).

33)　Ibid (chs. 4-5).

34)　Yahuda (1996); Zhao (1997); Tucker (1983).

35)　「機会喪失論」を議論する研究としては，Cohen (1980：13-52); Tucker (1983); 曹 (1998：84-88) が挙げられる。また，1949年6月まで中共が米国と外交関係を樹立する可能性があったとする議論は以下である。Hunt (1980：185-233); Idem (1996)。なお，部分的に「機会喪失論」を支持し，当時米国，中共ともに外交関係の構築を望んでいたと結論づけたものとして，Murray (1995b) がある。「機会喪失論」をめぐる論争状況の特徴，詳細に関しては，加藤 (2001：32-34) を参照。

36)　Gaddis (1987：ch. 4); Idem (1997：ch. 3). その他，同様の見解をとる研究としては，林利民 (1998：130-136) が挙げられる。

米国政府のなかに2つの路線対立があったと考える。1つは上記のアチソン路線，もう1つは軍部や中国ロビーなどの政策路線である。後者は中華人民共和国に対して強硬路線をとり，台湾を含めて中国大陸の周辺を封じ込めるよう提言していた。このような路線が朝鮮戦争以後に全面化していったと分析するのが，この見方の特徴である。彼らは朝鮮戦争以前の米国の政策をアチソン路線に還元せずに，米国のアジア政策に朝鮮戦争の前と後で継続性があったと強調するのである[37]。

第一イメージのなかにもこのような論争点はあるものの，全体としては米中対立が構造化していく過程を「アジア冷戦」の形成過程とみなす点では一致している。

(3) 局地的な米ソ対立

このような第一イメージと異なるのが，第2の「局地的な米ソ対立」という理解である（以下，第二イメージ）。これは，アジアにおいてすでに終戦直後から米ソの政治・軍事的対立が存在したという見方である。こうした議論には，大きく3つの特徴がある。

第1に，米ソばかりでなく両国それぞれと協力・連帯関係にあるアジア地域の諸勢力についても，その役割を重視し，分析の対象とする。こうした分析を支えているのが新資料の利用である。冷戦期には利用できなかった中国共産党など旧東側陣営諸国の刊行資料・公文書を使うことで，その役割を再考しようというのである。

第2に，こうしたアクターの対外行動を考察するとき，イデオロギーや信条の役割に重点をおき，政策決定者の認識から当時の情勢を描くことが多い。そして第3に，1946年前後の時期にアジアの局地（一部の地域）で米ソ対立が生まれ，その対立がアジア諸国内の対立と連動していたと評価する[38]。「冷戦」の特徴を最大限に引き出せるような「局地」に分析の焦点を絞るのである。

---

37) Nagai (1977：15-42); Heinrichs (1980：281-292); Blum (1982). なお，小此木は米国政府が「不後退防衛線」を引きながらも朝鮮に対しては非軍事的封じ込めを1947,1948年から継続させていたとする（小此木 1986）。

38) 第二イメージを論じる当事者たちは自らの議論が一部の「局地」に焦点を当てていることに無自覚であるか，あるいは明示的に議論していない。

その最も典型的な研究として，ウェスタッドの業績を挙げることができる。彼は，1946年春，中国東北において生まれた国共内戦と米ソ冷戦とが連動していたと議論する。そのため米国，ソ連，国民党，中共という4つのアクターに同程度の比重をおいて分析がすすめられる。とりわけ太平洋戦争終結直後から各アクターのなかに冷戦的認識が生まれたことを重くみる。彼は中国内戦の起源が米ソ冷戦にあったと結論づけるために，1946年春における米ソ国共四者それぞれの認識について，次のように考察した。国共両者はそれぞれ米ソからの支持を確信した上で，軍事力の行使も辞さず，東北争奪を決意した。ソ連もまた国民党と米国に圧力をかけるために中共に接近したし，米国としてもソ連の影響力拡大を制限するために，国民党を冷戦の同盟国にしようとしたという。こうして1946年春，中国東北において「米国・国民党　対　ソ連・中共」という対立の構図が現れたというのがウェスタッドの類推である[39]。彼は必ずしも中国やアジア地域の専門家というわけではないが，中国人研究者をはじめ，彼と同じような理解を示すものは多い[40]。

　第二イメージをとる研究のなかには，次のような議論もある。1つは，「機会喪失論」への徹底的な反論である。1949年，米国がいかなる政策をとったところで，中華人民共和国と外交関係を樹立できる可能性はまったくなかったというのが彼らの結論である。ここでは，中共の対外戦略におけるイデオロギーの役割が強調されており，中共が断固として向ソ一辺倒と対米敵対の態度をとっていたことが明示されている。中国内戦が米ソ冷戦と連動していた以上，米国と中共の間には関係改善する余地はなかったということになる[41]。

---

39) Westad（1993：ch. 7, conclusion）.

40) Sheng（1997a）; Chen（2001：ch. 1）; Yick（1995：ch. 2）; 楊奎松（1999b：5-22）; 尹（1998：79-84）; 于・王（1995：139-142）; 資（1987）; 同（2001：44-49）。なお牛軍は，1946年当時中国において米ソ冷戦が存在したこと，米国が東北において対ソ封じ込めの文脈で国民党政府軍の輸送支援を行っていたことを認め，それらが内戦の原因の一部であったとする（牛軍 1992b：第5章; 同 2002：84-103）。また，終戦時の中国東北において局地的「冷戦」が見られ，これが「東アジアの冷戦的構図」の原型になったという理解の基本的枠組みは，西村（1997：6-19）でも示されている。さらに，トルーマン政権期において「国際冷戦」と国共内戦（あるいは「国内冷戦」）との連動を抑制することができなくなっていくという見解は，湯浅（1987：147-166）において描かれている。

41) 冷戦終焉後に発表された研究として，以下が挙げられる。Sheng（1997a：ch. 8）; Idem（1997b：95-104）; Chen（2001：ch. 2）; Westad（1997b：105-115）; 卜（1997：83-88）; 劉成

もう1つは，日本をめぐる議論である。1947年，ケナン（George F. Kennan）のイニシアティブによって，対日占領政策に冷戦的観点である「封じ込め政策」が導入されていく過程を考察した研究を挙げることができる[42]。さらに朝鮮半島に関しても，終戦後米ソ対立と連動しながら同半島の南北分断が形成されていく史的プロセスを追いかけた研究成果を，この第二イメージのなかに入れることができる[43]。

(4) 米国からみたアジア冷戦

なぜ，このような2つのイメージは生まれたのだろうか。さまざまな原因があるだろうが，少なくとも米国のアジア政策をどのように評価するかによって，両者の違いは決定的になる。なかでも米国の「封じ込め」政策（ソ連・東側陣営の軍事・政治・経済的影響力拡大や共産主義イデオロギーの拡大を阻止するためにとられた一連の政策）が，その論争の中心にあった。冷戦期，米国の対外戦略をつくった核心の1つが，ほかでもなく「封じ込め」政策だったからである[44]。戦後米国のアジア政策を評価するとき，「封じ込め」政策が行われた地域とその手段が主な論点になった[45]。

1つの立場は，1947年から1949年秋頃まで「封じ込め」の対象地域が，主に西欧，東地中海，日本に限定されており，しかもその手段は経済復興支援を中心とした非軍事的手段に限られていたと理解するものである。この状況は1949年秋頃から変化していく。中華人民共和国の成立，ソ連の原爆保有，朝鮮戦争などを契機にして，「封じ込め」の地域がグローバルに拡大し，手段についても軍事的手段が重視されるようになったからである[46]。これを敷衍す

(2001：41-47)；劉・李（1997：103-107）。なお加藤（2001：32-51）は，終戦直前における中共の戦略を米ソの大国間関係の従属変数としてではなく，それ自体を独立変数として分析することで「機会喪失論」を批判的に検討している。

42) 代表的なものとしては以下がある。五十嵐（1995）; Schaller（1985; 邦訳 1996）。

43) カミングスは米国が南朝鮮に単独政権を樹立することで現地革命勢力を封じ込めようとしたこと，また1943年から1947年まで続いた四大国信託統治政策がスターリンを国際的枠組みのなかに封じ込めてそれを無力化させようとする反共主義であったと議論する（Cumings 1981）。下斗米（2006）はソ連の北朝鮮政策に注目して，このような議論を展開している。

44) 例えば，ナイは冷戦期の過去50年間を振り返り，対ソ連「封じ込め」が米国の外交政策の中心であったと述べた（Nye 1999：22）。

45) 地域と手段についての論点整理は，菅（[1992] 1997：序章），佐々木（1993：3-4）を参照。

れば，終戦当初，米国にとって死活的利益のあった地域，とりわけヨーロッパを中心にして冷戦は始まり，1949年秋以降にそれがアジアに拡大していったことになる[47]。「封じ込め」の地域や手段といった論点を明示こそしないが，このような理解に立つ研究は少なくない[48]。

　一方，戦後すぐに米国はグローバルな「封じ込め」政策をすすめていたと類推し，上記の立場に批判的な見方もある。これによれば，米国がアジア地域に「封じ込め」政策を展開し始めたのは，1949年秋よりもさらに早い。例えば，菅英輝は，米国が開放的で多角的な世界経済体制をつくるために，戦後当初からグローバルな範囲で「封じ込め」を展開していたと論じる。ただし，「封じ込め」の手段については第1の立場と同じく，朝鮮戦争を契機に非軍事的（政治的，経済的）なものから軍事的手段に変化していったとしている[49]。この立場をとる論者は，米国の対外戦略を支える反共的性格を重視することが多い。いずれにしても，米国が「封じ込め」政策を展開するプロセスとアジア冷戦の形成過程は，ここでも重ねて議論されている。いくらか見解に相違はあるものの，この立場をとる論者には，概ね1945～1947年にかけてアジア冷戦が形成されたという点で共通した理解がある[50]。

　さて，米国の「封じ込め」政策をめぐる以上のような2つの立場は，それぞれ前者が「第一イメージ」，そして後者が「第二イメージ」と重なり合うことが分かる。

(5) 中国革命からみたアジア冷戦

　ではこのような論争は，冷戦が終わってからどのように進展したのだろうか。冷戦終焉後，冷戦史研究のなかで1つの支流になったのが，中国をめぐるアジア冷戦史だった。例えば，1940年代後半から1950年代初頭までを対象にした研究成果には，新しい資料や事実の発見など確かに大きな進展はあった。その

---

46) 佐々木 (1993); Gaddis (1982); Gellman (1984).
47) 例えば，ギャディスは米国の「封じ込め」政策がアジアに拡大する時期とアジアに冷戦が拡大していく時期を重ね合わせている。Gaddis (1987：ch.4); Idem (1997：ch.3)。
48) Spanier (1975); Graebner (1984); Yahuda (1996); Zhao (1997).
49) 菅 ([1992] 1997)。Paterson (1988：ch.4) も同様の立場をとっている。
50) Cumings (1981); Buhite (1981); Stueck (1981); Gallicchio (1988); 趙学功 (2002).

序章 「大国中国」の崩壊　　17

研究の多くは上記の「第二イメージ」に立つものであるが，彼らの分析には2
つの重点（あるいは偏向）がみられる。1つは，これまで研究の蓄積があった
西側陣営を考察するよりは，東側陣営の形成過程に圧倒的な比重をおくことで
ある。ひどいときには，当時東側世界のなかにあったイメージを頼りに西側世
界を描いてしまうことまである。もう1つは，超大国である米ソよりもアジア
の現地勢力に研究対象をフォーカスすることである。ここでも現地勢力の認識
から米ソの政策を類推してしまうことがある。

　この2つの重点を重ね合わせるようにして，アジア冷戦の形成プロセスが描
かれることになった。まず，東側陣営——なかでも圧倒的な存在感をほこった
中ソ同盟——の形成過程に大きな関心が集まった。次に，ソ連（スターリン
[Joseph V.Stalin]）よりもアジアの現地指導者（毛沢東）が主導的役割を果たし
ながら，その同盟が成立したことが示された。具体的にみてみよう。

　戦後スターリンは，中共を非公式に支援することはあっても，彼らを過小評
価し続けた。中華人民共和国が成立した後でさえ，彼は新しい中ソ同盟を締結
することに消極的な態度を崩さなかった。これとは対照的に，中共は1946年
以降，対米敵対と向ソ一辺倒の姿勢を確立していき，中華人民共和国の成立前
から中ソ同盟の形成に熱心だったとされる[51]。

　こうして毛沢東が主導するようにして中ソ同盟がつくられていくが，この同
盟が成立したことで，スターリンのアジア政策は攻勢に転じていく。彼は日本
の再軍備を阻止し，朝鮮半島において戦略利益を追求しようとした結果，北朝
鮮による南への軍事侵攻に青信号を出したとされるからである[52]。

　ここで描かれているのは，東側陣営，なかでもその現地勢力（中共）がアジ
アにおいて「冷戦の構造化」をすすめていったという歴史である。ウェスタッ
ドの研究は典型的である。まず彼は「東アジアのコックピット」として，戦後
「満洲」（中国東北地域）[53]に研究対象をフォーカスする。なぜなら日本を除く近

---

51)　Westad (2003); Goncharov, Lewis and Xue eds (1993); Sheng (1997a); Niu (1998a：47-89);
　　　Heinzig (2004); 沈 (2001：53-64); 同 (2003a).

52)　Mastny (1996：ch.5-6); Zubok and Pleshakov (1996：chs.1-2). スターリンが中華人民共和国
　　　成立後，新たな戦略的利益を中国東北から朝鮮半島に移動させたという議論は，Shen (2000：
　　　44-68) で示されている。

53)　本書では，原則として中国東北地域を「東北」と表現しているが，利用資料の原文に

代東アジア地域には外国による支配，農業社会など共通の特徴がいくつかある
が，それを凝縮したような地域が中国，なかでも満洲にあると考えたからであ
る。この地域は，ほかでもなく戦後中共が勢力を広げていく原点であった[54]。
次に，彼は中ソ同盟に大きな意義を与えた。近代史以降，西洋資本主義に対抗
する「最大の反システムパワー」であったのが，この同盟だというのであ
る[55]。少なくともアジア冷戦を理解する上で，中ソ同盟は中心的な位置にお
かれている。

　ウェスタッドはこのようにして，戦後満洲に焦点をあてながら，やがて中国
大陸，さらにはソ連へと視点を広げていくが，その史的プロセスは中共が国内
で勢力を拡大させ，やがて東側陣営の形成を促していく過程とぴったり重なっ
ている。いわば中国革命の軌跡からアジア冷戦史を描いていることになる。こ
れが冷戦終結後，新資料を利用した研究の1つの到達点である。

4. 戦後米国と「大国中国」の崩壊

(1) マーシャル・ミッション研究

　では，このような整理を手がかりにして，マーシャル・ミッションがどのよ
うに論じられてきたのかを考えてみよう。

　第一イメージ（米中対立の構造化）によれば，当時米国の安全保障にとって
死活的利益があった地域はヨーロッパであり，アジアはあくまでも周辺的な地
域だった。そこで米国は中国への関与を最大限に抑制するために，米英ソによ
る勢力範囲の相互承認を維持しようとした。中国で内戦が起こって米ソが介入
することになれば，その勢力均衡が崩れることになるので，マーシャルにとっ
て最優先の任務は内戦の回避，国共連合政府樹立を促すことだったと理解され
る[56]。王成勉はさらにこの見方を進めて，マーシャルが一貫して国共に対し

　「Manchuria」，「満洲」とある場合など，「満洲」と記すこともある。

54)　Westad（2003：introduction, 19-32）。彼は国内外の同盟を失った弱小政府として国府を位置づ
　　け，中共をソ連と連動した革命勢力と捉え，暗黙のうちに後者に議論の力点をおく。ただし，彼
　　の中国内戦研究はきわめて幅の広い考察であるが，ここでは中国内戦とアジア冷戦とを関連させ
　　た議論に絞って取り上げた。

55)　Westad（1998b：2）.

て中立的な立場をとり，忠実に任務を果たそうとしたと結論づけている[57]。また，当時米国は国民政府（以下，国府）を無条件に支持したわけではなく，蔣介石に内戦の停止と政府改組を強制するという条件付き，あるいは限定的な援助だったという理解もある[58]。

　ここでは，中国内戦が主に国共間の対立から生じたものだと類推されている。むしろ中国で内戦が起こった後，米国は内戦への介入を極力回避し，従来通り米英ソ（特に米ソ）の勢力均衡を維持することに努めたとされる。たとえ中国で内戦が起こっても，米国のアジア政策は大きく変化することなく，政策はほぼ一貫していたことが強調される[59]。

　第二イメージ（局地的な米ソ対立）が描くマーシャル・ミッションは，まったく異なっている。分析の焦点はあくまでも中国東北地域（一部，華北）にある。米国が東北で展開した政策が，ほぼそのまま中国政策として扱われているのである。この見方によれば，1945 年末，米国はソ連・中共を一枚岩とみなし，その勢力拡大を「封じ込め」るために，東北において国民党の軍事的優位（あるいは領土統一）を確立しようとした。マーシャル・ミッションは共産主義勢力の抑圧を目的にしていたので，国共連合政府を樹立するよりは，蔣指導下の国府を冷戦戦略の同盟国として維持・強化することを政策の本質にしていた[60]。ここから敷衍すれば，米国の国府支援が国共内戦（特に東北地域）を

56）Iriye (1974：ch. 4); Spanier (1975：72-73); Levine (1979：349-375); Idem (1987：ch. 2); Zhao (1997：ch. 5); Stoler (1998：3-14); Thornton (1973：186-205). 冷戦終焉後，新資料（旧ソ連，国府，中共等）を使った研究には，以下が挙げられる。Murray (1995b) は，米ソが一致してヤルタ協定の枠組み（勢力範囲の確定）と連合政府構想を中国に押しつけようとしたものの，国共による帝国主義への抵抗にあったと考察している。また，Lutze (2007) は，マーシャルがリベラルな勢力に期待した連合政府構想をとっていたと理解している。さらに，Qing (2007：chs. 2-3) は，トルーマン政権がグローバルな自由貿易体制と民主的システムに中国を組み込もうとして失敗したとする。特に，現地の願望（貧農の土地改革と都市中間層の望む真の連合政府樹立）と米国の「リベラルな解決」が乖離していたことが失敗の原因だとする。関 (2010：第 11 章) は，米国にとって連合政府の樹立と極東における米ソ衝突の回避が重要な目標であったと理解する。

57）Wang (1991：349-372); Idem (1998：21-43). その他，同様の見解は以下にも見られる。Eiler (1998：107); Myers (1998：150-151).

58）Tang (1963：ch. 9-10; 邦訳 1967：第 9-10 章); Levine (1979：349-375).

59）Iriye (1974：ch. 3-5); Levine (1979); Idem (1987：ch. 2); 張桂華 (1998：37-42). なお，孫 (1996：84-88) は戦後東北の国共内戦を米ソ関係の推移とほぼ切り離して論じている。同様に，Tu (2000) は戦後国共政治交渉が決裂した原因を米ソ対立に求めるのではなく，土着の要因（中共軍と中共根拠地の扱いをめぐる国共間の対立）から分析した。

促したことになる[61]。

　背景にある理解が大きく異なるために，両者の解釈はほぼ正反対のものになっている。そこでこの2つを重ね合わせたときに，どのような問題が現れるのかを考えてみたい。

　第1に，両者を合わせれば，どうにか1つのパズルが完成するようにみえる。これらは，ちょうど互いに強調する部分と捨象する部分が入れ替わっているからである。第二イメージは米国の国府援助を描いたが，その対象地域は東北に限られている。一方，第一イメージは米国が国府支持に制限を設けながら，国共連合政府をつくろうとした試みを扱っているが，全体の議論のなかで東北政策の重要性を相殺している[62]。しかし，視点を中国全体に広げてみると，東北の領土統一も連合政府の形成もともに，米国が中国の国家統一に関わろうとする点では共通している。従来の研究では，マーシャル・ミッションが両者をともに追求しながら，全体としてどのように「大国中国」を成立させようとしたのかについて，体系的な考察がなされていなかったことになる。なお，マーシャル・ミッションをより専門的に論じた研究は，第二イメージに立つものが大半であるため，1946年前半の東北政策に圧倒的な比重がおかれている[63]。

　第2に，両イメージともに中国内戦勃発によって米国の政策が変化したとは考えていない。第一イメージでは，そもそも米英ソが中国を外してヤルタシステムを成立させたと理解しているため，たとえ戦後内戦によって国府政権が大陸で瓦解しようとも，ヤルタシステムそのものは維持されることになる。一方，

---

60)　Westad（1993：chs. 6-7, conclusion）; Gallicchio（1988：ch. 7）; Sheng（1997a：ch. 6）; Chen（2001：ch. 1）; Stueck（1989：96-118）; Messer（1989：63-77）; Paterson（1998：515-526）; 菅（[1992] 1997：第二章）; 楊奎松（1999b：5-22）; 尹（1998：79-84）; 牛軍（1992b：193-257）; 同（2002：84-103）。

61)　特に以下の見解を参照。Westad（1993：conclusion）; 牛軍（2002：98-99）。

62)　もちろん多くの論者は，両方の要素についてそれぞれ言及しているが，それらは互いに矛盾し合うものだとして，結局いずれか一方だけをより本質的な目的だと考えている。連合政府の試みを強調するものとしては，Wehrle（1998：71-78, 88）; Varg（1973：chs. X-XII）; 邵（1995：第4章）がある。東北政策に重点をおくものとしては，杉田（1999：69-86）; 資（1987）; 劉・李（1997：103-107）がある。

63)　例えば以下が挙げられる。Westad（1993）; Idem（1998c：501-514）; Zhang Baijia（1998：201-234）; Niu（1998b：235-253）; Sheng（1997a：ch. 7）; 牛軍（1992b）; 楊奎松（1999b：5-22）; 于・王（1995：139-142）。

序章 「大国中国」の崩壊　　21

第二イメージでは，終戦後すぐにアジアで冷戦が始まったと考えるため，米国は中国内戦の前後で一貫して反共「封じ込め」政策をとっていたことになる。両者の評価は正反対であるが，いずれの分析枠組みを使ったとしても，中国内戦が米国の政策を大きく変化させたという理解には至らない。戦後大国になることを期待された中国が，内戦によって崩れていったとき，果たして米国の政策に変化は生まれなかったのだろうか。

　このような2つの問題点は，さらに大きな1つの問いへと収斂していく。どうやら従来の研究では，戦後米国が「大国中国」を含む戦勝国間の協調をどのように構想し，それが中国内戦によってどのように瓦解していったのかについて論じていないようである。そもそも戦時中に生まれた「中国大国化」構想の起源は，明確に論じられることはあっても，その終焉過程を戦後米国の中国政策にまで広げて詳細に実証した研究は，ほとんどみられない[64]。

　マーシャル・ミッションにおいて，「大国中国」の成立はどのようにめざされ，そして瓦解していったのだろうか。それを分析するための関連資料は膨大な量にのぼるが，これまで利用されてきた資料は依然部分的である。従来は，各論者が米国，国府，中共，旧ソ連側のいずれかの資料に依拠しながら分析するということが多く，各方面の資料を総合的に利用しながら，体系的に詳細に研究するということはほとんどなかったからである[65]。

(2)　3つの設問

　ここまでの議論をふまえて，本書で考察したい設問を3つに整理しておきたい。

　第1に，戦時中に生まれた米国の「中国大国化」構想が，戦後中国内戦によ

---

64)　例えば，Tang (1963; 邦訳 1967) は起源について明確に論じているが，終焉過程については資料的制約もあって明示的な議論はなされていない。五百旗頭は1943年のカイロ会談で中国大国化構想は実質的に終焉したと結論づけているが，その後の中国政策の展開を実証しているわけではない（五百旗頭 1993，上：172）。なお菅は「中国大国化」構想がどのように放棄されていったのか従来の研究では十分に明らかにされていないと指摘している（菅 [1992] 1997：49）。

65)　Westad (1993) はマルチ・アーカイブによる研究であるが，1946年春までの時期しか検討していない。Idem (2003) は国共内戦が主題であるため，米国の公文書利用はきわめて限られている。牛軍（1992b）は旧ソ連，国府関連の資料が弱く，米国資料も公開資料が主である。なお各論者が米ソ国共いずれかの角度から検討した研究書としては，Bland (1998) を挙げることができる。

って最終的に瓦解していき，その後米国は日本を1つの戦略拠点にしながら，「封じ込め」政策を展開していくことになる。この重要な政策転換の起点の1つとして，マーシャル・ミッションを捉えることはできないだろうか。

第2に，米国はどのように「大国中国」の成立に関与したのだろうか。そもそも「大国」とは，19世紀前半にナポレオン戦争を終結させて，戦後平和を回復するときに，恒常化していった地位である[66]。いわば大きな戦争の後，平和秩序を構想しながら，さらにその秩序のなかで勢力均衡を担うことのできる，重要かつ主要な一国が「大国」であるということになるだろう[67]。中国は，第二次大戦において「大国」の地位を形式的に与えられながらも，ヤルタ会談など重要な会議において不在だったこともあったが，戦後のアジア地域においては，やはり勢力均衡を担う重要な一国として期待されていた。したがって，「大国中国」は与件であったのではなく，むしろその成立を必要とされる存在であったというのが実情に近い。戦後中国は，少なくとも2つの点で未統一の国家であった。何よりもまず，満洲など領土が未統一であった。これに加えて，中共など独自の軍隊をもつ政治勢力を抱えていたために，政治統一が依然達成されていなかった[68]。そこで，米国は「大国中国」の成立を少しでも支えるために，領土統一と連合政府の樹立という2つの方面において国家統一に関与しなければならなくなったのではないか。

第3に，マーシャル・ミッションにおいて，この2つの要素——領土統一と連合政府の形成——はどのように追求されたのだろうか。両者はどのように並存しながら，なぜいずれも最後には達成できないまま，終焉していくことになったのだろうか。

最初の2つの設問は，大きな見取り図を描くための問いであり，第3の設問は本書で詳細に史的考察するための中心的テーマである。

---

66) Wight（[1978] 2004：41-42）.

67) 国際関係のなかで，国際政治を設計する主体として認められる要件などについては，藤原（1998a）を参照。

68) 加々美は，戦後アジア諸国が国民国家未統一であり政治体制の選択も課題として残されていたことから，米国の勢力均衡や「封じ込め」政策が想定する国家間関係の前提条件とは異なると指摘する（加々美 1994：93-149）。彼は明言しているわけではないが，同様の指摘は「中国大国化」構想についてもあてはまるだろう。

(3) 戦後史と冷戦史

　さて，このように設問を立てることで，アジア冷戦史の研究動向に対して批判的検討ができるだろう。

　現代アジアの国際政治が，2つの経験——第二次大戦と冷戦——によって，その基礎が形づくられてきたとすれば，その結節点にそ現代のすがたを追いかける起点がある。しかし，冷戦終焉後，勢いづいた冷戦史研究がたどり着いた到達点は，あくまでも「中国革命の軌跡」からアジア冷戦を描くというものだった。ここには，第二次大戦の後生まれた戦後の平和構想が登場することはない。戦後の歴史は，戦後満洲に始まり，中共の勢力拡大とともに歩んでいくことになる。これは冷戦，なかでも東側陣営が形成されることを最初から見越して描いた物語である。第二次大戦の「戦後」が大文字で登場する前から，すでに「冷戦」は始まっている。例えば，ウェスタッドにとって，戦後「東アジアのコックピット」は中国東北地域におかれることはあっても，敗戦国日本におかれることはない。戦勝国と敗戦国がおりなす国際政治の史的プロセスは，残念ながら背景としても登場しない[69]。

　戦後の平和構想はすぐに瓦解してしまうものの，その核心部分（戦勝国と敗戦国の区分）が冷戦の東西対立と結びついていったことを考えれば，やはり平和構想が崩壊していく史的プロセスをあらためて考察する意味はあるだろう。

　さらに，「中国革命の軌跡」に沿って戦後中国東北地域からアジア冷戦を描くとき，そこに現れる米国のすがたは，どこまで正確なのだろうか。戦後米国が中国東北地域において，反共「封じ込め」のために国府の軍事的優位を支えようとしたという評価は，当時中共が捉えた米国イメージを下敷きにして描かれたものではないだろうか[70]。少なくとも，当時「米国・国府 対 ソ連・中共」という構図はみられなかったのではないか。

---

[69]　Westad（2003）.
[70]　このような理解は，例えば以下の研究において顕著に現れているといえる。Sheng（1997a：ch. 6）; Chen（2001：ch. 1）.

5. 本書の特徴

(1) 研究方法

　本書では，上で取り上げた3つの設問を考察するため，史的実証の方法に基づいて，記述的に議論をすすめる。国際政治学のなかでも歴史的なアプローチをとることになるが，できるだけ議論の骨格を明確にしたいという意図から，必ずしも編年体の記述はとっていない。論理を明示するためにも，より分析的な構成を心がけている。

　約1年にわたるマーシャル・ミッションは，おそらく米国にとって，中国国内の軍事・政治情勢に最も深く関わった，さらに国共両者をはじめ現地の人々と頻繁に交渉をくり返した，非常にめずらしい経験であった。何よりも，現地の情勢はめまぐるしい変化のさなかにあった。このように考えれば，マーシャルの調停過程を追いかけるのに，米国側の資料だけではその全体像をつかむことは難しいだろう。そこで，本書では国府・中共の関連資料，さらには旧ソ連側の公刊資料もできる限り利用することで，マルチ・アーカイバルな分析をめざしたい。そこで主に利用する資料について，挙げておきたい。

　第1に依拠するのは，米国政府の公文書である。マーシャル・ミッションに関する米国公文書の大半は，米国国立公文書館所蔵のマーシャル・ミッション関連文書，トルーマン・ライブラリー所蔵のトルーマン文書等，マーシャル・ライブラリー所蔵のマーシャル・ペーパーに収められているほか，重要な公刊資料にも収録されている[71]。その他にも，国務省，統合参謀本部，諜報関連の資料はマイクロフィルム化され，利用できる[72]。またトルーマン大統領をはじめ，各政府関係者の文書，日記，回想録やマーシャルのインタビュー記録，

---

71) 未公刊資料の所蔵・ファイル名などについても，直接引用したものは略記号で記す（略記号の一覧は巻末の参考文献を参照）。MM（NA）。この国立公文書館所蔵のマーシャル・ミッション関連資料は，完全にマイクロフィルム化されている（Micro MM）。Truman Papers［O. F., PSF, WHCF, SMOF］, Clifford Papers, Elsey Papers, Connelly Papers（TL）; Marshall Papers（ML）. 最重要の公刊資料として，FR, CWP。

72) 国務省の米中関係資料としては，（Micro US-China）。同省中国課の資料は，（Micro CA）。諜報関連の資料は，SSU（NA）。JCS の関連資料は，（Mico JCS-II）。

伝記なども史実を補足してくれる重要な資料だろう[73]。とりわけ中国戦線米軍総司令官であったウェデマイヤー（Albert C. Wedemeyer）の個人文書と回想録，1946 年 7 月以降，駐華米国大使を務めたスチュアート（John Leighton Stuart）の回想録，そして同年春以降，中国政府と契約を結び，蔣介石の政治顧問を務めたジャーナリストのビール（John Robinson Beal）の回想録（ただし，大半は彼の日記を収録）は，現地でマーシャル調停に参与した人物，あるいは彼の活動を観察した人物による貴重な記録であるといえる[74]。

　次に利用するのは，国共両者の関連資料である。国民政府に関しては，まずいくつか重要な公刊資料を挙げることができる[75]。また，1990 年代前後から公開された資料として，国史館（台北市）所蔵の蔣介石関連文書，中央研究院近代史研究所档案館（同市）所蔵の国府外交部档案，中国第二歴史档案館（南京市）所蔵の国府外交部資料がある。さらに，スタンフォード大学フーバー研究所に所蔵されている各指導者の個人文書も利用可能である[76]。なかでも，近年公開の始まった『蔣介石日記』についても参照した[77]。その他，公刊されている各政治家・軍人の文書・日記・年譜もまた重要である[78]。

---

73)　トルーマンの関連資料（回想録，インタビューなどを含む）は主に以下。Truman (1956; 邦訳 1992); U. S. President (1961-1962); Ferrell, ed. (1980); Weber, ed. (2001); Bland, ed. ([1986] 1996). その他，政府関係者の回想録あるいは日記は，Byrnes (1947); Acheson (1969; 邦訳 1979); Micro Forrestal (reel. 1-4)［フォレスタル日記のマイクロフィルム］など。マーシャルの伝記は，Pogue (1973); Idem (1987)。

74)　Wedemeyer Papers (HI); Wedemeyer (1958; 邦訳 [1997] 1999); Stuart (1954); Beal (1970).

75)　公刊資料等についても，『　』内に略語を記す（巻末の参考文献を参照）。最重要の資料集は，『史料初編』（主に戦後中国の第一～三巻）;『大事長編』;『界務類』（特に，第二冊［中蘇関係巻］);『国防最高委』などである。そのほか大事記として，王成勉編 (1992); 郭廷以編著 (1985) が有用である。

76)　各資料館所蔵の資料名についても，『　』内に略語を記す（巻末の参考文献を参照）。国史館所蔵『蔣文物』『事略稿本』; 近代史研究所档案館所蔵『国府外交部档案―台北』; 第二歴史档案館所蔵『国府外交部档案―南京』; フーバー研究所 (HI) 所蔵『張嘉璈文書』『孔祥熙文書』『宋子文文書』『胡世沢文書』。

77)　日記の一部は『大事長編』にも収録されているが，日記原文が確認できたものについては，原文の表現を使用した（フーバー研究所 [HI] 所蔵『蔣介石日記』)。

78)　当時外交部長であった王世杰の日記として，『王日記・莫斯科』『王日記』。同様に米国駐在中国大使を務めた顧維鈞の回想録は，『顧維鈞回憶録』。戦後中国東北において中ソ交渉を担当した熊式輝の日記・回想録などはマイクロフィルム化されている（『マイクロ・熊日記』『マイクロ・熊文書』『マイクロ・熊回想録』)。同様に交渉を担当した張嘉璈（張公権）については，上記のフー

一方，中共に関しては，主に 1990 年前後から公刊資料の出版が盛んになった。なかでも中共中央档案館に保存されている公文書を集めた資料集，中共幹部の各年譜や選集が重要な基本資料になる[79]。また 1996 年には対米交渉を担当していた周恩来のマーシャル・ミッション期における交渉記録，中共中央への報告書などを集めた資料集が公刊された[80]。従来，マーシャル・周交渉は米国資料に依拠せざるを得なかったが，周の発言の一部分に関しては中共側の記録が利用できるようになった。ただし，記録が部分的であるため，依然として米国資料の利用は不可欠である。さらに，2007 年にはマーシャル調停時，停戦の実施・監視業務（軍事調停執行部）に携わった中共代表・葉剣英の年譜，そしてマーシャルとの交渉役を務めていた董必武の年譜がそれぞれ刊行された[81]。中共の政治交渉戦略の全容を知るにはほど遠いが，こうした年譜によってその一端だけは少しずつ明らかになってきた。

最後に，旧ソ連の資料である。戦後中ソ関係（1945～1950 年）に関する資料公開は，一部進展があったものの，依然として機密部分が多い[82]。とりわけ，戦後中国東北に駐屯したソ連軍関連の資料は，ほとんど一般にはアクセスできない。そこで，本書では公刊された露文資料集を中心に利用することにしたい。1 つは，中ソ関係資料集として冷戦期に編集されたものであるが，これは条約・新聞記事などの基本資料を収録したものである[83]。もう 1 つは，2000 年以降に出版された新資料である。こちらは，現在までに公開されている中ソ関係の新資料を網羅的に収録したものであり，決定的に重要である。なかでも，

　バー研究所所蔵文書のほか，『張公権年譜』がある。マーシャル・ミッション期，米国共談判の代表を務めたこともある張治中の回想録は，張治中（1985）。その他，マーシャルとの交渉役を務めた徐永昌の日記も出ている（『徐永昌日記』）。

79)　中共中央の重要資料を収録したものとして，『中共文件』。代表的な年譜・選集等を挙げると，『毛年譜』『毛選集』『周年譜』『周選集』『劉年譜』『劉選集』『彭年譜』『彭文選』。その他，党機関紙の記事・社説等の資料集として『停戦談判』『中共参考』。

80)　『周談判』。

81)　『葉年譜』『董年譜』。

82)　資料の公開状況やその英訳資料などについては，ウッドロウ・ウィルソンセンターの冷戦国際史プロジェクトが発行する会報のうち，アジア冷戦の特集号（CWIHP, Bulletin, Issues. 6-7），中ソ関係の新資料（Ibid, Issues. 8-9：section. 4），中国の冷戦に関する特集号（Ibid：Issue. 16）が参考になる。

83)　露文資料集についても，略語で記す（巻末の参考文献を参照）。CKO.

序章 「大国中国」の崩壊　　　27

1945〜1950 年のソ連―国府交渉（モスクワ，重慶，南京，長春での各交渉など），駐華ソ連大使館―中共交渉などは，これまで知ることのできなかった詳細な記録であることが多い[84]。また当時外交官であったレドフスキー（A.M. Ledovsky）の回想録には，彼自身の回想のほか，中ソ間の交渉記録，電文なども収録されており，有益である[85]。

　しかし，東北ソ連軍―駐華ソ連大使館―モスクワの三者関係，あるいは中共とソ連の関係を知るための資料は，中文・露文資料ともに公開がきわめて限定的であるため，全容まではつかめない。

　なお，資料の利用について，いくつか断っておきたい。英文・中文・露文の各記録において，相違点のみられる文書（特に談判記録）に関しては，できる限り，どの記録に依拠したのかを注記した上で利用するようにした。特に国府，中共の資料は摘要が多く，談判の全容を知るには英文記録に依拠せざるを得ないことが多いからである。次に，中華民国暦によって記載あるいは整理された資料であっても，便宜上すべて西暦におきかえて表記している。また，露文資料集に収録されている各資料の名称・日時などの情報については，すべて邦訳した上で表記している。最後に，資料の引用文において，［　］内の記載はすべて引用者によるものである。

(2)　構成

　本書は，大きく 2 部で構成されている。第 1 部では，1940 年代（とりわけ戦後）全体における米国のアジア・中国政策を概観している。ここで大まかな見取り図を描いてから，第 2 部ではマーシャル・ミッションに焦点を絞って，詳細な史的考察をすすめている。

　第 1 部は，さらに 2 つの章に分かれている。第 1 章では，米国がアジア地域において中国をどのように位置づけたのか，特に「中国大国化」構想から「封じ込め」政策へと転換していくプロセスを体系的に描いている。第 2 章では，米国がなぜ，どのようにして「大国中国」を成立させるために，中国の国家統

---

84)　1945 年 12 月までのものは，PKO, IV-2 に収録されている。1946〜1950 年のものは，2 巻に分けて収められている（PKO, V-1; PKO, V-2）。

85)　Ледовский（1999）.

一に関与したのかを論じている。特に，領土統一と連合政府の形成という2つの方針が，並存しながらも，互いにぶつかり合いを続けた政策過程をたどっている。第1部の考察を通して，「大国中国」を含めた戦勝国の大国間協調が，最終的に崩れていく起点がマーシャル・ミッションにあったことを示す。

　第2部は，第3章から第9章までである。第3章では，マーシャル・ミッション期に大きく変動した中国政治・軍事情勢の展開を論じる。特に軍事情勢については，ソ連軍のプレゼンスが大きな意味をもっていたため，中ソ関係を含めて論じている。第4章以降は，マーシャルの調停過程を詳細に追いかけている。第4章では，マーシャルの経歴，米国政府内の政策決定の構造，マーシャル・ミッション全体を概観した上で，米国政府内におけるマーシャル・ミッションの任務決定過程（1945年11〜12月）を考察している。ここで，2つの任務（方針）が決定されたことを確認する。第5章では，マーシャルが最初に調停した「停戦協定」の成立過程（1946年1月）を詳述する。2つの方針を遂行するための基礎（調停方法や領土接収支援）が，ここで確立されたことを論じる。第6・7章は，中国内戦前夜（1946年1〜6月）の時期を扱う。第6章では，マーシャル・ミッションにおける方針の1つであった連合政府構想の展開を考察し，第7章では，もう1つの方針であった領土統一支援の展開をたどっている。第8章は，内戦勃発後，マーシャル調停がどのように終焉したのかについて論じた。ここでは特に，連合政府構想という目標を維持しながらも，それを達成するための調停方法を次々に喪失していく史的過程を分析した。第9章では，その後米国社会を席巻することになるマッカーシズムの展開を追いかけながら，いわゆる「中国喪失」をめぐる論争状況を扱った。それは，やがてマーシャルが矢面に立たされるまでの過程でもあった。

　終章では，序章で提示した3つの設問に対する結論を整理した上で，戦後米国の中国政策，さらにはアジア冷戦史研究という広い視野から本書の考察をあらためて捉えなおした。

第 1 部　米国のアジア・中国政策（1940 年代）

第1章　米国の戦後アジア地域秩序構想と中国

1. 2つの構想

　米国は，戦後アジアの地域秩序をどのように構想したのだろうか。また，どのようにして中国をそのなかに位置づけたのだろか。第二次世界大戦中に生まれた戦後の平和構想は，終戦後数年を経て，新たな構想へと転換してしまう。両者はあまりに対照的である。そこで，それぞれ代表的なものを例示してみよう。

　まず1942年5月29日夜，ワシントンD.C.のホワイトハウスでローズベルト（Franklin Delano Roosevelt）米大統領がモロトフ（Viacheslav M. Molotov）ソ連外相に語った戦後の平和構想は次のようなものだった。

　[ローズベルト]大統領は国際連合の四大国（英国，米国，ソ連，そして中国。中国については今なお疑わしいが，ここでは統一された中央政府を達成した場合の中国を指す―原文）の任務が，世界の警察官として行動することにあると考えた。最初の取り組みは全般的な軍備縮小である。しかし，四大国は平和を執行するために十分な軍隊を保持すると同時に，戦前の数年間にドイツが秘密裏にすすめた悪名高き再軍備のような事態を防止するための査察を行う特権をもつものとする[1]。

　ここには，戦後の平和構想を支える2つの柱がみごとに表現されている。1

---

1)　Memorandum of Conference Held at the White House, by Samuel H. Cross, II. May. 29, 19：40, 1942 (FR 1942, III：568-569).

つは連合国の大国を中心にした秩序形成，もう1つは連合国が敵国の再軍備を阻止するという，2つの柱である。このとき，実現できるかどうかに疑問は残るものの，「大国中国」が重要な役割を果たすよう期待されていたことだけは確かである。

次に1950年1月12日，アチソン米国務長官がワシントンD.C.のナショナル・プレス・クラブで行った演説をみてみたい。彼はソ連の中国への共産主義拡大について指摘した上で，「太平洋地域の軍事安全保障に関する情勢はどのようなものか，そしてそれに関するわれわれの政策はどのようなものか」と問いかけ，こう答えた。

　　第1に，日本の敗北と武装解除によって，米国には日本の軍事防衛を引き受ける必要が生まれた。ただし，それは我々の安全保障利益，太平洋全域の安全保障利益，そして何よりも，日本の安全保障利益にとって必要とされる場合に限ってのことである。

彼はこれに続けて，米国が太平洋に引くべき「不後退防衛線（defensive perimeter）」の議論を展開していく[2]。ここでは「大国中国」がすでに崩壊してしまい，ソ連を中心にした共産主義の脅威を前にして戦勝国（米国）と敗戦国（日本）が同じ安全保障利益のなかに位置づけられている。

わずか数年の間ではあるが，両者の隔たりはあまりに大きい。米国政府内において前者の構想はいつ，どのようにして瓦解し，そして後者へと変容していったのだろうか。本章では，その史的過程を体系的に描いてみたい。分析の対象時期は，第二次大戦中から朝鮮戦争が開始する直前までの1940年代全体であるが，これをさらに4期に分けて政策の変遷をたどることにしよう。第一期（1941〜1943年末）では「中国大国化」構想の起源を確かめ，第二期（1944〜1946年末）ではその構想が展開されながらもやがて瓦解していく過程，第三期（1944〜1949年）では新たな構想の萌芽，そして第四期（1949〜1950年）では不後退防衛線の構想に発展していくまでの過程をそれぞれ扱う。

---

2) Remarks by Acheson, "Crisis in Asia: An Examination of U.S. Policy," (US-Bulletin 1950, vol. XXII, no. 551 : 114-116).

2. 第一期：「中国大国化」構想の起源

　米国の戦後世界秩序構想の基礎は，ローズベルトとチャーチル（Winston Churchill）英首相によって 1941 年 8 月に発表された「大西洋憲章」に現れた。そこでは，戦後の平和構築のあり方やグローバルな自由貿易体制の構築などが定められた[3]。

　同年 12 月，米国が正式に参戦すると，こうした構想を背景にしてアジア太平洋地域における戦略が確立していく。そのとき米国は，中国に対して主に 2 つの役割を期待することになった。1 つは，対日戦に軍事戦略上，貢献する中国である。いま 1 つは，中国を政治・軍事的に大国化して戦後アジアの安定勢力として機能させることである。つまり戦争をともに闘いながら，戦後には平和をともにつくり上げていくパートナーの役割を中国に期待したのである。ここに中国を四大国の 1 つとして扱うという「中国大国化」構想が生まれた。米国の参戦後，連合国間の国際会議でこうした路線は定まっていく[4]。

　まず，1941 年 12 月 22 日からローズベルトとチャーチルの間で行われたワシントン会議が挙げられる。このとき戦争遂行にあたって，英米以外の諸国（ロシアや中国など）から協力を得ることが確認された[5]。ここに「中国大国化」構想の起源があると考えられる。中国を戦後「四大国」の 1 つとして扱うレールがここで敷かれたからである[6]。1942 年 5 月 29 日，ホワイトハウスでローズベルト，モロトフ，ホプキンズ（Harry L. Hopkins）らが会談した。この席でローズベルトは，「米国，英国，ロシア，そしておそらく中国も加わり世界の警察官として行動し，査察によって軍備縮小を推し進める」と語った。これに対して，モロトフは「中国を含めるかどうかは中国人が強い中央政府を組織し，

　3）「大西洋憲章」と米国の戦後秩序構想との関係については，菅（[1992] 1997：195-196）を参照。憲章の原文は，Joint Statment by Roosevelt and Churchill, Aug. 14, 1941（FR 1941 I：367-369）。

　4）　以上の点については，Spanier（1975：72）; Messer（1989：63-77）; Tang（1963：ch. 2; 邦訳 1967：第 2 章）; 劉・李（1997：103-107）を参照。

　5）　Conversations Between Roosevelt and Churchill, 1941.Dec. 22（Goodrich and Carroll eds. 1942, vol. IV：239-240）。

　6）　五百旗頭（1993, 上：135）。

維持できるかどうかにかかっている」と述べた[7]。

1943 年 10 月，モスクワで行われた米英ソ三国の外相会談において，ハル（Cordell Hull）米国国務長官はモロトフの反対を押し切り，戦後の国際機構に中国を四大国の一国として入れることを決めた。会談後発表された「モスクワ宣言」のなかで中国は四大国の 1 つに数えられることになったのである[8]。米国政府にとって，この宣言は「中国が他の大国とともに戦争の遂行，平和の組織，戦後の国際協力のための機構設立に参加する権利と責任を承認した」ものであった[9]。その後，11 月 22 日から 26 日までローズベルト，蔣介石，チャーチルがカイロで会談を行い，「カイロ宣言」を発表した。そのなかで米英中は将来の対日軍事戦略について「三大同盟国は残忍な敵国に対して海陸空から容赦ない圧力をかける決意を表明」した[10]。この会談によって，中国は正式に四大国の 1 つになったのである[11]。後に，米国政府は「モスクワ宣言」と「カイロ宣言」，1943 年秋に表明されたこの 2 つの宣言をもって，「大国の一国としての中国の地位」を承認したと公式に発表した[12]。

3. 第二期

(1) 役割の変化

しかし，カイロ会談以降，「大国中国」に期待する役割が一部変化していく。

そもそも 1942 年，米国は対日戦の戦略拠点として中国を位置づけ，中国本土から日本本土を爆撃・進攻しようと考えていたが，1943 年 9 月頃から太平洋の米軍を中心に日本本土に直接攻撃することを検討し始める。このような情

---

7) Memorandum of Conference Held at the White House, by Harry L. Hopkins, May 29 (FR 1942, III：573).

8) 会談や宣言に関する議論は，Tang (1963：58; 邦訳 1967：60)，石井修 (2002：148) を参照。なお宣言の原文は，Declaration of Four Nations on General Security (Released to the press, Nov. 1, 1943) (US-Bulletin 1943, vol. IX, no. 228：308-309)。

9) CWP (vol. 1：37).

10) Conference of President Roosevelt, Chiang Kai-shek, and Churchill in North Africa (Released to the Press by the White House, Dec. 1, 1943) (US- Bulletin 1943, vol. IX, no. 232：393).

11) Tang (1963：69; 邦訳 1967：69).

12) CWP (vol. 1：37).

第1章　米国の戦後アジア地域秩序構想と中国　　　35

勢下で行われたカイロ会談で，蔣介石が中国本土の日本軍爆撃・攻撃などに消極的な姿勢を示し，英国もまたビルマ作戦に積極的な態度を見せなかった。これを受けてローズベルトは，対日戦略の重心を中国本土から太平洋米軍に大きく転換していくようになる。重要な軍事戦略や戦後構想も中国不在で決定されることになった[13]。

　例えば，1945年2月，米英ソはヤルタ会談でソ連の対日参戦と同時に中国の権益に関わる決定をする。それは外モンゴルの現状維持に加え，中国東北地域の港（大連），鉄道（東清，南満洲鉄道）におけるソ連の「優越的権益」を保護すると同時に，ソ連が旅順口を海軍基地として租借する権利を回復するという内容だった[14]。

　対日戦略における「大国中国」の役割は，このように相対的に低下していった。しかし，戦後アジアにおいて勢力均衡を支える安定勢力として，中国に期待をするということに大きな変化が現れたわけではなかった[15]。少なくともこれに代わるような平和構想がこのとき生まれたわけではない。そこで米国は国民政府の崩壊を防ぐために，1944年以降，中共に接近し，国共両軍を統一して国共連合政府を樹立するように蔣に圧力をかけるようになった[16]。つまり，将来中国に「大国」としての役割を期待するときには，蔣指導下の国府に多様な政治勢力が参加するような連合政府をつくることを想定し始めたのである。

　いずれにせよ，米国は中国を「大国」として扱い続けることになった。例えば，ローズベルトはウォーレス（Henry A. Wallace）副大統領を中国に派遣して，「中国が四大国の一国として承認された」ことを蔣介石に伝えようとした[17]。さらに1945年2月のヤルタ会談前，米国務省は会談において「我々は中国が極東における主要な安定勢力になることができるよう，彼らが強い，安

---

13)　以上の点は，福田（1979：122-126, 188-208）。なお，この変容過程については，湯浅（1987：147-166）も参照。

14)　The Yalta Agreement, Feb. 11, 1945（CWP, vol. 1：113-114）.

15)　大蔵省財政史室編（1976, 第3巻：21）。

16)　Tang（1963：ch. 5; 邦訳 1967：第5章）.

17)　Memorandum by Edward R. Stettinius to Joseph C. Grew, May. 24, 1944（FR 1944, VI：230）. この覚書を通じて，数日前の閣議におけるローズベルトの発言内容が伝達された。

定した，統一された政府を発展させられるよう我々が主導して支援することを提言する」としていた[18]。結局，ヤルタ会談によって米英ソは「中国が東アジアにおいて安定と秩序をもたらす役割を果たす」ことを想定することになった[19]。

　ただし終戦までに，敵国である日本に対して一時的な政策変化が生じた。1945年4月，ローズベルトが亡くなり，トルーマンが大統領に就任した。個人外交に頼ることの多かったローズベルトとは対照的に，トルーマンは助言者の意見に依存することが多かった。そのことが対日政策に影響したのである。日本に厳格な無条件降伏を求めずに，日本の旧支配体制を部分的に維持しながら，戦後日本の経済復興支援や日米協調路線を模索する。さらに戦後天皇制を存続させ，吉田茂ら親英米派による指導に期待する。このような「ソフトピース」と呼ばれる路線は，グルー（Joseph C. Grew），スティムソン（Henry L. Stimson）陸軍長官，ブレイクスリー（George H. Blakeslee），ボートン（Hugh Borton），ドーマン（Eugene H. Dooman）ら「知日派」によって主導された[20]。

　例えば5月28日，グルーはトルーマンに次のように語っている。日本軍国主義は排除すべきだが，日本が無条件降伏を受容しやすいよう細心の注意を払わなければならない。「天皇と天皇制の破壊あるいは恒久的廃止」を要求されることが，「日本人にとって無条件降伏を受け入れる上での最大の障壁」になる。そこで，彼らが「徹底的に敗北し，将来戦争を遂行する能力がなくなったとき，彼ら自身で自分たちの将来の政治機構を決定できる」ことを何らかのかたちで示唆すれば，「彼らは十分に面子を保つことができるし，それがなければ降伏を得ることはかなり難しいだろう」。「長期的に見て，我々が日本に望める最良のものは，立憲君主制の発展」である[21]。このような「ソフトピース」路線は，当初（1942年春頃），対ソ協調や国際的枠組みによって安全保障を達成するという「大西洋憲章」の理念を背景にしていたが，やがて1944年3月

18）　国務省がヤルタ会談前に作成した文書。Briefing Book Paper（FR 1945, Malta and Yalta：353）。この点については，菅（［1992］1997：64）も参照のこと。

19）　Zhao（1997：85-86）。

20）　「知日派」と「ソフトピース」について詳細は，五百旗頭（1993，上：第5-6章，下：第8-9章）参照。なお，これを批判的に検討したものとして，進藤（1999：第2章）も参照。

21）　Memorandum of Conversation, by Grew, May. 28, 1945（FR 1945, VI：545-546）。

第1章 米国の戦後アジア地域秩序構想と中国 37

頃からこの考え方の背景に変化が生まれ始めた。ソ連の極東政策に対する警戒が強まっていったのである。そこで対ソ戦略の文脈から，戦後の日米協調路線を模索することになった[22]。

1944年末から政府の政策決定レベルで，「知日派」は影響力をもつようになった。特に対日政策の決定に関して，国務省のなかでグルーが大きな決定権を握っていたことが大きく作用した。「知日派」を中心とする「ソフトピース」路線は，1945年7月頃までトルーマン政権の対日政策に大きな影響力を与えたのである[23]。しかし，その後国務省内の人事異動によって，「知日派」勢力は排除されていく。象徴的であったのは，グルーが国務省を去ったこと，そしてヴィンセント（John Carter Vincent）が極東局長になったことであった[24]。8月，米国による日本への2度にわたる原爆投下，さらにソ連の対日参戦を受けて，日本は8月14日，無条件降伏した。結局，1947年前半まで米国政府の初期対日占領政策は，懲罰的で理想主義的な「ハードピース」路線を反映するものとなった[25]。米国政府は，この初期対日方針を1945年9月22日に公に示した。そのなかで，占領の最終目的として日本軍の武装解除，非軍事化，民主代議制の発展などが列挙された[26]。

一方，トルーマン政権はアジア地域のなかの中心的存在として中国を位置づけていた[27]。ここでは蔣介石の指導する国府が米国のみならず，ソ連との間にも安定した関係をつくり出すことが期待されていたといえる。3つのことを確認しておこう。第1に，1945年11月末に駐華米国大使を突然辞任するまで，

---

22) 五百旗頭（1993，上：第5章；下：第7-9章）; Schaller（1985：9-13, 52-53; 邦訳1996：26-31, 90-91）; Gallicchio（1988：ch.1）; 進藤（1999：第2章）。

23) 五百旗頭（1993，下：第8章）。

24) 例えば，ヴィンセントは次のような懸念を示していた。「反ロシア的な中国政府が中国共産主義者に対し軍事行動を起こせば，ロシアの態度に変更を生じさせることになろう。戦後，反ロシア的日本が急速に発展することが，ロシア人を刺激し，彼らが安全保障を求めて華北と満洲に衛星的な中国政権を形成させることになろう」。Vincent to Stettinius, Feb.8, 1945（FR 1945, VII：855）. なお，この人事異動の重要性については，例えば，Schaller（1985：31; 邦訳1996：59）を参照のこと。

25) Schaller（1985：24-25; 邦訳1996：49-51）; 進藤（2002：第1章）.

26) U. S. Initial Post-Surrender Policy for Japan（Released to the Press by the White House, Sep.22, 1945）（US- Bulletin 1945, vol. XIII, no.326：423-427）.

27) Stueck（1981：28）.

38 第1部 米国のアジア・中国政策（1940年代）

ハーレイ（Patrick J. Hurley）はソ連が中共ではなく蔣指導下の国府を支持すると確信しており，その見解が11月までの米国の中国政策に大きな影響力をもっていた[28]。第2に，対日参戦で中国東北地域に進駐したソ連軍が予定通り3ヵ月以内に撤退するだろうという見通しが，当初米国政府内にあったことである[29]。第3に，米国政府が国府軍の東北領土接収を支援するための対策を検討し始めていたことである[30]。

　このようにして終戦当初，トルーマン政権は戦勝国の間に安定した関係をつくるとともに，敗戦国に対しては厳しく処理にあたるという2つの柱に支えられた平和構想を何とか実現しようとした。

(2)　「大国中国」の崩壊へ

　しかし，戦後中国は平和な国家建設をするには難題が多かった。最初に情勢が悪化していったのは中国東北地域であった。1945年9月中旬から東北のソ連軍が中共の東北進入を非公式に許可するようになる。これによって，東北においてソ連軍と中共が非公式に協力する一方で，国府による東北進軍がなかなか進展しないという状況が生まれた[31]。中国戦線米軍総司令官・ウェデマイヤーは，終戦直前からソ連と中共との関係が一枚岩であるという認識をもち，ソ連による中国の衛星国化を阻止することが米国の国家的関心事だと考えてい

---

28)　例えば，こうしたハーレイの見解はアチソンとの電話会談に現れている。Memorandum by Acheson of a Telephone Conversation with Hurley, Temporarily in Washington, Sep. 27, 1945 (FR 1945, VII：570)。なお，ハーレイの見解，政策の展開については，Tao (1989：78-95), Cohen (2000：143-146) を参照。

29)　終戦前からトルーマンはスターリンが中国での領土支配の意図をもっていないことを重視していたようである。彼の見解は，例えば次の電文や会談に現れている。Grew to Hurley, June. 9, 1945 (FR 1945, VII：897); Memorandum of Conversation, by Grew, June. 14 (Ibid：901)。戦後もハリマン（Averell W. Harriman）駐ソ連米国大使は，1945年8月27日にスターリンと会談し，ソ連軍が3ヵ月以内に撤退する見通しであり，国府軍による東北接収は予定通り期待できると判断していた。Harriman to Byrnes, Aug. 29 (Ibid：1026)。

30)　9月，アチソン国務次官，スティムソン陸軍長官，フォレスタル海軍長官の三者は，国府軍が「国内の平和と治安を維持できるように，また中国の解放地域（満洲，台湾を含む—原文）をきちんと支配できるように」，適切な取決めの下で軍建設の支援を行うことが国益に適うと考えた。そこでアチソンがこの点をトルーマンに進言した。Memorandum by Acheson to Truman, Sep. 13, 1945 (FR 1945, VII：559)。

31)　于・王 (1995：139-142); 孫 (1996：84-88); 張桂華 (1998：37-42); 楊奎松 (1999b：17-18)。なお，詳細は本書の第3章参照。

たと当時のことを回想している[32]。11 月上旬，統合参謀本部（JCS）のなかで，このような事態に対して警戒が生まれた。統合計画担当幕僚は次のように提言した。米国は国府の東北・華北占領を支援するにあたって，当初その任務を「日本人の武装解除と本国送還」に据えていた。しかし，「いまやその主だった当面の任務が国民政府の領土支配を確保することにおかれるようになり，移動の済んだ部隊は適宜活用されてもいるようだ」。国府による東北・華北支配が進まなければ，「米国の中国における目標達成にとって危険であるばかりか，ロシアにとって利益にもなるだろうし，ロシアが［中国に］介入する可能性まで指摘されている」[33]。

このような東北情勢の展開を前にしたとき，ソ連が中共を支援しないというハーレイの確信は崩れ始め，11 月 26 日に彼は大使を辞任する[34]。彼の突然の辞任を受けて，米国政府は短期間のうちに中国政策を再検討することになり，マーシャルを国共調停のために中国に派遣することを決定した。米国政府はマーシャルの任務決定過程において，望ましい「中国の統一」のあり方をめぐって論争したものの，中国を中心に据えながらアジア地域の安定を構想することではほぼ一致していた。12 月 15 日，マーシャル中国派遣を前にトルーマンが中国政策全般に関する声明を発表したが，彼はそのなかで「強い，統一された，民主的中国」が国連や世界平和にとって最重要であること，「太平洋の平和維持」にとって中国が「統一された，民主的で平和な国家」になる必要があることを示したのである[35]。

マーシャルは中国情勢が内戦によって不安定にならないように，1946 年 1 月から本格的に国共調停を開始した。しかし 6 月下旬以降，マーシャルの努力もむなしく，中国での国共内戦は激化してしまい，調停は難航をきわめた。1947 年 1 月，マーシャルは任務達成できないまま帰国する[36]。戦後アジア地

---

32) Wedemeyer (1958：ch. XXIII; 邦訳 ［1997］1999，下：第 23 章).

33) The Operation Division, War Department General Staff to Wedemeyer, Nov. 8, 1945 (FR 1945, VII：610).

34) この点については以下の研究を参照。Cohen (2000：149-151); 入江 (1971：112-113).

35) Statement by Truman, "United States Policy Toward China" (Released to the Press by the White House December16) (US- Bulletin 1945, vol. XIII, no. 318：945).

36) マーシャルが帰国するにあたって，表明した声明は以下のものである。Personal Statement by Marshall, Jan.7, 1947 (CWP, vol. 2：686-689).

40　　　　　第1部　米国のアジア・中国政策（1940年代）

域において安定勢力になることを期待された「大国中国」は，内戦の進展とともにすがたを消していくことになる。

4.　第三期

(1)　中国政策をめぐる論争

　1947年初頭から1948年末にかけて，米国政府内では内戦が広がっていく中国に対してどのような政策をとるかが論争されることになった[37]。

　一方の立場を代表するのは，ヴィンセントを中心とする国務省だった。彼はいう。米ソ関係において，中国を主たる問題にするべきではない[38]。「中国から共産主義を排除するために，蔣介石を直接かつ大規模に軍事支援するという米国の政策」は，好ましくもなければ実現もできない。そうすることでかえって米国の「中国内戦への直接介入」は必至となる。そればかりか「ソ連を刺激することになり，彼らが中国共産主義者の側について［米国と］似たような介入をすることになるだろう」。その上，中国人民の反発も予想される[39]。中国の行政は非効率で，中国を支配するための作業は甚大であり，中国人は外国からの干渉に反発しやすく，中国に工業発展もなければ物資も欠如している。おまけに，ロシアには中国を懸念材料にするほど物資援助する能力はない。このような状況を考えれば，「ソ連優位の中国」は「我々が中国国民政府の側に立って中国内戦に直接かつ大規模に介入する」ほど危険なものではない[40]。1947年1月に国務長官に就任したマーシャルは，このようなヴィンセントの見解を概ね支持した[41]。

　もう一方の見解を代表するのは，軍部だった。JCS はソ連がヨーロッパ，中東，極東で拡張主義政策をとっているという認識を強めていた。とりわけソ連

---

37)　政策論争の特徴，詳細は以下を参照。Iriye（1974：136-138, 153-157）; Blum（1982：ch.2-3）; 菅（[1992] 1997：99-134）.

38)　Vincent to Marshall, Feb. 7, 1947（FR 1947, VII：790）.

39)　Vincent to Marshall, June 20, 1947（FR 1947, VII：849）.

40)　Memorandum by Vincent, June 27, 1947（FR 1947, VII：854）.

41)　Marshall to Patterson, Mar. 4, 1947（FR 1947, VII：805-808）; Marshall to Lovett, Jul. 2（Ibid：635）.

がアジアにおいて中国からインドシナ，マレーシア，インドへと影響力を拡大させることに警戒感をもった。このとき中共はソ連の政策上の道具とみなされた。JCS は次のように情勢を推測した。「極東において，ソビエトの影響力とパワーがこれ以上拡大すれば，米国の軍事安全保障は脅かされるだろう」。「日本が非武装化され占領されている現状において，アジアにおけるソビエトの拡大に抵抗できる土着政府は，中国国民政府をおいてほかにない」。「中国国民政府に十分な軍事援助を与え，中国内部の共産主義拡大に有効に抵抗しなければ，その政府はおそらく崩壊することになろう。そうなればソビエトの拡張主義的目的に抵抗する唯一の統一反対勢力がアジアから消えることになる」[42]。このような認識の背景には，次なる戦争はイデオロギー上の敵対者との戦争であるという予測があった[43]。

　さて，1948 年末頃までの対中国政策は，両者が論争を続けながらも全体としては前者の立場が反映されるものであった。例えば，1948 年 6 月 19 日に米国議会上下両院が承認し，28 日にトルーマン大統領が署名して正式に成立した中国援助法は，その代表的な事例であるだろう。ここでは内戦への大規模な介入を回避することが決定されたが，それはあくまでも国務省の路線を反映したものであった[44]。マーシャルら国務省はヨーロッパ復興援助への支持を議会から得るために，親蔣的な共和党議員を中心とする中国ロビーに譲歩しながら，対中援助を付与したのだった[45]。さらに 1947 年秋から米軍は朝鮮半島や中国大陸から全面的に撤退を開始した。

---

42)　Memorandum by the JCS to the SWNCC, June. 9, 1947, Enclosure-Appendix, Subclosure-Annex（FR 1947, VII：838-848）.

43)　Memorandum by the JCS to the SWNCC, May. 12, 1947, Appendix（J. C. S. 1769/1, Apr. 29）（FR 1947, I：736）.

44)　菅（[1992] 1997：126）。菅によれば，軍事援助の追加は軍部への配慮であった。なおコーエンは，当時マーシャル国務長官が中国政策を主導していたとする（Cohen 1980：11-14; Idem 2000：157-160, 175）。

45)　以上の点は，米国下院議会外交委員会が編纂した資料集のなかで，当委員会が 1947 年から 1950 年までの対中経済支援について解説した内容に依拠した（USPFE, vol. VII：153-157, 333-341）。

(2) 変化の胎動

上記のように中国政策をめぐる論争は続いたが，その一方で重要な変化が胎動していた。

第1に，アジア地域における秩序を構想するとき，「大国中国」を中心に据えることがもはや非現実的になっていた。国務省も軍部もともに現状のままでは国府政権を維持することがかなり難しいという判断で一致していた。マーシャルは「徹底した政治・軍事的改革をすすめない限り，中国は救われない。蒋総統をこのように説得することは不可能ではなくとも，きわめて難しい」し，反動的な助言者の影響力が「彼［蒋］の任務をますます難しいものにした」と理解していた。一方，フォレスタル（James V. Forrestal）は米国が国府支援を切り上げてしまえば，「それに応じて中国におけるソ連の影響力が拡大してしまう」と考えていた[46]。また JCS は，1947 年 6 月の時点で「現国民政府が腐敗していようが，政治的問題を抱えていようが」，現状のままでは中共が中国を支配することになるという情勢認識をもっていた[47]。1948 年後半になると「中国大国化」を期待することが，少なくとも短期的には非現実的であると米政府内で広く認識されるようになった。同年 11 月初旬，大統領の諮問機関としての国家安全保障会議（NSC）は報告書を作成し，次のような見解を示すことになった。現状あるいは近い将来に起こりうる情勢に鑑みると，「統一された，安定的な，非共産主義的で親米的な中国の発展を促すこと」，「中国の独立と統合に対する国際的尊重を高めること」，「敵対的な軍事勢力の中国支配によって我々の国家安全保障が脅威にさらされないよう防止すること」，「諸国家の商業上かつ産業上の機会均等を中国全体にわたって促進すること」，このような「伝統的で長期的な目的」は当面，達成できそうにない[48]。さらに，国務省もマーシャルを中心として，中国国内情勢が極度に流動的で混乱しているために固定的な政策を立案できないし，米国は対中国政策において最大限に行動

---

46) Minutes of Meeting of the Secretaries of State, War, and Navy, Feb. 12, 1947 (FR 1947, VII：796).

47) Memorandum by the JCS to the SWNCC, June 9, 1947, Enclosure-Appendix (FR 1947, VII：843).

48) Draft Report by the NSC on United States Policy toward China, Nov. 2, 1948 (FR 1948, VIII：185-186).

第1章　米国の戦後アジア地域秩序構想と中国　　43

の自由を確保すべきだと主張していた[49]。

　第2に，国務省は中国への軍事・経済援助に消極的ではあったものの，ヨーロッパや日本の経済復興援助に対しては積極的だった。1947年5月，マーシャルは国務省内に政策企画部（PPS）を設置し，ケナン（George F. Kennan）を同部長とした。PPS発足当初，ケナンの影響力は大きく，彼を中心にして政策立案作業が行われた。ケナンはソ連を軍事的脅威とみなさず，西側世界の政治経済的弱体を利用して影響力を拡大させると認識していた。そこで西側世界自身の活力を復興させるために，米国の非軍事的援助が緊要であると説いた。ただし，その援助は米国の経済・技術・財政的能力の限度内で，米国の安全保障に重大な影響を及ぼす地域に限定して行われるべきだとされた。その重点とは，ほかでもなくヨーロッパと日本だった。彼の提唱する経済復興援助には，共産主義拡大を阻止する「封じ込め」という意味合いが込められていた[50]。

　第3に，JCSは国府支援の積極化を主張してはいたが，米国が次期戦争に備えて対外援助する上で，次の点を慎重に検討すべきことについては認めていた。まず，援助する米国の能力には限界がある。次に，米国の国家安全保障という戦略的思考を持つこと。さらに，米国が世界各国に援助する場合，その緊急性と重要性を序列化することである。以上の点からJCSは，米国の国家安全保障の重要性に鑑みて，援助すべき国家を序列化していった。その結果，西欧地域がトップ，日本が13番目，中国は14番目に位置づけられていた。ただし，米国の国家安全保障の重要性に加え，現地諸国にとって援助がどの程度緊要かという視点を掛け合わせた場合，その序列は西欧地域がトップ，日本が8番目，中国に至っては14番目という結果であった[51]。

---

49)　Marshall to Stuart, Aug. 13, 1948 (FR 1948, VII：416); Lovett to Stuart, Oct. 26 (Ibid：512-513, 517). 後者の電文は国務長官代理がマーシャルの見解を伝えたものである。なおバタワース（W. Walton Butterworth, Jr）極東局長も概ねこの見解を支持していたようである。Memorandum by Butterworth to Lovett, Nov. 3 (FR 1948, VIII：187-189).

50)　以上の点については，Gaddis (1982：ch.2); Gaddis (1992：27-31); Gaddis (1997：ch. 2); 佐々木 (1993：第2-3章) を参照。なお，国務省中国課も同様の認識をもっていた。つまり対中国支援は，世界の他の地域における米国の安全保障，戦略的利益に鑑みて検討されるべきだと提言していた。Memorandum by Sprouse to Wedemeyer, 1947 (FR 1947, VII：751). 同文書は8月23日，ウェデマイヤーが南京で受け取り，9月19日にバタワースに渡された（Ibid：741の注8）。スプラウズは当時，中国課課長補佐であったが，翌年中国課課長に就任している。

51)　Memorandum by the JCS to the SWNCC, May 12, 1947, Appendix (J. C. S. 1769/1, Apr. 29) (FR

44　第1部　米国のアジア・中国政策（1940年代）

このような要因を背景にして，第三期の米国のアジア政策には大きな変化が2つ現れた。1つは，「封じ込め」政策が影響力を強めていったことである。もう1つは，アジア大陸ではなく，太平洋島嶼地域が米国にとって重要な利益であるという認識に至ったことである[52]。こうして，アジア地域における重点が中国から日本に移動していった。

(3)　「封じ込め」の構想

1947年に入ってから，米国政府内で日本の経済復興の必要性が語られることが多くなった。しかし，米ソ関係のなかに日本の経済復興をどう位置づけるかという点については意見が一致していなかった[53]。

国務省日本朝鮮経済問題局は，連合国，なかでもソ連との協調を前提にした日本の経済復興を構想していた。したがって米国が日本を対ソ連緩衝地帯にしているとか，米国が極東の主要友好国を中国から日本に移動させようとしているという非難は回避すべきものだった。何よりも日本経済の成長は，新しい時代を象徴するような平和で民主的な日本を誕生させるためのものでなければならなかった[54]。彼らの見解を基礎にして，SWNCC国務省メンバーは「日本経済の復興」と題する文書を作成した（SWNCC文書381）[55]。その文書のなかでは，米国単独で日本復興を進めることには反対で，極東の諸国との協調が「長期的にみれば，日本の復興にとって絶対不可欠である」ことが説かれた[56]。

一方，極東の共産主義拡大を警戒する者にとって，日本が政治・経済的に不安定であることはきわめて危険な状態であった。例えば，1947年3月3日，フォレスタルは「ソビエトシステムと我々のシステムとの競争」をするなら，戦時中と同じように米国内の有能で，知能ある者をすべて利用すべきこと，さらに日独人民が生活再建できるよう各国間の貿易を復興すべきこと，そのための財政支援拡大は米国の管轄下に行うべきことなどをスナイダー（John

---

1947, I：734-738).

52)　Gaddis (1987：77-78, 80).

53)　この点について詳細は，Schaller（1985：ch. 4-7；邦訳 1996：第4-7章）を参照。

54)　Memorandum by Edwin F. Martin to John H. Hilldring, Mar. 12, 1947 (FR 1947, VI：184).

55)　Hilldring to Petersen, July 25, 1947 (FR 1947, VI：265).

56)　The State Member of the SWNCC to the Committee, Oct. 9, 1947 (FR 1947, VI：302-303).

Snyder）財務長官に語っていた[57]。また，ロイヤル（Kenneth Royal）陸軍長官は，次なる戦争に向けて日本を位置づけるよう訴えた。彼はいう。われわれは，「日本が自発的で侵略的な，さらに残忍な戦争を再び他国に仕掛ける」ことがないよう取り組むべきだが，同時に「日本に自給自足的な民主主義を打ち立てる」という目的もある。その日本は「自立するだけでなく，今後極東で起こるであろういかなる全体主義的戦争の脅威にも立ち向かう抑止として働けるよう，十分に強く，安定」していなければならない[58]。

　トルーマンは，後者の立場をすぐに実行に移したわけではなかった。米国が対日占領政策を本格的に転換し，「逆コース」に向かうのは1947年後半から1948年にかけての時期である。このとき，対ソ「封じ込め」の要塞として日本を位置づけるという路線への転換がはかられることになった[59]。

　1947年秋からケナンがその動きを主導することになった。PPSで2ヵ月近く対日講和問題を検討した末，10月14日，ケナンは過去の協議結果を1つの文書にまとめた。そのなかでは第1に，現在日本国内は政治・経済的に不安定であって，早期対日講和は共産主義浸透という大きなリスクを負うことになることが指摘されていた。第2に，今後日本の軍事安全保障は，何よりも米軍との「緊密性」，場合によっては米軍のプレゼンスによって立つべきであるとされた。そのとき，「いかなる軍事勢力にも日本本国を制圧させないという我々の意志と決意を明らかにするのに十分な武力を太平洋地域においておく，このことを米国の防衛政策の原則としなければならない」とされた[60]。翌年3月，ケナンは上記文書の内容を協議する目的で訪日し，マッカーサー（Douglas MacArthur）と会談した。帰国したケナンは，「米国の対日政策に関する提言」と題する報告書をまとめる。ケナンの報告書には，3つ注目すべき点があった。1つは，対日講和後，日本の安全保障を構想するにあたって，ソ連の力や日本社会の状況次第では米国指導下に日本を限定的ながら再軍備することも考慮に

---

57) Lunch- John Snyder, Mar. 3, 1947 (Micro Forrestal：reel. 2, vol. 6, no. 1508).

58) Speech by Royall on the United States Policy for Japan, Made in San Francisco, Jan. 6, 1948（『日本占領重要文書』第2巻：10）.

59) Schaller (1985：ch. 5-7; 邦訳 1996：第5-7章).

60) Memorandum by Kennan, Oct. 14, 1947, Annex (Memorandum by Kennan, PPS/10, Oct. 14) (FR 1947, VI：537, 541).

入れるとした。次に，米国の長期的な援助計画の下で日本の輸出を再興させ，経済復興をさせることが対日政策の第一目標とされた。最後に，パージする基準を緩和すべきだとした[61]。このケナンの報告書に修正を加えた NSC 文書13/2 が，10 月 7 日に NSC で合意され，9 日にトルーマンが承認した[62]。この文書が対日占領政策の転換に大きな役割を果たした[63]。

アジアに「封じ込め」線を引いて，その中心に日本を据えるという考え方は，対日政策の転換だけではなく，アジア地域全体の秩序構想にも変化を及ぼした。ケナンは「日本がもし一定程度の経済資産を失い，ソビエト支配下の［アジア］本土の地域で市場と原料を失い，中国，インドネシア，インドシナ，インドにきわめて不安定な情勢が広がり，ドル地域への伝統的輸出も再開できる見込みがなければ，日本が——最もましな状況であったとしても——きわめて深刻な経済問題に直面することは明白である」と考えた。ロイヤルも，これと同じような警戒心をもっていた[64]。こうした危機認識が背景になって，アジアで日本を産業・貿易の中心にして，東南アジアを含む相互依存経済圏を形成しようという構想が生まれた[65]。

1949 年 3 月，PPS は東南アジア政策を包括的に再検討し 1 つの文書をつくり上げる。このなかに，上記の構想が結実した。同文書は，東南アジア政策の1 つの目標として，「現地におけるクレムリンの影響力を封じ込め，またそれを着実に低減させること」を挙げた。そして，「東南アジア（SEA－原文）をインド半島，オーストラリア，日本によって形成される大きな三日月地帯の不可欠な一部とみなすべき」だとした。また日本，西欧，インド，東南アジアの間で経済的相互依存を促進して，前三者が完成品を供給し，東南アジアが原材料供給地となることについてもめざそうとした[66]。

---

61) Report by Kennan (PPS/28), Mar. 25, 1948 (FR 1948, VI：692, 694).

62) Note by Souers to Truman, Oct. 7, 1948, Annex (NSC13/2, Oct. 7) (FR 1948, VI：857-862, 857 の注 1).

63) 以上，ケナンによって主導された占領政策の転換についての詳細は以下を参照。五十嵐 (1995：第 1 章); Schaller (1985: ch. 7; 邦訳 1996：第 7 章).

64) Memorandum by Kennan, Oct. 14, 1947, Annex (PPS/10) (FR 1947, VI：541); Speech by Royall, Jan. 6, 1948 (『日本占領重要文書』第 2 巻：10).

65) この点について詳細は，以下を参照。菅（[1992] 1997：第 4 章); Schaller (1985：83, ch. (8：邦訳 1996：137-138, 第 8 章); Cumings (1994：215-235).

この文書の内容は，1949年末に米国政府のアジア政策を定めることになる NSC文書48に反映されていく。

5. 第四期

(1) 国務省にとっての防衛線

1949年から朝鮮戦争が勃発する1950年6月までに，アジア地域の国際政治にとって重大な変化が3つ現れた。1つは中国内戦において中共が圧倒的優勢に立ち，ついに1949年10月，中華人民共和国が成立したことである。次に，ソ連が核実験に成功したことが挙げられる。最後は，中共とソ連の間に中ソ友好同盟相互援助条約が成立したことである。

こうした状況を前にして，ソ連の影響力拡大を封じ込めるための防衛線をアジア地域に引くべきだという考え方が，米国政府のなかで支配的になった。防衛線そのものを否定する声は，もはや政策決定者の間ではほとんど聞かれなくなっていた。しかし，防衛線をどこに，どのように引くべきかをめぐってはなおも2つの立場があった。その論争の中心は中国政策だった[67]。

1949年1月上旬，NSCで合意された中国政策は，その基本目標をいかなる外国勢力にも支配されず，親米的な中国を中国自身が発展させるという点においた（NSC文書34/1）。その後1ヵ月足らずで，トルーマンがこれを承認する[68]。しかし，同文書はソ連による中国への影響力拡大を防止するという目標については合意に至っているものの，それをどのように防止するのかについては多分に曖昧であり，論争の余地を残していた。ここから防衛線の引き方をめぐる論争が，発展することになる。

アチソン国務長官，バタワース極東局長を中心とする国務省メンバーが，一方の立場を代表していた。アジアにおいて共産主義は軍事力によって拡大する

---

66) PPS Paper on United States Policy Toward Southeast Asia, Mar. 29, 1949 (FR 1949, VII：1129-1130).

67) 以上の点について，詳細は以下を参照。Blum (1982：ch. 10-11); Gaddis (1987：72-74); Heinrichs (1980：281-292); Schaller (1985：ch. 11, 14; 邦訳 1996：第11, 14章).

68) Souers to the NSC, Janu. 11, 1949, Enclosure (Draft Report by the NSC [NSC34/1]) (FR 1949, IX：474-475). トルーマンの承認については，Souers to the NSC, Feb. 4 (Ibid：484-485) を参照。

のではなく，政治・経済的弱さへと浸透していくものだと彼らは考えた。そこで 1949 年初頭から国務省は，台湾に対しては外交・経済手段を通じて共産主義拡大を防止すればよいと提案した[69]。また 1949 年末，アチソンは JCS のメンバーが列席する会議でこう語っている。「現在，共産主義者が事実上，中国を支配している」が，その最大の原因は「武力」によるものではなく，「国民党の崩壊」や「長期にわたりくすぶり続けた農民革命」によるものである。現状では「中国には共産主義に抵抗する基盤がない」。東南アジア全域でも事情は似たようなものであり，「共産主義者はおそらく侵略によってではなく，［政府］転覆活動を通じて支配を広げようとする」だろう[70]。アチソンは，あくまでも共産主義の脅威が軍事力を中心にしたものではないと語っていた。とりわけ彼は，差し迫った戦争が起こるという予想はもっていなかった。だからこそ，中国政策を 25 年以上の長期的視野に立って構想しようとしたし[71]，1950年初頭に至ってもなお，アジアでの軍事的脅威は米国にとって極限的に差し迫ったものではないと主張したのである。代わりに彼が強調したのは，現地の人々が「自由で生産的な世界」を熱心に求め，貧困や外国からの支配を脱して民族独立をめざすという，新しい時代にアジアがおかれているという認識だった[72]。

　では，ソ連と中共との関係について，アチソンはどのように考えていたのだろうか。彼は，両者の間に政治・経済問題をめぐって衝突が生じる可能性があるとみていた。そこで彼は中共とソ連とを離反させて，中共のチトー化を促進しようと考えた。1949 年 2 月下旬，アチソンは 2 つの文書を提起している。まず NSC 文書 34/2 では，中共が将来経済建設に取り組むにあたって，共産主義理論と中国の現実との乖離に直面し，経済発展のために西側諸国との貿易を求めることになるだろうと述べた[73]。次に NSC 文書 41 のなかで，ソ連が

---

69)　Souers to the NSC, Jan. 19, 1949, Annex (Draft Report by the NSC on the Position of the United States With Respect to Formosa［以下，NSC37/1］) (FR 1949, IX：271).

70)　Memorandum of Conversation, by Acheson, Dec. 29, 1949 (FR 1949, IX：465).

71)　Note by Souers to the NSC, Feb. 28, 1949, Enclosure (Draft Report by the NSC on United States Policy Toward China［以下，NSC34/2］) (FR 1949, IX：494).

72)　Remarks by Acheson, Jan. 12, 1950 (US-Bulletin 1950, vol. XXII, no. 551：115); Address by Acheson, "United States Policy Toward Asia," Mar.); 15, 1950 (Ibid, vol. XXII, no. 560：467).

73)　NSC34/2 (FR 1949, IX：493).

第1章　米国の戦後アジア地域秩序構想と中国　　49

「共産主義に支配された中国から物質的，政治的利益を最大限に得るよう全力
を尽くす」だろうし，そのために「中国の対外貿易の歴史的パターンを変容さ
せようとするだろう」。さらには「満洲における自らの特権——1945年の中ソ
間の協定で規定されているもの——を間違いなく利用する」だろう。アチソン
は，このようにしてソ連と中共との間に対立の種が生まれるだろうと予測しな
がら，政治的な宣伝や中国との通常の経済関係を回復させることによって，中
共・ソ連の離反を促進するよう提言したのだった[74]。中共が内戦に勝利した
後も，アチソンの提言に大きな変化はみられなかった。1949年12月末，彼は
依然として中共・ソ連の離反を1つの重要な戦略として捉えていたのであ
る[75]。

　こうした認識を前提にすれば，国務省にとって防衛線は次のように引くべき
ものであった。中国大陸には有力な反共軍事・政治勢力はもはや存在せず，外
部からの支援はまったく役に立たない。だから中国大陸や台湾へは固定した政
策をとらず，行動の自由，柔軟性を残す。言い換えれば，こうした地域を防衛
線の範囲からは外す。米国が軍事防衛すべき範囲は，日本，琉球，東南アジア
地域（特にフィリピンなど島嶼地域）につながる地域である。

　1949年2月，アチソンは最終的に中共が台湾を含め中国全土を支配するの
はもはや時間の問題だから，国府やその他中国大陸に残存する反共勢力への軍
事・経済支援は役に立たないと考えた。彼は米国が現時点で共産主義の脅威に
対抗できるような指導体制や精神を中国国内につくり上げることは難しいと考
えていた[76]。当時，バタワースの判断もこれと大きな違いはなかった。彼は
現地の大使館，領事館，さらには米軍当局から送られてくる次のような情勢報
告を重くみていた。「華南に向かって断固進撃する共産主義者に国民政府がま
ともに対抗できる可能性はほとんどない。なぜなら南京地区から逃れている正

---

74)　Note by Souers, on United States Policy Regarding Trade With China, Feb. 28, 1949, Annex
　　（Draft Report by the NSC on United States Policy Regarding Trade With China［以下，NSC41]）
　　（FR 1949, IX：828-830, 833）。さらに4月になってアチソンは「ソ連の中国における帝国主義的目
　　的と満洲，新疆，内蒙古におけるソビエトの行動によってもたらされる中国への脅威」を政治宣
　　伝すべきだと訴えるようになった。Memorandum by Acheson to Souers, Apr. 4, 1949 (Ibid：
　　509)。

75)　Memorandum of Conversation by Acheson, Dec. 29, 1949 (FR 1949, IX：465-466)。

76)　NSC34/2 (FR 1949, IX：492-494); Acheson to Ludden, Feb. 21, 1949 (FR 1949, VIII：141-142)。

規軍を除けば，彼らの正規軍は揚子江以南においては弱小だからである」[77]。

中共が内戦に勝利した後も，米国政府のなかには，中国本土の反共勢力を支援すべきだという意見があった。しかし国務省は，彼らへの軍事，経済支援を断固拒否するという姿勢をとった[78]。当然のことながら，国務省としても台湾に対する基本方針が非共産化であることは認めており，「その最も実践的な手段」が台湾を大陸から孤立させることだと主張してはいたが，米国が「あからさまに単独で責任を負ったり，影響力を及ぼしたりする」ことだけは避けるべきだと留保をつけていたのである。結局，「台湾情勢は不安定だから，我々の立場を幅広く柔軟性をもつものにしておかなければならない」として，米国が無制限に国府を援助することについては，あくまでも消極的な姿勢をとった。台湾には軍事的関与をせず，外交・経済的手段を使用すべきだというのが彼らの提言だった[79]。

やがてこうした考えは，1950 年 1 月 12 日，アチソンが行った演説に象徴的に現れることになった。彼は，米国が軍事防衛すべき米国の国家安全保障の及ぶ範囲を「不後退防衛線」と呼び，それがアリューシャンから日本，琉球，フィリピン諸島に連なる線だとした。台湾，朝鮮半島に対していかなる関与をするかについて，彼は曖昧さを残したまま演説を終えた[80]。

(2) 強硬的な防衛線

このような防衛線のあり方に批判的だったのは，主に米国軍事エスタブリッシュメントであった。彼らにとっては，ソ連と中共は一枚岩の存在であった。アジア地域において共産主義がドミノ的に拡大することを警戒した彼らは，中国大陸周辺に防衛線を引いて米国が台湾を何らかの形式で軍事防衛するよう提言した[81]。

---

77) Butterworth to Lovett, Jan. 26, 1949 (FR 1949, VIII：664).

78) Memorandum by Butterworth to Acheson, Nov.19, 1949, Annex (Draft of Memorandum for Truman) (FR 1949, IX：591-592).

79) NSC37/1 (FR 1949, IX：271, 274).

80) Remarks by Acheson, Jan. 12, 1950 (US-Bulletin 1950, vol. XXII, no. 551：115-118). 詳細は，Gaddis (1987：ch. 4) を参照。

81) 共和党議員を中心とする議会の中国ブロック，中国ロビーなどもこれと似たような見解を共有していた (Blum 1982：chs. 1-5)。

第1章　米国の戦後アジア地域秩序構想と中国　　　51

　1948年11月末，JCSが作成したNSC文書37はその構想を凝縮したものだったといえるだろう。中共を含めて共産主義の拡大はモスクワが主導している，中共が中国大陸や台湾へ支配地域を拡大させていけば，やがて日本とマレー地域の間の海洋ルートは共産主義の影響力下におかれてしまう，さらに琉球やフィリピンにもその支配が拡大されていく。こうした一連の事態を，彼らは「戦争」と名づけて警戒を呼びかけた。敵の影響力拡大は米国の国家安全保障を減退させることになるので，米国が自らの国家安全保障のためにも台湾の軍事基地を確保すべきであると提言した[82]。

　翌年2月，JCSは現時点で台湾に「あからさまな軍事関与」をすることは賢明ではなく，軍隊を展開させるべきではないと認めながらも，台湾の「戦略的重要性はそれでもなお大きい」と考えた。そこで，NSC37/2で定められた外交・経済的手段を支えるためには，「何らかの軍事援助」が必要だと訴えた。具体的には，台湾港湾に米軍艦隊数隻を駐屯させることを求めた[83]。中共の内戦勝利を目前にした8月以降，彼らはあくまでも軍事手段の使用に慎重ではあったものの，もはや「戦争そのものに発展していく将来の状況」を考えれば，「台湾で明白な軍事行動をとることは国家安全保障という全体的な立場からみて，結局のところ得策であろう」と提言するに至った[84]。

　同年12月下旬，JCSは大規模な軍隊を投入することなく，「台湾の反共政府」に「穏当で，指揮に優れ，綿密に監督された軍事援助計画」を与えることが「米国の安全保障利益」に適うと結論づけた。その援助を政治・経済・心理政策とともに実行することが望ましいというのが，彼らの考えだった[85]。ただし，中国大陸のなかに防衛線を引いて，大陸に残存した国府軍勢力が共産主義勢力に対抗することについては，非現実的だと考えていた[86]。

82）　Note by Souers to the NSC, Dec. 1, 1948, Annex（Memorandum by the JCS to Forrestal, Nov. 24）（FR 1949, IX：261-262）.

83）　Note by Souers to the NSC, Mar. 1, 1949, Annex（Draft Report by the NSC on Supplementary Measures With Respect to Formosa）（FR 1949, IX：291）. この添付文書に，第33回NCS会議におけるJCSの見解が紹介されている。

84）　Note by Soures, Aug. 22, 1949, Enclosure（Memorandum by the JCS to Johnson, Aug. 17）（FR 1949, IX：377-378）.

85）　Note by Souers to the NSC, Dec. 27, 1949, Annex（Memorandum by the JCS to Johnson, Dec. 23）（FR 1949, IX：460-461）.

(3) 防衛線の展開

　では第四期において，米国政府が実際に採用した政策は，どのようなものだったのだろうか。1949年8月までに国務省の路線に沿って，2つの方向性が確定した。

　第1は，台湾政策である。共産化の阻止が何よりも前提にあった。ただし，政治・経済手段を支えるような軍事関与（米艦隊のプレゼンス）はしないとされた（NSC文書37/5）。その代わり，「現地の非共産主義的中国政府」を発展させ育てることを目標とする。そのときでも，「潜在的な現地台湾人指導者」とも直接接触をもち，将来米国の国益に見合うような場合には，彼らの「台湾自治運動」を利用することが考えられていた（NSC文書37/2）。この文書をトルーマンが承認し，実行を指示した[87]。

　第2は，中共のチトー化促進である。アチソンの作成したNSC文書41がトルーマンの承認を受け，実行が指示された[88]。ただし，中共の外交承認までは急がず，英国など西側同盟国にもその姿勢を求めることになった[89]。

　中共の内戦勝利がほぼ確実になった1949年8月，国務省は台湾への軍事関与が必要かどうか検討すべきだとNSCに打診した。しかしこのときでも，国務省は従来の方針（NSC文書37/2，同文書37/5）を続けるべきだという立場を変えなかった。彼らにとって，台湾の「現時点での弱さ」は「経済資源あるいは軍事物資の欠如」から来るものではなく，あくまでも国民党がもつ病巣に原因があると考えられた。だから外部からの物資援助だけでは，到底これを治療することはできないと判断されたのである。まして台湾防衛のために米軍を投入するつもりなど毛頭なかった。米軍を展開すれば，「領土保全の擁護者」として中共が支持を集めることになるだろうし，そうなれば「満洲，モンゴル，新疆におけるソビエトの行動に対する中国の民族主義的感情を利用しようとす

---

86) Johnson to Acheson, Oct. 14, 1949, Enclosure (Memorandum by the JCS) (FR 1949, IX : 552-553).

87) Note by Souers to the NSC, Mar. 1, 1949 (NSC37/5), Annex (FR 1949, IX : 292); Note by Souers to the NSC, Feb. 3 (NSC37/2), Annex (Ibid : 281-282); Memoradum by Souers to the NSC, Feb. 4 (Ibid : 282).

88) Memorandum by Souers to the NSC, Mar. 3, 1949 (FR 1949, IX : 834).

89) 林利民（1997 : 74-81）; Tucker（1983 : ch. 2）.

る我々の努力を損ねる」ことにもなると，国務省は考えていた[90]。しかし，JCS が台湾への軍事援助を国家安全保障の観点から執拗に訴えたため，国務省との間で 12 月末まで論争が続けられることになった[91]。

12 月末になって，ようやく NSC 文書 48/2 が NSC で合意され，トルーマンがこれを承認した。それは国務省の提言を基礎にした次のようなアジア政策だった。第 1 に，一部の非共産主義諸国・地域（日本，琉球，フィリピンが重点）に対して，共産主義浸透阻止のために米国が十分な軍事力を展開する。第 2 に，台湾政策は従来の NSC 文書 37/2，37/5 を継続する。第 3 に，政治・経済・心理的手段を通じて，中共・ソ連間の離反を模索する[92]。そして翌年 1 月，アチソンが演説で「不後退防衛線」を語るに至った。

しかし，その後も国務省路線への批判は政府内で続き，6 月末に朝鮮戦争が勃発すると，JCS の訴えていた路線が全面化していくことになった[93]。

(4) 2つの路線

第二次大戦のさなか，米国は戦争をともに闘い，戦後にはともに平和秩序をつくり出していく存在として「大国中国」の成立に期待をよせた。終戦を迎えるまでに，中国に期待する役割には一部変化がみられたものの，戦後もしばらくはアジア地域における安定勢力として中国が位置づけられていた。当初，それに代わるような有力な秩序構想はなかったし，戦後中国の情勢を安定させるための努力が続けられていたのである。1945 年 12 月 15 日，マーシャル・ミッションの前夜，トルーマンは声明を発表し，「日本の影響力が中国から完全に除去されないと，また中国が統一された，民主的で，平和な国家にならない限り，太平洋の平和維持は挫折するとはいわないまでも，危機に陥ることにな

---

90) Memorandum by the Department of State to Souers, Aug. 4, 1949 (FR 1949, IX：369-371)。8 月 5 日，NSC がこの文書を NSC37/6 として回覧（Ibid：369 の注 93）。Note by Souers to the NSC, Oct. 6, 1949（NSC37/8），Enclosure（Ibid：393-397）.

91) Note by Souers to the NSC, Dec. 27, 1949, Annex（Memorandum by the JCS to Johnson, Dec. 23）（FR 1949, IX：460-461）. 台湾問題をめぐる両者の論争は以下の会談記録を参照。Memorandum of Conversation by Acheson, Dec. 29（Ibid：463-467）.

92) Memorandum by Souers to the NSC, Dec. 30, 1949, Annex（A Report to the President by the NSC, Dec. 30 [NSC48/2]）（FR 1949, VII：1215-1220）.

93) Blum（1982：ch. 11）.

ろう」と語っていた[94]。

　まさにこのような危機が中国内戦の拡大によってもたらされてしまった。安定勢力であることを期待された国府政権が中国大陸で支配基盤を失い始めると，米国政府のなかで中国援助のあり方をめぐる政策論争が繰り広げられることになった。しかし，大勢としてはアジア地域の秩序を構想するとき，中国がその主軸から外されていくことになった。

　これまで第四期における米国の中国政策をめぐっては，異なる解釈があった。ある議論によれば，当時の政策は中共チトー化をめざしたものであったとされる。一方，別の論者は，そのような政策と JCS 路線との論争状況から中国政策の変遷を描いた（序章を参照）。ただし，いずれの議論においても防衛線を引くことと中共のチトー化を求めるという2つの路線は，互いに矛盾し合っており，同時に実現することが難しいと評価されてきた。そのこと自体は妥当な評価に違いないが，なぜ米国はそのように相反するような政策をとることになったのだろうか。この疑問については，これまで体系だった説明が必ずしもなされてきたわけではない。

　第四期にたどり着いた中国政策のなかには，大きく内容は変化しているものの，それまでの時期に構想されてきた2つの路線が混成して存在していることが分かる。一方にあるのは，「封じ込め」の構想である。共産主義の拡大をくい止めるための方針は，かつては「ソフトピース」の路線にもみてとれたものであり，第三期になって日本や東南アジア地域などに広く展開されることになり，やがてそれが防衛線の構想へと至った。

　他方にあったのが，中国を中心にして大国間の勢力均衡をはかるという構想である。その原型はあくまでも国府が政権を維持することを前提にしていたため，「中国大国化」構想そのものは，終戦後早くも終焉してしまった。しかし，中国大陸を統治する新しい勢力が生まれたとき，米国政府は中共をソ連と離反させることによって，彼らをアジアにおける勢力均衡の1つの要として位置づけようと試みる。かつての「中国大国化」構想とは，かなり内容に差異がみられるものの，少なくとも中国を中心にした勢力均衡を成立させようとする点で

---

94) Statement by Truman, "United States Policy Toward China"(Released to the Press by the White House, Dec. 16, 1945) (US-Bulletin 1945, vol. XIII, no. 338 : 945).

は共通しているようにみえる[95]。

このように史的経緯のなかで生まれた2つの異なる路線が，第四期の中国政策をめぐる論争のなかに入り込むことになった。結局，米国が両者の間でどのような政策を選択すべきか苦慮しているうちに，朝鮮戦争が勃発したのである。

---

95) チャンは，当時の中共のチトー化（中ソ離反）策が1970年代の米中接近の原点になったと捉えた。ここでは暗黙のうちに，中ソ離反策が中国を含む大国間秩序に近いものと考えられている（Chang 1990）。なお，朝鮮戦争以後，極東の勢力均衡が米国と大国としての中国共産政権を基軸にして構成されたという点については，Tang（1963：589; 邦訳 1967：467）も参照。

第2章　米国と「中国の統一」

1. 米国にとっての「中国の統一」

　かつて米国が中国の国家建設に関わろうとした時期があった。トルーマン元大統領はこう回想する。「1945年の秋，米国は数年間にわたり中国を建設するなかで深刻な問題に直面した。中国内部の分裂の深さ，周辺地域における国民政府の統治能力の弱さ，一般民衆が政府に参加していないことを認識しているものはほとんどいなかった。……新しい国家をつくり出すというのは並大抵のことではなかった」[1]。

　本章では1940年代，とりわけ1943年以降を中心にして，米国が中国の国家統一にどのように関わろうとしたのかを史的に考察したい。では，米国にとって「中国の統一」とはどのような問題だったのだろうか。

　戦時中から米国は戦後アジア地域において「大国中国」が果たす役割に期待してきたが，「大国中国」は所与のものではなく，あくまでも「大国化」を求められる存在であった（第1章を参照）。何よりも未統一の国家だったのである。1つには，領土が未統一であった。例えば，中国東北地域はかつては関東軍が，戦後はソ連軍がプレゼンスをおく空間であった。もう1つは，中共のような独自の軍事力をもった自立的な政治勢力を抱えていることから，政治統一が未完であった[2]。もし米国が「大国中国」に戦後アジア地域における安定勢力になることを望むのであれば，少なくともこの2つの方面において何らかの関与が

---

1) Truman (1956, vol. 2：61; 邦訳1992, 第2巻：55-56). ただし，日本語訳は引用者が一部修正した。

2) この点については，加々美（1994：93-149）を参照。

必要であったことになる。

　米国にとって「中国の統一」とは，主に２つの柱によって成り立つものであった。第１は，領土統一である。これは力の真空が生じる地域，なかでも国境のフロンティアで生起するような問題である。第２は，政治統一である。これは中国国内に存在する，さまざまな政治諸勢力をどのような政治体制によって統一するかという問題である。とりわけ政治体制をどのように改組しながら，多様な勢力の結集をはかるかということが重要になる。

　ところが，この両者は容易に両立しない。それぞれに相対立する力学が働いているからである。領土統一を優先するときには，中国の現政権の政治体制を維持したまま，彼らによる一元的な統治を支援することになる。他方，現政治体制の改革をより優先させた場合には，力の真空が生じている地域の領土統一をすすめることは難しくなる。なぜなら，「誰が」「どのように」その地域を支配するかについて，政治交渉による妥結を待たなければならなくなるからである。

　米国が直面した「中国の統一」をめぐる問題とは，この両者をどのように両立させるのか，そして最終的にいずれを優先させるのか，その決断を迫られる難題にほかならなかった。米国政府のなかには，この優先順位をめぐって２つの異なる立場があった。ただし，両者には重要な共通点もあった。第１に，両者ともに少なくとも短期的には蔣指導下の国府を唯一の合法政府として承認していた。国府支持は大前提であって，両者の重要な論争点はその先にあった。第２に，いずれもソ連の影響力下にある共産中国は望まなかったということである。こうした共通点を前提にしながらも，望ましい「中国の統一」のあり方は，両者にとって異なるものだった。

　１つの立場は，国府のなかに中共など多様な政治諸勢力を参加させ，連合政府の形成をめざそうとするものであった。彼らは，力の真空が生じた地域において，現政権による領土統一をすすめるよりも前に，中共の支配地区の扱いなどをめぐる政治協議を優先させようとした。ただし，彼らが中共を評価するのは，ナショナリストとして国府を民主化させる勢力としてであって，ソ連支配下の共産主義勢力として評価するわけではなかった[3]。

　もう１つは，ソ連・中共を一枚岩とみなした上で，彼らの影響力拡大が米国

の安全保障にとって脅威だと考える立場である。彼らにとっては，現政権（国府）の支配基盤を維持・強化することが何よりも重視された。だから力の真空が生じた地域においては，中共の支配地区をめぐる政治協議よりも，現政権の領土統一を優先的に援助するよう求めた。

　この2つの立場はいつ，どのように生まれたのだろうか。そして，相互に論争をくり返すなかで，どのように中国政策を形づくってきたのだろうか。以下，政策の変遷を追いかけていくが，その一連のプロセスは「中国大国化」構想の展開と連関している。そこで第1章の時期区分に沿って，考察をすすめることにしたい。第一期（1941～1943年末）は「中国大国化」構想が誕生したものの，「中国の統一」をめぐる論争が依然明確なすがたをみせていない時期である。第二期（1944～1946年末），国共連合政府構想が誕生し，「中国の統一」をめぐる2つの立場が現れることになったが，政策論争が顕在化していくのは戦後である。そこで第二期をさらに前半（終戦前）と後半（戦後）の2つに分けて考察する。第三期以降（1947年以後）は，米国政府のなかで「大国中国」の成立がもはや非現実的だという認識が広がったため，「中国の統一」をめぐる問題それ自体が意味を失っていく。そこで，本章では第三期と第四期を合わせて論じることにする。

2. 第一期：問題の起源

　1941年末以降，ローズベルトが先導役となって，「中国大国化」構想が生まれた。1943年までは，この構想を基礎にして米国の中国政策に基本的なコンセンサスがみられた。それは，蔣介石の指導権への信頼・支持を前提にして，国府の対日戦への貢献に期待するという方針であった[4]。

　さらに中国の領土回復についても基本路線が決定していく。1943年11月末，ローズベルト，蔣介石，チャーチルがカイロで会談を行い，「カイロ宣言」を

3）　ただし，政府関係者以外で，例外的に中共を共産主義者として肯定的に評価したものはいた。例えば，ラティモア（Owen Lattimore），スノー（Edgar Snow）が挙げられる。Cohen（2000：140).

4）　山極（1997：67-71)。

発表した。その宣言のなかで、「日本が中国人から奪った全領土、例えば満洲、台湾、澎湖諸島などは中華民国に返還される」ことが確認された[5]。

しかし、カイロ会談で蒋介石が対日戦の遂行に消極的な姿勢を示したことを受け、米国は戦略拠点を中国大陸から太平洋米軍に移動させていく。同時に、戦争によって国府が崩壊しないよう、中共に接近して国共連合政府を樹立しようという構想が生まれることになった[6]。とりわけ、1944年になる頃には、蒋介石政権が軍事・政治・経済のあらゆる面で弱体化しているという認識が広がっていった[7]。その背景には、同年春から秋にかけて、日本軍が約50万人という大規模な兵力を動員して「一号作戦」を発動し、中国大陸を南北に横断しようとしたという状況があった。このような中国戦線の危機をきっかけに、国府の改革、さらには中国に展開している軍事力をどのように指揮するかという問題に焦点があてられるようになっていく[8]。

なかでも国府の改革は、将来の政治体制を決める重要な議題であるだけに、米国政府のなかに国共関係をめぐって異なる政策的立場が生まれることになった。中国現地の外交官と米軍などを中心にした政策論争が、やがて米国政府における論争に発展していくことになる[9]。そこで、当時の政策を論じる前に、まずはそれぞれの立場を整理しておこう。

3. 第二期前半：3つの立場

(1) 国民政府の多元化

第二期前半、1944年から終戦までの時期に現れた政策的立場は、大きく3つに分類することができる[10]。

1つめは、中国駐在の外交官であったデーヴィス（John P. Davies）、サーヴ

---

5) Conference of Roosevelt, Chiang Kai-shek and Churchill in North Africa (US- Bulletin 1943, vol. IX, no. 232：393).

6) Tang (1963：156; 邦訳 1967：138); 福田 (1979：188-203, 247-248).

7) 山極 (1997：72-74)。

8) 加藤 (2004：148-149)。

9) 山極 (1997：20-24, 第2章)。

10) 以下を参照。Tang (1963：ch. 6; 邦訳 1967：第6章); Tao (1989：78-95); Cohen (2000：ch. 6).

イス（John S. Service），ヴィンセントらの立場である[11]。彼らの見解は３つの特徴から理解することができる。なお1944年当時，国務省中国課は彼らの見解をほぼ受容していた[12]。

　第１は，その中共認識である。彼らにとって，中共は民主的で穏健なナショナリストだった。デーヴィスは，1935年のコミンテルンの新路線決定（中国での抗日統一戦線形成）以降，中共が世界革命路線からナショナリズム路線へ，より穏健な国内政治・経済政策へ向かったと考えた[13]。サーヴィスもまた，中共が支配地域において穏健で民主的な経済・政治・社会革命を基礎にしており，分離・独立などを望む共産主義者ではないと理解していた[14]。人民の広範な支持を基礎にした中共は，彼らの目には，何よりも中国の将来を担う有力な政治勢力だと映っていた。当時，サーヴィスはきわめて率直に，自らの予測を語っている。「現在，時勢は中国共産党に味方している。中国のなかのそれ以外の地域では，状況が悪化しており，国民党も弱体化しているため，相対的にも絶対的にも共産主義者がより強大になっている。……もし現在の状態が続くのならば，国民党はやがて崩壊するだろうし，共産主義者が中国で最も強い勢力となるだろう」[15]。ここで取り上げた文章は，一節にすぎないが，彼らは軍事的に優勢な中共が，戦後華北を中心にして支配領域を拡大させるだろうと予測していた[16]。

　第２は，彼らの国民党認識である。当然のことながら，これは中共認識と表裏一体になったものであった。彼らは将来国民党が衰退する政治勢力だとみなしていた。ここでもサーヴィスの認識をみておこう。国民党，さらに蔣の地位

11）　特にデーヴィス，サーヴィスの政策的立場について詳細は，山極（1997：75-86）を参照。

12）　中国課のチェイス（Augustus S. Chase）は，戦後中国で内戦が勃発するだろうが，そのときには「より進歩的な国民党政権，もしくは『共産主義』政権が強固に建設されることになりそうだ」と予測していた。Memorandum by Augustus S. Chase to Cordell Hull, May 11, 1944 (FR 1944, VI：69).

13）　No. 47 (Memorandum by Foreign Service Officers in China, 1943-1945), June 24, 1943 (Davies) (CWP, vol. 2：565).

14）　No. 47, Oct. 9, 1944 (Service) (CWP, vol. 2：566, 572-573).

15）　Gauss to Hull, Sep. 8, 1944, Enclosure (Report by Service, Aug. 3) (FR 1944, VI：566).

16）　No. 47, Jan. 23, 1943 (Service) (CWP, vol. 2：572); Memorandum by Davies, Nov. 7, 1944 (FR 1944, VI：670-671). 前者の文書は，戦局が一時的に落ち着いた頃に，後者は対日戦の状況が厳しさを増していた時期に，それぞれ予測されたものであるが，両者の結論はあくまでも近い。

は過去 10 年に比べると弱体になった。国民党は経済的なインフレが抑制できず，行政・軍事組織は上から下まで腐敗しており，深刻な危機に直面している。将来の民主主義の基本問題（憲法の形式，国民大会の構成，選挙）は国民党の統制下におかれており，「国民党は現在自身の権力のよりどころとなっている権威主義的支配をゆるめるつもりはない」。さらに，「国民党は利己的な政策によって，また進歩的批判を無視することで人民からの敬意と支持を失っている」[17]。このようにサーヴィスが下した評価は，かなり厳しいものだった。かつて 1942 年当時，現地大使館で参事官を務めていたヴィンセントもまた同じような意見をもっていた。「国民党が政府を支配している。そこに積極的な反対派などいない。何より国民党は保守的政治家の集まりであり，彼らにとって唯一共通の基準，共通の目標は，国民党が政府の支配を続けるよう望むことである」。このままでは財政・経済・社会改革が望めないと考えたヴィンセントは，戦後彼らの指導体制が維持されるかどうかについては，予測不能だとみなしていた[18]。さらに，デーヴィスは「近代的ダイナミクスをもつ華北の民選政府」（中共）と蔣指導下の「封建的中国」とを対照させ，後者が前者と長く共存していくことはできないと指摘していた[19]。

　第 3 は，これらを背景にした政策提言である。彼らも当面，短期的に蔣指導下の国民政府を承認することについては認めていた。しかし長期的かつ排他的な支持には反対で，将来に向かって中国国内の政治諸勢力が参加する連合政府を形成していくべきだと提言した。デーヴィスはいう。「我々は現時点で蔣介石を見放すべきではない。この時点でそのようなことをすれば，得るものより失うものの方が多いだろう。当面，我々は蔣政府を承認し続け，彼に名目上支援を与えなければならない」。「しかし，我々は現実主義的でなければならない」と考えたデーヴィスは，「共産主義者が満足できるような中国連合政府が，我々にとってこの行き詰まりを打開する最も望ましい解決策である」と訴えて

---

17)　No. 47, June 20, 1944 (Service)（CWP, vol. 2：567-569）.

18)　Clarence E. Gauss to Hull, July 30, 1942, Enclosure（Memorandum by Vincent to Gauss, July 22）（FR 1942, China：212-213, 225-226）. 当時ガウス（Clarence E. Gauss）は，このヴィンセントの見解を「国民党の現在から将来にわたる態度・行動を解釈する上で有用な予備知識，指針」になると評価している（Ibid：211-212）。

19)　No. 47, Nov. 7, 1944 (Davies)（CWP, vol. 2：573）.

いたのである[20]。彼はまた中国国内のいかなる勢力であれ，対日戦に貢献する勢力については支持し，内戦に傾斜する勢力については支持しないと蔣に伝えるべきだと提案していた[21]。次に，サーヴィスの主張もみておこう。彼は蔣介石や国民党を一掃するのではなく，「彼らの地位を改善し，中央政府の安定性を高める」ような「民主的改革」が必要であると考えた。そうすれば，「既存の中国の民主勢力は強くなり，国民党内の反動的権威主義的趨勢は修正され，多党からなる統一戦線政府が生まれるだろう。そのような政府のなかで，蔣主席と国民党が引き続き支配的地位を占めることは，ほぼ確実である」[22]。このようにサーヴィスも蔣の指導については否定しなかった。1942年当時，ヴィンセントもまた中国の「若い進歩勢力」に期待を示しており，「中国の政治的かつ社会的民主主義を制度化する上で国民党を中心勢力にできる」のは彼らであるとみていた。「戦勝後，中国は極東で最も強い国になるだろう」から「戦後の大きな課題の1つは，リベラルな勢力が中国政府の指導的地位につけるよう我々の影響力と支持を活用することであろう」。この期待に満ちた言葉がヴィンセントの提言であった[23]。

　第一の立場をとる外交官たちにとって，国民政府が安定勢力になるためには，その政治体制を多元化していく必要があった。

(2)　米ソ対立と国共対立

　2つめの立場は「米国・国府　対　ソ連・中共」という構図から情勢を捉え，蔣を全面的に支持するというものである。蔣を全面支援するという方向性そのものは，古くは1937年まで国務省極東部長を務めたホーンベック（Stanley K. Hornbeck），その後任のハミルトン（Maxwell Hamilton），1941年まで駐華米国大使を務めていたジョンソン（Nelson T. Johnson）などにみられた[24]。

---

20)　Memorandum by Davies（FR 1944, VI：695-697）。この覚書のコピーは1944年11月16日，ホワイトハウスのホプキンス宛書簡に同封されて伝達された（Ibid：695の注72）。

21)　No. 47, Dec. 12, 1944（Davies）（CWP, vol. 2：575）。

22)　No. 47, June 20, 1944（Service）（CWP, vol. 2：573）。

23)　Gauss to Hull, July 30, 1942, Enclosure（Memorandum by Vincent to Gauss, July 22）（FR 1942, China：226）。

24)　進藤（1999：60）。

第2章　米国と「中国の統一」　　　63

　1944年当時，中共を評価しようとする外交官に批判的だった代表的人物としては，第14空軍司令官であったシェノー（Claire L. Chennault）と中国戦線米軍総司令官を務めたウェデマイヤーが挙げられる[25]。

　1944年9月，シェノーは日本軍による中国東部最大の軍事拠点・柳州への侵攻が差し迫っているという危機感を抱いた。彼は2つのレベルで勢力均衡に変化が生じることを強く懸念した。1つは中国国内で国府の軍事力が壊滅的に縮小し，中共が漢口，上海，広東周辺を拠点にした共産主義ゲリラ活動を中心に中国東部に支配を広げることを懸念したのである。もう1つは，太平洋の勢力均衡に関する懸念である。彼によると，中共の支配拡大は最悪の場合には，ソ連による延安支援を引き起こすことになる。そうなれば国府支持者としての米国は「決定的な損失」を被ることになり，たとえ米国がその争いに巻き込まれまいとしたところで，中国内戦の危険は高まることになる。内戦で中共が勝利するチャンスは大いにあり，もしモスクワと緊密な関係をもつ中国が誕生すれば，太平洋における勢力均衡は動揺してしまう。そこで国府の「徹底的な政治再建」をはかった後，国共による真の統一を試みるべきだと訴えた[26]。ここで描かれているのは，「国府・米国　対　中共・ソ連」という構図にほかならない。

　ウェデマイヤーもこのような認識を当時から一貫してもっていたと回想している。彼によれば，終戦前夜，ソ連・中共関係が一枚岩であるという認識に立って，彼ら共産主義者による影響力拡大を懸念しいていたという[27]。実際に彼は，中共軍を国府軍に編入させることに熱心だった[28]。

　このような危機感にも似た警戒心を共有したのは，何も現地にいた米軍人だ

---

25)　山極（1997：20-24，第二章）。

26)　Chennault to Roosevelt, Sep. 21, 1944 (FR 1944, VI : 158-160).

27)　Wedemeyer (1958 : ch. XXII; 邦訳［1997］1999，下：第23章). これはあくまでも回想であるが，戦後国共内戦の前夜，彼は実際に，次のように判断していた。蒋介石は「明らかに共産主義に反対しており，ソビエトロシアに隣接する中国各省において衛星国あるいは傀儡政府が樹立されるのを阻止する決意でいる。もし我々が蒋介石を支持しなければ，確実に，そして現実的に共産主義者が席巻し，極東において全体主義的大国が日本からもう1つのそれ（ソ連―原文）へと取って代わられよう」。さらに，共産主義イデオロギーをモスクワからそのまま受容したわけではないものの，「中国共産主義の指導者たちがモスクワの指図に従っていることは確かである」とした。Wedemeyer to Averell Harriman, May 20, 1946 (Wedemeyer Papers : box. 81, folder. 25, HI).

28)　例えば，以下を参照。Wedemeyer to Marshall, Nov. 10, 1944 (FR 1944, VI : 193).

けではない。国務省では東欧課長だったダーブロウ（Elbridge Durbrow）が中共とソ連の結びつきを重くみていた。彼は，ソ連が華中の中共を通じて影響力拡大をはかっていることに強い懸念を示し，中共の政治構造をソ連の複製でしかないと断言した。そこでソ連による中国支配の阻止のためには，米国政府は全面的に国府を支援するべきだとダーブロウは考えた[29]。

(3)　ハーレイの構想

第3は，前二者を織り交ぜたような立場である。米ソにとって中国問題は交渉による合意達成が可能だとみなした上で，蔣指導下の国府を全面支持するというものである。1944年11月から中国大使を務めたハーレイが，その代表である[30]。

彼はソ連が中共ではなく国府を支持するだろうと考え，国府支持をめぐって米ソ協調が可能だとみなしていた。大使就任当時，ハーレイはソ連のモロトフ外相と会談した経験から次のように語った。ソ連は中国（国府）との緊密な関係構築を望んでいるし，蔣も同じことを望んでいる。したがって米国は蔣と協力をすすめることで，中ソ関係の構築に貢献できる[31]。またハーレイは，中共がソ連と一枚岩ではない政党だという認識を蔣がもっていることについても評価していた[32]。1945年春，スターリン，モロトフと会談したハーレイはさらにその確信を強めた。彼がとりわけ重視したのは，次のようなモロトフの言葉だった。ソビエトは中国内戦を望まず，中国との協調的関係を望んでいる。ソビエトは中共を実質的に共産主義者だとは捉えておらず，彼らを支持してはいない。スターリンもまた米国の中国政策に同意し，蔣指導下の国府を全面的に承認した上で，中国の軍事的統一をすすめることを支持したが，ハーレイはこれについても評価していた[33]。

---

29)　その他，彼は新疆の情勢流動化，中国東北における優先的地位の回復，対日参戦に伴う東北へのソ連軍進駐などを通じて，ソビエトが影響力を拡大させるだろうと推測していた。Memorandum by Durbrow, May 10, 1945 (FR 1945, VII：863-865).

30)　Tao (1989：78-95); Cohen (2000：144-145).

31)　Hurley to Roosevelt, Nov. 7, 1944 (FR 1944, VI：667).

32)　Hurley to Stettinius, Dec. 24, 1944 (FR 1944, VI：747).

33)　Kennan to Stettinius, Apr. 17, 1945 (FR 1945, VII：338-340). これはハーレイからのメッセージ内容をケナンが送付したものである。

第2章　米国と「中国の統一」　　65

　その後，中国に戻ったハーレイはペトロフ（Appolon Alexandrovich Petrov）
駐華ソ連大使にこう報告した。スターリンとモロトフは，ソ連の中国政策が
「中国の民主化と国家統一」にあると保証してくれたから，「私は米国とソ連が
極東においてより友好的になると確信する」[34]。また彼は「ソ連と米国が戦後
世界の二大強国になるだろうし，もし中国とソ連の間に親密で友好的な関係が
築かれれば，米国人はそれをねたむどころか，うれしく思う」と中国人にも話
していた[35]。6月上旬，ハーレイは延安訪問にあたって，ペトロフに同行を求
めたが，そのとき彼はこう述べた。「米ソがアジアにおいて，いかなる対立も
しないよう，両国の極東政策を統一する必要があ」る[36]。

　このようなハーレイの見方は，当時駐ソ米国大使を務めていたハリマンのソ
連観にも近かった。終戦前夜，ハリマンはスターリンの中国政策にそれほど大
きな不信感をもっていなかったようである。彼によれば，スターリンは国府代
表が行政統治するために「満洲」に入ることに肯定的であったし，多くの中国
問題で主導権を握りたいという米国の希望についても認めていた。ハリマンは，
「スターリンが多くの点で米国の対中門戸開放政策を支持し，満洲における中
国の主権を尊重することに同意してきた」という事実を重くみた[37]。

　ハーレイは中国における蔣の指導性についても高い評価を与えていた。米中
の協力関係を基礎づける上でも，またその指導性においても蔣介石をおいてほ
かに適任の中国の指導者はいないと彼はみなしていた[38]。蔣指導下では民主
主義が成立しないという米国人（現地外交官らを暗示）による批判があるが，
そもそも中国での民主主義成立には長期を要するし，それは困難でもある。む
しろ蔣は閣僚メンバーと行政組織を「一定程度ではあるが大胆に変革」してき
ているとハーレイは評価した[39]。

　このような認識をもっていたハーレイは，米ソが国府を全面支援すれば，中

34）　ペトロフ-ハーレイ会談，1945年5月10日（PKO, IV-2：no. 630, стр. 40).
35）　以下の会談におけるハーレイの発言による。ペトロフ-ハーレイ会談，1945年5月23日（PKO,
　　IV-2：no. 635, стр. 46).
36）　ペトロフ-ハーレイ会談，1945年6月8日（PKO, IV-2：no. 642, стр. 54).
37）　Harriman to Truman, June 28, 1945（FR 1945, VII：908-909); Memorandum by Harriman, July
　　18（Ibid：948).
38）　Hurley to Roosevelt, Oct. 10, 1944（FR 1944, VI：170).
39）　Hurley to Stettinius, Dec. 24, 1944（FR 1944, VI：746).

共は孤立して国共交渉で妥協することになると考えた。そこで彼は蔣指導下の政治・軍事組織に中共を取り込もうと，国共調停をすすめるのである[40]。なお，ハーレイは中共の能力についても一定の評価は与えていた。彼は中共が「改革志向の優れた人々」であることを認め，中共が蔣に協力するためにも「民主的基盤をつくることは不可欠である」とペトロフに話していた。それでもなお，中共が「軍隊をもつ」ことについては認めなった[41]。

(4) 国共調停の始動

　では，第二期前半において米国の中国政策を形づくったのはどの立場だったのか。そもそもローズベルト大統領は，国共関係に対する確固たる立場がなく何度も揺れ動いた[42]。ただし全体としてみれば，短期的には蔣指導下の国府を支持するが，長期的には連合政府形成をめざすという方針をとっていたようである[43]。いわば第3の立場に最も近かった。

　まず，1944年10月までガウスが中国大使を務めた時期についてみておこう。ガウスだけでなく，当時米軍中国・ビルマ・インド戦区司令官兼蔣首席参謀長だったスティルウェル（Joseph W. Stilwell）も第1の立場をとっていた[44]。この時期の重要な点として，2つ確認しておこう。1つは，6月21日からのローズベルトによるウォーレス副大統領の中国派遣である。これには中国が四大国の1つであることを蔣に再認識させる目的があった[45]。蔣と会談したウォーレスは，現時点で中国政府を統率しうる指導者は蔣以外にいないと認めながらも，次のように考えていた。われわれは「蔣を支持する傍ら，進歩的中国人の助言を借りながら，彼［蔣］にあらゆる方法で圧力をかけて，人民の支持を呼

---

40)　Tang (1963：180；邦訳 1967：157)；Tao (1989：78-95)；Buhite (1981：12-13)；Cohen (2000：144-145).

41)　ペトロフ―ハーレイ会談，1945年5月23日（PKO, IV-2：no. 635, стр. 45).

42)　山極（1997：114-115)。ローズベルトは蔣政権を支持しながらも，1945年2月，スノーに次のように語っている。国共合作達成まで2つの政府（国共）を相手にする。中共は「農村革命」の実現をめざしているのであって，共産主義者ではない（Snow 1946：140)。この点については，山極（1997：128の注123）を参照。

43)　Cohen (2000：141-146)；Gallicchio (1988：ch. 2)；Tao (1989：91-92)；杉田（1999：47-49).

44)　山極（1997：第2章)。

45)　Stettinius to Grew, May 24, 1944 (FR 1944, VI：230).

第2章　米国と「中国の統一」　　　67

び起こすような，そしてまた中国の戦争遂行に新たな息吹を吹き込んでくれる
ような政策をとるよう働きかける」ことはできる[46]。これは，連合政府の理
念へとつながっていく。

　もう1つは，延安（中共）への米国軍事視察団の派遣（ディキシー・ミッシ
ョン）である。これはデーヴィスの提案に始まり，ワシントンでの検討を経て，
ローズベルトとウォーレスが蔣を説得して実現したものである。連合政府の樹
立などで，蔣に改革を迫る動きの一環であった。このことは，在中外交官の中
共評価をいっそう高めることになった[47]。

　しかし，1944年10月，軍事戦略をめぐって蔣と対立が続いていたスティル
ウェルが解任され，ガウスも辞任するに至った[48]。それぞれ後任には，ウェ
デマイヤーとハーレイが就任する。ここからハーレイ大使の時期が始まる。彼
の主な任務は，国府崩壊の阻止，中国軍を戦線にとどめること，蔣の指導存続
（中華民国主席，大元帥の地位），対日戦のために中国の全軍事力（中共軍含む）
を統合することなどだった[49]。彼は国府政権を維持しながらも，軍隊の統一
をめざすために国共調停を始めるが，国共間には根本的な対立があった。現国
府の軍事組織にそのまま中共軍を吸収するか，政治・軍事組織に国民党以外の
政治諸勢力を参加させる機構改革をした後，軍隊を統合するかという対立であ
る[50]。これは自身の死活的利益に関わるだけに，中共は後者の立場をとって
いた。ハーレイは中共の要求を全面的に受け入れたわけではなかったが，蔣に
も一部譲歩を迫って，国共間の合意達成を試みた。中共は「対等な基礎の上に
自分たち［中共］が受け入れられて初めて，また真の連合政府が形成されて初

---

46)　Wallace to Roosevelt, July 10, 1944 (FR 1944, VI：243-244).
47)　山極（1997：第2-3章）。中共はディキシー・ミッションを利用し，米国に国府批判を訴えよう
　　とした（Hunt 1996：ch. 5; Sheng 1997a：ch. 4）。
48)　「スティルウェル事件」についての最新の研究としては，加藤（2004：147-167）が示唆に富む。
　　これによれば，蔣介石は対ソ関係を改善することを念頭におきながら，対米関係が悪化すること
　　も辞さない覚悟で，スティルウェルの解任要求に踏みきったとされる。
49)　Hurley to Roosevelt, Oct. 10, 1944 (FR 1944, VI：170); Hurley to Stettinius, Dec. 24 (Ibid：745).
　　山極（1997：第2-3章）を参照。
50)　「延安協定草案」，1944年11月10日（『中共文件』第14冊：393-394）。国府の対抗提案は，
　　First, Second, and Third Counterdraft by Chinese Government Representatives (FR 1944, VI：
　　697-698, 703-704, 706-707). ただし，国府は第3回目の対抗案では一部譲歩し，（軍隊を）再編後，
　　中共軍を国家軍に編入するとしている。

めて，自身の権限が保護される」と主張して，ハーレイを悩ませた。一方で，蔣は国共協力を求め続けるということだけは示唆していた。このような情勢におかれたハーレイにとって，「問題は彼［蔣］が共産主義者を満足させるだけの十分に大胆な譲歩をする意思があるか，またそれができるか」というところにあった[51]。

　蔣の指導制を維持しながら連合政府形成をめざすという難問は，結局明確な成果をみないまま終戦をむかえた。「中国の統一」をめぐる問題は，こうして戦後に持ち越されていく。

4.　第二期後半：「中国の統一」をめぐる問題

(1)　問題の顕在化

　終戦後，「中国の統一」のあり方をめぐる政策論争が顕在化することになった。それはほかでもなく，米国が国府による戦後処理をどのように支援することが望ましいかという，現実の問題から生じた論争だったからである。

　国府にとって戦後処理の中心的課題は，第1に日本軍の降伏受理，日本軍の武装解除，そして日本人の本国送還であった。第2に主権接収，領土回復もまた喫緊の課題であった。前者は，主に連合国最高司令官総司令部が日本政府に対して出した「一般命令第一号」によって，蔣にのみ降伏受理の権利が認められたことが根拠になっている[52]。後者は，カイロ会談などでの決定を経て，最終的に中ソ友好同盟条約（8月14日調印）でスターリンが国府に対して主権，領土保全を尊重したこと，とりわけ交換公文のなかで東北における中国の領土・行政上の完全な主権を承認したことを主な根拠としている[53]。

　さて，米国は戦時中からすすめてきた連合政府の構想に加えて，終戦後には国府の戦後処理もまた支援することになった。ここに，政治体制の改革と領土

---

51)　Hurley to Roosevelt, Nov. 16, 1944 (FR 1944, VI：698-700); Hurley to Roosevelt, Dec. 12 (Ibid：733-734); Hurley to Stettinius, Dec. 13 (Ibid：737).

52)　ただし中国東北の日本軍はソビエト極東軍最高司令官に降伏すべきことが規定された（『新中国資料集成』第1巻：122）。

53)　「中ソ友好同盟条約，交換公文および付属協定」1945年8月14日（『新中国資料集成』第1巻：102-104）。

第2章　米国と「中国の統一」　　69

統一の優先順位をめぐる「中国の統一」問題が生起することになるが，終戦前
夜，米国政府のなかでこの問題は大きな論争にならなかった。

　第1に，中国の東北領土回復が戦後順調にすすむだろうという見通しが，大
勢を占めていたからである。1945年2月のヤルタ会談以降，スターリンは蒋
指導下の中国統一を支持し，東北・新疆などで中国の主権を尊重することを米
国に表明していた[54]。トルーマンもスターリンのこうした態度を重視してい
た[55]。終戦直後にあっても，ハリマン駐ソ大使はスターリンと会談した結果，
このような見解をとり続けていた。彼は，「赤軍は3ヵ月以内に満洲から撤退
する」というスターリンの確約を信用していたようである[56]。ハーレイもま
た終戦前と同じように，戦後になってもスターリンが蒋を支持すると確信して
いた[57]。第2に，そもそも「中国の統一」をめぐる難題については，それを
解決するための取り組みはほとんどなされていなかったのである。終戦前から
国務省は全般的な方向性として，国府の領土統一を支持することに熱心だった
が，同時に国府の民主化，国共間の交渉・協調の重要性についても指摘してき
た[58]。この両者の優先順位をめぐって，大きな論争がなされることはなかっ
た。

　戦後しばらくすると，この2つの前提が崩れ始める。第1に，東北に進駐し
たソ連軍が，9月中旬頃から非公式に中共の東北入りを許可し，東北からの撤
退を延期する。これを受けて，国府軍の領土統一が順調にはすすまなくなった
（第1，3章を参照）。

　第2に，ウェデマイヤーが「中国の統一」をめぐる問題を明示し，米国政府

54）　例えば，ローズベルトの側近であったホプキンズ（Harry L. Hopkins），ハリマン駐ソ米国大使，
　　ボーレン（Charles E. Bohlen）［駐ソ米国大使館のソビエト専門家］，モロトフが列席する会談で
　　のスターリンの発言内容を挙げることができる。Memorandum of Conversation by Charles E.
　　Bohlen, May 28, 1945（FR 1945, VII：890）.

55）　この点に関しては，以下の電文で示されている。Grew to Hurley, June 9, 1945（FR 1945, VII：
　　897）; Memorandum of Conversation by Grew, June 14（Ibid：901）.

56）　Harriman to Byrnes, Aug. 29, 1945（FR 1945, VII：1026）.

57）　Memorandum by the Acting Secreary of State（Acheson）of a Telephone Conversation With
　　the Ambassador in China（Hurley）, Temporarily in Washington, Sep. 27, 1945（FR 1945, VII：
　　570）.

58）　Grew to Forrestal, May 12, 1945（FR 1945, VII：869）; Grew to Forrestal, May 21, Enclosure
　　（Paper Prepared in the Department of State）（Ibid：879, 881）.

に報告することになった。8月10日，JCSはウェデマイヤーに対し，内戦を回避しながら，同時に国府の戦後処理（降伏受理，領土回復）をすすめるため，国府軍の解放地域への輸送支援をせよと指令した。米国政府内でもこのような方針が広く支持されていた[59]。しかし，現地のウェデマイヤーはこの方針が抱える矛盾に直面した。国府軍追加部隊の華北への輸送支援をすすめると，すでに一部地域を支配している中共軍とどうしても軍事衝突することになってしまう。そこで11月になって，彼は本国にそのことを説明した[60]。結局，国府による一元的な領土支配を支援しながら，同時に国共政治交渉を平和裡にすすめることは現実には困難だったのである。

(2) 優先順位をめぐる論争

こうして米国政府内において，領土統一を優先させるべきか，あるいは国共の政治交渉を先にすすめるべきかをめぐって論争が起こった。それぞれの立場をみてみよう。

国共交渉を優先させるように訴えたのは，主に国務省，なかでもヴィンセント極東局長だった。終戦前から彼はソ連の中国における領土的野心を警戒するよりも，国共政治交渉を通じた国府の政治行政改革を進展させることの方が重要だという意見をもっていた[61]。戦後になっても彼は，連合政府を達成するために国共間で平和交渉をすすめることを重視していた。国府への軍事援助はこうした目標を阻害しない限りで行われるべきであって，軍事顧問団の規模によっては，中国における平和的な統一の試みを減退させてしまうかもしれないという懸念がヴィンセントにはあった[62]。だから彼は米軍の関与を最小限におさえ，中国から米軍を早期撤退させることが望ましいと考えた。例えば，米

---

59) JCS to Wedemeyer, Aug. 10, 1945 (FR 1945, VII：527-528); Acheson to Truman, Sep. 13 (Ibid：559-561). ここでは，アチソン国務長官代理，スティムソン陸軍長官，フォレスタル海軍長官が支持してした。

60) Wedemeyer to Marshall, Nov. 5, 1945 (FR 1945, VII：605). この点に関しては，杉田（1999：68-84）も参照。

61) これは特に中ソ関係の文脈で示した見解である。Memorandum by Vincent to Stettinius, Feb. 8, 1945 (FR 1945, VII：855); Memorandum by Joseph W. Ballantine to Byrnes, Aug. 15 (Ibid：975-976). 後者の覚書はヴィンセントが起草したもの (Ibid：975 の注 24)。

62) Memorandum by Vincent to Byrnes, Nov. 12, 1945 (FR 1945, VII：614-617).

第 2 章　米国と「中国の統一」　　　　71

国による国府軍建設・訓練支援を目的とした軍事顧問団は大規模なものにせず，顧問団の将校は米軍の予備あるいは非現役リストに入れ，中国政府から彼らに給料を与えるという案をヴィンセントは提起した。これによれば，顧問団は中国の組織であって，米国政府と公的関係をもつべきものではなかった[63]。それだけではなく，彼は中国の戦後処理を支援する米海兵隊の任務が中国政府軍に引き継がれれば，すぐに彼らを撤退させるべきだとも考えていた[64]。1945年 11 月上旬，バーンズ（James F. Byrnes）国務長官も同じように，米軍による国府軍追加部隊の華北への輸送支援に関してはあくまでも消極的な姿勢をみせた[65]。以上のように，ヴィンセントらは領土統一の援助に抑制的な態度をみせたが，中国の領土統一あるいは行政機能の統一という原則まで否定したわけではなかった。例えば，バーンズはモスクワ外相会談（1945 年 12 月）のなかで，スターリンに対してこの原則を確認し，これについては譲歩できないという姿勢を貫いた[66]。

　他方，国府による領土統一に熱心だったのが JCS，陸軍省であった。終戦後，JCS は「満洲」を含む解放地域に国府軍を迅速に輸送支援しようとした。しかし，11 月上旬までにこれが順調に進展しなかったために，統合計画担当幕僚のなかで 1 つの警戒感が強まっていく。彼らが案じたのはソ連が利益拡大をはかったり，現地に介入するといった事態であった。そこで米国が国府の領土支配を確保すべきだという提案がなされるようになった[67]。またそのために，彼らは国府軍の建設・訓練を支援すべく，米国軍事顧問団を早期に組織するよ

---

63)　Memorandum by Vincent to Acheson, Sep. 6, 1945 (FR 1945, VII : 550-551).

64)　ヴィンセントは，フォレスタル海軍長官かパターソン陸軍長官がこの件に関して声明を発表することが望ましいとした。Memonrandum by Vincent to Acheson, Oct. 16, 1945 (FR 1945, VII : 581). 彼はこのほか，解放地域占領後の治安維持にあたるのは米軍ではなく国府軍であるべきだと提言していた。Memorandum by Vincent to Acheson, Sep. 20 (Ibid : 567).

65)　国務，陸軍，海軍三長官が列席する会談での発言内容。Minutes of the Meeting of the Secretaries of State, War, and Navy, Nov. 6, 1945 (FR 1945, VII : 606-607).

66)　Statement Circulated by Byrnes Among the Three Foreign Ministers, Dec. 16, 1945 (FR 1945, VII : 839); Memorandum of Conversation Between the Three Foreign Ministers, Dec. 19, Dec. 23 (Ibid : 841, 848).

67)　JCS to Wedemeyer, Sep. 18, 1945 (FR 1945, VII : 565); The Operations Division, War Department General Staff to Wedemeyer, Nov. 8 (Ibid : 610). 後者の電文に関しては，第 1 章も参照。

う呼びかけた[68]。マックロイ（John J. McCloy）陸軍次官補も同じような警戒心から，国府軍による華北・東北の領土支配の重要性を訴えた[69]。彼らが何よりも心配したのは，ソ連と中共が連携しながら東北で影響力を拡大させることであった。そこで陸軍省を中心にして，中国国内の政治交渉を待つことなく，国府軍の領土統一をすすめるべきだという意見が明示されることになった。ただし，彼らの議論はあくまでも華北・東北に焦点があったため，それ以外の地域における国共政治交渉を明示的に否定したわけではなかった（以上，第4章参照）。

(3) 並存する方針

　ではこの時期，米国は実際にどのような中国政策を展開したのだろうか。

　終戦後，国共は重慶で政治交渉を行い「双十協定」（10月10日）を達成し，内戦回避，政治的民主化，各党派の平等合法，軍隊の国家化などで合意した。しかし，解放区における戦後処理の問題は未解決のまま残された（第3章を参照）。

　2つの立場が顕在化するなかで，米国の中国政策は両者の間にあった。一方では国共政治交渉の進展を明確に支持していたし，他方では東北・華北などの解放地域へは国府軍輸送を支援する方針をとっていたのである。9月14日，トルーマンは口頭で次のように宋子文（国府行政院長）に伝えている。「米国は中国が国内の平和と治安を維持し，また満洲と台湾を含む解放地域を統治するのにふさわしい規模で軍事力の建設を支援する用意がある」。ただし，米国の軍事援助は「内戦に利用したり，あるいは非民主的政権を支持する」ためのものではない[70]。

　9月18日，JCSはウェデマイヤーにこう指令を出した。「米国の方針は，中国政府が早期に解放地域，とりわけ満洲で中国軍を展開できるよう支援する」ことである。そこで，中国軍の移動を最大限にすすめなければならない[71]。

---

68)　Report by the JCS, Oct. 22, 1945 (J. C. S. 1330/10) (FR 1945, VII：590-598).

69)　Minutes of the Meeting of the Secretaries of State, War, and Navy, Nov. 6, 1945 (FR 1945, VII：606-607).

70)　Memorandum by Acheson to Truman, Sep. 13, 1945, Annex (Suggested Oral Statement to Dr. Soon Concerning Assistance to China) (FR 1945, VII：561).

第2章　米国と「中国の統一」　　73

このような指令の下で，11月までに米軍は華北（塘沽，青島，上海，北平，天津，秦皇島）を中心に国府軍輸送支援を展開していった。東北ソ連軍の態度によって，国府軍の領土接収はなかなか進展しなかったが，米国としては従来の方針を放棄するわけにはいかなかった。11月中旬，トルーマンはこの事情についてある下院議員に次のように説明した。「我々はそうしたいと思ってはいても，さすがに中国を見捨てて，現地に100万人の日本軍を残したままにはできな」い。「我々は中国内戦に巻き込まれないよう努めているし，それが成功するよう願っている。しかし，日本との戦争にもケリをつけなければならないし，それで成功できるようにも望んでいる」[72]。結局，内戦は回避したいが，国府軍の輸送援助もまたやめるわけにはいかないというのが，当時米国がおかれていた状況であった。

　このような情勢が続くなか，11月末，ハーレイが大使を突然辞任した。彼は辞任に際し，国府支援を軸にした中国政策がうまく遂行できなかったこと，その理由として米国政府が中国政策の公的表明をしなかったこと，さらにサーヴィスら外交官によっても目標達成が阻止されたことを挙げた[73]。ここにきて，米国政府は急遽，中国政策の再考を迫られた。

　陸軍参謀総長を退任したばかりのマーシャルが，大統領の特使として中国に派遣されることがすぐに決まった。このマーシャル・ミッションの任務は政府内の協議を経て，半月足らずで決定された。それは，終戦後顕在化してきた2つの立場が並存するものになった。つまり「強い，統一された，民主的な中国」を成立させるために，中国東北では領土統一を優先し，中国本土では国共間の停戦と政治協議を優先させるという任務が決まったのである。しかし，両者が衝突したときの対応策までは未定であった。例えば，国府が中共地区に進軍するとき内戦のリスクを負ってまで国府の領土統一を支援するのか，あるいは国府進軍を停止させて，中共地区を暫定的にせよ承認した上で，国共交渉を

---

71)　The JCS to Wedemeyer, Sep. 18, 1945 (FR 1945, VII：565).

72)　Truman to Kllis E. Patterson, Nov. 16, 1945 (Truman Papers, O. F. 150：box. 757, TL).

73)　ハーレイ辞任の理由は以下で公表された。"America's Policy in China," Statement by Byrnes (Released to the Press Dec. 7, 1945) (US-Bulletin 1945, vol. XIII, no. 337：930-931). ただし，実際にはハーレイが国務省の政策に不満をもっていたことが大きな理由だったとされる（資 1987：62）。

行わせるのかという問題には具体的回答はなかった（第4章を参照）。

「中国の統一」をめぐる問題を解決しないまま，マーシャル・ミッションは始動した。結局，国共内戦が拡大するなかで，いずれの任務も達成できずに，マーシャル・ミッションは終了してしまった。

5. 第三・四期：問題の終焉

(1) 抑制的な関与

1947年以降，内戦によって「大国中国」が名実ともに成り立たなくなると，米国政府は中国をアジア地域の中心勢力に位置づけようとはしなくなった（第1章を参照）。

「大国中国」の成立が難しくなった以上，「中国をどのように統一すべきか」という論争もまた非現実的なものになってしまった。少なくとも，このような論争は，中国政策をめぐる議題の中心から外れていった。米国政府のなかでは，中国の国内情勢に鑑みたとき，統一された，安定的な，非共産主義中国を形成しようとする伝統的政策は当面達成できそうにないという認識が広くもたれるようになった[74]。「中国の統一」が日を追うごとに難しくなっているという状況下で，新たな論争が展開されるようになる。ただしそれは，従来までの論争の延長線上にあった[75]。

1つの意見を代表するのが，マーシャルとヴィンセントを中心とする国務省である。彼らは，国府がもはや政治・軍事・経済面のいずれにおいても弱体であると考えていたが，現在極東では米ソが均衡関係を維持しており，中共とソ連は緊密な協力関係にはないという認識ももっていた。

例えば，1947年2月12日，マーシャル国務長官はパターソン陸軍長官，フォレスタル海軍長官と会談するなかで，国府をこう批判した。「国民党で最重要の地位にある政治・軍事指導者は，共産主義問題の解決能力を過信してい

---

74) 例えば，以下の報告書を参照。Draft Report by the NSC on United States Policy toward China.. Nov. 2, 1948 (FR 1948, VIII : 185-186). 詳細は，本書の第1章。

75) 論争の特徴，詳細については，以下を参照。Iriye (1974 : 136-138, 153-157); Blum (1982 : chs. 2-3); 菅（[1992] 1997 : 99-134)。

第2章　米国と「中国の統一」　　75

る」し，「徹底した政治・軍事改革を進めない限り，中国は救われない。蒋主
席をこのように説得することは不可能ではなくとも，きわめて難しい」[76]。マ
ーシャルは翌年10月下旬までにその確信を強め，現地のスチュアート大使に
次のように伝えた。「現状では，米国がいかなる規模の軍事・経済援助をした
ところで，現中国政府を建てなおし，中国全体の支配を続けさせることはでき
そうにない」し，「中国政府の基本的弱点が外国の援助によって根本的に是正
されるという証拠はほとんどない」[77]。当時，彼はパリで王世杰にも率直に語
っている。「非効率もしくは腐敗した役人が重要な地位を占めている限り，回
復の見込みはないし，この弱点を実際に克服できる唯一の方法は文字通り米国
が中国政府を支配するしかないが，当然それは誰がどうみても，特に中国人か
らみれば問題外もはなはだしい」[78]。たとえ外部から手を加えたところで情勢
が好転することはなさそうだという，冷めた認識をもつマーシャルからみれば，
中国が国際関係，とりわけ米ソ関係を危うくしないよう配慮すべきだった[79]。
これは，マーシャル・ミッションのなかで得た彼自身の経験則でもあったが，
多くはヴィンセントの見解を前提にした認識であった。ヴィンセントは，ソ連
には中共に全中国支配を軍事支援するだけの意図はないし，すぐにでも米国が
直接かつ大規模に中国内戦に介入しなければならないほどの危険はないとみて
いた[80]。

　1947年以降，このような認識を前提にして，マーシャルは全体として次の
ような提言をした。中国が平和的手段によって民主的政権を樹立することは望

---

76)　Minutes of Meeting of the Secretaries of State, War, and Navy, Feb. 12, 1947 (FR 1947, VII：
　　796).

77)　マーシャル長官の見解は，以下の文書で伝達された。The Acting Secretary of State (Lovett)
　　to Stuart, Oct. 26 (FR 1948, VII：513).

78)　Memorandum of Conversation by Marshall, Oct. 25, 1948 (FR 1948, VIII：183-184).

79)　Marshall to Patterson, Mar. 4, 1947 (FR 1947, VII：805). その他，以下の文書，会談記録にも彼
　　のこのような認識の一端がうかがえる。Marshall to Forrestal, Mar. 4 (ibid：808-809); Minutes
　　of Meeting of the Secretaries of State, War, and Navy, June 26 (Ibid：850-851).

80)　Vincent to Marshall, Feb. 7, 1947 (FR 1947, VII：792); Memorandum by Vincent, June 27
　　(Ibid：854). なお当時，国務省中国課は「ソビエトの満洲占領時」，共産主義者が日本軍兵器・装
　　備を入手したほかは，ソビエトから中共への軍備援助に関して，それを証拠づけるような報告は
　　入っていないとヴィンセントに報告している。Memorandum by Ringwalt to Vincent, July 3
　　(Ibid：215).

ましいが，国府への軍事援助（兵器など）を撤回することは非現実的である。国共連合をすすめることは難しく，中共の台頭は望ましくないからである。ただし，国府を軍事・経済の両面で強力に援助するとなれば，これもまたあまり現実的とはいえない。結局，経済援助などが有効に利用されることを条件に支援を与えるべきである[81]。ヴィンセントも中共による中国政府への政治参加については拒否しながら，国府に対しては支援を続けるべきだと訴えた。ただし，その支援は内戦に資するものであってはならず，中国国内の諸条件を改善するもの，経済再建，改革，米中間の商業関係の回復それぞれに貢献するものであるという確証が必要だと考えた[82]。

このように国共連合政府構想は完全に放棄された。しかし，国府の停戦や民主的改革を待ちながら，同時に中共拡大を阻止するという彼らの主張もまた現実味がきわめて薄かった。

結局，中国情勢がきわめて流動的だから，政策を国府全面支援に固定せず，最大限に柔軟な対応ができるよう米国に行動の自由を残しておくというのが現実の方針だった[83]。

(2) 国府への全面支援

もう1つの見解は，軍部と中国支持派議員（共和党が中心）に代表されるものであった[84]。1947年以降，JCS はソ連がヨーロッパ，中東，極東で拡張主義をとっていることに対して，脅威認識を強めていた。極東においては，ソ連が中国からインドシナ，マレーシア，インドへと影響力を拡大させていくことを心配したが，なかでもモスクワが中国から米国の影響力を排除して，当地を

---

81) Marshall to Patterson, Mar. 4, 1947 (FR 1947, VII：805-806); Minutes of Meeting of the Secretaries of State, War, and Navy, June 26, (Ibid：850-851); Marshall to Lovett, July 2 (Ibid：635); Marshall to Stuart, July 3 (Ibid：213).

82) Vincent to Marshall, Feb. 7, 1947 (FR 1947, VII：790). なおウェデマイヤーが国務省極東局に「親共産主義者」がいると述べたことに対し，ヴィンセントは極東局の大半は「親共産主義者」ではなく，国府の欠点を現実的に評価しているだけだと反論した。Memorandum by Vincent, July 6 (Ibid：639).

83) Marshall to Stuart, Aug. 13, 1948 (FR 1948, VII：416).

84) 主な議員はヴァンデンバーグ（Arthur Vandenberg）上院外交委員長，タフト（Robert Taft）上院議員，ジャッド（Walter Judd）下院議員らである。彼らの見解と行動に関しては，以下を参照。Blum（1982：chs. 3, 5, 13）; 菅（[1992] 1997：115-134）.

第2章　米国と「中国の統一」　　　　77

自身の影響下におこうとしているのではないかと警戒した。JCS は，中共があくまでもソビエトの政策上の道具だと断じていた[85]。パターソン陸軍長官は，中共がソビエト主導の国際共産主義と利益・目的を同じくしているとみた[86]。フォレスタル海軍長官の中共認識もまた似たようなものであり，彼は中共が「事実上，真の共産主義者」であって，中共の指導者が「ロシアによって訓練された」ものであることを認めるべきだと主張していた[87]。

　彼らはこのように断定しながら，国府への経済・軍事支援を積極化するべきだと提言した。JCS によれば，アジアでソビエトの拡大を阻止できる唯一の政府は国府であり，国府の統一・安定のために「軍事的観点から慎重に計画された，選択的で管理の行き届いた援助」を与えることは，米国の安全保障利益に資するものであった[88]。またフォレスタルは，「ロシアの反応を過剰に懸念する」ことなく，国府に兵器を提供することが望ましいし，何よりも「我々は自分たちがこれまで承認し，支援してきた中国の政府を支援する義務があるという事実を認めなければならない」と主張した[89]。NSC の陸海空軍メンバーは，国府に対する経済・軍事援助がともに必要であるとして，経済援助だけを求める国務省の方針を批判した[90]。中国支持派議員も中国共産化が米国の安全保障にとって脅威であるから，ヨーロッパに偏重せず中国援助も積極化すべきだとして，軍事・経済援助ともに必要であると訴えた[91]。

---

85) Memrandum by the JCS to the SWNCC, June 9, 1947, Enclosure-Appendix (FR 1947, VII：838-840).

86) Patterson to Marshall, Feb. 26, 1947 (FR 1947, VII：800).

87) Minutes of Meeting of the Secretaries of State, War, and Navy, June 26, 1947 (FR 1947, VII：851).

88) Memrandum by the JCS to the SWNCC, June 9, 1947, Enclosure-Appendix (FR 1947, VII：842-844).

89) Minutes of Meeting of the Secretaries of State, War, and Navy, June 26, 1947 (FR 1947, VII：851). なおフォレスタルは日記にこの会談における自らの発言を次のようにまとめている。「中央政府軍［国府軍］への物資，軍備支援を続けるべき」であり，「これは我々がロシアとともにこの政府［国府］を承認してきたことと合致する」し，「情勢がいかに困難になっても我々は中国から完全に手を引いてはならない」（Micro Forrestal：reel. 3, vol. 7, no. 1693［State-War-Navy, June 26, 1947]）。

90) Souers to the NSC, Mar. 26, 1948, Enclosure (Draft Report of the National Security Council on the Position of the United States Regarding Short Term Assistance to China, Mar. 24, 1948) (FR 1948, VIII：50).

91) 菅（[1992] 1997：115-129）。

しかし，積極的な援助を求める JCS でさえ，国府の軍事能力が弱体であり，人民の政治的支持も減退していることについては認めていた[92]。だからこそ国府への全面支援が必要だということであったが，国府の政権基盤がきわめて弱くなっている以上，現政権を前提にして「中国の統一」を構想することは，すでに非現実的であった。

(3) 新しい勢力への対応

ではこの時期，実際にどのような中国政策がとられていたのだろうか。全体としてみた場合，国務省の路線が主流であったため，中国内戦への大規模な関与は回避されることになった[93]。ヨーロッパ復興支援が精力的にすすめられる一方で，中国援助はどのように扱われたのだろうか。ここで，2点確認しておこう。

1つは，1947 年 4 月から 9 月までに実施されたウェデマイヤー・ミッションである。その任務は中国援助を検討する際の材料として，中国情勢を調査，報告することであった[94]。帰国後ウェデマイヤーは，国府が内紛に善処して国際社会においても義務を果たすことができるよう，いかなる作戦の計画を実行するよりも先に，外部からの軍需品や技術的支援が必須であると報告した[95]。また彼は，五大国による満洲の保護についても提言した。彼はこの点について次のように回想している。「ソビエト軍が満洲で足場を固めてしまうことになれば，我々同盟国は武力行使する以外に，それを排除することはできないと知っていたが，当時，明らかに武力行使は実行できるものではなかった」。「しかし，私は満洲における共産主義者に単独で働きかけたり，攻撃したり，はたまた彼らを制圧することなく，何か対策を講じたかった」。そこで，ソ連を含めた諸大国による保護を提唱したという[96]。

---

92) Memorandum by the JCS to the SWNCC, June 9, 1947, Enclosure-Appendix (FR 1947, VII：843).

93) Cohen (2000：157-160, 175).

94) Directive to Wedemeyer (Approved by Harry S. Truman), July 9, 1947 (FR 1947, VII：640-641).

95) Wedemeyer (1958：472 [Appendix VI (Report to the President, 1947, Parts I-V, Sep. 19, 1947)]；邦訳 [1997]1999, 下：436-437). 訳文は一部修正。

96) Wedemeyer to Benjamin L. Jackson, Feb. 27, 1968 (Wedemeyer Papers：box. 131, folder. 2, HI).

しかし，彼の報告は国務省（特にマーシャル長官）の支持を得られなかった[97]。結局，ウェデマイヤーの提言は，政府の政策に反映されることはなかった[98]。

もう1つ確認しておくべきことは，1948年6月に成立した中国援助法である。法案は国務省の路線を反映して，内戦への大規模介入を回避し，ヨーロッパ復興援助を重視するものになった。しかし，軍部や中国支持派議員の意見に配慮して，軍事援助については追加されることになった。このとき，ヴァンデンバーグ上院外交委員長が超党派外交をすすめながら，両者の中間の立場をとって国務省の方針に近い法案の成立に貢献したことは特徴的であった[99]。

その後1949年に入ると，中共が圧倒的な軍事的優勢に立つ。米国にとって，中国政策は「どのように統一すべきか」ではなく，「すでに中共に統一されつつある」中国にどう対応するかという問題になった。

まず，国務省ではアチソン長官，そしてバタワース極東局局長がそれぞれ国府の形勢逆転はまずありえないと断定し始める[100]。1949年1月，国府が米ソ英仏に国共政治交渉による内戦調停を依頼したとき，米国政府は交渉成立の見込みがないと判断し，これを拒絶した[101]。次に，アジアで共産主義拡大を阻止する防衛線を引くということでは，政府内に合意が生まれていた。争点はあくまでもどのように防衛線を引くかにあった（第1章を参照）。

このとき，「中国の統一」をめぐる政策論争はすでに過去のものになっていた。以後，中国大陸では内戦の展開とともに，新たな勢力が台頭することになった。米国政府に残されていた選択肢は，その勢力を囲い込むために「封じ込め」政策をとるか，あるいは彼らを米国に接近させるために外交・経済的手段

---

97)　Wedemeyer (1958：396-398; 邦訳 [1997]1999, 下：314-319).

98)　Stueck (1989：109).

99)　菅（[1992] 1997：115-129）。その他，Blum (1982：28-29) も参照。

100)　アチソンの見解は，例えば以下の文書に示されている。Note by Souers to the NSC, Feb. 28, 1949, Enclosure (FR 1949, IX：492-494); Note by Souers, Feb. 28, 1949, Annex (Ibid：826-833). バタワースは現地中国の大使館から入るこのような情勢評価を重視した。Memorandum by Butterworth to Lovett, Janu. 26, 1949 (FR 1949, VIII：664-665).

101)　この点については，まず国務省で草案が用意された。Draft Prepared by Sprouse (FR 1949, VIII：29). その後，草案が修正され，スチュアート駐華大使から中国政府に伝達された (Ibid：29 の注54; Stuart to Acheson, Jan. 14, 1949 [Ibid：47]).

をとるか，そのどちらかであった。いずれにしても，「中国の統一」をめぐる問題は「大国中国」の瓦解とともに，現実的な政策論争の対象から外れていくことになったのである。

第 2 部　マーシャル・ミッションの展開

第3章　戦後中国とソ連

1. 終戦から内戦へ

　終戦後，中国大陸に訪れたのは平和や安定とはほど遠い，あまりに大きな変動だった。内戦によって国府の統治は崩れ，中共が新政権を樹立し，やがて新しい中ソ同盟が成立することになった。このような激動は，わずか数年間のうちに起こった。なかでも終戦によってようやく迎えた平和が内戦に転じていくまでの1年余りにみられた情勢変化は，きわめて複雑なものだった。国共両者は政治交渉のテーブルにつきながらも，その背景では激しい軍事衝突をくり返した。交渉を有利に運ぶために戦闘することもあれば，軍事的進攻に資するように交渉をすることもあった。だから内戦が全面化する状況においては，政治交渉も軍事衝突もともに複雑な経緯をたどることは避けられなかった。

　第3章は，1945年8月から1946年末までの中国情勢の展開を体系だてて考察することが目的である。マーシャル・ミッションがどのような情勢の下ですすめられたのかを知るのに，これが不可欠な作業だからである。1990年代以降，国府，中共，旧ソ連の各関連資料が公開されるようになったが，これらを総合しながら複雑な展開を整理した研究は，意外なまでに少ない[1]。本章のな

---

1)　現時点では，Westad（2003）が広い視野から中国内戦を考察した新しい研究の水準であるが，国府政治史や国共政治交渉については分析が少なく，史的展開を俯瞰できる議論の構成にはなっていない。なお，新資料の公開前の代表的研究として，石井明（1990）; 西村（1991）が挙げられる。その後，資料公開とともに中共ーソ連関係の研究が増大した（Goncharov, Lewis and Xue eds. 1993; Westad ed. 1998a; Heinzig 2004; 沈 2003a; 楊奎松 1997など）。また国府政治史の研究も発表された（姫田編著 2001; 中央大学人文科学研究所編 2005など）。ただし，新資料を渉猟した上で，国共関係と米中ソ関係を総合しながら，情勢の展開を追いかけた総合的研究はほとんどない。

かで，その全体像を詳しく描くことはできないが，戦後中国情勢を考察する上で，重要な論点を3つに整理しておきたい。

第1は，「訓政」から「憲政」への移行である。かつて孫文は，革命達成までを3三段階に分けた。最初は軍政期であり，軍政府が実権を握り，旧制度を一掃する段階にあたる。次の訓政期は，地方自治を人民に与えながらも，地方の議会・行政組織の選挙を行うまで軍政府が国事を総覧する過渡期である。最後の憲政期には，憲法を制定して，軍政府が兵権と行政権を解き，国民が選挙で大統領・国会議員を選出するという段階に至る[2]。終戦当時の中国は，訓政期にあったが，ちょうど憲政への移行に着手し始める時期であった。

訓政期においては，「以党治国」の理念の下，国民党が政府組織を統治していた。国民党は，まず党務の最高決定機関として全国代表大会（大会閉幕期は中央執行委員会，さらに当該委員会が招集されない時期は中央常務委員会）をおき，また政府指導機関としては国防最高委員会をおいていた[3]。党内では，中共に対して強硬的なCC系（陳果夫，陳立夫ら）が優位だったものの，政府機構，とりわけ行政院においては国共談判をすすめようとする政学系（宋子文，王世杰，張群，熊式輝ら）が独占していた[4]。

このような状況の下で，終戦後になると国共を中心にして国内の政治諸勢力が集まり，訓政から憲政への移行に関する諸問題（制憲のための国民大会の召集方法，憲法修正案，国民政府委員会の設置，行政院改組など）が協議されることになったのである[5]。

第2の特徴は，対日戦に勝利した中国が戦後処理の問題を抱えたことである。何よりもまず，日本軍の降伏受理と武装解除，さらには日本人の本国送還に取り組まなければならなかった[6]。そして，それと並行するようにして，主権接

---

2) 『東洋史辞典』：242（訓政期，軍政期），257（憲政期）。
3) 斉藤（2005：1-45）。なお国防最高委員会は1939年1月，国民党第五期第五回中央執行委員会により設置が決定され，蔣介石指導の下，中央執行委員会の各部，各委員会，国府五院，軍事委員会など党・政・軍を統一して指揮する最高政策決定機構となった。この組織は1947年4月まで存続した（劉維開［加島潤訳］2004：25-48）。
4) 王（2003：第13章）。なお，CC系は20年代末，陳果夫，陳立夫を中心に形成された国民党内の一派閥。文化事業，特務（スパイ）分野を中心に権限をもち，中共への弾圧を行った。1950年代以降は没落した（土田哲夫「CC系」，『岩波現代中国事典』：435）。
5) 訓政から憲政への移行期に関する議論は，横山（1997：237-249）を参照。

収，領土統一がすすめられることになった。終戦後間もない 1945 年 8 月 24 日，国民党中央常務委員会と国防最高委員会の臨時列席会議が行われたが，そのなかで「我が国民革命にとって最も重大な目標と最も切迫した任務」が公示されることになった。それによれば，その目標・任務は，「第 1 に東三省［東北］の領土回復，主権および行政の保全」，「我が台湾および澎湖の失地回復」などであった[7]。いわば力の真空が生まれた地域を国家統一することが最重要とされたが，まさにそれをめぐって内戦が生じることになる。

そして戦後中国の情勢に少なからず影響を与えた第 3 の存在が，ソ連である。ソ連政府は，公式には国府を承認していた。1945 年 2 月のヤルタ会談において，スターリンは蒋介石の国民政府を唯一の合法政府と認め（第 1 章参照），同年 8 月 14 日の「中ソ友好同盟条約」交換公文のなかでは，中華民国の中央政府たる国民政府を道義的・物質的に援助することを確認した[8]。他方，ソ連は同条約交換公文のなかで，東三省における中国の領土・行政上の完全な主権を承認してはいたが，戦後当地において軍事プレゼンスと一定の権益を確保した。1945 年 8 月 9 日，ソ連軍は対日参戦のために東北に進駐し，翌年 5 月 3 日に完全撤退するまで当地に軍事プレゼンスをおいたのである[9]。この対日参戦と引き換えに，ソ連は東北で一定の権益（主に鉄道と港）を得ることになった。終戦後，ソ連が中国東北で軍事プレゼンスと権益を確保したことが，国府，中共，そして米国の政策に大きな影響を及ぼすことになる。

このような 3 つの特徴は，いずれも戦後中国を形づくる上で象徴的なものばかりであるが，それらが互いに結びついていたために情勢の展開はことさら複雑なものになった。そのプロセスを詳しく検討する前に，その展開を概観しておこう。1945 年 8 月 29 日から 10 月 10 日まで，重慶で国共間の政治交渉（重慶談判）が行われ，「双十協定」が達成された。10 月以降，両者は未解決の問

---

6) 「一般命令第一号」が直接的な根拠である（『新中国資料集成』第 1 巻：122）。

7) その他，「朝鮮の独立自由の回復」が挙げられた（『大事長編』5-下：812［8 月 24 日］）。

8) 「交換公文」（『新中国資料集成』第 1 巻：104）。ロシア語原文は，СКО（no. 137, стр. 205）。

9) 当初，スターリンは 3 ヵ月以内に撤退完了できるとしていた。「今次の日本国にたいする共同作戦におけるソ連軍の中国東三省地域内への進入後のソ連軍最高司令官と中国行政当局とのあいだの関係に関する協定」のなかの議事録部分（『新中国資料集成』第 1 巻：112 頁; РКО, IV-2：no. 714, стр. 195）。

題をめぐって交渉を続けるが、そこに進展はみられなかった。対立の舞台は協議ではなく、東北をめぐる争奪戦に移っていたが、12月、マーシャル・ミッションの始動を機に、国共両者が再び交渉のテーブルに戻ってくる。翌年1月から2月にかけて、中国国内ではさまざまな合意が成立した。なかでも国共をはじめ政治諸勢力が広く参加した政治協商会議（政協会議［1月10〜31日］）とその決議（政協決議）は、それを象徴するものであった。しかし、3月に情勢が大きく変動する。ソ連軍が東北から撤退を始め、当地をめぐる国共の軍事衝突が広がっていったからである。このような衝突の背景で、国民党は政協決議の一部を非難し、中共がそれに反発した。こうして両者の軍事・政治対立は激しくなり、7月以降、内戦が東北から華北へと広がり、やがて全面化していった。

　以下では、この展開を政治情勢と軍事情勢（中ソ関係を含む）に分けて、それぞれ論じることにしよう。

2. 平和な国家建設をめざして

(1) 重慶から政協へ

　まず、政治情勢である。各交渉で合意された事項、そして未解決のまま残された問題をそれぞれ明確にしながら、情勢の展開を整理していこう。

　重慶談判は、国民党代表の王世杰、張群、張治中、邵力子、中共代表の周恩来、王若飛によって主に進められた。蔣介石と毛沢東は計9回会っているが、両者の正式な直接交渉は1945年8月29日のみだった[10]。この交渉前日、蔣は「政治と軍事をそれぞれ解決しなければならないが、政治要求に対してはきわめて寛容に応じ、軍事に関しては厳格な統一［軍令の統一］を一歩も譲らない」態度で臨むと日記に記している。交渉当日、実際に彼は「政府改組の問題」よりも「政令、軍令の統一」を優先させることを強調した[11]。

　交渉を終えた翌日、周恩来はペトロフ駐華ソ連大使と面会し、「我々の最初

---

10)　井上 (2001：41)；郭廷以編著 (1985, 第4冊：387 [8月29日])。

11)　蔣介石日記、1945年8月28, 29日（『大事長編』5-下：815, 816)；『毛年譜』（下：17 [8月29日])。

第3章　戦後中国とソ連　　　87

の観察」としては「国民党指導者は一定の政治的譲歩を行う」だろうが，「主
な中国国内政治問題について何らかの抜本的解決を期待することは難しい」だ
ろう。「我々は蔣介石が過度の譲歩をすると期待することはできない」。「どん
な情勢下においても，野党より国民党体制の利益を優先させるというのが彼の
公式だ」と評価していた[12]。その数日後，毛もペトロフと面会したとき，次
のように語っている。現時点で会談の第一段階は完了した。いまのところ，原
則的立場について意見交換が行われただけであり，さまざまな具体的問題が残
されている。「国民党，蔣介石個人は既存の政治的地位，今後の一党独裁を確
保することに努め，中共から譲歩を得ることに尽力しているが，その後，軍事
力によって共産地区・軍隊を封鎖しようとしている」ことは明白である。「会
談で明らかになったように，連合政府の問題は全体として議題から外れてい
る」。国民党が我々の多くの要求を受け入れるとは思わないので，我々には譲
歩する用意があるが，あくまでも根本的利益を阻害しないという基本条件の下
で譲歩する[13]。このとき毛沢東が語ったのは，あくまでも慎重な予測であっ
たが，政治交渉をすすめる姿勢だけは示していた。

　その後，国共両者は折衝を続け，10月10日に「双十協定」が達成された。
そのなかで「蔣主席の指導の下」に内戦を回避し，平和建国すること，そのた
めに「政治の民主化，軍隊の国家化，および党派の平等・合法」が必要である
ということが確認された。また訓政を終結させ，憲政を実施するために，各党
派の代表・学識経験者からなる政協会議を招集することについても同意され
た[14]。

　民主化や憲政への移行といった抽象的な原則については，このように合意さ
れたものの，その具体的手続きや論争的な問題については未解決のままだった。
特に解放区における地方政府の扱い，つまり中共地区の地位について，両者の
見解はみごとに対立していた。蔣は解放区の存在を認めず，全国の政令・軍令

---

12)　周恩来ーペトロフ会談（ペトロフ記録），1945年8月30日（PKO, IV-2：no. 736, стр. 214).
　　『周年譜』：616-617（8月29日-10月11日）には会談記録は収録されていない。

13)　毛沢東ーペトロフ会談［周恩来，王若飛同席］（ペトロフ記録），9月6日（PKO, IV-2：no.
　　749, стр. 230-232).『毛年譜』（下：21［9月6日］）には会談内容の記載なし。

14)　「政府と中共代表の会談紀要」，1945年10月10日（『新中国資料集成』第1巻：130）。重慶談
　　判の特徴，概要については，井上（2001：41-43）を参照。

の統一を最優先するよう主張していたが，中共側は解放区における民選政府の合法的地位，解放区軍民による敵軍の降伏受理を承認するよう求めるとともに，国民党軍が解放区に侵攻しないよう訴えていた。そこで，「双十協定」ではこうした両者の対立点が併記されることになった[15]。

重慶談判を終えた毛は，重慶で再びペトロフと会談した。このとき彼は，今後の情勢を予測しながら，次のように述べた。蔣はどの政治集団に属しているわけでもなく，「彼にはまだ思想的・政治的に深い，明確な目的性がない」。ただし，対外政策問題においては政学系に助力を求め，対ソ関係を決定するだろうし，国内政治，特に我々との闘争においてはCC系，黄埔系を利用するだろう。今後，蔣は表面的には中共に譲歩するだろうが，11月中旬までに中共への軍事攻撃を準備完了させるだろう。だから中共としても，未解決の問題が合意達成されない限り，華北で国府の東北進軍を阻止することになる[16]。

この発言内容が，1945年12月までの情勢をおよそ言い当てることになった。10月20日から重慶で国共代表者が未解決の問題をめぐって交渉を続けるが，具体的な成果には乏しかった[17]。一方，ソ連軍が中共軍の東北進入を黙認していたため，東北をめぐる国共間の争奪が激しさを増していった。

11月下旬までに，ソ連軍は中共軍に東北各都市から撤退するよう迫り，12月末にはマーシャル・ミッションが始動した。こうした情勢下，国共両者が再び政治交渉の席に戻ってきた。戦後処理をすすめるために米国の軍事支援が必要な国府は，マーシャル調停に協力する意思を表明したし[18]，政治軍事戦略の中心だった東北で大きな後退を余儀なくされた中共もまた，米ソの意向は無視できないと判断した[19]。ハーレイの政策に批判的だった中共は，内戦の停

---

15) 蔣介石―毛沢東会談，1945年10月9日（『毛年譜』下：32）；『解放日報』社論，10月19日（『中共参考』第6巻：10）。協定原文は，『新中国資料集成』（第1巻：132-133）。

16) 毛沢東―ペトロフ会談（ペトロフ記録），1945年10月10日（PKO, IV-2：no. 775, стр. 267-269）。周恩来，王若飛も同席。なお，ソ連側で同席した外交官レドフスキーは毛の次のような発言内容を回想している。重慶談判終了後，中共指導者は蔣の態度を軟化させるために，プロパガンダを表明することで軍事的打撃も加えるという決議を採択した（Ледовский 1999：стр. 200-201）。なお『毛年譜』（下：32），『周年譜』：622-623に記録なし。

17) 郭廷以編著（1985, 第4冊：411-430）。

18) 蔣介石がマーシャルとの会談で表明。Minutes of Meeting, Dec. 21, 1945（FR 1945, VII：796-797)；『大事長編』（5-下：907-908 [12月21日]）. ただし，中文記録は摘要であるため，英文に拠った。

第3章　戦後中国とソ連　　　89

止や「政治交渉の手段によって中国の団結，平和，民主主義を実現させる」ことなどを表明したトルーマン大統領の声明については，これを歓迎すると表明したのである[20]。

　こうして再開された政治交渉は，1946年2月までに重要な協定をいくつか生んだ。1月10日，国共間に「停戦協定」が成立した。さらに，同日招集された政協会議には，国共代表者のほか，民主同盟，青年党，無党派も参加した。31日，会議は5つの決議（「政府組織案」「国民大会案」「平和建国綱領」「軍事問題案」「憲法草案」）を通過させて閉幕した[21]。これによって現政権を改組し，憲政に移行するまでの手順が次のように決まった[22]。

　第1に，国民政府委員会（国府委）を充実させるとともに，憲草審議委員会（憲草委）を設置する。まず，国府委は憲政準備段階における政府最高機関であり，立法，施政，軍事，財政などを討議，議決する機関とされた。その定員40名のうち，3分の1（14名）で拒否権が成立することについても同意された（「政府組織案」）。次に，憲草委は1936年5月起草の五五憲法を修正するものとされた。具体的には，立法機関である立法院を直接選挙すること，行政院が立法院に責任を負うことなどを修正原則にして，修正草案を作成することが決められたのである（「憲法草案」）。この憲法修正は，立法院主導の議院内閣制をめざしたものであった[23]。なお軍事問題については，軍・党の分立，軍民の分治，軍隊の統一・縮小改編（整軍）をすすめることが決められた（「平和建国綱領」）。

　第2に，憲法を採択するために，国民大会（国大）を招集されることが決まった。召集予定日は1946年5月5日とされ，代表者2050名で国大を構成するものとされた。ただし，各党派・学識経験者代表を700名に増やし，憲法通過には出席代表の4分の3の同意が必要であることについても決定した（「国民

---

19) 「中央関於東北工作方針與任務給東北局的指示」，1945年12月7日（『中共文件』第15冊：465）。
20) 「歓迎杜魯門総統的声明」『新華日報』社論，1945年12月18日（『停戦談判』：307-308）。
21) 「政治協商会議的決議」，1946年1月31日（『新中国資料集成』第1巻：196-205;『資料初編』7-2：229-243）。
22) 政協会議については，井上（2001：43-48），鄧（2003：259-304）を参照。
23) 横山（1997：247）。

大会案」)。

　最後に，憲政実施である。採択された憲法を公布し，公布後6ヵ月以内に憲法執行機関を選挙・招集すること，その後，憲法の施行に移行することが決められた（「国民大会案」）。

　このように憲政移行までのプロセスが決められたが，なかでも移行までの過渡期において，国民党以外の各党派が参加する国府委が創設されるということが重要な決定の1つであった。ただし，国府委においては，他の政党が参加できるのは今回増員された3分の1の議席に限られており，各党派が対等な参加を許されたわけではなく，あくまでも国民党優位が保持されたものではあった[24]。

　その他，「平和建国綱領」，「軍事問題案」に基づき，2月25日には国共両軍の統合（中共軍の国家化）までの手順を詳細に規定した「整軍方案」が成立した（詳細は第6章を参照）。

(2)　政協路線の瓦解へ

　各協定の成立を受けて，中共は一時的にせよ情勢認識を改善させた。政協会議の召集前，中共中央は中共代表団にこう伝えている。「現在，米英ソ三国外相会談が終わり，全国停戦に関する問題もまた基本的に合意達成しているので，問題解決の可能性は高まっている。もし，国民党が政協を通じた問題解決を迫られるならば，今回の政協会議でもまたいくつか問題を解決することができる。我々は政協に向けて，いくつか問題を解決する準備をしなければならない」[25]。こうした政治交渉への期待は，当初あくまでも慎重な判断とともにあった。政協会議の期間中，周はペトロフに次のように話した。「国民党は将来の民主主義への門戸を少し開けようとしている」が，「その過程で中共を解体しようとしている」。蒋は「国際世論，国内の各政党・集団，中国社会，さらにはマーシャルをはじめとする米国人，これらの影響下で一部譲歩を余儀なくされている」。ただし，「国民党は民主主義を語りながらも，他方では従来の方針を実行し続けている」[26]。その後，中共の情勢認識は徐々に好転していくことになる。

---

24)　同上（243-246）。

25)　「中共中央致電中共代表団」，1946年1月5日（『葉年譜』上：439）。

第3章 戦後中国とソ連 91

停戦協定が成立した1946年1月10日，中共中央は党の各級委員会，解放区各部隊首長らに通知を出し，「中国の平和と民主主義の新段階はこれから始まるだろう」と告げた[27]。その具体的内容は，政協会議閉幕式における周恩来のあいさつのなかで示された。それは，「国民政府を基礎に，蔣主席指導の下，各党各派・社会賢人が協力して挙国一致の国民政府を組織し，訓政を終結させ，憲政を準備する」というものであった[28]。2月7日には中共中央が各局に指示を出し，「我々の方針は蔣介石の国民党に民主的方向への転換を続けさせることである。それによって国家を民主化し，国民党内部の反動派を孤立させる」とした[29]。

このように中共は政協決議の路線を支持したが，依然として未解決の問題は残されていた。政協会議においては，国府の主権接収方法や「解放区」の地位について具体的な取り決めはほとんどなかったのである[30]。中共は政協会議で「解放区」問題を提起する意思がなかったし[31]，そもそも彼らは国府軍が到着するまでに東北の広大な地域に進軍する戦略をとっていた[32]。また国民党内部で，政協決議への非難を抑え込めるかどうかも深刻な問題だった。2月上旬，周はペトロフに懸念を伝えた。1月末以降，国民党中央常務委員会において，同党政協会議代表団はCC系などから激しい非難を浴びせられている。「蔣介石が政協決議を承認しているため，会議の参加者は現時点で当該決議を破棄することはできないという結論」に至ったものの，非難はなされている。「国民党の反動的集団」は，「2～3ヵ月のうちに，再び台頭することは十分に

---

26) ペトロフ―周恩来会談，1946年1月16日（РКО, V-1：no. 10, стр. 42）。

27) 「中共中央関於停止国内軍事衝突的通告」，1946年1月10日（『中共文件』第16冊：15頁）。なお石井によれば，「平和と民主主義の新段階」という言葉はこのとき初めて毛沢東によって用いられた（石井明 1990：117-118）。

28) 「中共願為政協協議的全部実現而努力奮闘」，1946年1月31日（『周談判』：96）。

29) 「中央関於争取蔣介石国民党向民主方面転変暫時停止宣伝攻勢的指示」，1946年2月7日（『中共文件』第16冊：72）。

30) 政協決議のうち「平和建国綱領案」では地方自治，普通選挙実施などが，「憲法草案」では省知事の民選，省憲法の制定などが原則合意されたのみである。

31) 1946年1月7日，政協代表者全体が参加した茶話会での周恩来の発言内容による（『周年譜』：636［1月7日］）。

32) 「停戦協定」成立の翌日，中共中央は「国軍が満洲の広大な地区に到達するまでに，部隊を迅速に高度に分散させ，広大な地区を支配」するよう東北局に指示した。「中央関於停戦後我党対満洲的政策問題給東北局的指示」，1946年1月11日（『中共文件』第16冊：20）。

ありうる」[33]。

　このような懸念が現実のものとなり，政協決議の路線が瓦解していくのは
1946年3月である。国民党は第六期中央執行委員会第二次全体会議（二中全
会）を3月1日から17日まで開いた。そのなかで政協決議が非難を受けるこ
とになったが，なかでも憲草修正原則が非難の対象になった。この原則に対し
ては，政協会議閉幕直後から国民党内での反対が根強かった[34]。結局，二中
全会では国民党の優位を維持すべく，行政院を立法院より優位におくこと，省
憲法を認めないなどといった内容に決議が修正されることになった[35]。中共
はこうした二中全会の決定を取り上げ，政協決議への重大な違反がいくつも見
られると非難した[36]。この時期には東北をめぐる国共間の軍事争奪戦が再び
勢いを増していたこともあり，二中全会は国共両者の対立を激化させることに
なった。以後，国民党は政協決議の手順に基づかないで，憲法制定を推しすす
めることになった。

　4月以降，憲草委は休会が続き，国府委もまた最後まで設置されなかった。
さらに，政協会議のメンバーによる政治交渉も行われなくなってしまう。11
月12日に非公式の政協総合小組（steering committee）が一度だけ行われたが，
そこでは何の成果も得られなかった[37]。10月初旬から第三勢力（民主同盟，中
国青年党，民主社会党，無党派）が協力して国共調停をすすめたものの，政治交
渉は進展しなかった。11月初旬，第三勢力は成果のない調停努力を終了させ
た[38]。

33）　ペトロフー周恩来会談，1946年2月6日（PKO, V-1：no. 20, стр. 54-55）。

34）　1946年2月10日，王世杰は党内で最も非難されているのが憲草修正原則であること，二中全
　　　会によって政協会議の決議が破棄されないようにすることはきわめて困難だと日記に記している
　　　（『王日記』：206［1946年2月10日］）。

35）　横山（1997：247-249）。二中全会の議題は，郭廷以編著（1985，第4冊：485-495），二中全会
　　　の政協決議に関する決議案は「六期二中全会対於政治協商会議報告之決議案」（『史料初編』7-2：
　　　260-261）。

36）　非難は相次いで行われた。代表的なものは以下である。周恩来の記者会見「関於国民党二中全
　　　会的談話」，1946年3月18日（『周談判』：146-152）；周恩来から中共中央への電文「蒋介石両面
　　　派的作法和我們的対策」，3月19日（同上：155-156）；周恩来の記者会見「誰在動揺政協決議？
　　　誰在破壊停戦協定？」，4月4日（同上：200-211）。

37）　『周年譜』：704（1946年11月12日）；『大事長編』（6-上：302［11月12日］）。

38）　第三勢力による調停については，Jeans（1998：293-325），横山（1997：261-264）参照。

第3章　戦後中国とソ連　　　93

　この間，国民党は単独で憲法採択のための国大招集をすすめていった。7月3日，蔣介石は国防最高委員会で決議を採択し，国大を11月12日に招集すると決めた。その後，蔣はこの決定を修正することなく，9月になると中共の参加，不参加にかかわらず国大を招集するという自らの強い意志をマーシャルに示すことになった[39]。たとえ中共が国大招集前に行政院を改組するよう求めたところで，蔣がこれに応じることはなかった。国大召集の約1ヵ月前，10月13日にマーシャルと会談した蔣は，国大招集前に行政院の改組は検討しないと明確に語ったし，行政院長の宋子文も現時点で中共を行政院に入れるべきではないという見解を示していた[40]。

　招集が直前に迫った11月8日，蔣は声明を発表し，あらためて自らの決意の固さを語った。彼は今大会の招集で憲法を採択する予定であり，国大閉会まで行政院の重大な機構改変はできないと断言したのである[41]。その数日後の11日，彼は学識経験者（莫徳恵，銭新之，繆嘉銘，傅斯年，胡霖）からの説得を受け，召集を3日間だけ延期することに決めたものの，結局は国大召集が「政治交渉の決裂」だとする中共の非難を退け，11月15日に国大を召集したのだった[42]。国大には国民党ほか民主社会党，中国青年党が参加したが，中共や民主同盟などが不参加であったため，国大参加の是非をめぐって第三勢力は分裂してしまったのである。

　この間，中共は国民党主導による国大召集を一貫して非難し続けた。7月，国民党が11月12日に国大を招集すると単独で決定したことに対し，彼らはこれを政協決議違反だと批判した。国大の召集が近づいた10月には，周からマーシャルを通じて，国大招集の日程や参加者（代表者）については政協総合小

---

39)　『国防最高委』: 363. 10月11日に国府が国大の召集令を公布する（『大事長編』6-上：282 [10月11日]）。Marshall's Notes on Conferences with Generalissimo, Sep. 15 and 17, 1946 at Kuling (Micro MM：reel. 3). なお『大事長編』（6-上：254 [9月15, 17日]）にマーシャル―蔣介石会談の摘要が記載されているが，上記の部分に関する記録はない。

40)　Notes on Meeting Between Marshall and Chiang Kai-shek at Nanking, Oct. 13, 1946, 17：00（FR 1946, X：364）。宋の見解については，彼と会談したスチュアートがその会談内容をマーシャルに語っている。Minutes of Meeting Between Stuart and Marshall, Nov. 4, 1946, 16：00（Micro MM：reel. 4）。

41)　蔣による声明，1946年11月8日（『大事長編』6-上：296-299）。

42)　『大事長編』（6-上：301, 302 [11月11, 12日]）。

組で決定すべきだという意思を国民党に表明した[43]。10月下旬，周は「国内政治情勢は非常に悪い」，「軍事行動は続くだろうし，国共関係の完全な決裂が差し迫っていることは明らかだ」とペトロフに語った。このとき，国大召集については「国共が完全に決裂して大会が開かれることになるか，あるいは別の道をたどりながらも，大会召集後すぐに活動が延期されるか」のどちらかだと推測した上で，「いずれの場合も成果は得られない」と断言した[44]。国大召集が迫った11月11日，周はマーシャル，陳誠（国府参謀総長）が列席する会議に出席し，11月12日に国大を招集すれば「直ちに政治は分裂する」として，国民党の行動を厳しく牽制した[45]。しかし，結局中共の意見に沿うことなく国大が招集されてしまったため，以後，中共は開会中の国大を認めないという姿勢をとった。11月16日，周は声明を発表し，我々は一党による「国大」招集が近づくにつれ，停会を主張してきたので，今回の国大は「断固不承認」であると強く非難した[46]。

　国民党主導の下，12月25日，国大において憲法が採択され，翌年1月1日，憲法が公布され，12月25日には憲法が施行されることになった。中共は一連の手順が政協決議違反であると鋭く反発し，国共両者の政治的対立は決定的になっていった。

3. 中国内戦とソ連

(1) 戦後中国のなかのソ連

　終戦後，国共は政治交渉のテーブルにつきながらも，各地で軍事戦略を展開してきた。両者にとって，その戦略の中心は東北にあったが，当地への進軍をすすめるにあたって，現地にいたソ連軍の態度は決定的に重要であった。順調に軍隊を入れることができるかどうかが，ソ連軍の姿勢によって大きく左右さ

---

43)　周恩来とマーシャルの会談記録，1946年7月5日（『周談判』：516);「中共代表団対国方単独決定召開国大事提出書面抗議」，7月7日（『停戦談判』：189-190); 周からマーシャルへの覚書，10月9日（『周談判』：675)。

44)　ペトロフ─周恩来会談，1946年10月26日（PKO, V-1：no. 132, стр. 189, 193)。

45)　非公式軍三委における周発言の摘要，1946年11月11日（『周談判』：686)。

46)　周の声明発表，1946年11月16日（『周談判』：690-691)。

第3章　戦後中国とソ連　　　95

れたからである。そこで，まずはソ連が戦後中国にとって，どのような姿勢を
とっていたのかを考察しておこう。

　ソ連は，ヤルタ協定や中ソ友好同盟条約のなかで国府を正式に承認したが，
いずれは国府のなかに民主諸勢力が広く参加して，「統一，民主中国」が成立
することを期待していた。終戦前，スターリンは国府と条約交渉をすすめるな
かで，「国共関係をめぐる問題の解決にあたって，政治的手段が見つかるなら，
それに越したことはない」と指摘していたし，終戦直後には，毛沢東に国共政
治交渉をすすめるよう迫っている。さらに，同年12月に行われたモスクワ外
相会談（米英ソ）のコミュニケにおいて，ソ連は「国民政府下に統一された，
民主的中国が必要であること，国民政府の全部門に民主諸勢力が広く参加する
こと，ならびに停戦が必要であること」に合意した[47]。その後，このコミュ
ニケが既定の路線になっていく。

　モスクワ外相会談終了後，スターリンは当地を訪問した蒋経国に対して，同
外相会談コミュニケがソ連政府の立場だと語った。また，1946年1月から始
動するマーシャル・ミッションを前に，駐華ソ連大使館は中共代表者（葉剣英，
王若飛）と秘密裏に接触し，彼らに対して「中共中央が中共，中国民族，さら
に国家の民主的統一のための利益に基づいて国共談判に関する問題を決定する
だろう」からその助言と指示に従うべきだと伝えた[48]。1月中旬以降，中国国
内での政治交渉が本格化すると，ペトロフ駐華ソ連大使は周恩来に「中共はあ
らゆる軍事・政治問題を平和的に解決するための方法を模索しなければならな
い」と話し，また于右任（監察院長）との会談では，「ソビエト政府も私個人
も中国が統一された，民主的な国家にならなければならないという見解をもっ

---

47)　スターリン―宋子文会談，1945年7月9日（PKO, IV-2：no. 669, стр. 111）。終戦後，スターリ
　　ンが毛沢東に国共交渉に応じるよう圧力をかけた点については，楊奎松（1997：524-525）を参照。
　　またモスクワ外相会談のコミュニケは以下のものである。Communique on the Moscow
　　Conference of the Three Foreign Ministers, Dec. 27, 1945 (US-Bulletin 1945, vol. XIII, no. 340：
　　1030-1031).
48)　スターリン―蒋経国会談記録，1945年12月30日（Ледовский, 1999：no. 2, стр. 18）；レドフス
　　キー（一等書記官）―葉剣英・王若飛会談，1946年1月1日（PKO, V-1：no. 1, стр. 31）。後者の
　　会談記録によれば，レドフスキーは中共代表団に対して「ソビエト大使館はいかなる助言も与え
　　ることはできない」ことをほのめかしている。さらに，後年彼が回想した内容によれば，ソ連大
　　使館は中共との接触を避けようとしたが，中共からの要請に基づき面会したという（Ледовский,
　　1999：стр. 209).

96　　　　第2部　マーシャル・ミッションの展開

ている」と伝えるなど，あくまでも上記コミュニケの路線をとるよう勧めていた[49]。国共内戦の前夜にあっても，ペトロフは「我が政府は共産主義者ではなく，蔣介石主席指導下の中国中央政府と友好関係を維持する」と陳立夫に明言した。さらに内戦拡大後にも，ソ連はペトロフを通じてモスクワ外相会談のコミュニケを堅持することを表明した[50]。当時，ペトロフはスチュアート駐華米国大使に「実際に中国にとって平和は必要であるし，中国が平和的・民主的国家になるよう皆が望んでいる」と伝えている[51]。ただし，彼はあくまでも中国人自身が中国の問題を解決すべきであるとして，中国に内政干渉することはできないという立場を崩すことはなかった[52]。少なくとも，現在公開されている会談記録に拠る限り，駐華ソ連大使館が中共代表者に明示的な助言を与えたことはほとんどなかった[53]。

　しかしその一方で，ソ連は対日参戦のために中国東北に進軍し，その見返りとして一定の権益を現地に確保した。彼らはヤルタ秘密協定を前提にして，中ソ友好同盟条約の交渉をすすめたが，その結果いくつか権益を得ることになった[54]。まず，中国長春鉄道（中東鉄道と南満洲鉄道）については，中ソ両国が均等に所有権をもつこと，さらに共同経営のために中ソ合弁会社を設立することなどが決まった。次に，旅順口では両国が海軍基地として共同利用すること，防衛はソ連に委任されるものの，民政については中国に属することなどがそれぞれ合意された。さらに，大連港は自由港としてすべての国に開放すること，

---

49)　ペトロフー周恩来会談，1946年1月16日，ペトロフー于右任会談，1月25日（PKO, V-1：no. 10, 15, стр. 44, 48）。

50)　ペトロフー陳立夫会談，1946年6月14日，ペトロフースチュアート会談，9月14日（PKO, V-1：no. 73, 113, стр. 121, 164）。

51)　ペトロフースチュアート会談，8月29日（PKO, V-1：no. 97, стр. 154）。

52)　ペトロフースチュアート会談，1946年7月25日，9月14日，ペトロフーコープランド（オーストラリア公使）会談，10月15日（PKO, V-1：no. 92, 113, 125, стр. 146, 164, 175）。なお，10月15日の会談において，ペトロフは「米国の干渉が［中国］国内情勢に悪影響を与えている」と述べ，コープランドがそれに同意した（Там же：no. 125, стр. 175）。

53)　ペトロフー周恩来会談，1946年7月31日，10月26日（PKO, V-1：no. 93, 132, стр. 147-149, 189-193）。ただし，国民大会の召集日，ペトロフは周からの質問に答えるようにして，「国民党が大会でどのような憲法を採択したとしても，それが採択された後，中共の立場はかなり苦しくなる」から，「中共代表者を南京においておくことが積極的な要因になる」と思うと助言めいたことを語ったことはあった。ペトロフー周会談，11月15日（Там же：no. 142, стр. 208）。

54)　石井明（1990：18-19）。

埠頭・倉庫はソ連に貸与するが，行政権は中国に属すことが決められた[55]。ソ連はこのようにして，戦後中国東北において軍事プレゼンスと権益（鉄道と港）を確保することになった。

　では，ソ連は国府あるいは中共とどのように交渉したのだろうか。ここで，主な交渉のチャンネルを整理しておこう。

　国府にとって，ソ連との交渉のチャンネルは，少なくとも３つあった。第１は，長春における交渉である。1945年10月12日から国民政府軍事委員会東北行営（東北行営）とマリノフスキー（R. Malinovsky）元帥のソ連軍司令部との間で交渉が始まった。第２は，重慶における国府外交部と駐華ソ連大使館との交渉である。第３はモスクワでの接触，つまり駐ソ中国大使館とロゾフスキー（A. Lozovsky）外務次官やトゥンキン（G. Tunkin）外務人民委員部第一極東部部長との交渉である。かなり例外的ではあるが，1945年12月末，蔣経国が訪ソし，スターリン，モロトフと２回会談したことも付け加えておく必要があるだろう（1945年12月30日〜1946年1月3日）。国府側は，以上３つのチャンネルをそれぞれ活用したが，ソ連側については資料の制約もあり，不明な部分が多い。スターリンに最終決定権があったことは確かだろうが，東北ソ連軍の撤退に関する諸問題については，どうやら長春のマリノフスキーが実権を握っていたようである。例えば，ペトロフ大使は，「マリノフスキー元帥には満洲からのソビエト軍撤退問題について中国政府代表と交渉するための全権が与えられている」と語り，重慶での交渉に消極的な態度をとった。さらに，ミクラシフスキー（L. Miklashevsky）大使館参事も「満洲に関する問題は，すべてマリノフスキーと熊式輝将軍との間で解決がはかられている」から，問題の詳細には答えられないと中共代表に述べている[56]。

　次に，ソ連と中共との接触についてであるが，当時両者が非公式に連絡をとっていた部分も多く，資料の公開が依然として断片的であるため，その全容を

---

55) 「中華民国とソヴェト社会主義共和国連邦とのあいだの中国長春鉄道に関する協定」；「旅順口に関する協定」；「大連港に関する協定」（『新中国資料集成』第1巻：105-106, 109, 108; CKO, no. 133, 134, 135：стр. 198-199, 201-202, 203）。

56) ペトロフ—王世杰会談（ペトロフ記録），1945年10月30日（PKO, IV-2：no. 788, стр. 284）；ミクラシフスキー—王若飛会談（ミクラシフスキー記録），11月25日（Там же：no. 806, стр. 306）。

知ることはきわめて困難である。現時点で依拠できる資料としては，まず中共中央档案を編纂した資料集，さらに2002年に出版された『彭真年譜』が挙げられる[57]。とりわけ『彭真年譜』は，当時中共東北局書記を務めていた彭真の政治活動を記載した年譜であるため，中共東北局と現地ソ連軍将校との交渉（公開されているのはその一部分）を知るのに重要な資料である。次に，露文資料であるが，中ソ関係に関する新資料集は中共代表者と駐華ソ連大使館員との会談について収録しているものの，ソ連軍に関する資料は収録されていない[58]。また，当時中国で外交官を務めていたレドフスキーが回想録で描いているのも，ソ連大使館あるいはソ連軍と中共との断片的な接触の様子でしかない[59]。その他，一般の研究者にとってアクセスの難しい中共档案資料を利用した研究も参考にはなるが，読者はそこで利用されている档案の全文を知ることはできないし，資料の検証や露文資料との対照などは行えない[60]。したがって，ソ連軍と中共東北局あるいは中共中央（延安）との接触・交渉については，あくまでも部分的にしか確認できない。

⑵　最初の争奪戦（1945年8月～11月中旬）

　ここから国共の軍事戦略，なかでも最も衝突の激しかった東北地域をめぐる両者関係の展開を追いかけていこう。ここには，ソ連軍が大きな影を落としていたことが分かる。

　終戦直後，国府は東北の領土回復に楽観的だった[61]。王世杰外交部長は，「中ソ条約署名後，中共はますます孤立無援だと考えているから，中央政府がさらなる政治解決に努めることさえできれば，情勢は好転するだろう」と日記

---

57)　『中共文件』第15-16冊；『彭真年譜』。

58)　PKO, IV-2; PKO, V-1.

59)　Ледовский（1999）.

60)　その最も代表的な研究は，楊奎松（1997）である。この研究書には多くの中共档案が使われているが，各档案の全文は明らかにされていない。またロシア語資料はほとんど利用されていない。

61)　汪（1996：79）; 孫（1996：85）。なお10月中旬，長春でソ連軍司令部と交渉していた蔣経国は「ソ連軍が共産党の行動を暗黙裡に支持」しているものの，「共産党の勢力は依然，東北で重大な役割を果たしていない」と観察していた。同じく長春にいた兜曽厳も「適切な工作方式で東北を接収すれば概ね問題はない」と指摘していた。蔣経国から蔣中正への電文，1945年10月12日（『蔣文物』：①2020.4，②裁乱時期，③4450.01，④1，⑤蔣中正革命文献―接収東北輿対蘇交渉（上），⑥20).

に書いていた[62]。また 10 月中旬，長春でソ連軍司令部と交渉していた蒋経国は，「ソ連軍が共産党の行動を暗黙裡に支持」しているものの，「共産党の勢力は依然，東北で重大な役割を果たしていない」と観察していた[63]。

8 月 30 日，彼らは東北行営を長春に設置することを決めた。その主任・政務委員会主任委員を熊式輝，経済委員会主任委員を張嘉璈，外交部特派員を蒋経国がそれぞれ務めることになった。東北行営は，「中ソ友好同盟条約に基づいて，ソ連側と交渉し，軍隊を各地に即時輸送し，ソ連側の撤退後に防衛業務を引き継ぐとともに，各省・市政府による保安隊再編の権限を引き受ける」ことになっていた[64]。ただし，彼らが長春に到着し，具体的な接収方法についてソ連軍司令部と交渉し始めたのは 10 月 12 日だった[65]。

一方，中共はソ連軍の対日参戦後すぐに東北で解放区を最大限に拡大するという方針を決めた。彼らが前提にしていた認識は，ソ連軍が公式に中共の接収を支援することはないが，中国内政に干渉せず，中共の活動を放任するだろうというものだった。そこで中共は非公式に東北に入り，農村やソ連軍がまだ占領していない地域を中心に進軍することを決めた。さらに，中ソ条約においてソ連が東北地域の国府接収を正式に支持したため，中共はそれ以外の地域，なかでも熱河，チャハル両省において重要地域を完全に支配し，現地に政権・地方部隊を建設することを決めた[66]。

9 月中旬以降，東北をめぐる軍事情勢に変化が現れ始める。ソ連軍が中共進軍を黙認し始めたのである。9 月 14 日，マリノフスキーはベルロソフ中佐を延安に派遣し，中共側にメッセージを伝えた。「ソ連赤軍の東北撤退前は蒋軍，八路軍［中共軍］ともに東北に入ってはならない」が，「八路軍の個別部隊はすでに遼寧省瀋陽市，大連市，吉林省長春市」などに入っているので，「朱

---

62) 王世杰の日記（『王日記・莫斯科』：212［1945 年 8 月 18 日］）。

63) 同じく長春にいた兜曽厳も「適切な工作方式で東北を接収すれば概ね問題はない」と指摘していた。蒋経国から蒋中正への電文，1945 年 10 月 12 日（『蒋文物』：①2020.4，②戡乱時期，③4450.01，④1，⑤蒋中正革命文献―接収東北與対蘇交渉（上），⑥ 20）。

64) 国民政府主席東北行轅調査『東北共産党之発展』，1945 年 8 月 15 日-1947 年 7 月 31 日（『国府外交部档案―台北』：亜西司［档号］119/17，［原編档号］324/18）。

65) 以上の点について詳細は，石井明（1990：27-37）を参照。

66) 「中央関於迅速進入東北控制広大郷村和中小城市的指示」，1945 年 8 月 29 日（『中共文件』第 15 冊：257-258）。

［徳］総司令に対し，各部隊をソ連赤軍占領地区から撤退させるよう命令を出すよう求める」。ただし，「ソ連赤軍総司令部からは，赤軍は間もなく撤退するが，我々は中国内政には干渉しないし，中国内部の問題は中国自身で解決するようにと朱総司令に伝達された」。これは，中共進軍に対する事実上の黙認である。これを受け，中共は「向北推進，向南防御」という方針を明確にした。ここで，東北の争奪と熱河・チャハルの完全支配がともに目標となった[67]。10月下旬までに東北戦略はより具体化され，遼寧・安東両省を完全支配した後，東北全土を掌握することが決まった[68]。このような方針に沿って，中共は11月中旬までに錦州，瀋陽，安東，営口，葫蘆島など東北地域の南部に進軍し，熱河省の赤峰についてもこれを押さえた。

これと並行するようにして，ソ連は国府軍の大連上陸を拒絶し，彼らの東北進軍を妨げた。ここには米国・国民党の軍事力が華北・東北に進入することを牽制する目的があったと考えられる[69]。いずれにせよ，10月6日，モスクワでロゾフスキーが傅秉常駐ソ中国大使に次のように伝えた。「大連港は中ソ条約のなかで貿易港とされており，軍隊ではなく商品の輸送地である」。中国軍の大連上陸は条約違反になるため，ソ連政府はこれに断固反対する[70]。このような事態を前にして，国府はソ連と外交交渉を重ねることになる。

その交渉の舞台は，東北行営が設置されるまでは重慶におかれていた。まず10月6日，劉鍇（外交部常務次長）がペトロフ大使と会談し，彼に対して「満洲接収のための中国軍による大連上陸はあまりに自然な現象」であるし，大連以外の港から上陸するのは不便でコストもかかると訴えた[71]。その数日後，

---

67) ベルロソフと中共側との交渉については，『彭年譜』（上：280 ［1945年9月14日］），楊奎松（1997：531-532）。ただし，公開されているのは会談の摘要であり，会談記録ではない。「向北推進，向南防御」戦略については，「中央関於確定向北推進向南防御的戦略方針致中共赴渝談判代表団電」，9月17日（『中共文件』第15冊：278-280）。なお，当戦略に関する分析として，楊奎松（1997：534-536），丸山（1992：25-53）を参照。

68) 「中央関於集中主力拒止蒋軍登陸給東北局的指示」，1945年10月19日（『中共文件』第15冊：364）。

69) 楊奎松（1997：531-532）を参照。

70) ロゾフスキー―傅秉常会談（ロゾフスキー記録），1945年10月6日（PKO, IV-2：no. 771, стр. 260）。この内容は，以下の電文によって中国政府に伝達された。傅秉常から国府外交部への電文，10月6日（『蒋文物』：①2020.4，②戡乱時期，③4450.01，④1，⑤蒋中正革命文献―接収東北與対蘇交渉（上），⑥18）。

王世杰（外交部長）もペトロフとの会談に臨み，「大連の主権は中国に属す」ため，「大連からの中国軍輸送が中ソ条約違反になるとは考えない」と強く主張した。しかし，ペトロフの回答はにべもなく，ソ連政府の従来からの見解を伝えるだけだった[72]。東北行営が設置されてからは，長春でも交渉がすすめられたが，問題は容易に解決しなかった[73]。マリノフスキーが，本国政府からの指示がないと大連上陸問題に関して回答できないとしたからである。そこで，いよいよ蒋介石自らがペトロフ大使と2度会談することになった（10月18，23日）。第1回会談では，何ら進展が見られなかった。第2回会談のなかで，蒋は中ソ間に存在する友好同盟関係や中国主権などに鑑みて，国府軍の大連上陸を認めるよう求めた。このとき彼は，土地と港が中国領土の不可分の一部であることを強調したが，ペトロフから新しい回答を引き出すことはできず，ソ連政府の従来通りの説明をただただくり返し聞かされるだけであった[74]。

　当時マリノフスキーは，国府軍が大連ではなく，営口と葫蘆島から上陸するのであれば，ソ連はこれに反対しないと蒋経国に伝えていた。そこで10月下旬，東北接収が遅延することを懸念した蒋は，営口と葫蘆島から軍隊を上陸させようとする[75]。さらに，ソ連側は撤退の5日前に，中国空運部隊が長春，瀋陽に入ることについても同意した[76]。これによって，国府は海路と空路を確保したかに思われた。しかし，営口や長春飛行場にはすでに中共軍が存在しており，現実には国府軍が移動できる状況にはなかった。国府はここであらた

---

71)　ペトロフー甘乃光（外交部次長）会談（ペトロフ記録），1945年10月6日（PKO, IV-2：no. 770, стр. 259）。会談に出席した劉鍇の発言内容。

72)　ペトロフー王世杰会談（ペトロフ記録），1945年10月9日（PKO, IV-2：no. 773, стр. 262-263）。

73)　東北行営とソ連軍との交渉過程については，石井明（1990：27-43），楊奎松（1997：540-553）を参照。ただし，国府側の交渉記録に基づいた研究である。

74)　蒋中正ーペトロフ会談記録，1945年10月18日（『蒋文物』：①2020.4, ②戡乱時期, ③4450.01, ④1, ⑤蒋中正革命文献ー接収東北與対蘇交渉（上），⑥25）。ペトロフの会談記録は，PKO（IV-2：no. 782, стр. 275）。なお，上記のマリノフスキーからの回答内容は，この第1回会談で紹介された内容による。ペトロフー蒋介石会談（ペトロフ記録），1945年10月23日（PKO, IV-2：no. 785, стр. 280）。

75)　蒋継国から蒋中正への電文，1945年10月17日（『蒋文物』：①2020.4, ②戡乱時期, ③4450.01, ④1, ⑤蒋中正革命文献ー接収東北與対蘇交渉（上），⑥24）; 蒋中正から熊式輝への電文，1945年10月28日（『蒋文物』：①〜⑤同上，⑥38）。前者の電文のなかに，マリノフスキーとの会談内容が紹介されている。

76)　熊式輝からマリノフスキーへの覚書，1945年11月7日（『張公権年譜』上冊：544）。

めてソ連に圧力をかけなければならなくなった。

まず王世杰がペトロフと会談し，このような事態を非難した。次に，蒋がソ連側の責任を暗示するため，東北行営の撤退をソ連軍に通知するよう長春に指示を出した。指示を受けた蒋経国は，ミクラシフスキー大使顧問と会談し，この決定内容について次のように伝えた。営口や葫蘆島に八路軍が存在するため，国府軍の上陸は不可能であるし，さらに長春の東北行営は武装集団によって電話，電気，水を切断されるなど治安上の問題を抱えている。よって，行営を北平に撤退させる。ただし，蒋経国は会談の最後で，ソ連軍の東北行営スタッフに接する態度はよく，十分な理解をいただいていると友好的な態度を示すことを忘れなかった[77]。

国府がこのような説得を試みているさなか，11月中旬にソ連軍が態度を急変させる。東北の各都市から中共を撤退させ，国府軍に接収させるという姿勢を鮮明にしたのである。11月11日，ソ連側は突然，ソ連軍撤退前の5日間，国民党空輸部隊が各大都市に移動するよう許可したと陳雲（中共東北局）に通知してきた。さらに19日，ソ連軍は中共東北局に「中長鉄道沿線および都市はすべて蒋軍に渡す」ため，中共軍は鉄道線から数里撤退せよと伝えてきた[78]。一方，ソ連軍は国府に対して長春・瀋陽飛行場における軍隊移動を援助するという意向を示した。ただし，ソ連軍が営口・葫蘆島からすでに撤退しているため，当地からの国府軍上陸については援助できないということが伝えられた[79]。

---

77) 王世杰がペトロフに伝えた内容については，ペトロフ―王世杰会談（ペトロフ記録），1945年11月13日（PKO, IV-2：no. 796, стр. 294）に拠る。また王世杰の日記にも同会談の記録が記載されている。それに拠れば，営口に限定されず，海路からの進入が中共によって阻止されたという（『王日記』：189-190 [11月13日]）。蒋介石から蒋経国への指示については，蒋中正から蒋継国への電文，11月14日（『蒋文物』：①2020.3, ②抗戦時期，③4450.01, ④27, ⑤蒋中正革命文献―日本投降，⑥135）に拠る。このなかで蒋介石は東北行営撤退にあたってはソ連と決裂するのではなく，中国政府の東北接収が事実上不可能になっていることを明示せよと指示している。この点については，石井明（1990：37-43）も参照。蒋経国とミクラシフスキーの会談記録については，ミクラシフスキーの会談記録，11月18日（PKO, IV-2：no. 802, стр. 301-302）に拠る。

78) 中共東北局から中共中央への電文，1945年11月11日，彭真・林彪から中共中央への電文，11月19日（『彭年譜』上：315, 320）。

79) ミクラシフスキーから王世杰への覚書（『王日記』：190 [1945年11月17日])；同日の両者による会談（ミクラシフスキー記録 [ただし，覚書の原文は収録されていない]）(PKO, IV-2：no. 800, стр. 298)；ミクラシフスキー―王世杰会談（ミクラシフスキー記録），11月24日（Там же：

第 3 章　戦後中国とソ連　　103

これを受けて国共両者は，それぞれの戦略を練りなおすことになる。国府は長春・瀋陽への軍隊空輸，さらに山海関から錦州への進軍を急ぐことを決め，中共はソ連の決定に従って東北戦略の転換を迫られたため，大都市から撤退し，副都市（次要都市），中小都市さらに広大な農村に支配の力点をおくという方針に切り替える。また中共は，東北以外では熱河省・河北省東部の支配基盤を強化することに重点をおいた[80]。

では，当時米軍はどのような態度をとっていたのだろうか。彼らは，9 月から 11 月中旬まで，国府の戦後処理を支援すべく，華北を中心に国府軍の輸送や日本人の本国送還のための準備をすすめていた。9 月下旬，マックロイ陸軍次官補は，米軍による中国諸港［天津，青島，煙台など］上陸作戦を続行するとアチソン国務次官に伝えていた[81]。9 月 30 日，米海兵隊 18,000 人が大沽に上陸し，天津に入った。10 月になると，米海軍が上海，青島，秦皇島などに上陸したほか，米海兵隊が天津から北平にすすんだ。米軍は，実に 40 万～50 万人に及ぶ中国人兵士の輸送を支援したのである[82]。

(3)　「戦利品」をめぐる交渉（1945 年 11 月中旬～1946 年 2 月）

ソ連軍の姿勢に変化が現れ始めた 1945 年 11 月中旬以降，ソ連軍の撤退時期やソ連の求める「戦利品」などをめぐって，中ソ交渉が活発化していく。

ソ連軍の撤退時期については，東北における国府進軍・接収を待つ必要があるということから，その撤退時期を延期させることがすぐに決められた。さっそく 11 月 19 日，王世杰はソ連軍撤退を 1 ヵ月［12 月中旬まで］延期するようミクラシフスキーに提案している[83]。その後，マリノフスキーが 1946 年 2

---

no. 805, стр. 305)。

80)　蔣介石が決定した政策（『王日記』：191-192［1945 年 11 月 25 日]）；中共の戦略については，「中央関於譲出大城市及長春鉄路線後開展東満，北満工作給東北局的指示」，11 月 20 日（『中共文件』第 15 冊：431-432)；「中央関於東北撤出大城市後的中心任務給東北局的指示」，同日（同上：433-434)。なお一連の中共の戦略転換に関しては，楊奎松（1997：548-551）を参照。

81)　Acheson to Vincent, Sep. 28, 1946 (FR 1945, VII：571).

82)　CWP (vol. 1：311-312)；郭廷以編著（1985，第 4 冊：398-404)；武月星主編（1999：209).

83)　ミクラシフスキー—王世杰会談（ミクラシフスキー記録），1945 年 11 月 19 日（PKO, IV-2：no. 803, стр. 303)。ただし，王は覚書を提出し，ソ連軍が瀋陽・長春における政府非公認の武装軍事警察を解体することを条件に挙げた。覚書の内容は露文資料で明らかにされていないため，王の日記に拠った（『王日記』：191［1945 年 11 月 19 日])。

月1日に撤退を延期させることを提案し，国府がこれに応じた[84]。12月末，両政府はこの点について正式に合意するに至った[85]。

　両者にとって何よりも難題だったのは，ソ連が要求していた「戦利品」をめぐる論争だった。これは，そもそも中ソ間に既定の合意がなかった部分，つまり港と鉄道以外の東北日本資産（主に鉱工業）を争点にするものだった。戦後処理に関わる問題であるだけに，両者は自らの原則をすぐに譲ろうとはしなかった。終戦後間もなく，「中国政府は中国にある日本の公的，私的財産および日本が中国で経営したあらゆる事業を没収することを決定」し，その旨をソ連に伝えていた[86]。しかし，ソ連はこれら日本資産を自らの「戦利品」として求めてきたのである。10月中旬，東北ソ連軍は日本鉱工業を「戦利品」とするよう要求し始め，彼らは鉱工業などを対象にした「中ソ合弁工業公司」（中ソ合弁工業会社）の設立を提案した。しかし，長春での東北行営とソ連軍との交渉はなかなか進展しなかった[87]。というのも，王世杰によれば「中ソ条約規定外の問題は中ソ両政府間で協議の対象となり，行営スタッフの権限の範囲には入らな」かったからである[88]。

　11月下旬，国民政府行政院は「回復地区の敵傀儡産業に関する処理方法」を公布し，「全国的事業接収委員会」を基軸にして「回復地区における敵傀儡の産業の接収および処理」に取り組むことを決めた。軍用品，軍艦にはじまり，水陸空輸手段，食糧，農場などに至るまで，「関係機関による接収・保管・運用」を進めることになったのである[89]。しかし，12月1日，長春での交渉を

84)　以下の会談における王の発言内容。ペトロフ─王世杰会談（ペトロフ記録），1945年12月7日（PKO, IV-2：no. 814, стр. 314）。ただし，王は撤退延期に関して今月末にあらためて正式な決定をすると日記に記している（『王日記』：194［1945年12月7日］）。

85)　蔣中正から熊式輝への電文，1945年12月30日（『蔣文物』：①2020.4, ②戡乱時期, ③4450.01, ④1, ⑤蔣中正革命文献─接収東北與対蘇交渉（上），⑥138）。

86)　国府外交部から駐華米ソ両大使への覚書，1945年9月2日（『大事長編』5-下：820）。

87)　ソ連の「戦利品」要求について，おそらく最初に報告された電文は以下のものだと思われる。蔣経国から蔣中正への電文，1945年10月17日（『蔣文物』：①2020.4, ②戡乱時期, ③4450.01, ④1, ⑤蔣中正革命文献─接収東北與対蘇交渉（上），⑥24）。このときソ連軍が求めた「戦利品」は，日本が経営していた工場と企業であった。なお長春での交渉について詳細は，山本（2005：248-253）を参照。

88)　ミクラシフスキー─王世杰会談（ミクラシフスキー記録），1945年11月19日（PKO, IV-2：no. 803, стр. 303）。長春での交渉停滞は，山本（2005：247-253）を参照。

89)　「修復区敵偽産業処理辦法」，1945年11月23日公布，『処理蘇聯在東北購置敵偽産業』第一冊，

第 3 章　戦後中国とソ連　　　　　　　　　　105

担当していた張嘉璈はペトロフと会談し，中ソ間の「最も複雑な問題」が「満
洲の日本工業に関する問題」だと述べ，交渉が難航していることを伝えた[90]。
同月 6 日，蒋は国府の東北接収が完了するまでは，中ソ経済協力の問題は協議
しないという方針を固めた[91]。これは，ソ連の要求する「戦利品」を少なく
とも当面，承認しないという姿勢だった。

　12 月 30 日，そして翌年年 1 月 3 日，モスクワでスターリン・蒋経国会談が
行われたが，そのなかでもこの点が争われた。会談直前，ソ連外務人民委員部
は「満洲で我々が積極的に経済活動する」ためにも，「満洲の旧日本企業を利
用するための一連の中ソ合弁会社を創設する」べきだとスターリンに具申して
いた[92]。スターリンは，実質的にこの見解を基礎にして会談に臨んだ。彼は
会談のなかで，関東軍に奉仕した事業をソ連軍の「戦利品」とすること，また
その事業を対象にして中ソ合弁会社を設置することを蒋経国に求めた[93]。こ
れに対して蒋経国は，中ソ合弁会社に関する協定にはまずソ連軍撤退が必要で
あると切り返した。またモロトフが蒋介石にはソ連に戦利品を譲渡するつもり
はないのかと尋ねたとき，蒋経国はその通りだと断定した[94]。国府はソ連の
「戦利品」をあくまでも認めようとはしなかった。

　中ソは互いに譲らず，「戦利品」をめぐる中ソ経済協力に関する協議は 46 年
2 月末までに行き詰ってしまう[95]。モスクワで会談を終え，長春に戻った蒋経
国は，1 月下旬，王世杰に次のように伝えた。

　　瀋陽に駐屯するソ連軍の主力はすでに北へ撤退を始めたが，ソ連側は軍隊

　　1945 年 11 月 1 日—1946 年 9 月 30 日（『国府外交部档案—台北』：亜西司［档号］119/19,［原編
　　档号］317/47）。

90)　ペトロフ—張嘉璈会談（ペトロフ記録），1945 年 12 月 1 日（PKO, IV-2：no.810, стр.310）。な
　　お，『張公権年譜』（上冊：574）に収録されているのは簡潔な会談内容だけであり，上記発言は記
　　録されていない。

91)　これは王世杰の見解に蒋介石が同意したものである（『王日記』：193［1945 年 12 月 6 日］）。

92)　ソ連外務人民委員部からスターリン，モロトフへの報告書（末尾にロゾフスキーが署名），1945
　　年 12 月 29 日（PKO, IV-2: no.827, стр.325-326).

93)　以下の各会談におけるスターリンの発言内容。スターリン—蒋経国会談記録，1945 年 12 月 30
　　日，1946 年 1 月 3 日（Ледовский 1999：no. 2, стр. 24-25, no. 3, стр. 29).

94)　スターリン—蒋経国会談記録，1945 年 12 月 30 日（Ледовский 1999：no. 2, стр. 25).

95)　山本「国民政府」，252-253 頁。

撤退の日程を延期させようとしているようだ。また各地の情勢はかなり不
安定で，ソ連軍部は連日にわたって経済協力問題の解決を急いでいる。各
方面の情勢からみて，ソ連側は経済問題をかなり重視しているから，もし
これが解決しなければ，東北接収［の情勢］に再び変化が訪れる恐れもあ
る。我が政府としては，この件に対して早急に具体的な対応策を決定しな
ければならないようだ[96]。

　この報告と前後するようにして，蔣介石は中ソ交渉の方針を東北行営に示し
た。ソ連が提出した覚書のなかに，「東北の日本事業資産をすべて赤軍の戦利
品としてソ連の所有に帰属させる」という一節があるが，これを「我が国が承
認することは不都合」であるから，合弁事業を提起したり，協議したりしては
はならない[97]。
　国府はこのように断固たる態度をとっていたが，ソ連軍は2月1日を過ぎて
も軍隊撤退を完了させなかった。その意図は依然不明であるが，経済協力協議
を有利に運ぶための戦略，華北の米海兵隊プレゼンスへの牽制だったと考えら
れる[98]。例えば，現地でソ連軍当局と交渉にあたっていた張嘉璈は，2月上旬
の時点でこう判断していた。「ロシアが軍隊の撤退を遅らせている鍵は，やは
り経済協力問題にある。もし適切に解決しなければ，楽観的な見通しはもてな
い」[99]。国府はあくまでも，ソ連軍の即時撤退を求めた。2月1日，蔣介石は

---

96)　蔣経国から外交部長等への電文，1946（民国35）年1月20（21）日（『国府外交部档案―南京』
　　「駐外使領館一九四六年致本司的函件」：全宗号18，案巻号2320）。
97)　蔣中正から張嘉璈への電文，1946年1月21日（『蔣文物』：①2020.4，②戡乱時期，③4450.01，
　　④1，⑤蔣中正革命文献―接収東北輿蘇対交渉（上），⑥162）。
98)　ウェスタッドは主に前者の意図を強調している（Westad 2003：chs.1-2）。後者については，
　　いくつか傍証は挙げられる。12月末，モスクワ外相会談でモロトフは中国からの米ソ両軍同時撤
　　退を求めたものの，バーンズにそれを拒否されてしまう。このときモロトフは，「華北における米
　　軍のプレゼンスは新しい事態であって，ソビエト政府が中国と協定を締結したときには想定され
　　ていなかった事態である」と発言し，1月中旬以降の時期でよいから同時撤退の日程に関してあ
　　くまでも合意達成したいと求めたのである。Memorandum of Conversation Between the Three
　　Foreign Ministers, Dec.23, 1945 (FR 1945, VII：846-847)．さらに2月下旬，ペトロフは国府外交
　　部にこう伝えた。ソ連軍が依然満洲にとどまるのは，「技術上の問題」であるが，モスクワ外相会
　　談コミュニケでは米ソ両軍とも中国から早期撤退することが望ましいと規定していることを指摘
　　したい，と。ペトロフから中華民国外交部への覚書，1946年2月22日（PKO, V-1：no.26, стр.
　　67)。

王世杰と会談し、ソ連軍撤退前に中ソ経済合作協議はできないという方針を再確認し、同日、王がペトロフにソ連軍の即時撤退を求めた。そのとき王は、こう語ったという。「ソ連側は、中国東北各省における企業の一部をソ連軍の戦利品とみなしている。我が政府は、日本降伏後すぐに「敵産処理方法」を公布した。日本が中国全土において所有している公的・私的財産は、中国の損失に対する賠償の一部である」[100]。国府は、ソ連の戦利品要求をのむわけにはいかなかった。

　しかし、その後もソ連軍は撤退しなかった。2月5日、王は日記に「現在、東北接収の障壁は日増しに大きくなっている」と記し、同月20日には、ペトロフを外交部に呼んでソ連軍撤退の情勢を問い詰めた。ペトロフは報告を受けていないとあっさりかわすだけだったが、王は張嘉璈と蒋経国を長春に戻して経済問題を再度協議する用意はあるものの、「ソ連軍がすべて撤退し、さらに東北の接収が完了したあとでなければ、いかなる最終的合意も成り立たない」と断言した[101]。その後、王は「満洲における経済協力をめぐる交渉が紛糾した第1の原因は、多くの日本の設備が満洲からもち出されたことにあり、第2の原因は、満洲各地にいる多くの違法部隊が行政府の領土接収を妨げていることにある」と語っている[102]。さらにソ連との交渉当事者ばかりではなく、2月下旬になると国民党内の一部で東北におけるソ連の中共軍事支援を警戒する声もあがった[103]。

---

99)　これは以下によって伝達された内容である。霍寳樹から宋子文への電文、発電1946年2月6日、到電8日（『宋子文文書』：box. 49, folder. 3, HI）。

100)　蒋介石一王世杰会談、1946年2月1日（『大事長編』6-上：35）。王世杰一ペトロフ会談、同日（『王日記』：204）。上記「」内の王発言については、以下に依拠した。「部長与蘇大使彼得羅夫談話紀要」1946年2月1日、『処理蘇聯在東北購置敵偽産業』第一冊、1945年11月1日─1946年9月30日（『国府外交部档案─台北』：亜西司 ［档号］119/19,［原編档号］317/47）。なおPKO（V-1）には、当該会談記録なし。

101)　王世杰の日記（『王日記』：205 ［2月5日］, 208 ［20日］）。2月20日の会談記録は、PKO（V-1）に収録されていない。また同月25日、王はソ連が軍隊の撤退日程を示してこない、と駐華米国大使館参事に不満を語っている。そのなかで彼は、この件に関して2月1日と19日にそれぞれペトロフに問い合わせたものの、ペトロフからは何の情報も得られなかったと伝えている。Smyth to Byrnes, Feb. 26, 1946 (FR 1946, IX：443).

102)　ペトロフ一王世杰会談、1946年4月13日（PKO, V-1：no. 49, стр. 95）。

103)　李宗仁、孫連仲、熊斌、鄭介民から蒋中正への書簡、1946年2月24日（『蒋文物』：①2020. 4, ②戡乱時期, ③4450. 01, ④6, ⑤蒋中正革命文献─政治協商與軍事調処（中), ⑥31）。

さて，2月末までにソ連軍は東北地域の南部（鞍山，安東など）と熱河（赤峰）から撤退を開始したが，瀋陽，四平街，長春，ハルビンなどにはとどまっていた。国府軍は東北南部を中心に進軍し，1月15日には瀋陽に入り，営口，阜新，彰武にも軍隊をすすめた。1月20日には新6軍，2月20日には新1軍がそれぞれ秦皇島に上陸し，長春には空輸で2,000人が派遣された。当時，国府は計5個軍を東北に展開させていた。都市から離れた中共は2月下旬までに西満軍区7万6,011人，南満軍区10万5,501人，東満軍区5万7,125人，北満軍区7万3,115人の軍隊を保持していた[104]。当時，中共は国府進軍前に東北における支配を拡大するという方針をとっていたものの，依然として中小都市，鉄道の支線，農村での根拠地拡大に重点をおいていた。これは，何よりも東北各都市を国府に接収させるというソ連軍の命令に従った結果であった[105]。

(4) ソ連軍撤退と東北情勢（1946年3月以降）

　国府・ソ連の交渉は行き詰まってしまい，事態が膠着したかのようにみえた。しかし，1946年2月から3月にかけて，米国がソ連の「戦利品」要求などを公然と批判するようになったこともあり（第7章を参照），ソ連軍は突然，東北撤退を始めることになる。

　2月末，マリノフスキーがメッセージを発し，ソビエト軍は米軍よりも早く「満洲」撤退を完了させる予定であること，少なくとも撤退完了を米軍よりも遅らせるつもりはないと明言した[106]。そして3月8日，ソ連軍は経済合作協議を終えないまま，突然，東北北部（撫順，吉林）から撤退し始めた。当初，撤退予定を明らかにしなかったソ連軍ではあったが，3月下旬になってようや

---

104)　以上の情勢は主に以下を参照。「東北蘇軍各期態勢要図」，2月28日（『マイクロ・熊文書』）；熊式輝（北平）から外交部長等への電文，1946（民国35）年2月11（13）日（『国府外交部档案—南京』「駐外使領館一九四六年致本司的函件」：全宗号18，案巻号2320）；郭廷以編著（1985，第4冊：455-485）；彭真・林彪（中共東北局）から中共中央軍事委員会に報告した内容，2月23日（『彭年譜』上：379-380）。

105)　「中央関於停戦後我党対満洲的政策問題給東北局的指示」，1946年1月11日（『中共文件』第16冊：20）；中共東北局が発した指示，1月14日（『彭年譜』上：356）；中共東北局から陳雲，高崗への電文内容，1月20日（同上：359）。

106)　トロツェンコ（Trochenko）中将がマリノフスキーの声明を発表，1946年2月26日（СКО，no. 139, стр. 207；『新中国資料集成』第1巻：216-217）。

第 3 章　戦後中国とソ連　　　109

く軍隊を完全に撤退させるのが 4 月末になると国府に報告してきた[107]。この
とき，王世杰はペトロフに対して，「ソビエト軍がいずれかの地区から撤退す
る際，ソビエト軍司令部から中国政府代表に事前に通知するようソビエト政府
に依頼されたい」と要請した。ソ連がこれに応じると回答してきたのは，それ
から 1 週間以上経ってからのことだった[108]。その回答があった 4 月 3 日，東
北ソ連軍のトロツェンコ中将から東北行営の董彦平に対して，ソ連軍撤退に関
する具体的な日程が明らかにされた。その主な日程によれば，ソ連軍は 4 月
14〜15 日までに長春から撤退，25 日までにハルビンから撤退，13〜16 日まで
に吉林から撤退，26〜27 日までにチチハルから撤退，28〜29 日までに牡丹江
から撤退，そして 30 日までには完全に撤退することになっていた[109]。

　王世杰はこのような情勢を受け，ソ連側が「可能な限り，我が軍の接収に協
力するだろう」と判断するようになった[110]。また国府側としては，経済協力
問題についても従来の姿勢を堅持することができた。例えば，国府外交部は
「満洲の旧日本企業の共同利用」について，ソ連に次のように伝えた。「中国政
府は中国軍の未接収地区における旧日本企業の状態について詳しく知らないた
め，中国の行政権が東北全省に確立されるまで，会談による最終合意はできな

---

107)　3 月 22 日，ペトロフが王世杰に覚書を持参し，伝えた（『王日記』：213-214［1946 年 3 月 23
　　　日］）。ペトロフ―王世杰会談（ペトロフ記録），3 月 22 日（PKO, V-1：no. 39, стр. 84）。またソ
　　　連共産党が国際フォーラムで，この点について報告した。陳定（モスクワ）から外交部長等への
　　　電文，1946（民国 35）年 3 月 30 日（4 月 1 日）（『国府外交部档案―南京』「駐外使領館一九四六
　　　年致本司的函件（第二冊）」：全宗号 18，案巻号 2473）。
108)　ペトロフ―王世杰会談（ペトロフ記録），3 月 22 日（PKO, V-1：no. 39, стр. 84）。なお『王日
　　　記』：213-214（3 月 22, 23 日）には，当該部分の記録はない。またこの点については，同月 27 日，
　　　中華民国外交部から駐華ソ連大使館宛の覚書のなかで正式に要求された（PKO, V-1：no. 41, стр.
　　　86）。これに対するソ連からの回答は以下。ペトロフから王世杰への照会，4 月 3 日（『蔣文物』：
　　　①2020. 4, ②戡乱時期, ③4450. 01, ④2, ⑤蔣中正革命文献―接収東北輿対蘇交渉（下），⑥47）。この
　　　なかで，ソ連政府から東北ソ連軍司令部に対して，満洲各地点から撤退する際，中国軍事当局
　　　（長春）に事前通知するよう指示が出されたと報告された。この照会は，PKO（V-1）に収録され
　　　ていない。
109)　「抄長春董彦平卯江未秘電」，4 月 3 日，「国民政府外交部」，全宗号 18，案館号 2320,「駐外使
　　　領館 1946 年致本司的函件」。翌日，ペトロフは王世杰との会談のなかで「マリノフスキー元帥は
　　　ソビエト軍による各地点からの撤退期日を中国政府に伝えた」ことを再確認した。ペトロフ―王
　　　世杰会談，4 月 4 日（PKO, V-1, стр. 91）。
110)　王世杰から宋子文への電文，発電 1946 年 4 月 7 日，到電 8 日（『宋子文文書』：box. 49, folder.
　　　3, HI）。

い」[111]。

5月3日，ソ連軍は東北地域から完全に撤退した。ただし，ソ連は軍隊を撤退させながら，国府と経済合作協議だけは続けた[112]。その協議のなかで，両者はこれまでの主張を大きく変えることはなかった。4月中旬，ペトロフ大使が「ソビエト政府は満州の日本事業を赤軍の戦利品とみなしている」と述べたところ，劉鍇（外交部常務次長）は「1945年9月の時点で，中国政府はソ連，米国，その他連合国に対して，中国にある日本の工業については日本の対中賠償の一部とみなすと伝えていた」ことをあらためて想起した。同月下旬，ソ連政府は戦利品問題についての立場を堅持し，これが米国の主張する「門戸開放」原則に反するわけではないと説明した。さらに6月1日，王世杰とペトロフ大使は「在満旧日本事業」の共同利用について協議したが，あくまでも対等原則にこだわるソ連側の主張と国府の提案とは平行線をたどるばかりだった[113]。11月10日，ペトロフが張嘉璈と会談したときには，中ソ経済協力問題についての交渉が春以降，中断していることが確認された[114]。その後，この問題をめぐって具体的な成果をみることはなく，協議は自然消滅していった[115]。

ソ連軍撤退は，もう1つ重要な展開を生んだ。ソ連軍が再び中共の進軍を認めたのである。3月中旬，ソ連軍は自ら撤退する全地域（特に瀋陽，四平街）に中共が進軍するよう中共東北局に求めた[116]。これを受けて，中共は軍事戦略を再考した。3月17日，毛沢東は周恩来に指示を出し，そのなかで中共軍が

---

111) ペトロフ―劉鍇・何廉会談，1946年4月16日（PKO, V-1：no. 52, стр. 98）。上記の内容は，劉が述べたものである。

112) 3月下旬，中ソ両者は，これまで長春（マリノフスキー―張嘉璈）で行われていた経済協議を重慶に移動させることで合意した。ペトロフ―王世杰会談，1946年3月25日（PKO, V-1：no. 40, стр. 85）。

113) ペトロフ―劉鍇・何廉会談，1946年4月16日，ソ連外務省から駐ソ米国大使への覚書，4月22日，ペトロフ―王世杰会談，6月1日（PKO, V-1：no. 52, 55, 71, стр. 99, 102, 116-117）。

114) ペトロフ―張嘉璈，1946年11月10日（PKO, V-1：no. 139, стр.201）。

115) 山本（2005：253）。汪は，国民党の戦後東北政策には「明確な目標，全般的な戦略と具体的な戦術が一貫して欠如」しており，受動的で情勢の展開に順応できなかったとしているが，一連の中ソ経済協力交渉においても同様であったと指摘している（汪 2010：183）。

116) 以下の電文で報告された内容。東北局から中共中央宛て，1946年3月12日（『彭年譜』上：386）；彭真から中共中央宛て，3月16日（同上：389-390）。

第3章　戦後中国とソ連　　　111

中東鉄道全線に進駐し，同線を占領できるようにすべく，東北局にソ連側との交渉を急ぐよう求めてもらいたいとした。1週間後，中共中央は東北局に長春・ハルビンの両都市と中東鉄道全線，さらにチチハルなどの地域も占領するよう指示を出した。東北局は，ソ連軍撤退に伴って各市を迅速に占領するという作戦を立てた[117]。

　このような事態に国府は警戒を強めた。4月上旬，王世杰はソ連が国府軍の接収に協力はしてくれるだろうが，「長春などの都市が中共に侵略・占領されてしまわないかどうか，依然予断を許さない」と慎重であった[118]。蒋介石の警戒はさらに強かった。同月中旬，彼は「先週，ロシア軍が共産主義者をあからさまに助ける姿勢をとり，あまりに大胆にはばかることなく，大いに威嚇してきた」ために，「とりつく島もなかった」と，その心中を日記に記している[119]。同時期，東北行営から蒋に送られた電文にも，中共がソ連の支援を受けて兵力を増大させており，「我が軍の接収を食い止めることができる」ようになっていると報告されている[120]。同じように事態を憂慮する報告が，徐永昌（軍事委員会軍令部部長）からも送られた。「ソ連軍は長春以北地区を占領している間，長春鉄道を利用した共産軍部隊の輸送を公然と許している。これは，実質的に中ソ条約違反であると同時に，明らかに国府軍の接収を阻止するものである。[ソ連軍は]共産軍の手を借りて，長春およびその以北地区の支配を企図している」。また「熱河，チャハル，綏遠のソ連軍は，依然として撤退の期日を明らかにしていない。[彼らは]陰で共産党および外モンゴルを操り，中国の共産化を企んでいる」。徐はこれを私見として伝えた[121]。

---

117)　毛沢東から周恩来への報告，1946年3月17日（『彭年譜』上：390-391）；「中央関於控制長春，哈尔濱及中東路保衛北満給東北局的指示」，3月24日（『中共文件』第16冊：100）；「中央関於東北停戦前堅決保衛戦略要地給林彪，彭真等的指示」，3月25日（同上：102）；「関於迅速占領長哈斉的作戦命令」，3月29日（『彭文選』：126-127）。これは彭真が起草したもので，東北局から中共中央および林彪に送られた電報であり，東北局の作戦命令でもある（同上：124の脚注参照）。

118)　王世杰から宋子文への電文，発電1946年4月7日，到電8日（『宋子文文書』：box. 49, folder. 3, HI）。

119)　『蒋介石日記』（box. 45, folder. 5［1946年4月13日，上星期反省録］，HI）。なお『大事長編』（6-上：107）にも蒋日記が収録されているが，ここでは原文に依拠した。

120)　熊式輝から蒋中正への電文，1946年4月16日（『蒋文物』：①2020. 4，②戡乱時期，③4450. 01，④2，⑤蒋中正革命文献─接収東北與対蘇交渉（下），⑥53）。

121)　徐永昌から蒋中正への電文，1946年4月8日（『蒋文物』：①2020. 4，②戡乱時期，③4450. 01，

ソ連軍の後ろ盾を得た中共が力を強めているという判断は，4月下旬になるとますます色濃くなって現れた。例えば，王世杰は「中共が態度をますます強硬にしている。中共は東北方面でソ連軍から援助を得ているため，彼らの軍事力は明らかに以前にも増して強まっている」と日記に書いた[122]。

5月初旬までに，中共は東北北部で一時的に軍事的優位に立った。4月17日，彼らは長春を獲得し，26日以降はハルビン，チチハルを次々と占領していったのである。一方，国府は東北南部（瀋陽，撫順，遼陽）からの北上がなかなかすすまなかった。このように国共が東北争奪を繰り広げるなか，ソ連軍が5月3日に東北から完全撤退した[123]。

ソ連軍撤退後，東北軍事情勢にとって，四平街の決戦が最大の転換点になった。4月中旬から国共両軍が熾烈な戦闘を繰り広げていた四平街では，5月22日，ついに国府軍が戦勝をおさめた。これによって，東北における国共両者の軍事的地位は決定され，少なくとも一時的には国民党が優勢に立つことになった[124]。その後，国府軍は北進を急ぎ，23日には長春を獲得した。一方，中共軍は四平街から北に退却せざるを得なくなった。

蔣はようやく中共主力が敗退したと考えた。21日，彼はマーシャルに「我が軍が四平街を回復してから「共軍」の主力は敗退し，態度を一変させた」と語り，長春獲得後の24日には，次のように日記に書いた。「ロシアは正式に回答し，軍隊を5月3日に東北から完全に撤退させた。この1ヵ月にわたる難題は，私が東北に来たことによって，解決することができた。今後，東北における共匪問題はわりあい処理しやすくなる」[125]。同日，王世杰もまた「我が軍は昨日，長春に入った。それは，中共軍が四平街で壊滅してから，公主嶺あるい

---

④2,⑤蔣中正革命文献―接収東北輿対蘇交渉（下），⑥49）。

122）　王世杰の日記（『王日記』: 218 [1946年4月22日]）。

123）　ソ連軍の撤退完了の時期に関しては，以下の文書で報告された。駐華ソ連大使館から中華民国外交部長宛の覚書，5月23日（PKO, V-1 : no. 67, стр. 112-113）。この覚書の内容は，以下で蔣介石に伝達された。王世杰から蔣中正への電文，5月24日（『蔣文物』: ①2020.4,②戡乱時期,③4450.01,④2,⑤蔣中正革命文献―接収東北輿対蘇交渉（下），⑥69）。

124）　以上の経緯は，鄧（2002 : 77）を参照。

125）　蔣介石―マーシャル会談，1946年5月21日（『大事長編』6-上: 146）;『蔣介石日記』（box. 45, folder. 6 [5月24日], HI）。なお，『大事長編』（6-上: 150）にも蔣日記が収録されているが，ここでは原文に依拠した。

第3章　戦後中国とソ連　　　113

は長春で有力な抵抗ができなくなったからである」と分析していた[126]。

中共は東北戦略の重点を再び大都市から中小都市・農村に移した。四平街での敗退前，5月19日，中共中央は東北局に対し，四平を死守できないときは自主的にこれを放棄するよう伝えていた[127]。さらに長春，ハルビンの大都市よりも農村，中小都市での活動を優先するようにも指示していた[128]。6月3日，中共中央は東北局がゲリラ戦に移行し，1945年12月当時の東北戦略（中小都市，農村での根拠地建設）を実行するよう許可した[129]。

6月6日，東北では国共両者が期限付き停戦に応じ，東北停戦や両軍の配置などをめぐって交渉を始めた（第8章を参照）。しかし，華北から戦闘が広がり，やがて6月下旬になると，国共両者は内戦による対決の姿勢を固めていった。

まず，国府である。6月30日，国府は政府の平和方針は変わらないが，共産党が侵攻を続ければ，国軍は徹底的な反撃をせざるを得ないと声明発表する[130]。戦闘が広がるなか，兪大維（国府軍政部常務次長）はスチュアート駐華米国大使と会談し，こう伝えた。中共が原因で軍事情勢が変化したため，たとえ中共が「蔣5条件」（第8章を参照）を全面的に受け入れようが事態は好転しないだろうし，「平和の可能性はない」と思う。蔣介石は国共間の交渉でイニシアティブをとりたがらない[131]。この発言には，交渉する姿勢などほとんどみられない。その後，10月下旬までに，蔣は米国の反対を押し切って，華北や東北で軍隊を進めた（第8章を参照）。

国府は内戦に勝利できるという自信を米国に示した。7月9日，宋子文は訪中していたフォレスタルに「交通や輸送の制限された広大な地域で，中央政府がゲリラ作戦をとることはきわめて難しいと認め」つつも，「中央政府軍は会

---

126)　王世杰の日記（『王日記』：222［1946年5月24日］）。

127)　「中央関於主動放棄四平準備由陣地戦転為運動戦給林彪的指示」，1946年5月19日（『中共文件』第16冊：166）。

128)　中共中央から東北局，北満分局への電文（毛沢東起草），1946年5月19日（『彭年譜』上：423）。

129)　「中央関於同意放棄哈尔濱采取運動戦，遊撃戦方針給東北局及林彪的指示」，1946年6月3日（『中共文件』第16冊：185）。

130)　「中国国民党中央宣伝部発表停戦令期満惟政府和平方針不変之声明」，1946年6月30日（『史料初編』7-3：194-195頁）。

131)　Record of a Meeting Between Stuart and Yu Ta Wei, Thursday Morning, Audust. 22, 1946, Based on Doctor Stuart's Discussions This Afternoon with Col. Hutchin (Micro MM: reel. 3).

戦において，常に共産主義者を打倒できる自信」があると語っていた。さらに
12月，蒋は中共軍を「8〜10ヵ月で全滅させられる」とマーシャルにアピール
した[132]。

　一方，中共は5月中旬までに，国民党が東北だけでなく全国でも内戦を準備
していると認識するようになった。それでも5月15日の時点で，中共中央は
「米国が一般的に蒋を支持し，東北作戦では蒋に援助を与える政策をとってい
るものの，全国内戦についてはなお不賛成であり，蒋もまた我が軍［中共軍］
の実力，国際世論および国内人民の心情を顧慮しているので，［蒋が］すぐさ
ま全国内戦を発動させることはないだろう。ただし，その［内戦の］準備だけ
はかなり積極的である」とやや冷静に分析していた。ところが1週間も経たな
いうちに，東北以外の一部地域で国府軍から攻撃を受けた中共は，全国内戦が
勃発する危険性がきわめて深刻だと懸念するようになる[133]。6月に入ってか
ら東北停戦協議が始まったが，彼らは全国内戦が先延ばしにされることはあっ
ても，内戦がすぐに勃発する可能性はあるという疑念だけは捨てなかった。6
月25日には「談判が決裂すれば，東北に限らず，全国で大攻撃が行われる」
と予測し，その3日後，中共中央は蒋介石が中共中原軍区の部隊を全滅するよ
う指令したという情報を各局に伝達し，蒋が東北停戦を8日間延長させていた
のは「政治的なよりどころを得て，攻撃のためのあらゆる準備をする」目的が
あったと分析した[134]。

　7月1日，毛沢東と朱徳は全戦地の司令官に指令を出し，国民党軍から攻撃

---

132)　宋子文とフォレスタルの会談内容は，（Micro Forrestal：reel. 2, vol. 5, no. 1134［Trip-China,
　　　 Jul. 9, 1946］）に依拠。蒋介石とマーシャルの会談については以下の記録に依拠した。Notes of
　　　 Meeting With the Generalissimo from 4 to 7 p. m. Dec. 1, 1946（Micro MM：reel. 4）。後者の会談に
　　　 ついては，『大事長編』（6-上：318-319）の記録に該当部分なし。

133)　「中央関於時局及対策的指示」，1946年5月15日（『中共文件』第16冊：161）；「中央関於目前
　　　 時局及我之基本方針的指示」，5月21日（同上：168）。

134)　「中央関於力争和平與準備大打給鄭位三的指示」1946年6月10日（『中共文件』第16冊：
　　　 187）；「中央関於当前形勢問題給林彪的指示」，6月25日（同上：218）；「中央関於時局近況的通
　　　 報」，6月28日（同上：219）。当時，周は「蒋は攻撃と交渉を同時に進めており，東北で大胆な
　　　 行動に出ることは，一時的にはない」と推測していたが，中国本土（関内）における蒋の攻撃を
　　　 撃破するという姿勢は崩していない。「周恩来致電中共中央轉東北局和葉剣英等」，6月30日
　　　 （『葉年譜』上：460）。葉剣英らは，この周の見解に沿って，軍調部各小組（第五章以下参照）に
　　　 「平和追求と自衛戦争準備」について指示した（同上：460-461［7月4日］）。

第3章 戦後中国とソ連 115

を受けた場合は，「断固として自衛手段をとる」よう求めた。ただし翌日，中共中央は軍事調停執行部（第5章参照）の活動に対しては「積極的な態度をとって，戦闘と交渉が同時進行する状況に適応する」よう各中央局に指示していた。同月中旬，中共中央は蒋が大規模な攻撃を決意しており，彼が江蘇，安徽を攻撃してから華北へ攻めるとともに，中共中原軍を全滅するよう企図していると判断し，中共中原軍に対して反動派の侵攻を粉砕するよう指示した[135]。

中共の戦闘姿勢は，次第に固まっていく。9月上旬，周によれば，中共は今後半年以内に敵対する国民党軍160万のうち3分の1を全滅させる課題を立てたという[136]。10月上旬，中共は国府と徹底抗戦する構えをみせ始める。蒋は中共の要衝地であった張家口に進軍するにあたって，直前にいくつか政治要求を示していたが，周恩来はこれについて「間違いなく最後通牒である」とマーシャルに語り，交渉の余地がもはや残されていないことを暗示した。また周は，政府が政協決議を打倒し，内戦独裁によって国家を分裂させるなら，中共は「最後まで断固反対をする」とマーシャルに明言していた[137]。10月下旬，周は「もし［国府による］張家口占拠を［国共］決裂の象徴とみなし，また現在の『第三勢力』による［調停］努力が失敗して，この決裂が決定的になるのなら，我々は軍事行動を率先し，自身に有利な地区で攻撃を仕掛けるかもしれない」とペトロフに話した。短期的にみれば，米国から援助も受けている国民党は軍事的には有利であるが，「近いうちに国民党は，人的資源の分野で深刻な問題に直面するだろう」と周はみていた[138]。

このように国共両者が内戦を決意し始めると，軍事衝突は各地に拡大していった。7月，国府軍は河南・湖北地区の中共軍を攻撃し，中共軍は陝西省へ退去した。その後，両軍は華北の各地で軍隊をすすめることになる。中共は山東，

---

135) 『毛年譜』（下：102［1946年7月1日］）；中共中央から各中央局への通知，7月2日（『葉年譜』上：460［6月30日］）；「中央関於粉砕反動派進攻的作戦計劃給鄭位三，李先念的指示」7月13日（『中共文件』第16冊：246）。

136) ペトロフ―周恩来会談，1946年9月10日（PKO, V-1：no. 104, стр. 158）。

137) 周の見解はそれぞれ以下の会談，覚書で示された。周恩来―マーシャル会談，1946年10月9日（『周談判』：667-668）。英文記録によれば，周は蒋の要求を「降伏文書に等しいだろう」と述べている（Minutes of Meeting Between Marshall and Chou, Oct. 9, 1946, 11：30［FR 1946, X：332］）。周恩来からマーシャルへの覚書，同日（『周談判』：676）。

138) ペトロフ―周恩来会談，1946年10月26日（PKO, V-1：no. 132, стр. 190）。

山西，江蘇を中心に進軍し，国府は河南，安徽などにおける進軍でこれに応酬した。ここから国府軍は攻撃を加速させ，華北の中共要衝地を次々に陥落させていった。8月末に熱河省承徳，9月9日に河北省古北口（チャハル省に近接），14日には綏遠省集寧を占領した。なかでも10月11日，張家口への国府進軍は中共にとって大打撃となった。10月末，華北から東北に戦闘が移り，国府は安東を占領した[139]。内戦はこのように全国へと拡大していった。

戦後国共にとって，政治交渉は常に軍事戦略とともにあった。政治対立が激化していく過程は，そのまま戦場での争いが拡大していく歴史でもあった。内戦勃発当初，国府軍は攻勢に立っていたが，1947年に入ると中共が軍事的優勢に転じ始める。1948年9月から1949年1月まで，大きな戦役が3つ（遼瀋，淮海，平津戦役）展開され，中共が戦勝をおさめた。長江以北を獲得した中共は，1949年春に長江を渡り，やがて大陸での戦闘に勝利していくことになる[140]。

ソ連は国府承認という立場をなかなか放棄しなかった。まして中共を軍事援助しながら，米国と対決するという戦略をとろうとはしなかった。例えば，戦後中国東北において，中ソ経済協力協議がまとまらないうちから，ソ連は軍隊を完全に撤退させるなどした。少なくとも，米海兵隊が中国から撤退するよりも，ソ連軍の撤退の方が早かったのである。中華人民共和国成立まで，ソ連の中共への支援はあくまで非公式なものでしかなかった。だから1950年の中ソ同盟形成においては，中共の積極的な働きかけが大きな役割を果たすことになったのである[141]。

---

139)　以上の情勢に関しては，主に以下の報告や記録に拠った。Stuart to Byrnes, Sep. 27, 1946 (FR, 1946, X：231-237);『大事長編』(6-上：205-294).

140)　詳細は，Westad (2003：chs. 3-9) を参照。

141)　以上の点については，以下を参照。Goncharov, Lewis and Xue eds. (1993：chs. 1-4); Mastny (1996：ch. 5); Zubok and Pleshakov (1996：56-64); Niu (1998a：47-89); Westad (2003：chs. 3-9); Gaddis (1997：ch. 3); 沈 (2003a：導言，第 1-2 章).

第4章　マーシャル・ミッションの任務決定過程

1. マーシャル・ミッションの概観

(1) 人物像

ここからマーシャル・ミッションの展開を詳しく考察することになるが，まずは全体に関わる重要な点を概観しておきたい。

まず，マーシャルの人物像についてみておこう。彼は1880年，ペンシルバニア州ユニオンタウンに生まれた。1901年，バージニア州レキシントン市にあるバージニア軍事専門学校（Virginia Military Institute）を卒業し，翌年から陸軍に従事した。彼は人生の大半を軍務に服すことになった。第一次世界大戦期にはフランスに赴任し，1939年には米軍陸軍参謀総長を務め，第二次世界大戦期における軍事戦略を主導した。参謀総長退任直後，大統領からの要請で1945年12月から1947年1月まで中国での国共調停に取り組んだ（マーシャル・ミッション）。中国から帰国すると，すぐに国務長官に就任し，「マーシャル・プラン」によるヨーロッパ復興計画などを推しすすめた。1950年からは国防長官を務め，朝鮮戦争の休戦前，1951年に退官した。1953年には彼のヨーロッパ復興援助を評価して，ノーベル平和賞を受賞している[1]。第二次世界大戦と冷戦の初期を政府の中枢で過ごした人物であった。

では，マーシャルは米国政府内でどのように評価されていたのだろうか。トルーマンはマーシャルの能力を高く評価していたようで，第二次世界大戦中，ローズベルトが存命中であったにもかかわらず，トルーマンはマーシャルを

---

1) 以下を参照。Jacob (1987 : ix); Pogue (1973); Pogue, (1987).

「最も偉大なアメリカ人」と呼んだことは有名である[2]。また，彼は「私が知る限り，マーシャル将軍は最も賢明で思慮深い人物の一人である。どんな問題を提起されても，彼は直ちに基本的なアプローチを指し示すことができるようで，そのアプローチは幕僚が後に最良の解決案として提起するものといつも同じであった」という回想も残している[3]。アチソン元国務長官もこの点については，「マーシャル将軍が大統領から全幅の信頼を得ていた」と回想している[4]。そのアチソン自身もまたマーシャルの能力を賞賛していた。彼はマーシャルを「自己規律」のきいた「自己抑制的」な人物であり，軍事分野に限らず，正確な情報を熟知し，かつ不測の事態を想定していなければならない国家の重大事項に関しても冷静に判断を下すことができる人物であったとしている。だからマーシャルが参謀総長，大使，国務長官，国防長官を歴任したことは偶然ではなく，彼の能力によるものだとアチソンは評した[5]。

　1945 年 11 月，ハーレイ大使の突然の辞任を受けて，米国政府が急遽，中国政策の検討を始めたとき，政府内で信頼と評価の高いマーシャルが国共調停役に選ばれることになったが，彼の軍事キャリアが国内外で名声を博していたことが，人選に重要な役割を果たしたといわれている[6]。

　ただし，マーシャルは中国の専門家であったわけではなく，まして中国国内の政治問題を熟知していたわけではない。例えば，マーシャルが訪中して最初に民主同盟代表と会談したとき，民主主義の内容に関する質問を受けたが，このとき彼は民主主義に関する専門家ではないので，その定義に関する自らの発言を「記録外」にするよう要請したことがあった[7]。また 1946 年 2 月下旬，彼は非公開という扱いで中国人記者に対して声明を発表しているが，そのなかで彼は自身のことについて語り，「外交ミッションとして派遣されているが，外交官ではまったくない」と指摘している[8]。さらに 5 月上旬，東北情勢が悪

---

2)　宮里（1981：58）。

3)　Truman（1956, vol. 2：112; 邦訳 1992, 第 2 巻：93）。訳は引用者が一部修正。

4)　Acheson（1971：602）。この点については，宮里（1981：58, 77 [注 81]）を参照。

5)　Acheson（1969：140-142; 邦訳 1979, 第 1 巻：178-179）。訳は引用者が一部修正。

6)　Stoler（1998：3-14）.

7)　Notes on Marshall's First Conference With the Democratic League, 1600, Dec. 26, 1945（FR 1945, VII：819-820）.

8)　Statement by Marshall to Chinese Editors not for publication, Chunking, 17：15, Feb. 23, 1946

第4章　マーシャル・ミッションの任務決定過程　　　119

化したとき，マーシャルは国共両代表者（兪大維，周恩来）それぞれに東北地域の政治問題について自らが無学であることを告げている[9]。したがって，中国政治問題については，主に現地外交官（特に後に大使となるスチュアート）の助言あるいは判断を頼りにしていたと考えられる。

(2)　全行程の概観

　マーシャル・ミッションは，1年余りかけて行われた調停の記録であるが，ここでその全行程を整理しておきたい。大きく4つの時期に区分できる[10]。なお，各時期における調停活動については，以下の各章でそれぞれ詳しく論じることになる。

　まず，第一期が米国政府内の任務決定過程である。1945年11月末から12月中旬までの短期間に政府内の論争を経て，マーシャルの任務は決定された。12月15日，マーシャル・ミッションの始動を前にして，トルーマンが中国政策に関する声明を発表する。そのなかでミッションの目的が公表された。

　第二期は，1945年12月末から1946年3月上旬までの時期である。マーシャルが政府内で決定された任務を実行し，軍事停戦など調停の基礎を確立していく時期である。12月20日，マーシャルは上海に到着し，以後，国共両代表，第三勢力各政党の代表者と連日面会していった。ただし，彼の調停が本格化するのは，翌年1月からである。この第二期には，マーシャルの国共調停組織が確立されるとともに，「停戦協定」と「整軍方案」の成立を受けて，停戦調停のための機構も設置された。

　第三期は，3月中旬から6月までであるが，これは全国的内戦の勃発前夜にあたる時期である。マーシャルは調停が一段落すると，対中経済援助の協議や調停活動の報告などを行うために，一時帰国している（3月12日から4月12

　（Marshall Papers：box. 122, folder. 30, ML）．

9)　Munites of Meeting Between Yu Ta-wei and Marshall, May 8, 1946, 15：00（Micro MM：reel. 16）; Minutes of Meeting Between Chou En-lai and Marshall, May 17, 1946, 10：00（Ibid：reel. 16）．

10)　従来，中国情勢（特に東北軍事情勢）の展開に基づいて，マーシャル調停の時期区分がなされることが多かった。その場合，本書で指摘する後者3つの時期区分だけが取り上げられてきた（Wang 1998：21-43; He 1998：173-199; Niu 1998b：235-253）。本章では，マーシャル調停の全体像を捉えるために，4つの時期区分を設定した。

日）。現地ではギレン（A. C. Gillem）がマーシャルの代理役を務めることになったが，マーシャル不在の間，中国では政治問題をめぐっても，あるいは軍事情勢においても国共対立が激化していった。マーシャルが調停復帰したときには，すでに東北をめぐる国共の争奪戦は始まっていた。その後，彼の調停が何とか実を結び，6月6日に期限付きではあるが東北停戦が成立し，国共間の政治交渉が一時的に回復する。しかし，停戦状態を基礎にして調停が展開されたのは，この時期が最後であった。

第四期は，6月から1947年1月までである。内戦が全国化し，マーシャルが国共調停を終了させて帰国するまでである。この時期はさらに，前半と後半に分けられる。

前半は10月中旬までである。東北停戦の期限であった6月末までに，国共政治交渉はまとまらず，軍事衝突が拡大していく。7月8日，政治問題を熟知したスチュアートが大使に就任し，マーシャル調停を助力することになった。マーシャルとスチュアートは，内戦下において国共調停をすすめるための方法を模索し続けたが，結局，それを獲得できないまま10月中旬に実質的な調停活動を終えた。

それ以降が後半である。このとき，マーシャルとスチュアートはともに国共調停から距離をとるようになり，やがてマーシャルは調停活動を正式に終了させるための準備に着手した。10月中旬以降，米国は第三勢力による国共調停を見守ったが，その調停は機能しなかった。12月，マーシャルは調停終了を決定し，同月18日，トルーマンがほぼ1年ぶりに中国政策に関する声明を発表する。その後，翌年1月，マーシャルは調停を終了して帰国した。

(3) 政策決定の特徴

このような一連の調停活動は，どのような政策決定のプロセスを経ていたのだろうか。ここで，その特徴を検討しておこう。

米国政府における対外政策の最終決定権は，当然のことながら大統領にある。だからこそ，その政権ごとに政策決定のあり方は大きく異なっている。トルーマンは外交の経験が浅かったこともあり，対外政策の決定にあたっては，周囲の助言を重視したといわれている。彼はブレーンや側近をもたなかったため，

第4章　マーシャル・ミッションの任務決定過程　　　　　　　121

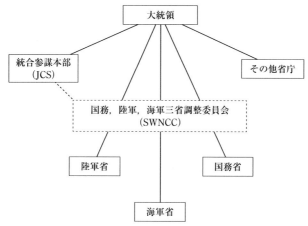

図　米国政府内の政軍調整（1944～47年）

（出典）Etzold (1978：6 [figure.3]).

主な助言者となったのは，閣僚や官僚組織であった。ただし，トルーマンは指導力を確保すべく，最終的な決定は自らが下すようにしていたようである。なお，1947年に国家安全保障会議（NSC）や国家軍事機構（後の国防総省）が発足するまでは，政府内に必ずしも体系だった対外政策決定のメカニズムが構築されていたわけではない（上図参照）。政策調整は，主に大統領と各省長官らの間で閣議などを通じて行われるほか，1944年12月に設置された国務・陸軍・海軍三省調整委員会（SWNCC）なども利用された。しかし，SWNCCは次官補レベルで構成されており，政策調整をする機関としては十分に機能していたわけではなかった[11]。

ではトルーマン政権において，マーシャル・ミッションの政策決定はどのようなプロセスを経たのだろうか。最初，任務決定の段階では各省（主に国務省と陸軍省）が文書作成などを通じて各々意見を示し，最終的な意見調整として大統領と各省代表者が列席する会議で政策決定が行われた。しかし任務決定後，米国政府は現地における調停の裁量権をマーシャルに委譲した。したがって，現実の調停活動においては，実質的にマーシャルに全権が委任された状態であ

11）　以上，政策決定に関しては以下を参照した。宮里（1981：12-80）; 浅川（2001：第1-2章）; 阿南（1997：217-251）; Etzold（1978：1-23）.

った。具体的に確認してみよう。

まずマーシャル訪中直前，トルーマンはマーシャルに訓令を渡し，そのなか
で「貴殿には蔣介石ほか，中国指導者との会談において最大限自由に話をすす
める権限が与えられている」とした。ただし，国務長官と大統領に逐次，交渉
の進捗状況，問題を報告することは求めた[12]。当時，トルーマンは「同国
[中国]において，中国人と議論・交渉を開始したり，再開したり，あるいは
実行したりするときには，必ずマーシャル将軍の意向にぴったり沿っていなけ
ればならない。またマーシャル将軍からの提言，そして彼に向けた提言，その
いずれも国務省全体に通知すべきである」と考えていた[13]。後にバーンズ国
務長官は，調停を成功させるため，「彼[マーシャル]には米国大統領の個人
代表という名声と権威が与えられた」と回想している[14]。

調停開始後，マーシャルは本国に情勢報告をしながら，基本的に自らの判断
で調停をすすめる。1946年2月，彼は，調停の成功は国務「省と大統領が私
に完全な支持と権限を付与してくださったことに大部分を負っている」とアチ
ソン国務次官に報告している[15]。

その後，内戦拡大とともに中国情勢が複雑化すると，マーシャルの本国への
情勢報告の機会は増加していったが，それでも彼の決定権が揺らぐことはなか
った。8月2日，米国政府の閣議で中国に展開する米海兵隊の扱いが議論され
たとき，アチソンはこう述べた。「マーシャル自身が目的達成はもはや望めな
い，我々の中国政策，さらには極東の一般的政策を再考するときがきたと言う
までは，最大限に彼を支援すべきだ」。このアチソンの発言については，特別
な異論は出なかった[16]。同じ頃，トルーマンは蔣介石にメッセージを送り，
「貴殿との協議において，マーシャル将軍が米国政府，米国世論の全般的態度，
方針を正確に反映していると確信する」と伝えている[17]。またパターソン陸

---

12) Truman to Marshall（日付なし）(Truman Papers, PSF, Subject File, 1940-1953：box. 150, TL).

13) これは，特に対中経済援助に関する見解である。Truman to Wallace, Dec. 18, 1945 (Truman Papers, O. F. 150：box. 757, TL).

14) Byrnes (1947：228-229).

15) Marshall to Acheson, Feb. 5, 1946 (Marshall Papers：box. 122, folder. 3, ML).

16) Cabinet Meeting, Aug. 2, 1946 (Micro Forrestal：reel. 2, vol. 5, no. 1190).

17) Truman to the Chinese Ambassador, Aug. 10, 1946 (FR 1946, X：2).

第4章 マーシャル・ミッションの任務決定過程　　　123

軍長官は，陸軍省の必要な設備は可能な限り，マーシャルの裁量で配置してよいとマーシャル本人に打電した[18]。マーシャル自身，「かつていかなる米国人代表も得られなかったような支持」をアチソンやハル（John E. Hull）陸軍省中尉などから頂いていると思うとハルに伝えたことがあった[19]。

　10月以降，マーシャルが国共調停に行き詰まったときも，本国政府は彼の対応を一貫して支持した。アチソン，ヴィンセントは「貴殿の事前了解が完全に得られるまでは，政策や具体的行動の変更はしないし，国務省は貴殿から行動の指針が示されれば，その見解に全面的に従う」とした[20]。11月初旬，トルーマンはマーシャルの活動に「絶大なる，不動の信頼をおいている」，「マーシャル将軍の中国問題に対する判断にのみ全面的に依存するし，この先も"私が大統領である限り"そうするつもりである」との意思を本人に伝えた[21]。12月，マーシャルが調停終了を本格的に検討し始めたときも，トルーマンは「すべての中国問題について貴方の評価に全面的に依存する」し，調停終了の時期はマーシャルの決定に委ねるとしていた[22]。

　マーシャルはこのように大きな裁量権を得ながらも，政治問題については関与を抑制してきた。この問題について，彼が頼りにしたのは主に現地外交官の判断であったし，1946年7月以降は駐華米国大使に就任したスチュアートであった。それでもなお，国共調停の具体的政策を最終的に決定したのは，マーシャルであった。

18）　Patterson to Marshall, Aug. 23, 1946 (Marshall Papers：box. 123, folder. 30, ML).

19）　Marshall to J. E. Hull, Aug. 21, 1946 (Marshall Papers：box. 123, folder. 5, ML).

20）　アチソン，バーンズがカーター（ワシントンでのマーシャル連絡役）に伝えた内容による。Marshall S. Carter to Marshall, Oct. 11, 1946 (Marshall Papers：box. 124, folder. 25, ML).

21）　トルーマンがカーターを介してマーシャルに伝達したメッセージによる。カーターによれば，" "内は正確に一言一句トルーマンの発言である。Memonrandum by Carter to Thomas T. Handy (the Deputy of Chief of Staff)（トルーマンからマーシャルへのメッセージ伝達），Nov. 7, 1946 (Marshall Papers：box. 124, folder. 26, ML).

22）　トルーマンの見解は以下で伝達された。Carter to Marshall, Dec. 3, 1946 (FR 1946, X：583).

2. それぞれの「中国の統一」

(1) 政府内の決定過程

　マーシャル・ミッションは，どのような任務を負ってすすめられたのだろうか。ミッションの第一期ともいえる，任務決定過程について詳細に考察していこう。

　米国政府における協議は，「中国の統一」をめぐる従来からの政策論争の延長にあった（第2章を参照）。それぞれの立場を代表するのが，国務省と陸軍省であった。ただし，最終的には「統一」をめぐる2つの立場が並存するものとして，任務は決定されることになる。そこで，両者にとって共通の前提になっていたものは何か，論争の中心はどこにあったのか，そして決定された任務のなかで両者の路線はどのように並存したのかを確かめることが重要になるだろう。まずは，米国政府のなかで両者がどのようなプロセスを経て，任務を決定していったのかを整理しておこう。

　1945年11月26日，一時帰国中であったハーレイ駐華大使が突然辞任を表明した。翌日，ワシントンでの閣僚昼食会でこの件が議題になった。ハーレイの辞任は，「大統領にとっても国務長官にとってもまったくの驚き」であった[23]。トルーマン自身，ハーレイの突然の決定に驚いたと回想している[24]。いずれにせよ，ハーレイは自らの中国政策が実行できなくなったことを理由に辞任した。このときから政府のなかで中国政策の再検討が始まった。

　11月27日，閣議においてハーレイの後継者をめぐって協議が行われた。まずアンダーソン（Clinton Anderson）農務長官が，その候補としてマーシャルの名前を挙げた。マーシャルが「有能な大使」になることについては一般的な合意があったが，トルーマンとしては，陸軍参謀総長を退任したばかりのマーシャルにさらなる負担を課すことに乗り気ではなかったようである。そこで閣議では，「一時的に大統領の特使として」マーシャルを中国に派遣することが提起された[25]。トルーマンはこの件をマーシャルに電話で伝え，マーシャル

23）　Cabinet Luncheon, Nov. 27, 1945 (Micro Forrestal : reel. 1, vol. 3, no. 697).

24）　Truman (1956, vol. 2 : 66; 邦訳 1992, 第2巻 : 58-59).

第 4 章　マーシャル・ミッションの任務決定過程　　125

はこれを承諾した[26]。マーシャルが中国に向かうことについては，このとき
決定した。

　次に，大統領の中国政策に関する声明を新たに発表するための準備が始まっ
た。この声明草案の作成とマーシャルの任務決定は，並行してすすめられた。
任務決定までには，およそ 2 段階を経た。第 1 は，声明の原案を国務省と軍部
がそれぞれ作成する段階である。最初に国務省のヴィンセント極東局長が，声
明の概要を作成した（11 月 28 日）。次に陸軍省がこの草案の一部を批判し，修
正草案を作成する。第 2 は，国務省と軍部が直接意見を調整するために会議を
行う段階である。まず，国務省が陸軍省の修正要求を勘案して文書を 2 つ作成
した。1 つは 12 月 8 日の草案（以下，「国務省修正草案①」），もう 1 つは 9 日の
草案（以下，「国務省修正草案②」）である。これを受けて，意見調整のための会
議が行われた。その第 1 回会議は 12 月 9 日に行われ，国務省からはバーンズ
長官，アチソン次官，ヴィンセント極東局長，軍部からはハル陸軍省中尉，そ
してマーシャルがそれぞれ出席した。その席で，国務省が作成した上記 2 つの
文書がいずれも合意達成された。これによって，声明の草案とマーシャルの任
務とが概ね合意されたことになる。第 2 回会議は 12 月 11 日に開催され，トル
ーマン，マーシャル，バーンズ，リーヒー（William D. Leahy）提督が出席した。
ここでは，国共調停が成功しなかったときのマーシャルの任務について決定さ
れたが，その決定事項については声明草案のなかには明記されなかった。14
日には，マーシャル，トルーマン，アチソンが会談し，マーシャルの任務を最
終確認する。そして 15 日，トルーマンが声明発表するに至る[27]。

　以下では，まず国務省，陸軍省がそれぞれどのような政策を提言したのかを
検討する。次に，第 2 段階の調整会議のなかで，両者が最初から合意していた
事項，両者にとって論争の中心になっていた議題をそれぞれ明らかにした上で，

25）　Cabinet Luncheon, Nov. 27, 1945 (Micro Forrestal: reel. 1, vol. 3, no. 697).

26）　Truman (1956, vol. 2 : 66; 邦訳 1992, 第 2 巻 : 60).

27）　後年，マーシャルはバンデンバーグに当時の任務決定過程について語っている。それによると
　　当時マーシャルは，上院のパールハーバー査問委員会に参加する準備に追われ，マーシャル・ミ
　　ッションに関する文書作成は陸軍将校（ハル陸軍省中尉ら）に任せていたという（Vandenberg
　　ed. 1953 : 528）。しかし，これはマッカーシズムの余波が残る時期に語られた内容であり，事実を
　　そのまま反映した発言内容とはいえない。後述のように，マーシャルは任務決定過程に参加し，
　　自らの見解を主張している。

最終的に2つの立場がどのように並存したのかを考えたい。

(2) 国務省の原案

国務省の主張は，3つの特徴から理解できる。第1は，「中国の統一」をすすめるときの全般的方向性である。議論の中心，力点はここにおかれていた。それは，国共間に停戦を成立させ，それを前提にして中国の政治諸勢力が政治協議を行い，やがて連合政府を形成していくというものである。ヴィンセントは，声明の概要でこう表現した。「米国は平和的交渉を通じて中国の統一，安定，民主主義を達成するために，あらゆる適切な方法を使って，中国国民政府を支援する」。国民党以外の政治諸勢力も参加できるよう，国家の基盤を拡大し，現国府の一党「政治訓政」を終結させることが，ここでいう民主主義だった[28]。

彼は「国務省修正草案②」のなかでも，このような方向性が米国にとって重要な長期的目標であるとした。「強い，統一された，民主的中国の発展」という長期的目標を達成するためには，「中国中央政府とそれに反対するさまざまな政治諸勢力とが積極的に妥協しながら，問題解決をすすめることが不可欠であ」るし，また「蔣介石主席の政府が，民主主義発展のための十分な基礎をもっている」と確信する。だから蔣指導の下に，さまざまな政治諸勢力が参加する政府を成立させるべきなのだというのが，ヴィンセントの提言だった[29]。

第2は，力の真空が生じた解放地域，つまり主権接収や日本軍の復員・本国送還など戦後処理が残された地域における政策である。彼らは，この地域をさらに華北と東北に分けた[30]。それぞれ別の方針を適用すべきだと考えたからである。

まず華北の解放地域においては，上で示した全般的方向性を最大限に反映させるべきだとした。したがって，領土統一のための国府軍輸送支援を行うかどうかについては，国共の政治交渉を待ってから決定すべきものとされた。例え

---

28) Memorandum by Vincent, Nov. 28, 1945 (FR 1945, VII：746).

29) Memorandum for the War Department, Dec. 9, 1945 (Truman Papers, PSF, Subject File, 1940-1953：box. 150, TL). この覚書は，ヴィンセントが作成したものである。

30) 彼らは華北「north China」の地域を特定していない。ただ熱河，チャハル，河北，山東（青島，煙台）各省，上海など米軍が国府軍の輸送支援を計画していた地域を指していると考えられる。

ば，中国国内で政協会議あるいは停戦協議が係争中の場合には，華北への追加的国府軍の輸送支援は一時停止すべきだというのが，国務省の提案だった[31]。これは，停戦や政治交渉という全般的な目標を損ねてまで，米国は国府軍を輸送支援するべきではないということであった。そのような状態が起こりそうな華北などで，この方針をとるべきだと提言されたのである[32]。バーンズ長官は，停戦協定など暫定的合意を進展させるために，「軍事停戦と政治的交渉の目的を侵害する場合，米国は国民政府軍を華北などの地域に輸送支援しない」（下線は原文）とした[33]。

　ヴィンセントもまた，華北における米軍の役割を制限すべきだと考えていた。「米国は華北において，中国国民政府が日本軍の復員・本国送還を迅速にすすめるのを支援する準備」はするが，行政権の回復や秩序維持といった任務にまでは関与しない。それらは中国政府が責任をもつべきだとしたのである[34]。バーンズもこれに同調していた。1945年12下旬からモスクワで行われることになる米英ソ三国外相会談を前に，彼はこの見解をソ連側に伝えるべく，ハリマン駐ソ大使に電文を送っている。そのなかで，華北米軍の任務が「限定的目的」をもつものであり，日本軍の復員・本国送還を支援するものであることが示された。これは，「満洲」における目標とは区別されるものだった[35]。華北米軍がこの任務を完了しさえすれば，すぐにでも中国から撤退すべきだというのが国務省の見解だった。何よりもヴィンセントは，中国における米軍の活動規模を限定させるべきだという立場を，9月から一貫してとってきた[36]。また華北米軍の目的が限定的である点については，モスクワ外相会談のなかでも明示された[37]。

---

31) Memorandum for the War Department, Dec. 9, 1945 (Truman Papers, PSF, Subject File, 1940-1953 : box. 150, TL).

32) この点については，アチソンの回想を参照（Acheson 1969：142; 邦訳 1979, 第1巻：179）。

33) Memorandum, Byrnes to Marshall, Dec. 8 (MicroCA：reel. 10).「国務省修正草案①」をバーンズがマーシャルに送付。

34) Memorandum by Vincent, Nov. 28, 1945 (FR 1945, VII：745-746).

35) Byrnes to Harriman, Dec. 1 (FR 1945, VII：830). モスクワ外相会談（米英ソ）直前，バーンズがソ連側に華北米軍の意図を伝えようとしたもの。

36) Vincent to Acheson, Sep. 6, Sep. 20, Oct. 16, 1945 (FR 1945, VII：550-551, 566-567, 580-581). なおこの点に関する詳細は本書の第2章を参照。

37) Statement Circulated by Byrnes Among the Three Foreign Ministers, Dec. 16, 1945 (FR 1945,

ところが，国務省にとっても東北の方針だけは異なるものであり，この地域は例外的に扱われた。そもそも国務省は中国の領土統一，行政機能統一の原則を堅持していた。例えば，バーンズはモスクワ外相会談で，カイロ宣言やポツダム会談での中国の領土統一原則を確認し，この原則で妥協はしないと述べている[38]。彼らは，ソ連軍がプレゼンスをおいている東北だけは，領土統一を急ぐことに反対しなかった。ヴィンセントは，声明の概要に「中国が自国の不可欠な部分である満洲の行政機能を回復できるよう，米国は中国国民政府による満洲諸港への軍隊移動支援を準備する」という文言を入れた[39]。「国務省修正草案②」においても，「中国国民政府が中国軍を満洲諸港に輸送するのを支援する」という主張が盛り込まれていた[40]。

国務省の提言のなかで，第3の特徴にあたるものが，中国国内の軍隊統一に関する問題である。ヴィンセントは，中共軍など各自治軍の存在が中国の政治統一を阻害するものであることを認め，最終的には「中国共産軍を中国国民政府軍に効果的に統合すべき」だとした。ただし，それは「広範な代議制政府の成立を前提」にして，すすめられるべきものだった[41]。「国務省修正草案②」にも，この見解が反映されている。この草案のなかでは，戦時中には軍隊統一が短期的目標であったが，現在「民主的中国」の発展という長期的目標がそれと同程度に重要なものであることが指摘された[42]。少なくとも軍隊統一が，連合政府形成よりも優先すべき問題だとは考えられてはいなかったことになる。

(3) 陸軍省の修正案

さて，ヴィンセントが作成した声明の概要をみた陸軍省は，その一部を批判し，11月30日までに修正草案を用意した。彼らの主張もまた，3つの特徴に整理できる。

VII：839). 会談に参加した英ソ外相に回覧したバーンズの声明文書。

38) Ibid (839); Memorandum of Conversation Between the Three Foreign Ministers (Ibid：841).

39) Memorandum by Vincent, Nov. 28, 1945 (FR 1945, VII：745).

40) Memorandum for the War Department, Dec. 9, 1945 (Truman Papers, PSF, Subject File, 1940-1953：box. 150, TL).

41) Memorandum by Vincent, Nov. 28, 1945 (FR 1945, VII：746).

42) Memorandum for the War Department, Dec. 9, 1945 (Truman Papers, PSF, Subject File, 1940-1953：box. 150, TL).

第4章　マーシャル・ミッションの任務決定過程　　129

　第1は，解放地域の方針である。国務省批判の焦点は，実はここにあった。彼らのいう解放地域とは，東北だけではなく，そこに華北も含まれていた。彼らは東北（一部，華北を含む）において中共とソ連が影響力を拡大することを脅威とみなし，次のように表現した。国共間の「交渉が遅れることは，中共にとって利益となるから，彼らは交渉の進展を最大限に阻害するだろう」。交渉が遅れれば，国民党による「満洲支配」が進展しなくなり，「その結果，ロシアがそのような［満州の］支配を確立するのは明白」である[43]。

　このような認識をもっている以上，国共交渉よりは，国府軍による解放地域の占領を優先的に支援すべきであった。具体的には，解放地域において国府に軍事物資を供給したり，さらなる軍隊の輸送を援助することが望まれた。また米軍の役割についても，国務省が想定していたような日本軍の復員・本国送還の支援にとどまることなく，さらにふみ込んで主権接収など支配回復を援助するものまでを含むべきだとした[44]。後日，ハル中尉も同じような見解をマーシャルに示している。彼は，「中国国内の交渉結果を待っていると，満洲は深刻な状況に陥ってしまう」。だから「満洲すべてを接収するために，近い将来さらなる中国軍の輸送が一定程度必要だろう」と訴えたのだった[45]。さらに陸軍省以外でいえば，リーヒー提督も同じ立場をとっており，彼の国務省への批判はいっそう厳しかった[46]。

　第2は，中国の軍隊統一に関する問題である。この点についても，陸軍省はヴィンセントの提案に修正を求めた。これは第1の主張と本質的には同じものであるが，彼らは連合政府の形成を待ってから，軍隊の統一をすすめることに反対したのである。連合政府づくりと自治軍の消滅・中国国民政府軍への統合

---

43)　Marshall to Leahy, Nov. 30, 1945 (FR 1945, VII : 747-748). マーシャルがこのような危機意識をもち，ヴィンセントの声明原案の修正を陸軍省に要請して作成させた。その陸軍省草案はこの文書に添付されている（以下，「陸軍省草案」[Ibid : 749-751]）。

44)　「陸軍省草案」(Ibid : 749-750).

45)　Hull to Marshall, Dec. 8, 1945 (Micro CA : reel. 10).

46)　11月30日，彼はエルゼイ（George M. Elsey）に，次のような話をしたという。国務省は声明の準備にあたって，「何の意味もない，6～8ページにおよぶ長ったらしいものを何か用意するだろう」。『『大統領は正しい』……『彼は蔣の側についている。しかし，国務省の"左派"は信用ならない』』。つまり，「省内には華北の共産主義者に好意的で，蔣の国民政府に反対するキャリア外交官の一群がいると言われている」。Elsey's Note, Nov. 30, 1945 (Elsey Papers : box. 1, TL).

とは，同時並行してすすめるべきだというのが，その主旨であった[47]。これは，現政権の指揮下に中共軍を含む全軍隊を吸収統合しようとするものだった。ハル中尉は「広範な代議制政府」成立を待ってから，中共軍など自治軍を廃止するのではなく，それ以前に自治軍は除去すべきであると明確に述べていた[48]。

　第3は，解放地域以外における方針である。これは国務省の見解を正面から批判することなく，そのまま受容している部分である。彼らは修正草案のなかで，米国の中国政策における原則として，暴力によらない，中国人民による国内対立の調整というものを挙げている。そのとき，米国には2つの役割があった。1つは，国府軍と中共軍，その他反体制勢力の軍隊との間に停戦協定を成立させることである。もう1つは，連合政府を形成することであるが，それは「現在の国内対立を早期解決し，中国の統一，安定を促進させるために，主要な政治諸勢力の代表者からなる政治協商会議を成立させる」ことだと表現された[49]。

　いずれにせよ，陸軍省は第1の提案に重点をおいていたため，国務省案との最大の相違点はそこにあったといえる。

3. マーシャルの任務決定

(1) 3つの決定

　では，両者はマーシャルの任務をどのように決定したのだろうか。

　まず，それぞれに力点こそ違うものの，すでに両者ともに合意している部分があった。1つは，「中国本土」（中国東北以外の地域）で推進することになる政策である。もう1つは，東北における方針である。12月9日の第1回会議で，この2点は合意に達した[50]。前者については，次のように決定した。「中国国

---

47)　「陸軍省草案」（FR 1945, VII：750).

48)　Hull to Marshall, Dec. 8, 1945 (Micro CA：reel. 10).

49)　「陸軍省草案」（FR 1945, VII：749). 通常，中国政治を専門にする外交官は政治協商会議を "Political Consultative Council" と英訳するが，ここでは "a national conference" と英訳されている。意味する内容から判断してこれは政協会議のことだと推測される。なお国民大会は "National Assembly" と英訳されるが，ここではその国大を意味するものではないと考えられる。

内の主要な政治諸勢力の代表者からなる政治協商会議が合意に達し，それらの諸勢力に中国国民政府の公正で有効な代表者としての地位を与えるよう，米国は強く唱導する」。そのためには，中国人民による暴力によらない国内問題の解決や「一党"訓政"の変更」が必要である。その場合，民族自決の原則に沿って，「中国が政治的統一を果たすまでの諸段階について，その詳細な内容は中国人自身が考案すべきであるし，外国政府が介入することは不適切」（下線は原文）である，とされたのである[51]。つまり，米国政府としては，中国国内での停戦交渉や政治協商会議の調停あるいは助言はするが，連合政府を形成していくまでの道筋を詳細に決定するわけではないということになる。

　一方，東北方針は次のように決定された。国府が日本軍の復員・本国送還，さらに東北地域の「支配を回復」できるように，米国が引き続き彼らへの軍事援助を行う。具体的には，軍事物資の供給や国府追加軍の「満洲諸港」への輸送をウェデマイヤーに指令するものとされた[52]。これは，あくまでも東北方針であって，華北の方針ではなかった。

　さらに，両者に見解の違いがあったにもかかわらず，十分な論争を経ずに決定された方針もあった。中国の軍隊統一に関する方針である。第1回，第2回の会議で，この問題が論争されたという経緯は見当たらない。少なくとも，中心的議題にはなっていなかった。最終決定された内容をみると，国務省の主張に沿ったものになっていた。12月15日，トルーマンが発表した声明にはこうあった。「広範な代議制政府が樹立されれば，自治軍は消滅すべきであるし，また中国の全軍隊は中国国民軍に効果的に統合されなければならない」[53]。これは「国務省修正案」の文言通りのものであった。陸軍省が求めていた修正内容は，ここに反映されることはなかった。

---

50)　Memorandum of Conversation by Hull, Dec. 10, 1945（MM：box. 1, RG59, NA）. 12月9日の第1回会議の会議記録。

51)　これは，第1回会議で承認された「国務省修正草案①」の内容である。Memorandum, Byrnes to Marshall, Dec. 8（Micro CA：reel. 10）. ここでの政治協商会議の英訳は 'the National Conference" になっている。

52)　Memorandum of Conversation by Hull, Dec. 10, 1945（MM：box. 1, RG59, NA）; Memorandum, Byrnes to Marshall, Dec. 8（MicroCA：reel. 10）.

53)　Statement by Truman, Dec. 15, 1945（US-Bulletin 1945, vol. XIII, no. 338：946）.

(2) 華北方針をめぐる論争

では，論争になったのは，何だったのだろうか。両者の見解は，本質的には
ぶつかり合うものではあったが，その焦点になったのは華北の解放地域におけ
る方針であった。これについては，最後まで議論が続けられることになった。
第1回，第2回の会議では，この問題が中心的議題になっている。論争の経緯
をみてみよう。

「国務省修正草案①」のなかで，国務省は従来の方針を堅持していた[54]。彼
らからすれば，陸軍省が用意した修正案のように国府軍輸送を援助することに
なれば，中国国内の停戦や政治交渉は犠牲にされてしまう[55]。ところが陸軍
省にとってみれば，中国国内の交渉結果を待つよりも，国府軍の追加的輸送支
援が必要であったため，国務省の案を再度批判することになったのである[56]。
国務省はこのような批判を前にして，陸軍省に一部譲歩した。基本的には，従
来の方針通り，国共の政治交渉は優先させるが，将来のために米軍による国府
軍輸送の「準備」はしておく，として方針の一部修正を決めたのである。「国
務省修正草案②」（9日）のなかで，その点が明示された。つまり，マーシャル
の中国における調停（停戦交渉や政治協商会議）が係争中の場合，華北への国府
軍の追加輸送支援は一時停止するものとする。ただし，輸送支援の準備は迅速
に完了させておく。なお，そのときでもこの輸送準備については，国府に事前
に公表しない。また次のような場合には，輸送支援を行うものとする。第1に，
マーシャルの調停内容に沿って，中国軍が華北に移動できるとき，つまり平和
裏に移動が可能な場合である。第2に，マーシャルの調停が行き詰まり，成功
の予測がつかないとき，あるいは国府軍が日本軍の降伏受理を行うために軍隊
輸送が必要な場合，さらには国際平和の維持における米国の長期的利益を損な
う場合である[57]。

---

54) Memorandum, Byrnes to Marshall, Dec. 8 (MicroCA：reel. 10).

55) アチソンの回想を参照。Acheson (1969：142; 邦訳 1979，第1巻：179).

56) 陸軍省による批判は以下。Hull to Marshall, Dec. 8 (Micro CA：reel. 10). ハルは明言していな
　　いが，従来からの陸軍省の国務省批判に鑑みると，ここでの批判は東北と華北の両方を含めた解
　　放地域についての方針である。

57) Memorandum for the War Department, Dec. 9, 1945 (Truman Papers, PSF, Subject File, 1940-
　　1953：box. 150, TL).

第4章　マーシャル・ミッションの任務決定過程　　　133

　バーンズはこの華北の方針を，第1回の会議で披露した。彼は，華北への国府軍移動については，マーシャル調停の結果を待ってから決定すべきであるが，同地域の戦後処理，治安維持を助力するためにも，国府軍の追加輸送を準備しておくべきであると語ったのである[58]。第2回の会議のなかで，彼は華北への国府軍輸送支援を国府に公表することなく，秘密裏に準備する理由について述べた。それによれば，この決定を公表せず曖昧にしておくことで，マーシャルが国共政治交渉を成功させるために国民党に圧力をかけるなど影響力を行使できるようになるからである[59]。

　このように国務省が陸軍省に一部譲歩しながら決めた路線は，華北の解放地域における基本方針として，第1回調整会議のなかで合意されることになった。具体的には，「国務省修正草案②」のなかで示された内容（上記）が合意されたのである[60]。

　このとき，華北の解放地域における方針に関して，1つ未解決の問題が残った。マーシャルの国共調停（政協会議の招集や停戦協定）が失敗したときの方針である。なお，この最終的な決定内容は，声明草案には入らず，米国政府内における秘密裏の決定となった。

　第1回の会議で，国務省は2つの選択肢を提示した。1つは，中共の非協力的態度でマーシャル調停が失敗した場合，国民党を支援して華北への国府軍輸送をすすめるというものである。もう1つは，国府が譲歩しないで，調停が達成されなかった場合，彼らに軍事的支援，経済借款を与えず，軍事顧問団も派遣しないというものであった[61]。つまり，国民党による華北の領土統一を無条件に全面支援すべきではないという案だった。

　この問題は，第2回会議にもち越された。前者の選択肢に異論は出なかったが，後者が議論になった。マーシャルは，蒋介石が政治交渉で妥協せず，政治

---

58)　Memorandum of Conversation by Hull, Dec. 10, 1945 (MM：box. 1, RG59, NA).

59)　Memorandum of Conversation by Marshall, Dec. 11, 1945 ((MM：box. 1, RG59, NA). 12月11日の第2回会議の会議記録。

60)　Memorandum of Conversation by Hull, Dec. 10, 1945 (MM：box. 1, RG59, NA).

61)　第1回会議でのバーンズの発言内容（Ibid., MM：box. 1, RG59, NA）この選択肢の発案は，ヴィンセントである。バーンズは会議で明言しなかったが，ヴィンセントの発案では，2つめの選択肢として，日本軍撤退後の華北解放地域で交通路線を中共軍に占領させてもよいと提案していた。Vincent to Byrnes, Dec. 9, 1945, 893. 00/12-945 (Micro US-China：reel.3).

的統一の努力が失敗した場合，米国が蔣への支援を停止すれば，「中国分断や満州におけるロシアのパワー回復といった悲劇的結果を招くことになり，そうなれば我々は太平洋戦争での主要目的を敗北あるいは喪失することになろう。このような状況で……蔣主席の軍隊を華北に移動支援するのかしないのか」と根源的な問いをぶつけた[62]。

バーンズは日本軍の本国送還を支援する目的に限って，そのような場合でも国府軍の華北への輸送を認めると返答した。ただし，従来からの方針に従う必要があるので，彼は国府軍の追加輸送支援までは行わないとした。バーンズの意見にトルーマンが同意を表明し，ここで方針は決定された[63]。12 月 14 日，マーシャル，トルーマン，アチソンの列席する会議で，マーシャルがこの点を最終確認した。そのとき彼は，蔣が国共交渉の進展に必要な行動をとらない場合でも，「米国政府は私を通じて，中華民国国民政府を依然支持し続ける必要がある。つまり，米国政府が表明する政策の範囲内で，蔣主席を通じた支持を与える」と述べたのであった[64]。

最終決定された華北の方針は，東北とは明らかに異なるものだった。まずは国共の調停を最優先にすすめ，仮に調停が失敗した場合には，国府への軍事支援を行うというものだった。それでもなお，米軍は日本軍の本国送還を支援するだけであって，解放地域の主権接収や秩序維持にまでは関与せず，目的さえ達成すれば米海軍はすぐに撤退するというのが，米国政府の公式の立場であった[65]。

4. マーシャルと「中国の統一」

1945 年 12 月当時，米国政府にあったのは依然，中国をアジア地域における

---

62) Memorandum of Conversation by Marshall, Dec. 11, 1945 (MM：box. 1, RG59, NA).

63) Ibid.

64) Memorandum of Conversation by Marshall, Dec. 14, 1945 (MM：box. 1, RG59, NA).

65) 12 月下旬のモスクワ外相会談で，バーンズがこの方針をくり返しソ連側に表明した。Statement by Byrnes, Dec. 16, 1945 (FR 1945, VII：839-840); Memorandum of Conversation Between the Three Foreign Ministers, Dec. 19 (Ibid：841-844); Memorandum of Conversation Between the Three Foreign Ministers, Dec. 23 (Ibid：845-848).

中心勢力として位置づける構想だった。彼らがこれにどれほどの実現可能性と期待をもっていたのかは別にしても，これに代わる別の有力な秩序構想があったわけではなかった。12月15日，トルーマンは「中国政策に関する声明」のなかで次のように表現している。

　　この新しい未知の時代における世界平和と繁栄は，主権国家が国際連合の集団安全保障のためにどれだけ結集できるのか，そこにかかっていると米国政府は考える。
　　強い，統一された，民主的な中国が，国際連合の成功と世界平和にとって最重要であることを米国政府は強く確信する。日本人がしたような外国からの侵攻や暴力的内紛によって中国が解体し分断されてしまうと，現在そして将来にわたって，世界の安定と平和は衰退することになる[66]。

マーシャル・ミッションでは，まさに中国が安定勢力として成り立つのを助力すべく，その国家統一に関わることになったのである。しかし，中国全体を見渡してみれば，すでに国民党や中共がそれぞれ支配している地域もあれば，国共が軍事衝突している地域，さらには力の真空が生じている地域もある。未統一の国家のなかに，異なる事情を抱えた地域がいくつもある以上，望ましい「統一」のあり方を1つに絞ることは困難だった。こうして，米国政府内に従来からあった2つの立場が並存することになった。

「中国本土」においては停戦と連合政府の成立を促進する傍ら，領土統一が緊要な東北だけはその原則が適用されない「例外」地域とする。さらに華北の解放地域では，両者を混成させた方針をとることが，それぞれ決まったのである。東北方針は当時の中国政策全体を代表していたわけではないし，まして米国のアジア政策を象徴するものとして語ることもまた難しい。

　半月余りの短期間にマーシャルの任務を決定せざるを得なかった米国政府は，3つの問題を曖昧なまま残すことになった。

　第1は，連合政府への関与のあり方である。米国政府にとって，「民主的な

---

66)　Statement by Truman, Dec. 15, 1945 (US-Bulletin 1945, vol. XIII, no. 338 : 945).

中国」とは現政権にさまざまな政治諸勢力が参加するという多元的な政治体制のことであった。しかし，その具体的内容や達成までの手続きについてはほとんど未定であった。むしろ米国としては，「中国が政治的統一を果たすまでの諸段階について，その詳しい内容は中国人自身が考案すべきであるし，外国政府が介入することは不適切」だという立場をとっていた[67]。だから米国政府が用意したのは，せいぜい中国人が政協会議を通じて連合政府を形成していくべきだという原則にすぎなかった。

第2に，国府の東北接収を支持するという原則だけは明確だったが，具体的な接収方法については，あくまでも未定であった。例えば，中共がすでに実効支配している地区を現状維持して，一時的にせよそれを承認するのかどうかという問題については，曖昧なまま残されていた。少なくとも，これが中心的な議題として争われた形跡はない。

第3は，上記2点の帰結である。このとき，「中国の統一」をめぐる難問（第2章を参照）を解決したわけではなかった。つまり東北・華北の解放地域において，国府が中共地区に進軍したとき，内戦が生じてもなお国府軍の輸送支援をすすめるのか，あるいは国共間の停戦を優先させるのかについての回答はなかった。政府内でマーシャルの任務が論争されているさなか，ウェデマイヤーがワシントンに1通の電文を送っている。彼は米国政府に二択を迫った。米国の目的が中国中央政府の政治経済的統一にあるならば，内戦に介入したとしても，米国は無制限の資源を投入して中央政府を支援すべきである。一方，米国が国共いずれの利益も考慮しないで日本軍の本国送還だけを目的にするなら，そのために必要な米軍，資源だけを投入して，中央政府への支援は撤回すべきである[68]。これは極端な二択には違いなかったが，この難問への回答がないまま，マーシャルは中国に向かうことになったのである。

---

67) Ibid（946）．

68) Wedemeyer to Eisenhower, Dec. 2, 1945（FR 1945, VII：754）．当時，重慶にいた呉藻渓（学者）からトルーマンに宛てた書簡にも，似たような問題提起がみられた。ただし，この場合は，「すでに現地の民主政府の統制下にある解放区の人々に対して，国民党軍が戦闘をしかけるのを駐華米軍の一部（some oftthe U. S. troops［原文表記］）が以前から，そして今もなお援助している」が，これについてはやめるべきだという主張であった。John C. Caldwell to Truman, Dec. 7［Enclosure：Woo Tsao-Hsi to Truman, Nov. 10］（Truman Papers, O. F. 150：box. 757, TL）．

第 4 章　マーシャル・ミッションの任務決定過程　　　137

「中国の統一」をめぐる 2 つの立場は並存することになったが，両者が現実にぶつかり合ったとき，どのように対応するのかについて政府内では何も決まっていなかった。後年，アチソン国務長官は『中国白書』の前文で，マーシャル・ミッションの目標が 2 つあったと指摘している。1 つは，中国の平和達成（安定政府をおき，民主的路線に沿って政府を進歩させること）であり，もう 1 つは，「最大限に中国領土を支配できるよう国民政府を支援する」ことであった[69]。しかし，彼もまた，この 2 つの目標をどのように両立させようとしたのかについては，まったく語らなかった。

　マーシャルが現地のめまぐるしい情勢変化を受け，2 つの目標が衝突するという状況に出会ったとき，初めてその対応を迫られることになる。

---

69)　Letter of Transmittal, Acheson to Truman, July 30, 1949 (CWP, vol. 1 : xi).

第5章 「停戦協定」の成立

1.「例外」をめぐる問題

　1946年1月10日，内戦前夜の中国で「停戦協定」が成立した。第二次大戦終了後，国府と中共は停戦協議を続けてきたが，正式な文書で合意に至るには時間を要した。最終的にマーシャルが国共談判を調停しながら，協定は成立する。1月に行われた軍事三人委員会（Conference of Three，以下，軍三委）がその調停の舞台となった。軍三委は米国代表・マーシャル，国民党代表・張群，中共代表・周恩来の3人から構成されていた。

　「停戦協定」は，2つの文書からなる。1つは当然ながら，「停戦令」である。国共両軍が軍事衝突，軍隊移動をすべて停止させることが規定された。ただし，この文書には「停戦令」が及ばない範囲——停戦の「例外」——を規定した付属文書がつけられていた。もう1つの文書は，「軍事調停執行部」（Executive Headquarters，以下，軍調部）に関する文書である。停戦を実施・監視するための組織を北平に設置することが決定されたのである。

　マーシャルにとって，停戦交渉は最初の国共調停であるとともに，調停の基本路線を決める重要なものでもあった。第1に，このときに調停方法が確立されたのである。米国，国府，中共の三代表からなる正式な調停組織（軍三委）と停戦実施機構（軍調部）が史上初めて設置された。以後，この組織を基礎にして調停が展開される。第2に，米国政府内で決定された任務に沿って，「停戦協定」を成立させることができたのである。

　本章では，マーシャルが調停した「停戦協定」の成立過程を詳細に検討することが目的である。停戦は政治交渉するための出発点になる。しかし，停戦を

第 5 章 「停戦協定」の成立 139

めぐる交渉もそれ自体が 1 つの政治的駆け引きである。当初から国共は「停戦」という原則で合意していたが，協定はすぐに達成しなかった。一体，両者は何を論争していたのだろうか。当時，国府の領土統一は未完了で，主権接収のために国府軍移動が必要だった。ところが，「停戦令」の下では，国共両者ともに軍隊移動はできなくなる。そこで「停戦令」が及ばない範囲——停戦の「例外」——を同時に決めなければならなくなった。停戦交渉の論争は，ここに収斂していくことになる。

　停戦の「例外」というとき，そこには二重の意味がある。1 つは，どの地域を「例外」にするかという問題である（以下，「例外の地域」とする）。もう 1 つは，その「例外」がどのような内容のものかという論点である（以下，「例外の内容」とする）。例えば，国府軍の移動を無条件に認めるのか，あるいは進軍経路や軍隊の数を制限するなどして，条件を設けるのかどうかというのが，「例外の内容」をめぐる問題である。

　従来の研究では，「停戦協定」がどの問題を解決して，どの問題を未解決のまま先送りにしたのかが，明確に整理されてこなかった。ある研究では「停戦」という解決された問題に注目するのに対して，別の者は東北接収をめぐる国共対立という未解決の問題に重点をおいている[1]。そもそも「停戦協定」の成立過程を詳細にたどった研究は少ない[2]。

　なぜ，どのようにして軍三委で「例外」規定が論争になったのか。そして，何が解決され，どの問題が未解決のまま取り残されたのか。このような問題を考察することで，マーシャルが停戦談判においてどの問題に，どのように関与し，また何を課題として積み残したのかを明らかにしたい。

　まずは，停戦談判の経緯・日程をここで簡単に整理しておこう。軍三委招集以前の経緯からたどることにしたい。重慶談判後，1945 年 10 月 20 日から 11月 17 日まで国共談判が少なくとも計 9 回行われている。うち停戦に関する協

---

1) 　前者の研究は例えば以下。Wang (1998：21-43); Wehrle (1998：65-90); Zhang Baijia (1998：201-234); Shyu (1998：275-291); Zhang (1991：373-395). 後者の見解は以下。Sheng (1997a：ch. 6); Stueck (1989：96-118); Westad (1993：ch. 7); 汪 (1996：77-90); 牛軍 (1992b：第 5 章); 牛軍 (2002：84-103).

2) 　近年，戦後国共関係に関する研究の大半は，政協会議への検討は豊富だが，「停戦協定」成立過程を詳細に論じているわけではない（井上 2001：31-52; 西村 1991：第 4 章; 鄧 2003：第 8 章）。

議は，4回である（10月26，31日，11月1，2日）。その主な交渉担当者は，国府が張群，王世杰，邵力子，中共が周恩来，王若飛であった。その後，東北争奪などを背景にして，国共談判は一時中断された[3]。

協議が再開されるのは，マーシャル訪中後の1945年12月27日である。米国，国府，中共三者がそれぞれ「停戦協定」草案を提出し，軍三委開始まで準備交渉を行うことになる。交渉は，国共間で5回（12月27，28日，1月3，5，6日），米・国府間で5回（12月30日，1月1，4，5，6日），米・中共間で3回（12月27日，1月3，5日）行われた。

停戦交渉の主舞台となった軍三委は，マーシャルの提案によって設置されたものである。12月30日，彼は国共停戦交渉に参加したいという意思を王世杰に語り，米国，国府，中共の三代表からなるグループの創設を提案した[4]。翌日，この提案を受けて国府代表（張群，王世杰，邵力子）が中共代表（周恩来，董必武，葉剣英，王若飛）と会談し，国府側から「停戦，交通回復およびその他受降に関する問題事項は，政府・中共の代表者各1名がマーシャル将軍とその方法を協議，決定し，政府に実施を要請する」ことが提案された[5]。1946年1月3日，周恩来がマーシャルに「延安は貴殿が停戦，投降受理，交通回復に関する諸問題の協議に参加されることを歓迎する」と語り，軍三委の設置を事実上，受け入れた[6]。

その軍三委は，1月7日から以下の日程で行われた。第1回（7日，10時），第2回（8日，10時），第3回（同日，16時），第4回（9日，19時），第5回（10日，8時15分），第6回（同日，15時10分）の計6回である。なお会期中，米・中共間で個別協議が行われた。8日（14時45分）にはマーシャルの顧問で大使館員のシェプレイ（James R. Shepley）と周恩来が，9日午前にはマーシャルと周恩来がそれぞれ協議した。

---

3) 郭廷以編著（1985，第4冊：411-421）。なおこのほか，11月8日，中共は政府が10月31日に提起した条件に対して回答し，解放区への侵攻を停止することなどを要求している（同上：421）。

4) マーシャル―王世杰会談の内容（『王日記』：196 [1945年12月30日]）。なお，同会談の英文記録は見当たらない。

5) 郭廷以編著（1985，第4冊：444 [12月31日]）。

6) 周恩来―マーシャル会談，1946年1月3日（『周談判』：29; FR 1946, IX：11）。周の発言内容は中文記録に拠った。

第5章　「停戦協定」の成立　　141

　以下では，米国，国府，中共の主張をそれぞれ検討しながら，三者が繰り広げた論争，交渉を詳細にたどっていこう。

2.　3つの「停戦」案

(1)　米国にとっての「例外」

　軍三委開始までに，米国，国府，中共はそれぞれどのような「停戦協定」案を作成したのだろうか。三者の個性は，停戦しない範囲の決め方（「例外」規定）にこそ現れた。

　まず，米国の案をみてみよう。マーシャルは与えられた任務に沿って，「停戦協定」案を作成した。だから「中国本土」と東北地域の扱いとは，区別されることになった。「中国本土」では国共停戦の成立を最優先にして，その後，政治協商会議で現国府に参加する政治諸勢力を拡大していくという方針が反映された。東北では国府の主権接収をすすめるため，国共間の停戦・政治協議を待たず，国府軍を東北に輸送支援するための規定が用意された。

　これを前提にして，米国は停戦の「例外」規定を決めた。まず「例外の地域」については，東北に限定された。次に「例外の内容」であるが，これについては論争を避けるためか，あえて議論されなかった。国府が東北接収するのは自明だということ以外，当時米国には具体的な考えはなかった。東北の中共支配地区をどのように扱うかについては，あえて明確な回答を用意しなかった。だから，国府軍の中共地区への進軍を無条件に認めるのか，制限するのかについて立場は終始曖昧だった。いわば「例外の内容」とは，米国政府にとっては「中国の統一」をめぐる難問とまったく同義であった。

　さて，米国が作成した草案をみておこう。1月1日，軍三委に備えて，米国は「停戦令」案を用意した。なお，これは蒋介石用に作成されたものであるが，同様のものは毛沢東用としても作成された。冒頭，「中国国民政府と中国共産党によって達成した合意に従って，直ちに貴殿［蒋介石］と毛沢東議長が，同時に停戦命令を出すのが望ましい」という文言で始まり，具体的規定が列挙されていた。停戦全般に関する規定としては，第1項で「すべての軍事衝突を直ちに終結させる」，第3項で「交通路線の破壊，妨害は停止し，貴殿は地上の

交通路線を妨害する障壁を直ちに除去する」，第4項で「当面，全部隊は現地点にとどまる」ことがそれぞれ謳われた。

停戦の「例外」規定は，第2項に入れられた。「中国本土と満洲における軍隊移動はすべて停止する。ただし，中国の主権回復を目的として，満洲に向かう，あるいは満洲内部での中華民国国民政府軍の移動については例外とする。この場合，軍隊の物資供給，管理，機能調整に必要な現地の移動も含まれる」と規定された[7]。

(2) 無条件の進軍

次に，国府案をみてみよう。国府は国共間で停戦し，政治交渉をすすめるという立場を表明してはいたが，主権接収の権利は自らにのみ帰属するという主張を堅持していた。だから中共支配地区あるいは中共軍の地位については，これを承認することなく，あくまでも政令・軍令の統一という原則を譲ろうとしなかった。

これは，蔣介石が訪中直後のマーシャルに提出した覚書に示された。まず，重慶談判で中共軍の地位や解放地域における中共統治を承認するかどうかが未解決のまま残されたことを確認した上で，政府がこのような要求に合意すれば，中国が南北に分断されてしまうと懸念を示した。彼は中共の行動を批判するために，中共が領土占領のために進軍を続けていること，また彼らが軍隊を国家軍に統一しようとする意思が弱いことなどを列挙した[8]。

では，国府はどのような「停戦令」案を作成していたのだろうか。重慶談判終了後，彼らは，草案を2回提出している。10月31日と12月31日である。両草案ともに停戦規定については明確である。前者草案の第1項では「双方ともに現駐屯地域に軍隊をとどめ，相手側に侵攻しないこと」，第2項では「鉄

---

7) Document Prepared by the Staff of General Marshall, Jan. 1, 1946, Annex. 1 (Draft memorandum Prepared by the Staff of Marshall) (FR 1946, IX：6).

8) Memorandum Prepared by President Chiang Kai-shek (FR 1945, VII：786-793). この覚書に日付はないが，16日前後だと推測される。これと同一の文書と思われる中文記録は，以下のものであるが，これについても日付が不明である。陳布雷から蔣中正への覚書（のちマーシャルへ），1945年12月（『蔣文物』：①2020.4，②戡乱時期，③4450.01，④4，⑤蔣中正革命文献—米国特使馬歇爾将軍来華経過，⑥18）。

第 5 章 「停戦協定」の成立　　143

道線上にいる中共部隊は鉄道線から 10 キロ離れること，［その地域には］中央
［政府］は進駐しない」と規定された。後者草案の第 1 項では「各地のあらゆ
る軍事衝突を停止し，鉄道交通を回復すること」と規定されていた[9]。

　「例外」規定については，両草案ともに特別な記載がなかった。軍三委では
米国案を基礎に停戦談判をすすめることになる。

　ただし，草案では明示しなかったものの，蔣介石は軍三委に備えて，「例外」
規定を独自に設定していた。1 月 6 日，彼は王世杰に指示を与え，国府軍の主
権接収を有利にすすめるために，停戦しない範囲をできるだけ広く設定せよと
伝えていた。具体的には，「マーシャルに熱河の重要性を力説し，それと満洲
とを同等に扱うように訴えよ（マーシャル作成の方案によれば，停戦後，政府軍
は自由に満洲に入り，主権接収ができる―原文)」というものだった[10]。国府にと
って「例外の地域」は，東北だけでなく，華北の熱河省も含むものであった。
「例外の内容」は，国府軍移動を無条件に認めることだった。自由に軍隊をす
すめて，主権接収できる態勢を望んだのである。

(3)　解放区の堅持

　では，中共の案はどのようなものだったのだろうか。彼らは，現時点で「停
戦」を最重要な問題と捉え，政府改組や軍隊統一は停戦後の政治協議ですすめ
るべきだという立場を表明していた[11]。また，それと並行するようにして，
米国の国共調停を受け入れる意思も表明していた。彼らは，「国共間の信頼を
促進するため，我々は外来の友好援助を歓迎する。よって，中共はトルーマン
大統領の声明，［モスクワ］三国外相会議のコミュニケ，今日の貴殿［マーシ
ャル］の提案を歓迎する」と公言したのである[12]。

　ただし長期的にみて，国府が中共への軍事侵攻を完全に放棄するとは考えら

---

9)　郭廷以編著（1985, 第 4 冊：417［10 月 31 日], 444［12 月 31 日])。
10)　蔣介石から王世杰への指示内容（『王日記』：198［1946 年 1 月 6 日])。なお，以下の資料にこ
　　の指示内容は収録されていない。『史料初編』(7-3：63-70)；『大事長編』(6-上：5-6)。
11)　「協商解決関係中国民族前途的重要問題」(周恩来の記者会見)，1945 年 12 月 18 日（『周談判』：
　　17-21)。
12)　「歓迎外来的友誼協助，希望盟国不干渉中国内政」(周恩来の発表)，1946 年 1 月 1 日（『周談
　　判』：28)。

144　　　第2部　マーシャル・ミッションの展開

れなかった。そこで，当面は「辺談辺打」（国共談判をすすめながらも，軍事的
自衛は行う）の方針で臨むことになった。12月初旬，周恩来は中共中央に提出
した草案のなかで，「我々の今後の談判方針は**内戦反対，民主獲得，平和追求
を基本方針**とし，**政治的攻勢，軍事的自衛の原則**を実行し，**双十会談紀要を
我々の提案の基本線**と定め，『**辺談辺打**』の談判をすすめていかなければなら
ない」（太字は原文）と示していた[13]。また軍三委招集直前，中共中央は各局
に対し，「国民党は停戦前に我々に対し，襲撃する可能性がある」から，「各地
で警戒し，陣地を堅持」するよう呼びかけていた[14]。

　中共にとって，この「解放区」堅持というのは従来からの確固たる目標だっ
た。だから東北で強固な根拠地を建設し，郷・省での民選政府成立をめざし，
国府軍との内戦準備に備えておくという姿勢を明確に打ち出していた[15]。ま
た国府進軍が差し迫っていた熱河の陣地も堅持すべき対象だった。中共中央は
熱河の戦略的要衝地（平泉，凌源，承徳）を死守するよう現地司令官に指示を
出した[16]。

　こうして中共の「例外」規定が決まっていく。「例外の地域」は，東北に限
定された。「国民政府が中国を代表して東北主権を接収することは当然である」
と，中共も公式には承認せざるを得なかった。だからこそ，彼らにとっては
「例外の内容」の方がはるかに重要だった。そこで，「いかにして東北を建設す
るか，これは内政問題なので［主権接収とは］別の問題であり，混同されては
ならない」と表明したのである[17]。彼らは東北における国府軍の移動を無条
件には認めなかった。「解放区」への国府進軍は禁止し，東北の国民党一党支
配は承認しない，軍隊移動のあり方は政治協議すべきだという条件を設けたの
である[18]。

---

13)　「関於国共談判」（周恩来が中共中央に提出した報告書），1945年12月5日（『周談判』：13）。
14)　「中央関於在停戦前応堅守陣地殲滅来攻之敵的指示」，1946年1月5日（『中共文件』第16冊：
　　13）。
15)　「建立鞏固的東北根拠地」，1945年12月28日（『毛選集』第4巻：1123-1127）;「中央関於東北
　　工作方針與任務給東北局的指示」，1945年12月7日（『中共文件』第15冊：465-466）。
16)　「中央関於堅持熱河陣地以配合重慶談判給程子華等的指示」，1946年1月2日（『中共文件』第
　　16冊：5-6）;「中央関於死守平泉，凌源，承徳的指示」，1月4日（同上：11）。
17)　「協商解決関係中国民族前途的重要問題」（周恩来の記者会見），1945年12月18日（『周談判』：
　　21）。

第5章 「停戦協定」の成立　　　145

　中共の「停戦令」案は，12月27日に国府に提出された。第1項で，全国範囲の停戦が規定された。「双方は全国すべての所属部隊に対し，現駐屯地に暫定的にとどまり，あらゆる軍事衝突を停止させるよう命令すること」とされた。第2項で，「例外の内容」が具体的に示された。「受降，敵軍の武装解除，傀儡軍の解散，敵傀儡軍の利用停止，軍隊駐屯地区，交通の回復，軍隊輸送，解放区，主権回復地区など内戦回避と関係する問題はすべて，軍事衝突停止後，平和協議の方法で解決すること」と規定された。さらに，東北を「例外の地域」にすることは，あえて明文化しなかった[19]。たとえ国府の東北接収に「原則」合意せざるを得なくとも，それを文書に書き込むことまでは望まなかったのである。

(4)　最初からの合意

　こうして米国，国府，中共それぞれが作成した3つの「停戦」案が提出された。当面，米国の「停戦令」案を基礎にして，軍三委での協議がすすめられる。ただし，協議を始める前からすでに合意している原則があった。1つは中国国内で停戦を成立させること，もう1つは国府による東北主権の接収である。両者については大きな論争にはならなかった。

　停戦の原則については米国，国府，中共が合意していたのは当然だが，米国，英国，ソ連の間でも合意があった。12月のモスクワ外相会談で発表されたコミュニケで三者は，中国内戦を停止すべきだという点で一致していた[20]。軍三委が始まると，「停戦令」のうち「例外」規定以外の箇所についてはすぐに合意に達した。具体的には，米国案と同一内容のもの（文言が若干修正された）が第2回軍三委で合意されている[21]。

　国府の東北接収についても，米国，国府，中共のいずれもが原則としては承

18)　周恩来とマーシャルの会談内容，1945年12月27日（『周談判』：26）；「関於国共談判」（周から中共中央への報告書），12月5日（同上：14-15）。
19)　中共中央代表から国府代表への3項目提案，1945年12月27日（『中共参考』第6巻：35）。
20)　Communique on the Moscow Conference of the Three Foreign Ministers, Dec.27, 1945, (US-Bulletin 1945, vol.XIII, no.340: 1030-1031).
21)　第2回軍三委。Notes on Conference of Three, Jan.8, 1946, 10. a. m［以下，Conference2］（MM：box. 19, RG59, NA）。なお中共側記録にはこの点の記載なし（『周談判』：39-40）。なお『史料初編』7-3，『大事長編』6-上には会談記録収録なし。

認していた。これはモスクワ外相会談でもまったく異論が出なかった。米英ソともに国府が東北を接収することは当然だと考えていたので，第1回外相会談でこの点を議題から外したくらいである[22]。だから軍三委の協議は，この原則がすでに承認されていることを前提にすすんでいった。第1回軍三委で，周恩来が国府による東北9省接収を認めたことは象徴的である[23]。しかし，このとき中共が認めていたのは，あくまでも「原則」であった。

軍事三人委員会が論争を始めるのは，このような合意の先にあった問題をめぐってである。その論争の内容を整理しながら，1つ1つ検討していくことにしよう。

3. 「例外」規定をめぐる論争

(1) 東北地域

第1の論争点は，「例外の地域」である。まず，東北地域についてである。東北が「停戦の例外」にあたることで合意はあったが，それを協定に明記するかどうかについては，意見が分かれた。明記することに異論を唱えたのは，当然のことながら，中共である。軍三委招集前の1月5日，周恩来はマーシャルと会談し，米国案のうち「第2項で東北に言及した文言をすべて削除すべき」であると切り出した。「我々は東北問題の特殊性［例外としての扱い］を認める」し，東北接収は米中ソ間の取決めに関わる問題である。しかし，もし停戦協定の条文のなかでそのことを明記するなら，これは中共も関与するべき問題になってしまう。停戦協定においては，東北を「どのように規定するかについて検討の余地を残したい」として，周恩来は東北を例外規定として明記することに反対した。この点について，このときマーシャルからの明確な回答はなかった[24]。

---

22) Minutes of the First Formal Session of the Moscow Conference of Foreign Ministers, Dec.16, 1945 (FR 1945, VII: 836-838).

23) 第1回軍三委。Notes on Conference of Three (Marshall, Chang Chun and Chou En-lai), Jan. 7, 1946 ［以下，Conference1］(FR 1946, IX : 43-59). 周の発言（『周談判』: 35 ［国府の東北9省接収問題に関しては当然例外だと発言。中文に依拠]）。なお東北九省は遼寧，遼北，安東，吉林，松江，合江，黒竜江，嫩江，興安を指す。

第5章 「停戦協定」の成立　　147

　第1回軍三委の席で，周はあらためてこの問題を提起した。彼は，国府の東北接収については認めながらも，停戦命令に例外規定を記載すべきではないし，どのような規定にするかは，以後討論すべき問題だと主張した。むしろ彼は，「停戦の対象を全国にするよう要求」したのであった。このとき国府代表の張治中は，「満洲」の例外規定にこだわったものの，マーシャルはこの点について明確には回答しなかった[25]。

　周は当初，この問題に固執していたが，この会議の後主張する重点を変えた。彼は，明記そのものに反対するのではなく，東北に関しては「例外の内容」を問題にし始めたのである。そのようにすることで，中共地区の現状維持を確保しようとしたのである。

　こうして東北の「例外」規定明記については，軍三委が開始してからすぐに合意に達した。第2回軍三委のなかで，張治中が米国案の第2項（東北に関する規定）についてはすでに合意があると確認したところ，周が特に反論しなかったのである[26]。事実上，この時点で東北「例外」規定の記載が決定した。

(2)　熱河，チャハル

　次に「例外の地域」として論争になったのが，熱河，チャハル両省である。これについては，当初から明確な意見対立があった。すでに赤峰などに進軍している中共にとっては，現地で停戦を成立させて，現状維持をはかることが望ましかったが，まだ当地の接収が済んでいない国民党としては，迅速に進軍できる態勢を整えることが緊要であった。停戦交渉最大の争点が，ここにあった。特に赤峰（熱河省），多倫（チャハル省）が焦点になった。

　軍三委の招集以前に，この論争は始まっていた。1月6日，張治中はマーシャルと会談し，米国案の「例外」規定に熱河省も含めることを要求した。つまり，熱河を含む満洲内部と満洲への軍隊移動を「例外」にするよう求めたのである。マーシャルは「例外」規定を修正することには否定的だった。中共がす

---

24)　マーシャル―周恩来会談（1946年1月5日）における周発言（『周談判』：33-34）; Notes on Conference of Marshall and Chou En-lai, Jan. 5, 1946 (FR 1946, IX：20-25). 英中会談記録で周発言の文言が一部異なる箇所は中文に依拠した。

25)　Conference1 (FR 1946, IX：44-50). 周の発言は中文記録に拠った（『周談判』：35）。

26)　Conference2 (MM：box. 19, RG59, NA); 『周談判』：39-40.

でに「満洲」の規定で譲歩しているから，彼らが熱河まで譲歩することは考えられない，というのがマーシャルの判断だった。そこで両者は，次のように「例外」規定を表現することで折り合いをつけた。「満洲への中華民国国民政府の軍隊の移動，満洲内の軍隊の移動，また華北で現在ソ連軍に占領されている特別地域への国民軍の移動は，中国主権の回復のために続けられる……」。これは張の発案によるものだった。東北以外の地域においても，中ソ間の合意に基づいて，国府が主権接収できるように工夫したものだった。しかし，マーシャルはこの修正にあくまでも慎重だった。「私は熱河について周恩来とまったく議論してこなかったし，これからもしないつもりである」。微妙な問題なので軍三委でしか協議できない，とマーシャルは最後に付け加えた[27]。

中共は，この地域を「例外」規定として扱うことに断固反対した。1月3日，周は国共談判に臨み，「すぐに全面的停戦をするよう希望する。特に，国民党軍が熱河の進攻をすぐに停止する」よう求めた[28]。同日，彼はマーシャルとも会談し，「延安は現在，熱河，津浦などで深刻な衝突が発生していることに注意を促しているが，これらはすぐに停止すべきである」とした。マーシャルは，この点に対して明確な回答を与えなかった[29]。

軍三委が招集されると，第1回からこの問題が論争の中心となった。中ソ間の合意を矛にする国民党と現地を自らが接収したという既成事実を盾にする中共との対立になった。

張治中は，赤峰と多倫が現在ソ連軍によって占領されており，中ソ間の合意に従えば，「我々が当該地域を接収すべきである」と主張した。ただし，このときは中ソ間の合意内容を具体的には紹介しなかった。周恩来は，これに反論した。ソ連・国府間で合意された主権接収地域は，「満洲」のみであり，「満洲」以外の地域は中ソ条約に規定がない。しかも赤峰，多倫などの接収に関して，ソ連・国府間で交わされたとする合意事項は定かではなく，文書もない。だから「第2の例外地区［赤峰，多倫］に関しては，その要求に根拠がないと

---

27) Notes on Conference Between Marshall and Chang Chun, Jan. 6, 1946 (FR 1946, IX : 26-32).

28) 国共談判，1946年1月3日（『周年譜』: 634）。

29) 周―マーシャル会談，1946年1月3日（『周談判』: 29-30）; Notes on Conference Between Marshall and Chou En-lai, Jan. 3 (FR 1946, IX : 11-17). 周発言は中文記録，マーシャル発言は英文記録に拠った。

第5章 「停戦協定」の成立　　　149

考える」。さらに周は，華北がすでに国共両者によって接収されており，特に
赤峰，多倫の両地区については，八路軍（中共）がすでに接収していることを
理由にして，国府が両地区を接収することに反対した。第1回軍三委での論争
は，主に国共間での対立となった。マーシャルは一貫して論争を静観し，自ら
の見解を述べることはなかった。彼は会の最後に，この協議を次回に先送りす
るよう提案しただけである[30]。

　第2回軍三委において，張は「赤峰，多倫の問題に関しては，政府の提案に
合法的基礎がある」として，中ソ間の合意内容を具体的に語った。文書実物は
提示しなかったが，10月31日，熊式輝とソビエト軍将校との間で交わされた
という合意内容を紹介した。それによれば，ソ連軍の撤退は5段階に分けられ，
国府がそれに従って順次，主権接収することが決められていた。張は今回の議
論に関係する第4段階までのソ連軍撤退計画について紹介した。第1段階は
11月10日までに営口から撤退，第2段階は同月12日までに大孤山―錦州―
古北口の線まで撤退，第3段階は同月15日までに朝陽―上黄旗の線まで撤退，
第4段階は同月20日までに瀋陽―新立屯―赤峰―多倫の線まで撤退すること
が決められていたという。こうした取決めがある以上，国府が赤峰，多倫を接
収するのは当然だというのが張の主張だった[31]。

　周はこれを聞いた後でも納得しなかった。「いま張氏はこの問題について説
明したが，東北問題と多倫，赤峰問題を混雑させていると考える。これ［赤峰，
多倫の問題］は中国とソ連に関わる問題なので，ソ連軍事代表が我々に当時の

---

30)　Conference1（FR 1946, IX：44-50）。周の発言は英文記録に依拠したが，英文記録と同様の記述
　　がある部分については中文記録に拠った（『周談判』：35-38）。張，マーシャルの発言は英文記録
　　に拠った。なお国府外交部の情報によれば，当時，赤峰北太平洋荘にソ連軍3200余名が残ってい
　　た。邵力子の外交報告書，1946年1月7日（『国府外交部档案―南京』「関於索取重要外交報告和
　　国際消息的與国民参政会的来往文書」：全宗号18，案館号2398）。熊式輝の報告によればソ連軍の
　　赤峰，多倫撤退開始は1月23日であった。熊式輝（錦州）から外交部長等への電文，1946年1
　　月26（28, 29）日（『国府外交部档案―南京』「駐外使領館一九四六年致本司的函件」：全宗号18,
　　案館号2320）。

31)　Conference2（MM：box.19, RG59, NA）。10月31日，熊式輝とボチョロフスキー参謀長の間で
　　交わされたという合意内容の実物については，第3回軍三委と第4回軍三委の各記録の間に収録
　　されている。General Hsiung Shih-hui's Radiogram of Octover31（MM：box.19, RG59, NA）。同電
　　文と思われる中文現物（通し番号が1つずれており，ソ連軍撤退地域の記載が英文よりも詳細）
　　は以下である。熊式輝から蔣中正への電文，1945年10月31日（『蔣文物』：①2020.4，②戡乱時
　　期，③4450.01，④1，⑤蔣中正革命文献―接収東北輿対蘇交渉（上），⑥48）。

実際の状況を説明する必要がある」として，合意内容をそのまま受け入れることに留保を示したのである。さらに彼は，「実際には当地の主権はすでに八路軍によって接収されている。現在，我々にとって問題は停戦である。国民政府の軍隊が当地へ進軍したら戦争は不可避になる」として，赤峰，多倫については現状維持をはかるべきだと暗示した。論争はまたも国共両者間の対立に終始した。マーシャルは具体的見解を述べず，問題は先送りされた[32]。会談後，周はシェプレイ（米国大使館員）に同様の見解を語り，この問題が従来にはなかった新しい問題なので，延安からの指示を待たなければならないとした[33]。

　同日午後，第3回軍三委が行われ，張が午前中に紹介した中ソ合意文書について再び論争になった。周はこの合意内容に対して，あくまでも反論を続けた。「この電文だけで熱河，チャハルの情勢と問題をすべて理解できるとはいえない」。「この電文は熊式輝が発したもので，彼とソ連の両部隊の行動予定がいくつか報告されている。しかし，電文ではこの取り決めが口頭のものなのか書面のものなかのかが明確ではない」。「電文は1つの概括的報告であり，双方が口頭で正式に結んだ合意ではないと思う」。これはまったく新しい問題だから，延安に報告するにあたっては，正式な合意文書が必要だ。周はこのように話し，最後まで合意内容を認めようとはしなかった[34]。

　1月9日，再び議論が平行線に戻る。同日午前，周は中共中央から「東北と華北への国民党軍輸送を停止するよう米国に要求せよ」と指示を受け，マーシャルを訪問して，この点を求めた[35]。午後に開かれた第4回軍三委では，張が赤峰，多倫を「例外」にする論拠を2つ示した。1つは中ソ間の合意であり，もう1つは当地に国府軍が一定数存在するということである。周はそのいずれにも反論した。第1に，中ソ合意がいかなるものであっても我々に関心はない。その合意は昨年11月の規定であって過去のものであるし，その後，政府は接収しなかった。また「中国戦区とソ連戦区の区分に基づけば，ソ連［戦区］は

---

32)　Conference2 (MM：box. 19, RG59, NA). 周の発言は中文記録に拠った（『周談判』：39-40）。

33)　周恩来—シェプレイ会談，1946年1月8日（『周談判』：41-42）。

34)　第3回軍三委，Notes on Conference of Three (Marshall, Chang Chun, Chou En-lai), Jan. 8, 1946 (MM：box. 19, RG59, NA). 周の発言は中文記録に拠った（『周談判』：45-46）。

35)　『葉年譜』（上：440［1946年1月9日］）。なお，中共中央は中共代表団宛てに電文で指示を与えた。

第5章 「停戦協定」の成立　　　　151

東北，すなわち東北9省にのみ限定されるものであり，ソ連軍が熱河とチャハルでとった行動は，純粋に軍事的必要性から緊急に生じたものであった」として，周は中ソ間の合意があくまでも東北に限定されたものであることを暗示した。第2に，「具体的状況をいえば，現在，赤峰，多倫ともに中国軍がすでに接収している。その中国軍とは，当然のことながら，中共軍部隊のことである。これは1つの政治問題であり，今後，当然我々は話し合いをしなければならない」。周は中共が当地を接収しているという既成事実を強調しながら，国民党の主張に「我々はまだ明確な同意はできない」とした[36]。

　マーシャルが仲介したのは，このときが初めてである。彼は米国案の原案に戻って，妥協案を提起した。「両都市の支配，接収問題」については政治協議を行いながら，軍調部の軍事視察団（a group of three representatives）を現地に派遣してはどうかという提案だった[37]。両地区を「例外」規定には入れず，停戦規定の範囲内に含めるべきだという案であった。ここから協議が進展し始めた。

　第4回軍三委の終了後，マーシャルは蔣介石と会談し，妥協案への合意を求めた。以前から王世杰は赤峰，多倫を「例外」規定に入れず，停戦令の範囲に含めるべきだと蔣に助言していた。この日も王は蔣への助言として，マーシャルに譲歩するよう求めていた[38]。結局，蔣はマーシャルの妥協案にしぶしぶ同意する。彼はマーシャルが「現状を重視するあまり，いつも将来の変化を軽視する。だから赤峰と多倫の戦略的要衝を放棄してもよいと考えるのだ」と不満を抱いていた。しかし，蔣は熱河，チャハル両省の問題をきちんと解決するようマーシャルに求めた上で，彼の提案を了承することにした[39]。

　翌日，第5回軍三委でマーシャルが蔣介石との会談結果を語った。ここで赤峰，多倫を「例外」規定には含めないで，「停戦令」が最終合意されることに

---

36)　第4回軍三委, Notes on Conference of Three, 1946, Jan. 9［以下，Conference4］(MM：box. 19, RG59, NA). 周の発言は中文記録に拠った（『周談判』：50-52）。

37)　Conference4 (MM：box. 19, RG59, NA).

38)　王世杰の日記（『王日記』：197, 199［1946年1月3, 8, 9日］）。

39)　以上の点は，マーシャル―蔣介石会談に関する蔣自身の評価と蔣による当該会談の記録によった（『大事長編』6-上：8［1946年1月9日］）。英文記録なし。ただし，第5回軍三委でマーシャルが当該会談の内容を簡単に紹介している。Notes on Meeting of Conference of Three, Jan. 10, 1946, 08：15［以下，Conference5］(MM：box. 19, RG59, NA).

なった[40]。同日午後，第6回軍三委が行われ，マーシャルは現地の情勢調査のために軍調部の軍事視察団を即時派遣することを確認した[41]。

こうして「例外の地域」は，東北に限定されることが決定した。しかし，赤峰，多倫を停戦の対象にするということが決定しただけで，当地を「誰が」「どのように」接収するかという難問は，停戦後の協議に先送りされた。事実，一連の交渉を終えたマーシャルはトルーマンに両地区の接収問題が未解決であると報告していた[42]。また王世杰も両地区をめぐる問題の解決が先送りされたと認識していた[43]。

何よりも蔣介石には不満だけを残した。「停戦協定」成立の2日後，彼は熱河の赤峰への進軍停止という決定が「軍事上，最大の誤算であった。しかし，国家の前途を考え，現在は恥を忍んで重責を担うしかない」と日記に書き残した[44]。それでも蔣は，軍事視察団の現地調査に協力するよう熊式輝に指示を出さざるを得なかったのである[45]。

(3) 「例外の内容」をめぐる論争

停戦交渉のなかの第2の論点は，「例外の内容」である。この問題を提起したのは，中共だけだった。ただし，1月7日まで中共はこれを明確には語らなかった。

1月3日，周はマーシャルに対して「東北が例外であることは認める」が，なお考慮が必要だと述べただけで，「例外の内容」にまでは言及しなかった[46]。周が「例外」条項に具体的条件を付け，中共地区を保持しようとするのは軍三

---

40) Conference5 (MM：box. 19, RG59, NA). なお，『周談判』に第5回軍三委の記録なし。

41) 第6回軍三委，Notes on Meeting of Conference of Three, 1946, Jan. 10, 15：00 (MM：box. 19, RG59, NA). 『周談判』に第6回の記録はない。

42) マーシャルは，国府軍が熱河・チャハル両省への移動を停止し，「問題を以後の政治交渉に委ねる」ことになったと報告した。Marshall to War Dep (to Truman and Byrnes or Acheson), Jan. 10, 1946 (Truman Papers, SMOF, Naval Aide to the President Files, 45-53, Communications File：box. 8, TL).

43) 王世杰の日記（『王日記』：199 [1946年1月10日]）。

44) 蔣介石日記 [反省録]（『大事長編』6-上：13 [1946年1月12日]）。

45) 蔣中正から熊式輝等への電文，1946年1月13日（『蔣文物』：①2020. 4, ②戡乱時期，③4450. 01, ④6, ⑤蔣中正革命文献―政治協商與軍事調処（中），⑥5）。

46) 周とマーシャルの会談，1946年1月3日（『周談判』：30; FR 1946, IX：14）。

第5章 「停戦協定」の成立　　153

委招集以降である。

　第1回軍三委のなかで，周は「東北9省の軍隊移動はすべて協議を通じて確定すべきである」として，無条件の国府軍移動を阻止しようとした。さらに「中国がソ連から接収した地域については，何ら制限を受けないものとする」として，東北や華北における中共地区を現状維持することを暗に求めた。当然，張はこれに反論した。「国民政府軍は満洲全域を接収すべき」であるし，「制約のない例外規定にすべき」だというのがその主旨だった。当然，議論は平行線になった。ここでも論争を繰り広げたのは国共両者であった。マーシャルは自らの見解を述べることなく，議論を先送りするよう提言した[47]。

　次にこの問題について論争がなされたのは，第3回軍三委である。このとき，周はより具体的な要求を示した。国府軍の数，進軍ルート，特に北平—遼寧鉄道の北平—錦州区間については，国共の事前協議が必要である。その理由は2つある。1つは，日本降伏以前から山海関から錦州にかけて，中共のゲリラ活動の根拠地があるということだった。もう1つの理由は，過去の国共談判にあった。国民党側の邵力子は，北平—遼寧鉄道沿いの国府軍移動を中共が認めるなら，国府側は軍隊移動の数について中共と討論するとしていた。周はこのような理由を示しながら，国府軍移動に条件を設けようとした。張はこれには取り合わなかった。国府が「鉄道による満洲への軍隊輸送」について，国共協議すると認めたことはないし，邵力子の意見は彼のまったく個人的な見解であるというのが張の回答だった。マーシャルはまったく意見を述べず，問題は先送りされた[48]。

　周が再び問題提起するのは1月9日，マーシャルとの個別協議の席だった。「もし中共軍が中国代表でないとすれば，中共がすでに接収した地域はすべて否認されてしまう。中共を中国の軍隊として承認するなら，中共も当然接収することができる」。だから停戦が最優先されるべきだと周は述べ，現地で現状維持をはかることを暗に求めた[49]。

───────────

47)　Conference1 (FR 1946, IX : 44-50). 周発言は中文に拠った（『周談判』: 36-37）。

48)　Conference3 (MM : box. 19, RG59, NA). 周発言は基本的に中文に拠ったが，一部英文に拠った（『周談判』: 43）。

49)　周—マーシャル会談，1946年1月9日午前（『周談判』: 48）。英文記録は見当たらず，マーシャルの回答は不明。

第4回軍三委以降，中共がこの問題を提起することはなかった。マーシャル
もこの問題については明確な意見をもたず，議題として取り上げなかった。こ
うして「例外の内容」は十分な議論をみないまま，未解決のまま残され，「停
戦協定」が成立することになった。周が問題提起を途中でやめた真意は不明で
あるが，あえて未解決の状態にしたことで，中共が以後いつでもこの問題を提
起できるようになったことだけは確かである。

実際に「停戦協定」成立日，さっそく中共はこの問題を提起している。周は
国府軍の東北移動が停戦令の制約を受けないとしながらも，「内戦を行うため
に輸送するのではない」と釘を刺し，中共地区が現状維持されるべきだという
点を暗示したのである[50]。同日，中共中央も東北局に指示を出し，「停戦協
定」では東北の国民党軍移動を認めたが，そこには暗黙の了解があり，国民党
軍の数や進軍ルートには制約があると伝えた[51]。

4.「停戦協定」の成立

1月10日，軍三委の停戦交渉を経て「停戦協定」が成立した。まず「停戦
令」の最終合意内容を確認しておこう。

「停戦令」は，軍三委が蔣介石，毛沢東それぞれに発した指令であり，全4
項からなる。第1項はすべての戦闘の停止，第2項はある特定の場合を除いて
国内すべての軍隊の移動を停止すること，第3項は全路線の交通を回復するこ
と，第4項は軍事調停執行部を北平に設置することをそれぞれ規定した。また
第2項を補完するものとして，「付属文書」が付けられたが，これが「例外」
規定である。そのなかで，「中国主権接収のために満洲に向かう，あるいは満
洲内部における国府軍移動については停戦令を適用しない」ことが明記され
た[52]。

---

50)「停戦命令的発布応帰功於人民的要求与督促」（周恩来による記者との一問一答），1946年1月
　　10日（『周談判』：55）。

51)「中央関於停戦後我党対満州的政策問題給東北局的指示」，1946年1月10日（『中共文件』第16
　　冊：20）。

52)「停戦令」と「付属文書」はそれぞれ以下。Memorandum by the Committee of Three to
　　Generalissimo Chiang Kai-shek, Jan. 10, 1946 (FR 1946, IX：125-126); Memorandum by the

第5章　「停戦協定」の成立　　155

　第4項の軍調部については，「軍事調停執行部の組織」と題された別の文書で設置準備に関わる規定がなされた[53]。これによって，軍事問題に関する米国の調停組織が成立した。軍三委をトップにして，その下に軍調部がおかれ，さらにその下部組織として停戦執行小組（以下，執行小組）が設けられることになったのである。いずれの組織も米国，国府，中共の三代表から構成されており，三者による全会一致が原則であった。

　なかでも停戦実施に関する実務は，軍調部によって管轄されることになった。軍調部には執行委員会（Three Commissioners）が設置され，米国代表・ロバートソン（Walter S. Robertson），国府代表・鄭介民，中共代表・葉剣英の3人で構成された。また執行委員会の下に，連合参謀部，さらにその下部組織として鉄道管理処，新聞発布処，計画執行処，編訳処，総務処がそれぞれおかれた。軍調部は軍事衝突が起こっている各地に執行小組を派遣する役割を担った。派遣された小組は，現地の国共両軍司令官と面会し，停戦実施の業務を遂行する。現地での問題解決が困難な場合は，決定を軍調部に譲り，それでもなお解決が望めないときには，軍三委が関与することになった[54]。

　では，「停戦協定」はどの問題を，どの程度解決したのだろうか。「例外の地域」については，論争を経て一応の決着をみた。東北以外の地域で停戦が実施されることは，明確に決定されたからである。周は，停戦交渉におけるマーシャルの役割を一定程度評価し，ペトロフにこう話していた。「中共軍が赤峰・多倫を確保することについて，蔣介石が譲歩したがらなかったとき，マーシャルが彼に圧力をかけた。それでもなお蔣介石が断固拒絶したとき，マーシャルは彼に対して，もし譲歩せず，内戦が停止しなければ，三大国による干渉を引き起こすことになると説明した」。その結果，蔣は譲歩した[55]。2月上旬にな

　　Committee of Three (Ibid：126). なお，『史料初編』（7-3：68-69）では両者が1つにまとめて収録されている。

53)　Memorandum by the Committee of Three to Generalissimo Chiang Kai-shek, "Organization of Executive Headquarters," (FR 1946, IX：127-128).

54)　軍調部の組織に関しては，『軍事調処執行情況彙編』に拠った（停戦実施の手順，小組の活動などについては，同書第6章）。なお，米国政府の関連資料をあまり利用していないものの，軍調部の活動を論じたものとして，汪（2010：第11章）を参照。

55)　ただし，周は米国が常に蔣介石側に立っているという認識だけは，このときも堅持していた。ペトロフ―周恩来会談，1946年1月16日（PKO, V-1：no. 10, стр. 42, 44）。

っても，周は「マーシャルの行動から判断すると，現時点で米国の行動は好ましい」として，停戦の成立や赤峰問題における米国の積極的役割を認めていた[56]。

いずれにせよ，この停戦の成立を基礎にして，1月10日から政協会議が始まる。ここに各政治諸勢力が結集し，現国府の改組と憲政への移行手順を次々に決定していった。少なくとも3月の国民党二中全会までは，その流れが続いた。

一方，停戦交渉における難問は未解決のまま残された。力の真空が生じた地域を「誰が」「どのように」接収するのか，中共地区をどのように扱うのか。この「例外の内容」は常に難問だった。終戦後，一度も国共間で合意が得られなかった最大の問題である。政協会議でもこの点は解決されないままに終わった（第3章を参照）。以後，この難問を解決するのに政治交渉も中ソ間の合意も役に立たず，軍事力のぶつかり合いが事態の推移を冷徹に決めていった。米国，国府はともに無条件に国府の東北進軍を進めようとしたが，中共だけはこれに一貫して抵抗し続けた。こうして3月以降，東北を中心に国共の軍事衝突が激しくなっていくのである。これが，停戦を議題にしながらも，停戦しない範囲をめぐる政治的駆け引きに終始した停戦交渉の帰結だった。

「停戦協定」は，マーシャルの作成した停戦草案が基礎になっていた。第1に東北を「例外の地域」に入れることについては，米国の方針と国共両者の考えに大きな相違はなかった。当初から三者が合意していた内容が米国の草案で明文化され，最終合意に至ったのである。第2に国共が意見対立した問題においては，マーシャルの方針が反映された。2つ確認しておこう。まず，華北（熱河，チャハル）の扱いについては，マーシャルが蒋介石を説得し，当該地区を停戦の範囲内に含めたが，これは自身の任務に沿うものだった。次に，「例外の内容」に関してであるが，米国政府には最初から明確な方針がなかった。だからマーシャルは中共の問題提起を受け入れることもなかったし，この難問を論争の対象にさえしなかったのである。「中国の統一」をめぐる問題は，ここでも先送りされた。

---

56) ペトロフ—周恩来会談，1946年2月6日（PKO, V-1：no. 20, стр. 57）。

第5章 「停戦協定」の成立 　157

　結果的に成立した「停戦協定」は，米国政府の方針をそのまま反映した内容
になっていた。以後，マーシャルは「中国本土」と東北地域において異なる政
策をそれぞれ実施していくことになる。

第6章　連合政府構想の展開

1. 限定的関与

　戦後中国は国家建設のただなかにあった。憲政への移行，現政権の改組，軍隊の統一など，抱えた問題の多さと複雑さがその解決をいっそう難しくした。このような情勢のなかで，マーシャルはどのように中国連合政府を成立させようとしたのだろうか。

　彼は3つの限定をもって，連合政府の形成に関与しようとした。1つは，関与する分野の限定である。停戦調停には直接参加するが，停戦後に行われる政治交渉については，最大限関与するのを避けるという限定である。2つめは，地理的範囲の限定である。マーシャルが直接関与することになった停戦調停は，その適用範囲が「中国本土」に限定されていた。3つめは，連合政府の完成を待たずに，調停を終了するという時期の限定である。

　では，この3つの「限定的関与」は，どのような前提によって成り立っていたのだろうか[1]。第1の前提は，少なくとも原則としては，内政不干渉を最大限に遵守するという立場である。民族自決の原則に基づいて，政府改組の具体的手順については，すべて中国人自身の決定に委ねるというのが，米国政府の

---

[1]　これはタンの議論する「条件付き，限定的援助」とは異なる。彼のいう「条件」「限定」とは，マーシャルが蔣（国府）の内戦を無条件に支持しないという意味である（Tan 1963 : ch. 9; 邦訳 1967 : 第9章）。また湯浅は，トルーマン政権が「国内冷戦」（国共内戦）と「国際冷戦」の連動を切り離すことに消極的であったという意味で，その政策を「限定的コミットメント」と理解しているが，その点については必ずしも詳細に実証されているわけではない（湯浅 1987 : 147-166）。いずれの議論も連合政府形成にあたって，米国がどの領域に，どの程度関与するかを議論するものではない。

第6章　連合政府構想の展開　　　159

公式の方針であった。また，マーシャルが軍人であり，民主主義など政治問題の専門家ではないから，関与を最大限控えるという自己認識も手伝っていた（以上，第4章参照）。なお，シェプレイ（米国大使館員）が国民政府改組案を作成し，マーシャルに提出したことはあった[2]。しかし，マーシャルがこの提案を承認した経緯はなく，少なくとも中国側に正式に提案されることはなかった。

　第2の前提は，マーシャルに与えられた2つの任務の両立可能性である。マーシャルが「中国本土」方針を達成しようとするとき，「東北」方針と衝突すれば，いずれか一方の変更を余儀なくされる。したがって，「中国の統一」をめぐる難問に直面せず，問題を先送りし続ける限りで，両者はなんとか並存できたのである。

　第3の前提は，中国政治情勢に対する楽観的見通しである。国共が停戦を成立させ，政治交渉を進展させているという情勢認識の下では，そもそも米国が関与すべき領域は限定される。そこで，この楽観的な認識について，ここで整理しておこう。

　政協会議が開催されるまでは，米国大使館，マーシャルともに国共交渉の進捗状況に対して慎重な評価をしていた。1945年12月初旬，スミス（Robert L. Smyth）大使館参事は国府が一方的に国大召集を公表し，重慶にいる中共代表者がそれに反発して交渉に消極的な態度をとっていると本国に伝えていた[3]。また訪中当初，マーシャルも「蒋主席の指導，より民主的な政府，連合政府，軍隊再編，軍隊の完全な国家化，それぞれをめざすための理想高き原則やその希望については，全員一致している。しかし，こうした目標，特に軍隊の国家化や地方政府の上級官吏選出を実現するための実際的方法はほとんどみられない」とトルーマンに伝えていた[4]。

　ただし，当初から政協会議が招集されれば，国共の政治交渉が進展し，「民

　2）　その案によると，国民党を中心にしながらも他党が参加できる臨時連合政府を成立させ，当該政府が停戦実施，中共軍の指揮，中共地方政府の統治にあたる。副主席か行政院長には毛沢東か誰かを充てる。その後，半年以内に憲法制定をめざすというものである。Shepley to Marshall, Dec. 19, 1945 (FR 1945, VII：774-777).

　3）　Robert L. Smyth to Byrnes, Dec. 3, 1945, 893. 00/12-345 (Micro US-China：reel. 3).

　4）　Marshall to War Dep (to Truman and Byrnes or Acheson), Dec. 29, 1945 (Truman Papers, SMOF, Naval Aide to the President Files, 45-53, Communications File：box.8, TL).

主主義と平和に向かう」のではないかという評価が国務省内の一部にはあった[5]。こうした楽観的見通しが広がるのは「停戦協定」成立後，政協会議が開催された翌年 1 月中旬以降である。 1 月 16 日，マーシャルは「現在，連合政府形成の手続きに関する公的な交渉・論争は，合意の達成・履行に向けて，順調に進展しているように思われる」とトルーマンに報告した[6]。同時期，スミスもまた本国に打電し，政協会議において何らかの合意が近々達成されるのではないかという強い希望が表明されていると告げた[7]。トルーマン自身，ある下院議員に対して「私の見るところ，我々みながめざしている目的──統一された中国政府──をマーシャル将軍は達成しつつある」と説明していた[8]。

　さらに，政協決議採択後の 2 月上旬，スミスはこのまま停戦状態が持続すれば，内戦を起こすことはかなり難しくなるし，何よりも政協決議によって政府改組が進展するだろうと評価するようになった[9]。マーシャルも同じように，残された整軍問題の解決は「それほど難しくない」し，「現在，地平には重たい嵐の雲は 1 つもない」とアチソン国務次官に伝えている[10]。彼は，軍調部や停戦小組が順調に活動していると評価していた[11]。また 1 月末，周恩来が中国の民主主義は「米国型」に沿っていくべきであるし，毛沢東も米国訪問を示唆しているとマーシャルに話していたことも，ここで確認しておこう[12]。いずれにしても 2 月末までに，マーシャルや現地大使館では連合政府形成の可能性について楽観的な認識が広がっていった。アチソンはこの時期を「希望の数ヵ月」と呼び，マーシャル調停によって「我々の希望が高揚した」と回想

5)　Penfield to Acheson, Demn, Dec. 12, 1945, 893. 00/12-1245 (Micro US-China：reel. 3); Penfield to Marshall, Dec. 12, 1945 (MM：box. 4, RG59, NA).

6)　Marshall to War Dep (Truman, Acheson へ), Jan. 16, 1946 (Truman Papers, SMOF, Naval Aide to the President Files, 45-53, Communications File：box. 8, TL).

7)　Smyth to Byrnes, Jan. 25, 1946, 893. 00/1-2546 (Micro US-China：reel. 3).

8)　Truman to Hugh De Lacy (House of Representatives), Jan. 12, 1946 (Truman Papers, PSF, Subject File, 1940-1953：box.150, TL).

9)　Smyth to Byrnes, Feb. 7, 1946 (FR 1946, IX：153).

10)　Marshall to Acheson, Feb. 5, 1946 (Marshall Papers：box. 122, folder. 3, ML).

11)　マーシャルは軍調部米代表のロバートソンに次のような賛辞を送っている。「貴方の努力で［軍調部］執行委に協調的関係が築かれたと聞いているが，これは何より重要なことだと私は思います」。「また執行小組 (the field teams) が全般的に順調に機能していると知り，非常にうれしく思います」。Marshall to Walter S. Robertson, Feb. 9, 1946 (Marshall Papers: box. 123, folder. 35, ML).

12)　Minutes of Meeting Between Marshall and Chou En-lai, Jan. 31, 1946 (Micro MM：reel. 16).

している[13]。

当時，現地のスミスから国務長官宛てに情勢報告が定期的に届けられていたが，4月下旬までは，国共対立が最も激しかった華北でさえ，停戦が維持され，情勢は概ね安定していると評価されていた[14]。

2. 政治交渉への関与

ここから，3つの「限定的関与」がどのように実行されたのかを考察していこう。まずは，マーシャルが一時帰国する1946年3月までの時期について，その3つをそれぞれ検討したい。

最初は，政治交渉への限定的関与である。そもそもマーシャルは，中国政治の民主化について語ることがほとんどなかったが，訪中後すぐにソ連大使館でめずらしくこの問題について話している。「中国には多大な困難が予想される。何百年にわたって，中国でつくられた後進性や組織が未熟な状況においては，国家の政府組織や立法機関に民主的制度を迅速に導入することはできないだろう」。とりわけ「選挙の実施が一般に期待できないように，例えば国民大会代表者を選ぶための広範な民主的選挙は望めない」。「現状で広範な人民選挙ができない以上，中国における民主主義の基礎は，上から改革する方法によらなければならない」[15]。彼はこのように語り，あくまでも国府の改組によって，政府に参加する勢力を多元化することに期待を寄せた。

ただし，マーシャルは中国自身がこのような政府の改組に取り組むべきだと考え，政協会議には参加せず，成り行きを見守ることに徹した。例えば，政協会議招集後の1月16日，マーシャルは「袋小路に入りそうになるまでは，私はこれ［政協会議］から距離をとっている」とトルーマンに報告している[16]。その約1週間後，再び彼は「私は連合政府形成に関する政治的対立の調停役となるよう……正式に要請されたとしても，断ることに決めた」。個人的あるい

---

13) Acheson (1969：144-145；邦訳 1979，第1巻：182-183)。

14) Smyth to Byrnes, Mar. 16, Mar. 23, Apr. 6, Apr. 22 (FR 1946, IX：563, 595, 736, 790)。

15) フェドレンコ(N. T. Fedorenko)—マーシャル会談，1946年1月8日 (PKO, V-1：no. 6, стр. 35)。

16) Marshall to War Dep (Truman, Acheson へ), Jan. 16, 1946 (Truman Papers, SMOF, Naval Aide to the President Files, 45-53, Communications File：box. 8, TL)。

は非公式な調停ならば，最善を尽くすと大統領に報告している[17]。実際に，彼が関与したのは解決が難しく，かつ中国側から依頼された問題だけだった。2月末，彼は中国人記者に「私は，中国自身の情勢に関与することは気がすすまない」が「招待されたので関与する」ことになったと語っている[18]。彼が具体的に関与した事例は，2つある。

1つは，「憲章」の作成である。彼は，訓政から憲政への移行期における過渡的政府に関して，臨時組織法を提案したのである。政協会議開催中，中共を説得して必要な譲歩を求めることにやぶさかではないかと蔣介石がマーシャルに質したところ，マーシャルは「非公式にではあるが，解決するよう最善を尽くしたい」と回答した。このような事情になることを見越していたマーシャルは，事前に「中華民国臨時政府に関する憲章」を作成していたが，この文書についてはあくまでも「彼［蔣］の興味を引くための，米からの投薬だ」と蔣介石に説明していた。彼が，この憲章を受け入れるよう蔣に強制したふしはない[19]。なお「憲章」には，次のような規定が盛り込まれていた。連合政府の樹立をめざして，政府の最高機関である臨時国府委員会を設置する。その構成は，国民党9名，中共6名，民主同盟1名，青年党1名，無党派3名とする（第2条）。またその任務は，憲法草案を作成することにあるが，憲法採択後は国府改組を監督するものとされた（第7条）。さらに，臨時国府委員会の承認を受けて，主席が省長などを任命すること，臨時国府委員会のなかで少なくとも16人の賛成を得なければ，地方政府の行政に影響を与えるような法律を発布できないことなどについても規定された（第4条）[20]。

しかし，蔣はこの提案を中共への譲歩と捉え，受け入れようとしなかった。

---

17) Marshall to War Dep (Truman へ), Jan. 24, 1946 (Truman Papers, SMOF, Naval Aide to the President Files, 45-53, Communications File：box. 8, TL).

18) Statement by Marshall to Chinese Editors not for publication, Chunking, 17：15, Feb. 23, 1946 (Marshall Papers: box. 122, folder. 30, ML).

19) 以上の点は，次の電文において紹介されているマーシャル―蔣介石会談（1946年1月22日，24日）に関する報告内容による。Marshall to War Dep (Truman へ), Jan. 24 (Truman Papers, SMOF, Naval Aide to the President Files, 45-53, Communications File：box. 8, TL).

20) 全7条（第3項）。Charter for the Interim Government of the Republic of China, FR 1946, IX, pp. 139-141. 中文訳「中華民国臨時政府組織法」（第7条第2項までしかない）の原文と思われる文書は，『蔣文物』（①2020. 4，②戡乱時期，③4450. 01，④5，⑤蔣中正革命文献―政治協商曁軍事調処（上），⑥21）。なおこの摘要は，『大事長編』（6-上：24-25）に収録されている。

第 6 章　連合政府構想の展開　　　　　163

　蔣は日記に「彼［マーシャル］は共産軍を放任する姿勢をとっており，我が国
内の情勢および共匪の陰謀についてはまったく理解していない。おそらく，大
事を誤るだろう」と記し，「マーシャル氏には定見がなく，本意がどこにある
のかということが重大な問題である」と彼への不信を綴っている[21]。

　結局，マーシャルが提出した「憲章」は政協決議に反映されなかった。政協
決議では，国府委の定員は明確に配分されず，上記で示されたような国府委の
任務も明示されなかった[22]。マーシャルにとって，「憲章」作成による関与は
非公式な助言にすぎなかった。

　もう１つの関与は，国共両軍統一（整軍）問題である。政協決議では，整軍
を２段階ですすめることが合意された[23]。第１段階では６ヵ月以内に90個師
団の中共軍を再編し，第２段階では国共両軍全体を50～60個師団に再編する
ことになっていた。しかし，具体的計画までは決まらず，国共両者はマーシャ
ルに調停を依頼した[24]。そこでマーシャル，張治中，周恩来からなる「軍事
三人小委員会」（Military Sub-Committee，以下，軍小委）が調停の舞台となって，
整軍交渉を始めることになった。

　マーシャルは，２段階からなる整軍計画を作成した。第１段階は最初12ヵ
月間の計画であり，その後の６ヵ月が第２段階にあたる。この計画の特徴は，
第１段階から国共両軍統合を始めることにあった[25]。２月中旬，このマーシャ
ル案を基礎にして，軍小委での協議が始まった。協議は14, 15, 16, 18, 21, 22日
の計６回行われているが，事前に非公式協議が一度，11日に招集された。整
軍交渉の主な議題は，両軍統合の開始時期，両軍の数などであった。なかでも
中共の問題提起によって最大の争点になったのは，両軍統合開始の時期だった。

---

21)　『蔣介石日記』（box. 45, folder. 2 ［1946年1月22日］, HI）。蔣日記は『大事長編』（6-上：24）
　　　にも収録されているが，原文に依拠した。

22)　「政府組織案」, 1946年1月31日（『新中国資料集成』第1巻：196-197）。

23)　「軍事問題」, 1946年1月31日（『新中国資料集成』第1巻：202-203）。

24)　依頼の電文はそれぞれ以下。Chang（張群）to Marshall, Jan. 22, 1946（Micro MM：reel. 26［英
　　　文，中文ともに収録］）。周恩来からマーシャルへの覚書，1月22日（『周談判』：88）。なお，マー
　　　シャルは「中国の整軍に関して助言者になるよう両党から正式に招聘された」とトルーマンに報
　　　告している。Marshall to Truman, Jan. 31（Truman Papers, PSF, Subject File, 1940-1953：box.
　　　150, TL）。

25)　Draft Plan for Chinese Military Reorganization Prepared by the Staff of Marshall（（以下，Draft
　　　Plan），Feb. 14, 1946（FR 1946, IX：215-219）。

164　　　　第2部　マーシャル・ミッションの展開

　整軍交渉の直前，国府との政治交渉にあたっていた中共代表団の董必武らが，整軍問題について中共中央に宛てた書面にはこうあった。「マーシャルの整軍計画は新しい方法で我が軍隊を消滅させるもの」であるし，「彼の国共両軍の統合および部隊配置は我が軍を消滅させる危険がある」。そこで自分たちの軍隊を確保し，内戦への準備をしておかねばならない。このような提案に目を通した毛沢東は「『この意見書の立場と姿勢は正しい。したがって，これは将来の危険を予測し，予防するものである』」と指示したという[26]。

　実際に，整軍交渉にあたった周は軍隊統合の時期を遅らせようとした。彼は11日，政協会議の決定によれば，統合を始めるのは第2段階からであると念を押した[27]。14日，周はマーシャルとの会談のなかで，延安が第1段階から統合することを承認するものの，第1段階はあくまでも第2段階で統合をすすめるための準備段階であると伝えた[28]。16日の第3回軍小委で，周は3段階からなる構想（復員→統合→融合）を披露し，第一段階から統合を始めるのを避けようとした。しかし，統合（integration）と融合（fusion）が何を意味するかについては明確に語らなかった[29]。その後も周はマーシャル案に同意しなかったが，21日，マーシャルとの個別会談で突然，第1段階から両軍統合を開始することを認めた[30]。これが毛沢東の見解だという周の説明以外，中共の意図は不明である。

　一方，両軍の数については，中心的な議題ではなかった。軍小委招集前から国共間で協議されていたからである。第1段階の両軍数については，すぐに合

---

26)　『董年譜』：245（1946年2月11日）。

27)　『周談判』：103。英文の記録によれば，周は，第1段階からの統合は望ましいが，延安に決定を請わなければならないと発言している。Minutes of Informal Meeting of Military Sub-Committee, Feb. 11, 1946, 12：30 p. m（FR 1946, IX：212）。

28)　Minutes of Meeting Between Marshall and Chou En-lai, Feb. 14, 1946, 15：00（Micro MM：reel. 16）. 中文記録によれば，周は延安から第2段階で軍隊統合をするよう説明を受けたと述べている（『周談判』：107）。

29)　Minutes of Meeting of the Military Sub-Committee, Feb. 16, 1946, 15：00（FR 1946, IX：236-239）.『周談判』に会談記録なし。

30)　Minutes of Meeting Between Marshall and Chou En-lai, Feb. 21, 1946, 10：00（Micro MM：reel. 16）;『周談判』：111. 周の発言内容は，英文記録によればマーシャル提案を原則受諾する，中文記録によれば原則的に受け入れ，12ヵ月後（第1段階終了時—引用者）から軍隊の統合を開始する，とされている。

第6章　連合政府構想の展開　　　165

意が成立した。14日の第1回軍小委でマーシャルが国府軍90個師団，中共軍18個師団という配分を提案したところ，張，周ともにこれに同意した[31]。第2段階の両軍数については，統合された国家軍のなかの両軍の内訳を明記することになった。15日の第2回軍三委において，張は全体を60個師団にして，そのうち国府軍を50，中共軍を10としてはどうかと提案した。周はこれに反対したが，その後，この点が議論されることはなかった[32]。結局，張の提案が最終方案にそのまま反映されることになった。ただし，東北における中共軍の数については，問題になった。マーシャル案によれば，第1段階において中共軍1個師団を配置するとされていたが[33]，両軍統合がすすんだ第2段階においては中共軍の配置を明記しなかった[34]。21日の第5回軍小委で周がこれに反論し，第2段階においても中共1個師団の配置を認めるべきだと訴えた。マーシャルと張はこれを受け入れた[35]。

　こうして2月25日，「整軍方案」が成立した[36]。第1段階で国府軍90個師団，中共軍18個師団，第2段階で全体を60個師団にすることが決定した。原理原則だけだった整軍を具体的計画にまですすめたところに，マーシャル調停の役割があった。

---

31)　Minutes of Meeting Between Chang Chih-chung, Chou En-lai and Marshall, Feb. 14, 1946, 16：00 (FR 1946, IX：221).『周談判』に記録なし。『周年譜』：645 にも該当部分の記録はなし。ただし，周は協議直前に行われたと思われるマーシャルとの会談で，第1段階の中共軍数を20個師団にすることを要求していた。周恩来―マーシャル会談，2月14日（『周談判』：107）。

32)　Minutes of Meeting of the Military Sub-Committee, Feb. 15, 1946, 15：30 (FR 1946, IX：231-232). なお『周談判』『周年譜』に記載なし。

33)　Draft Plan, Feb. 14, 1946 (FR 1946, IX：218).

34)　マーシャルがこの点を最初に提示したのは，21日の張治中との個別会談である。Minutes of Meeting Between Chang Chih-chung and Marshall, Feb. 20, 1946, 17：00 (Micro MM：reel. 16).

35)　Minutes of Meeting of the Military Sub-Committee of Three, Feb. 21, 1946, 16：00 (FR 1946, IX：267-270).『周談判』『周年譜』ともに会談記録なし。マーシャルと張が周の主張を受け入れた真意は不明ではあるが，結局，東北の中共軍が第2段階には国家軍として統合されるという点を見越した譲歩だったと考えられる。

36)　Basis for Military Reorganization and for the Intefration of the Communist Forces Into the National Army (FR 1946, IV：295-300).

3. 停戦のための調停

(1) 「中国本土」の停戦

第2の「限定的関与」は，「中国本土」における停戦調停である。地味で忍耐ばかり必要な停戦の成立と維持にこそ，マーシャル・ミッションの労力の大半が注がれた。マーシャルは，連合政府樹立までのあらゆる政治的合意を実現する出発点に停戦があると考えていた[37]。そこで米国はこの停戦調停にだけは直接関与することになったが，そのとき軍三委，軍調部，執行小組という組織を通じて，正式に調停が行われた。

1946年1月10日，「停戦協定」で「中国本土」の停戦実施が決定され，1月17日から軍調部が次々に執行小組を各戦闘地区に派遣していった。2月末までに執行小組が派遣された地区は以下の通りであるが，いずれも「中国本土」に限定されていた（小組の前に付けられた地区名称が派遣先を表す）。綏遠省（集寧小組，帰綏小組），熱河省（赤峰小組，承徳小組），チャハル省（張家口小組），山東省（済南小組，徳州小組，泰安小組），山西省（大同小組，太原小組，候馬小組），河北省（石家荘小組，保定小組），河南省（新郷小組），湖北省（漢口小組），江蘇省（徐州小組，淮陰小組），広東省（広州小組）である[38]。すべての小組が例外なく，米国，国府，中共の三代表から構成されていた。

2月末，「整軍方案」の成立を待って，軍三委メンバーが各小組を現地視察することになった。その目的は，現地の国共両軍司令官に「停戦協定」の内容を正確に伝え，停戦を促進させることにあった[39]。視察は2月28日に北平（軍調部執行委員会），3月1日に集寧，2日に済南，徐州，3日に新郷，3日から4日にかけて太原，5日に漢口を訪問するという日程ですすめられた。現地では各小組の米代表者が詳細な活動報告をした。

最初の視察先，北平では軍調部執行委のロバートソンから小組活動に関して

---

37) Remarks of Marshall at a Press Conference, Mar. 16, 1946 (MM：box. 4, RG59, NA).

38) Document Prepared in Executive Headquarters at Peiping, Jan. 29, 1946 (FR 1946, IX：389)；Briefing of Committee of Three and Commissioners, Feb. 28, 16：00 (Ibid：453-462)；『軍事調処執行情況彙編』.

39) Marshall to WARCOS (Truman へ), Feb. 19, 1946 (Micro MM：reel. 35).

第6章　連合政府構想の展開　　167

包括的な報告があった。「我々の情報によれば，［停戦違反の］責任は一方にだけあるわけではない。［国共］両者の将校が，依然として重慶の協定の権威を全面的には受け入れず，全面協力していないことは明らかである」。ロバートソンのこの発言を裏付けるように，イライ大佐から各小組の活動内容がそれぞれ簡潔に紹介された。そのうち広東における状況は深刻で，現地の中共代表者と接触を試みているものの，国府軍司令官・張発奎が現地の共産主義者の存在を承認するよう権限を与えられてないということであった[40]。イライ大佐によれば，ここで紹介された情報源は，すべて米国，国府，中共の三方面が署名した報告書に基づくものであった[41]。その後，各視察先では執行小組米国代表者から現在までの活動内容と現状に関する詳細な報告がなされた。

　3月1日，軍三委・軍調部執行委の全メンバーが北平から飛行機に乗り，張家口を経由して集寧に入った。現地では，集寧小組のクレイグ（David W. Craig）大佐から小規模な襲撃を除けば戦闘は停止したが，国共両者の相互不信によって小組の活動が難しくなっているとの報告を受けた。この報告を聞いたマーシャルは，張と周がそれぞれ小組国共メンバーと会談すれば問題の大半は解決するだろうと述べた[42]。

　2日，一行は山東省に飛び，済南小組と面会した。小組米代表のレイク（J. P. Lake）大佐の報告によれば，1月下旬から泰安などで旧敵軍の武装解除権をめぐって，国共両軍が戦闘状態にあった。周はレイク大佐指導の下，現地小組が多くの問題を克服し，停戦を達成させたことを評価し，張も小組の活動をたたえた[43]。同日，軍三委メンバーは江蘇省に移動し，徐州小組を訪問した。小組米代表のハリス（D. Q. Harris）大佐は，徐州をそれぞれ東西，南北に走る隴海鉄道，津浦鉄道の破損状況について報告し，棗荘炭鉱で国共両軍が対峙していることを知らせた。ただし，隴海鉄道の一部はすでに操業が開始されてい

40）　1月下旬，軍調部において葉剣英（中共代表）がこの問題を提起し，現地に小組を派遣するよう求めたとき，鄭介民（国府代表）は「国民党側から派遣できる人員はいないと表明」していた（『葉年譜』上：444［1946年1月21日]）。その後も，葉は鄭に張発奎軍の停戦令違反を抗議し，即刻停戦の指示を出すよう求めていた（同上：447［2月8日]，451-452［2月25日]）。

41）　Briefing of Committee of Three and Commissioners, Feb. 28, 1946 (FR 1946, IX：453-462).

42）　Meeting at Chining (Tsining), Mar. 1, 1946 (MM：box. 25, RG59, NA).

43）　Meeting at Tsinan, Mar. 2, 1946 (MM：box. 25, RG59, NA).

168　　第2部　マーシャル・ミッションの展開

るということであった。マーシャルは，張と周がそれぞれ現地の国共代表者と
会談してから，軍三委でも協議するようにしたいと提案した[44]。

　翌日，軍三委メンバーは河南省北部の新郷を視察した。現地ではファーガン
ソン（J. M. Fergunson）大佐が1月29日から始まった小組の停戦活動を概括し
た。これまで小組は，一部地区において中共軍による国府軍包囲や鉄道破壊へ
の対応に追われていた。孟寨地区では，小組到着直後から調停を開始し，国共
両軍撤退をめぐっていまも協議が進行中である。ただし「現在，ここの全般的
情勢は落ち着いたものであると報告できる」とファーガンソンは説明した[45]。
同日，一行は太原に向かい，その日のうちに現地小組と2回会談した。さらに
翌日午前にも1回会談が行われた。第1回会談でホリー（U. W. Holly）大佐が
中共メンバー（陳賡ら）の小組参加が2週間近く遅れたこと，彼らから現地中
共軍の部隊・司令官の配置状況，中共地区における日本人の状況などについて
情報を受け取れなかったことなどを報告した[46]。第2回会談で，張はこれま
で多くの小組で軍調部からの指令を実行できておらず，特に「指令の解釈」が
問題になっているとした。周は，現地では軍三委や軍調部の指示に従うべきだ
と訴えた[47]。翌日の会談で，マーシャルは前日，周恩来が小組に関して提案
したことに全面的に同意すると述べた[48]。

　最終日の5日，軍三委は漢口を訪れた。現地小組の米代表グレイブズ（E. M.
Graves）大佐がこれまでの活動内容を紹介した。現地では，中共軍が国府軍に
包囲されるという状況にあった。1月23日，小組の仲介によって，両軍は魯
山協定を締結し，両軍の移動を停止することで合意した。2月18日以降，両
軍の移動には小組の許可が必要になると決定した。以上の報告を受け，周は食
糧不足にある現地の新四軍を安徽省五河に移動させるよう要求した。最後に，
マーシャルは「軍隊移動の問題を除けば，ここで報告された問題は小さく，小
組の統制範囲内だと思われる」と語った[49]。

---

44)　Meeting at Hsuchow, Mar. 2, 1946 (MM：box. 25, RG59, NA).
45)　Meeting at Hsinhsiang, Mar. 3, 1946 (MM：box. 25, RG59, NA). ファーガンソン大佐は3月1日，
　　前任者（カミングス大佐）から小組米代表の業務を引き継いだ。
46)　Meeting at Taiyuan, Mar. 3, 1946 (MM：box. 25, RG59, NA).
47)　Supplementary Meeting Held at Taiyuan, Mar. 3, 1946, 18：45 (MM：box. 25, RG59, NA).
48)　Meeting at Taiyuan, Mar. 4, 1946, 08：30 (MM：box. 25, RG59, NA).

第6章　連合政府構想の展開　　　169

　視察を終えたマーシャルは，概ね各地で停戦が成立していると判断した。3月6日，彼は視察結果をトルーマンに知らせた。「我々は現地の主要な司令官ほぼ全員と会った。すぐにも危険な情勢になりかねない問題がたくさんあることが分かった」が，現地司令官にもっと視野を広げるよう説得できたし，「彼らはみな全面的に協力するよう約束してくれた」。さらに，延安で毛沢東と会見したとき，「彼はまったく抵抗する様子もなく，最大限の協力を保証してくれた」とマーシャルは報告した[50]。視察後，「中国本土」において停戦調停が難しい地区は漢口と広東に絞られた。

(2)　漢口と広東の停戦調停

　3月9日，マーシャル，張治中，周恩来の3人が軍小委を招集し，漢口と広東の停戦問題を協議した。まず，漢口では中共軍が国府軍に包囲され，食糧不足に陥っていることが問題とされた。周は中共軍の移動を求めたが，張は国共衝突を引き起こすという理由でこれに反対し，彼らには食糧供給をすればよいとした。マーシャルは復員計画を実行するためにも，中共軍の移動は必要だと述べた。次に，広東では国府軍司令官（張発奎）が中共軍（広東東江部隊，海南部隊）を承認せず，彼らを攻撃する危険があった。そこで周は，次のように問題解決するよう求めた。張発奎は揚子江以南が停戦令の規定外だと主張するが，たとえ小規模であっても，現地中共軍を承認すべきである。中共軍は軍事衝突を回避するために撤退してもよい。周がこのように要求したところ，マーシャルは概ねそれに賛同し，中共軍を煙台などに撤退させてはどうかと提案した。張治中は，周の要求とマーシャルの提案にそれぞれ同意した[51]。

　その後，両地区の問題解決のための努力が粘り強く続けられた。

　漢口では，中共軍への包囲状態が続いた。3月27日，軍小委が招集されたが，漢口問題では従来通りの議論がくり返されるばかりであった[52]。問題は

---

49)　Meeting at Hankow, Mar. 5, 1946（MM：box. 25, RG59, NA）. 周の発言内容は，『周年譜』：649に拠った。

50)　Marshall to Truman, Mar. 6, 1946（Truman Papers, SMOF, Naval Aide to the President Files, 45-53, Communications File：box. 8, TL）.

51)　Minutes of Meeting of Military Sub-Committee, Mar. 9, 1946, 15：00（FR 1946,IX：516-528）.『周談判』『周年譜』に当該部分の会談記録なし。

未解決のまま，4月中旬に危機を迎えた。駐華米国大使館が得た情報によれば，蔣介石が漢口の中共軍を全滅させるよう指令を下したという[53]。同月下旬，同様の情報を得た中共は，マーシャルに問題の深刻さを訴え，国府代表に次のような警告を発してほしいと要請した。つまり，攻撃が行われた場合には，「国府軍が全国規模の内戦を勃発させようとしている兆候」だとみなすし，その責任，さらにはその後の展開の責任は政府側にあると警告してもらいたいということだった[54]。マーシャルは周と会談し，すぐにバイロード（Henry A. Byroade）将軍と小組の追加チームを現地に派遣するよう提案した[55]。5月5日，マーシャル代理のバイロード，徐永昌，周恩来が漢口を訪れ，「臨時軍事三人委員会」を招集した。このとき徐は，国府の中共軍全滅計画については否定した[56]。8日午後，軍三委は両軍衝突地区である宣化店を訪れ，現地司令官らと会談した[57]。同日夜の会談では，国府側が中共包囲攻撃の計画はないとあらためて指摘した。これを受け，周が4項目の提案（両軍の戦闘停止，進軍禁止，現在の両軍分断線を確定し，その線を維持することなど）を示し，国府側がこれを承認することになった。現地の停戦については，ここでようやく合意が成立した[58]。10日，正式に停戦事項が合意達成された[59]。このように危機はひとまず回避された。

　他方，広東においては，張発奎が軍調部の権限，そして中共軍の存在をすぐ

---

52) Minutes of Meeting, of Sub-Committee, Mar. 27, 1946 (FR 1946, IX：628-632).

53) これは，スミス大使館参事が約2週間前に「信頼筋」（fairly reliable source）から得た情報であり，現在，確実な情報源によって確認されたという情報である。Smyth to Byrnes, Apr. 13, 1946 (FR 1946, IX：641-642)。この文書から情報源を特定することは不可能で，国民政府側の資料は管見する限り見当たらない。

54) Memorandum by Chou En-lai to Marshall, Apr. 29, 1946 (FR 1946, IX：648).

55) Minutes of Conference Between Marshall and Chou En-lai, May 4, 1946, 10：00 (FR 1946, IX：651).

56) The Acting Committee of Three, May 5, 1946, 16：00, 18：00 (FR 1946, IX：654-657, 657-667)。会談記録の一部は以下にも収録されているが摘要なので，英文に拠った（『徐永昌日記』：271;『周談判』：291-297）。

57) Meeting of the Acting Committee of Three, May 8, 1946, 15：15 (FR 1946, IX：669-685)。国府代表は徐永昌代理として王天鳴が参加した。

58) Meeting of the Acting Committee of Three, May 8, 1946, 19：00 (FR 1946, IX：685-694); 『周談判』：300-305.

59) Meeting of the Acting Committee of Three, May 10, 1946, 13：00 (FR 1946, IX：696-700).

第 6 章　連合政府構想の展開　　　　　171

に認めなかった[60]。3 月 15 日，周はギレン，張治中に覚書を送付し，そのなかで広東の国府軍が共産主義者の指揮する抗日部隊を攻撃するのを停止するよう呼びかけるなどした[61]。27 日，軍小委の席で，ギレンは 3 段階の措置をとるよう提案した。最初に，上位の司令部から張発奎に共産軍を承認するよう指令を出すよう呼びかけ，次に中共軍将校が現地に向かい，張発奎と面会できるよう政府が安全に誘導する。そのときコウヒー（J. Hart Caughey）大佐を同伴させる。最後に，コウヒーと中共軍将校から得た報告書に基づいて，軍小委は軍調部に指令を発し，小組に指令を出させるという案だった。張治中はこの提案に関して，政府代表者が張発奎に指令を伝達すれば，第 2 段階は不要になるなどいくつか不満を述べたものの，原則的にはこの案に賛成した[62]。その後ほどなくして，軍小委代表団が張発奎と面会した。代表団から軍調部に宛てられた報告書によれば，張はようやく中共東江部隊が「共産軍」であるということに同意したという[63]。しかし，4 月中旬を過ぎてもなお，彼は中共軍を承認しなかった。米国から戻って調停に復帰したマーシャルは，この事態を「停戦協定」の精神に反するものとして蒋介石に抗議した[64]。その後，軍調部執行委員会は「三委員の名義で東江縦隊を山東に輸送するという意見」を軍三委に伝達することで同意した[65]。それでも中共軍撤退は順調にすすまず，5 月 9 日，軍調部は広東問題で行き詰まったと軍三委に連絡してきた[66]。14 日，周は現地小組の先導で中共軍を大鵬半島に移動させてはどうかとマーシャルに提案した[67]。マーシャルはこの提案をそのまま徐永昌に送付した[68]。この案が功を奏し，6 月下旬になってようやく中共軍が撤退を開始し，広東から山東省煙台

---

60)　ロバートソンの報告内容による。Robertson to Marshall, Mar. 11, 1946 (FR 1946, IX : 614).

61)　Chou En-lai to Gillem, Mar. 15, 1946 (FR 1946, IX : 615-616). 周はこの電文において彼が張治中に提出したという覚書を紹介している。なお当該覚書は，『周談判』『周年譜』『中共文件』には収録されていない。

62)　Minutes of Meeting of Military Sub-Committee, Mar. 27, 1946 (FR 1946, IX : 625-627).

63)　Caughey（代表団）to Byroade（軍調部）, Apr. 2, 1946 (FR 1946, IX : 636-637).

64)　Memorandum by Marshall to Chiang Kai-shek, Apr. 19, 1946 (FR 1946, IX : 642).

65)　『葉年譜』（上：456 [1946 年 4 月 24 日]）。

66)　The Three Commissioners of EH to the Committee of Three, May 9, 1946 (FR 1946, IX : 696).

67)　Memorandum by Chou En-lai to Marshall, May 14, 1946 (FR 1946, IX : 702-704).『周談判』『周年譜』に収録なし。

68)　Memorandum by Marshall to Hsu Yung-chang, May 15, 1946 (FR 1946, IX : 704-705).

へ向かう目処が立った[69]。

　漢口，広東いずれの問題についても，軍三委が現地の対立を直接調停することによって，事態の解決がはかられた。「中国本土」における停戦実施は，マーシャル・ミッションの数少ない成果の1つだった。

4. 調停の早期終了

　第3の「限定的関与」は，調停を早期終了するための試みである。この終了予定はいつ，どのように決まったのだろうか。1945年末の時点では，米国政府内に明確な決定はなかった。訪中したマーシャルが情勢の推移に鑑みて，終了の時期を決めていくことになった。

　マーシャルは中国統一の三大問題が停戦，政協決議，整軍にあると考えていた[70]。1946年2月，このうち残された問題は，整軍だけになった。「整軍方案」の成立が目前に迫った2月18日，マーシャルは初めて調停終了について話し，その終了予定が8月から9月であると明言した[71]。マーシャルはこれと並行して，後任人事を本格的に検討し始めた。

　後任人事は，駐華米国大使の新任者を探すことだった。最終決定権はトルーマンにあったが，選出にあたってはマーシャルの意見が最大限に尊重された。当初，大使後任の最有力候補はウェデマイヤーだった。この点については，1945年末からワシントンで議論があり，マーシャルも概ねそれに同意していた。ただし，マーシャルは自らの調停が軌道に乗るまで後任人事の問題を具体的にはすすめなかった[72]。議論が進展するのは，2月に入ってからである。同

---

69) 6月20日，軍調部が現地情勢を報告した。Thomas S. Timberman（ロバートソン代理）to Caughey, June 20, 1946 (FR 1946, IX：710).

70) 整軍方案の調印日，マーシャルが周に述べた言葉による。Minutes of Meeting Between Marshall and Chou En-lai, Feb. 25, 1946 (Micro MM：reel. 16).

71) マーシャルが周との会談で明言した内容による。Minutes of Meeting Between Marshall and Chou En-lai, Feb. 18, 1946, 20：00 (Micro MM：reel. 16). 数日後，マーシャルはロバートソンにも「秘密だが，私は8月以降ここにいるつもりはないし，それでも予想以上の長さである」と伝えている。Marshall to Robertson, Feb. 21 (Marshall Papers：box. 123, folder. 35, ML).

72) 以上の点は，ウェデマイヤーが回顧した内容による（Wedemeyer 1958：364-365; 邦訳［1997］1999：264-265）。

第6章　連合政府構想の展開　　　173

月上旬，ウェデマイヤーはマーシャルに「もし大統領が私を中国大使に任命される
のであれば，私はお引き受けする」としながらも，「当然ながら，貴殿
[マーシャル]のような有能な方の後任をすることには不安がある。貴殿がこ
の地域の不安定な情勢をみごとに処理された後であれば，なおさらのことであ
る」として，最終的な回答については留保していた[73]。ウェデマイヤーがそ
の要請を引き受けると回答したのは，その7日後であった[74]。2月末までに，
マーシャルは大使後任の適任者がウェデマイヤーであるとトルーマンに伝達し
た[75]。3月初旬，トルーマンはこれに応じ，「中国でのミッションにけりをつ
けたいという貴殿[マーシャル]の希望を十分理解している。貴殿の要求が何
であれ，その方向で貴殿には協力するつもりだ」とした。またウェデマイヤー
を後任にすることについても，現在検討中であるとマーシャルに伝えた[76]。4
月上旬，バーンズ国務長官から郭泰祺（国連安保理中華民国首席代表）に後任人
事の予定が秘密裏に伝えられた[77]。

　マーシャルの調停終了が計画されるなか，米軍撤退の予定もまた具体的な検
討に入った。1945年末，バーンズ国務長官はモスクワ外相会談の席で，日本
軍武装解除などの任務完了後，華北米海軍はすぐに撤退すると表明した。しか
し，そのときは撤退期日までは語らなかった[78]。その具体的な日程が示され
るのは，1946年2月である。2月9日，マーシャルは「中国戦線」の終了とす
べての米海兵隊撤退を早期にすすめるようトルーマンに提言し，トルーマンは
それに興味を示した[79]。マーシャルから提言を受けたトルーマンは，ある下

---

73)　Wedemeyer to Marshall, Feb. 10, 1946（Wedemeyer Papers：box. 82, folder. 23, HI）.

74)　Wedemeyer to Marshall, Feb. 17, 1946（Marshall Papers：box. 124, folder. 8, ML）.

75)　マーシャルの見解がシェプレイを通じて，トルーマンに伝達された。Shepley to Marshall, Feb. 28, 1946（Marshall Papers：box. 124, folder. 32, ML）.

76)　Shepley to Marshall, Mar. 7, 1946（FR 1946, IX：512）. この電文でトルーマンの見解がマーシャルに伝達された。

77)　郭泰祺（ニューヨーク）から蔣中正への電文，4月4日（『蔣文物』：①2020. 4, ②戡乱時期, ③4450. 01, ④4, ⑤蔣中正革命文献―米国特使馬歇爾将軍来華経過, ⑥38）。郭泰祺（ニューヨーク）から王世杰への電文，電発4月5日，電収4月8日（『国府外交部档案―南京』「駐外使館1946年致次長会議的函件」(1946. 01-1946. 12)：全宗号18，案巻号2249）。

78)　Memorandum of Conversation Between the Three Foreign Ministers, Dec. 23, 1945（FR 1945, VII：846, 848）.

79)　Marshall to Truman, Feb. 9, 1946（Micro US-China：reel. 3）; Truman to Marshall, Feb. 13（FR 1946, IX：434）.

174　　　　　　第2部　マーシャル・ミッションの展開

院議員に「もし，いまと同じように事態が好転しつづけるなら，我々は今年中に我が軍隊をすべて中国から撤退させることができると信じる」と述べていた[80]。同月23日，マーシャルは具体的な期日を本国に提起した。まず，「中国戦線」の閉隊（inactivation）に関しては，間もなくウェデマイヤーから5月1日に閉隊することが提案されるとした。米海兵隊全体の撤退に関しては，早期に，できれば4月1日から開始してはどうかとマーシャルは提起した[81]。閉隊と撤退を早期にすすめようとする考えの背景には，東北からのソ連軍即時撤退を促す意図があったと考えられる。ウェデマイヤーによれば，マーシャルは「満洲のロシア軍プレゼンスによって生じている国際問題を解決する上で，[米軍の]中国戦線の早期閉隊は大いに役立つだろう」と話していたという。ウェデマイヤー自身もこの点に同意した上で，「ロシア―満洲問題については，満足いくように最大限早期に解決すべきである」。「満洲からのロシア軍撤退をすぐに達成するために，できることはすべてしなければならない。中国戦線を早期閉隊することによって，ソビエトに軍隊撤退を迫る蔣主席の圧力を高めることができると考えてよいだろう」と判断していた[82]。ただし，当時米軍事顧問団を中国に創設する計画などもあったため，当然のことながら，早期閉隊に慎重な声もあった。そこで閉隊と撤退については，政府内でさらに議論が続けられることになる[83]。

　このように調停終了は連合政府の樹立を待たず，成立までの見通しがたったときに議論が本格化した。2月上旬，マーシャルは「整軍が合意達成され，連合政府形成に真の進展が見られるなら，私は今後，財政借款に関する議論を再開もしくは開始するよう提案するつもりである」とトルーマンに伝えた[84]。

80）　Truman to De Lacy, Feb. 15, 1946 (Truman Papers, PSF, Subject File, 1940-1953：box. 150, TL).

81）　Marshall to Caughey (JCS, Byrnes に転送), Feb. 23, 1946 (Micro MM：reel. 35).

82）　Wedemeyer to Eisenhower, Mar. 8, 1946 (FR 1946, X：850-853).

83）　マーシャルの顧問がこの計画をすぐに声明発表すべきではないと助言している。何よりも当時，陸軍省はウェデマイヤーに，5月1日の戦線「閉隊」が時期尚早でないと確証できる情報がさらに必要だとのメッセージを送っていた。Caughey to Byroade (Marshall に伝達), Mar. 2, 1946 (MM：box. 25, RG59, NA).

84）　Marshall to Truman, Feb. 4, 1946 (Truman Papers, SMOF, Naval Aide to the President Files, 45-53, Communications File：box. 8, TL).

そして，マーシャルが対中援助問題を協議すべく，一時帰国したのは政協決議と整軍方案が成立し，停戦の現地視察も終えた3月12日だった。

5. 限定的関与の変容

(1) 「限定」の解除へ

マーシャルは調停の経過報告をし，対中国経済支援について協議するため，4月12日まで一時帰国した。このマーシャル不在のさなか，現地中国では「限定的関与」を成り立たせていた前提条件が一部崩れてしまった。

1つには，情勢の楽観的認識が崩れていった。国民党二中全会を機に国共政治交渉が困難になりつつあるという判断が支配的となった。当初から国共は必然的に対立に向かうという考え方はあったが[85]，必ずしも支配的ではなかった。2月下旬，マーシャルは国民政府に「真の民主連合政府を形成する意思があるかどうか」については，二中全会が試金石になるとみていた。政協決議に反対する国民党内の保守派を，蔣介石が説得できるかどうかが問題だったからである[86]。その二中全会では，政協路線が非難を受け，やがて中共との政治対立が激化していく。3月末，スミスは国民党内重要メンバーが政協決議実施に反対し，憲法修正原則を修正したこと，中共や民主同盟がそれに反発している情勢について本国に伝えた[87]。ラッデン（Raymond P. Ludden）二等書記官は，二中全会閉会後，政協総合小組において主な論争点がほとんど解決されていないとマーシャルに知らせた[88]。一時帰国から戻り，調停に復帰したマーシャルを待っていたのは，厳しい状況だった。彼自身の言葉によれば，「政府与党の強硬派が堅固に実権を握り，蔣主席は，共産主義者がソ連と結託しており，彼らが協定を遵守するとは到底思えないという立場に立っている」状

---

85) 外交官ではなく主に中国戦線米陸軍の見解。Josselyn to Patterson, Jan. 15, 1946, Enclosure (Micro US-China：reel. 3 [メイヤー大佐の情勢評価]); Wedemeyer (1958：363; 邦訳 [1997] 1999, 下：262).

86) Caughey (Marshall) to WARCOS (Truman へ), Feb. 19 (Micro MM：reel. 8); Marshall to Truman, Feb. 26 [同日の Bowen から Leahy 宛電文の添付文書として収録] (Truman Papers, SMOF, Naval Aide to the President Files, 45-53, Communications File：box. 8, TL).

87) Smyth to Byrnes, Mar. 31, 1946, 893. 00/3-3146 (Micro US-China：reel. 3).

88) Ludden to Marshall, Apr. 18, 1946 (FR 1946, IX：169).

況であった[89]。

　もう1つは，2つの任務を両立させられない状況に直面したのである。「中国本土」ですすめてきた停戦や連合政府樹立のための試みが，東北の国共軍事衝突によって妨げられてしまったからである。このような情勢は，駐華米国大使館から本国へ次々に届けられた。例えば，3月下旬，スミスは「政協決議に関する現在の行き詰まり」をはじめ，すべての状況を左右しているのは，依然として東北情勢であると伝えた。ギレンもまた，政治問題の「"行き詰まり"それ自体が満洲に直接影響を与えている」と報告した[90]。4月に入ると，スミスは「何よりも満洲の先行き不透明な状況が，政党の気分や政治的枠組みを左右することになる」と国務長官に知らせた[91]。軍調部のロバートソンは，「満洲に関する合意が早期達成できなければ，我々の任務はすべて破綻するだろう」と米国陸軍省を通じてマーシャルに報告していた[92]。

　3月下旬，一時帰国していたマーシャルは，「満洲における戦闘がさらに深刻になり，熱河にまで南下すれば」，軍三委の面子は失われ，事態は深刻になると現地のギレンに警戒を呼びかけた[93]。その後，中国に戻ったマーシャルは，「満洲問題をめぐって政府と共産主義者が完全に決裂し，激化する軍事衝突が中国本土にまで南下拡大していく恐れがあることを知った」のだった[94]。5月20日，彼は「深刻な華北情勢に強い懸念をもっており，満洲から華北地域への戦闘拡大を阻止するために，自らの権限内であらゆる手を尽くしている」と声明発表せざるを得ない状況であった[95]。

　現実の情勢を前にしたとき，「東北」と「中国本土」の区別は，もはや成り立たなくなってしまった。これに従って，「限定的関与」の「限定」が外され

---

89) Marshall to Truman, May 6, 1946 (Micro MM：reel. 8).

90) Smyth to Byrnes, Mar. 20, 1946, 893. 00/3-2046 (Micro US-China reel. 3); Gillem to War Department (Marshall に伝達), Mar. 30 (Micro MM：reel. 7).

91) Smyth to Byrnes, Apr. 9, 1946, 893. 00/4-946 (Micro US-China：reel. 3).

92) Robertson to War Department (Marshall に伝達), Apr. 8, 1946 (Micro MM：reel. 7). 国務長官は，現地から伝えられたこのような一連の情勢報告の内容を各地（ロンドン，パリ，モスクワ，マニラ）に送った。Byrnes toCertain American Diplomatic and Consular Officers, Apr. 11, 1946, 893. 00/4-1146 (Micro US-China：reel. 3).

93) Marshall to Gillem, Mar. 21, 1946 (Marshall Papers：box. 124, folder. 33, ML).

94) Caughey (Marshall) to Truman, May 6, 1946 (Micro MM：reel. 8).

95) Statement to the Press by Marshall, May 20, 1946 (FR 1946, IX：865).

第6章　連合政府構想の展開　　　　177

ていく。

　第1に，時期の限定が外された。いまや調停の早期終了は難しくなってしま
った。国府の東北接収にとって，また米国が国共間の交渉を調停する上で，米
海兵隊の存在が重要であるという理由から，米海兵隊の削減を自制することが
検討された[96]。5月初旬，陸軍・海軍省は，華北からの米海兵隊撤退の日程を
表明することは望ましくないと考えるようになった[97]。こうして米軍撤退開
始は，ひとまず見送られた。またマーシャルも調停の終了予定を明確に語らな
くなった。予測の難しい情勢を前に，いつ調停を引き上げればよいのか見通し
が立たなくなってしまったのである。

　第2に，停戦範囲の「限定」が外された。3月下旬から，米国は中国東北で
も停戦調停に乗り出すようになる。「停戦協定」はそもそも「中国本土」だけ
を対象にしていたので，これは東北方針の変容を意味した（第7章を参照）。

　国共関係を決定づける推進力は，政治交渉から軍事衝突へと比重を移してい
った。したがって，マーシャルは政治交渉への不介入という「限定」だけは，
それを外す機会を失ってしまった。むしろ米国は，政治交渉を始めるための出
発点である停戦調停に徹することになる。そこで内戦拡大前夜，米国が軍三委
や軍調部を通じて行った停戦調停をみてみよう。

　第1の試みは，停戦執行小組の活動促進である。小組は米・国・共三者の全
会一致を原則としていたので，国共の意見対立によって，活動がたびたび滞っ
ていた。そこで軍調部計画執行処・米国代表者バイロードが，その解決策を考
案することになった。それは，小組が活動する場合，全会一致を基本原則とし
ながらも，米国メンバーに一定範囲内で最終決定権を付与しようとするものだ
った。米国メンバーが現地において調査地域の選定，調査の優先順位を決定で
きるようになれば，小組の活動が促進されると考えたからである[98]。しかし，

---

96)　このようなマーシャル，米海軍（第七艦隊）の見解は以下で報告されている。John E. Hull to
　　George A. Lincoln, May 6, 1946 (FR 1946, X：866-867); COM 7th Fleet to OPNAV（陸軍省に伝
　　達），May 3 (Micro MM：reel. 7).

97)　国務長官代理がバーンズ国務長官に報告した内容による。この報告の末尾で，われわれ［国務
　　省］もこの意見に同意するし，マーシャルもこれに同意すると考えられると付言している。
　　Acting Secretary of State to the Secretary of State, May 8, 1946, 893. 00/5-846 (Micro US-China：
　　reel. 3).

98)　Draft of Directive Regarding the Movement of Field Teams, Prepared by Henry A. Byroade,

これには中共が反対した。周はあくまでも全会一致原則を尊重すべきだという立場を崩さなかった[99]。小組の活動を停滞させたのと同じメカニズムで，米国案は否決されてしまった。5月中旬，中共の見解を反映した案が，軍三委で合意に至った。それによれば，小組で全会一致できない場合，小組・米国メンバーが軍調部にその旨を報告し，その後軍調部あるいは軍三委が最終決定を下すというものだった[100]。これは，最終決定機構（軍調部と軍三委）に中共メンバーが参加している以上，彼らに拒否権を与えたようなものだった。

第2は，華北停戦の調停である。5月下旬，マーシャルは，「華北の軍事情勢は内戦勃発寸前の深刻な状態であり，満洲では戦闘が続いている。ただし，満洲での交渉は軍事，政治問題の妥協を基礎に停戦が合意できそうなところまできている。華北で戦闘が勃発すれば，合意達成の可能性は完全に崩れるだろうから，時間は切迫している」。だから華北における情勢安定化と内戦勃発阻止に集中している，とトルーマンに報告した[101]。

最初に停戦の統制が崩れ始めたのは，熱河省だった。5月20日，バイロードがマーシャルに現地の情勢を伝えている。それによれば，中共メンバーは現地執行小組に欠席したり，自身に不利な調査をすべて拒絶するなど小組の活動を完全に妨害している。「その間，熱河省内部での大規模な軍隊移動と戦闘が報告されている」という[102]。翌日，軍調部ロバートソンからも詳細な情勢報告があった。中共軍は赤峰，承徳の執行小組の指示に従わず，調査に協力しようとしない。現地小組の米国メンバーの見解によれば，「共産党は軍隊移動と攻撃を完了させるまで現地［熱河地域］であらゆる調査を妨害しようとしている」[103]。その次の日，ロバートソンは「延安が共産軍の進軍に関する調査をすべて妨害するよう小組メンバーに指示していることは明白」だが，これに対して軍調部は「まったくの無力」であるとして，もはや打つ手がなくなったこと

May 11, 1946 (FR 1946, IX : 833-834).

99) Minutes of Conference Between Byroade and Chou En-lai, May 12, 1946, 10 : 00 (Micro MM : reel. 16).『周談判』: 309-317.

100) 軍三委から軍調部への指令内容。The Committee of Three to the Commissioners of Executive Headquarters, May 14, 1946 (FR 1946, IX : 848-849).

101) Caughey (Marshall) to Truman, May 22, 1946 (Micro MM : reel. 8).

102) Byroade to Marshall, May 21, 1946 (FR 1946, IX : 865).

103) Robertson to Marshall, May 21, 1946 (FR 1946, IX : 866-867).

をマーシャルに知らせた[104]。実際，5月10日，中共中央は冀熱遼分局等に対して，熱河東部の戦役に勝利した後，黄朱文縦隊（晋察冀軍区の熱遼縦隊）が遼寧西部に入れるよう準備せよと指示を発していた[105]。

わずかなほころびから停戦の統制が崩れ始め，戦闘が全国に拡大するのももはや時間の問題だった。

(2) 停戦という立脚点

米国が戦後中国に連合政府を樹立しようという試みは，特定の政治体制を上から押しつけるものでもなければ，すでに国家統一を終えた「大国」を相手にした政策でもなかった。その2つの間におかれた行為だった。

しかし，従来の研究ではこの政策が前者に近いものとして議論されてきた。ある者はマーシャルが二党連合政府や文民統制といった「西洋型システム」を中国に移植，導入しようとしたと評価する。ここでは，少なくとも政治体制改革に米国が直接介入したという理解になっている[106]。さらに，戦後米国が他国に内政干渉して政治体制の変容を試みたという事例の1つとして捉えるために，マーシャル・ミッションと戦後米国によるイラン，ドイツ，ギリシャ，イタリアにおける反共国家建設とを同列に論じる研究もある[107]。いずれの議論もマーシャルが中国内政に対して大幅な関与をしたことを前提にしている。これまで，米国の中国連合政府「構想」を論じた研究はあっても，構想の「実行過程」までは必ずしも詳細に研究されることがなかった[108]。

本章では，その「構想」レベルにとどまることなく，「実行過程」のレベル

---

104) Robertson to Marshall, May 22, 1946 (FR1946, IX：879).

105) 「中央関於布置熱東戦役応兼顧其他工作給冀熱遼分局的指示」，1946年5月10日（『中共文件』第16冊：157-158）。

106) Tang (1963：ch. 9; 邦訳 1967：第9章); Zhang, "Zhou Enlai, p. 233; Myers (1998：149-171); 牛軍（1992b：206-208）。最新の研究，Qing (2007：ch. 3) によれば，当時米国は中国を「世界の民主的システム」に組み込もうとして，「戦後中国において代議制政府をつくるのを助けた」とされる。しかし，調停プロセスは詳細に実証されてはいない。

107) Paterson (1998：515-526). ちなみにリーバインは停戦調停という視角からマーシャル調停と冷戦後のモザンビークを同列において比較検討しているが，ここでは当時の中国と現在の小国が同列におかれてしまっている（Levine 1998：527-547）。

108) この点については，これまで列挙した研究以外にも次のような研究が挙げられる。Stoler (1998：3-14); Wang (1998：21-43).

までを含めて検討し，米国がどの領域に，どのように関与したのかを明らかに
した。

　米国が連合政府形成にあたって立脚点にしたのは，主に中国の「停戦」だっ
た。停戦という平面の土台だけは自ら用意しながら，そこに新しい政治体制が
立体的に建設されるのを端で見守るというのがマーシャルの役割だったといえ
る。ここには２つの意味があった。

　第１に，停戦に立脚した国家統一には幅広い選択肢が与えられていない。国
府や中共が停戦ではなく，内戦を通じて権力を一元化しようとすれば，米国の
試みは失敗に終わる。連合政府構想は停戦という不安定な状態を保ちながら，
現政府を平和的に改組することでしか実現しない難題だった。しかも政治交渉
への直接関与を控えれば控えるほど，米国は国共両者が下す決定に対して脆弱
になる。米国が一定の政治体制を中国に樹立するよう望みながらも，そのため
の直接関与を控えたために，米国に与えられた選択肢はきわめて限られたもの
になったのである。

　第２に，中国内戦が拡大すると，米国は連合政府樹立のための立脚点を失う。
「限定的関与」は，事態の推移を中国人の決定に大きく依存するやり方である。
一旦，内戦になれば，米国が独力で国共停戦を回復させることはきわめて難し
い。軍三委，軍調部，執行小組のあらゆるレベルで全会一致の原則が成り立っ
ている限り，米国メンバーが正式に行使できる権限は限定されることになる。
内戦が拡大すれば，そのわずかな権限さえもほぼ無力になってしまう。連合政
府構想の土台となるはずの停戦が崩れたとき，米国は調停のための立脚点を失
うことになった。

第7章　東北方針の展開

1.　マーシャルの東北方針

(1)　政策の変遷

　1946年7月2日，マーシャルが本国に一通の電文を送った。そこで「米国にとって歴史的方針であった中国の領土，行政的保全を継続することは困難になった」と告げられた[1]。このときまでに中国東北における領土統一を支援することは難しくなっていたのである。

　それはいつ，どのように困難になったのか。そこにはどのような意味があったのか。本章では，1946年1月から6月までのマーシャルの東北方針を詳細に検討することで，その問題を考えてみたい。最初に決定された方針が次々に変容を迫られ，やがてそれが放棄されるまでの一連の史的過程がここにみられるからである。その政策の変遷は複雑な過程をたどったため，まずはその経緯を3つの時期に分けて整理しておきたい[2]。

　第1は，1月から2月末までである。米国が当初の方針に従って，政策を実行していた時期である。「停戦協定」では，東北を「例外」地域に入れ，主権接収のための国府軍移動を支援する態勢を整えた。このとき，東北は停戦調停の対象から外されていた。

　第2は，3月から4月下旬までである。情勢が深刻になった東北で，米国が初めて停戦調停に乗り出した時期である。その調停は，次のような経緯をたど

---

1)　Marshall to War Department, Byrnes, July 2, 1946 (Micro CA：reel. 10).
2)　各会談記録や草案は，基本的にはマーシャル・ミッション関連の米国公文書に残された記録に基づいている。ただし，部分的に国共両者の公文書に残されている記録も含まれる。

った。

　3月中旬から下旬まで，軍三委（あるいは軍小委）において停戦執行小組の東北派遣が協議された。協議は3月11日（軍三委），13, 17, 18日（軍小委），25日（軍三委）の計5回行われた。議題となった小組派遣案を作成したのは，マーシャルである。彼が原案を2回作成（9日［マ小組案］，11日［マ小組修正案］）し，周恩来がそれを3回修正した（15, 17, 23日）。最終合意文書は，27日，「停戦執行小組の満洲派遣に関する軍事調停執行部への指令」（東北小組指令）として成立した[3]。東北執行小組の任務は，「軍事問題」（停戦実施）に限定されており，「政治問題」（中共地区の扱いなど接収をめぐる詳細な取決め）については未解決のまま先送りされた。

　この「政治問題」が，その後すぐに論争になる。周がこの問題について取り上げたため，軍三委のなかで東北小組への追加指令が用意されることになった。ギレンがその原案を2回作成した（4月8日［ギレン提案①］，9日［ギレン提案②］）。原案がまとまるとすぐに，軍三委（ギレン，秦徳純［国府代表］，陳士渠［中共代表］）は4月10日から15日まで瀋陽を訪問し，現地で軍調部執行委員会，東北小組代表者を交えた会談を2回行った（瀋陽会談［14, 15日］）。その会談のなかで，小組への追加指令の内容が議題になった。しかし，このとき合意は成立せず，軍三委は東北をめぐる問題で完全に行き詰まってしまった。

　第3は，マーシャルが調停に復帰する4月下旬から6月初旬までである。米国は従来の方針を放棄し，明確に国府進軍を制限するような調停を始めることになる。このとき調停は軍三委を通じてではなく，マーシャルと国共両者の個別会談によってすすめられた。マーシャルが会談した国府代表は蔣介石（5月12, 22日），兪大維・軍政部常務次長（4月22日，5月8, 11日），徐永昌・軍事委員会軍令部部長（4月23日，5月4日），王世杰（5月23日），宋子文（6月5日）だった。一方，彼が会談した中共代表は，周恩来（4月27, 29日，5月13, 17, 21, 23, 25, 30日，6月3日）であった。

　このような個別会談のなかで，議題は大きく分けて2つあった。1つは，東

---

3)　Memorandum by the Committee of Three to the Three Commissioners at Peiping（FR 1946, IX：603）．最終指令案の日付は，3月26[27]日と記載されている。中共はこの協定を「3月27日協定」と呼んだ。

北停戦全般に関わる問題である。ここには，「東北停戦令」をどのように作成するかという問題だけではなく，「政治問題」をいかに処理するかという議題も含まれていた。もう1つの議題は，国共両者にとって戦略上の要衝地であった長春をめぐる争奪戦の解決である。現地から国共両軍をともに撤退させ，代わりに軍調部先遣隊（An advance echelon of Executive Headquarters）を設置するという提案（長春軍調部管理案）が，主な議題となった。

　この2つの問題については，さまざまな草案が作成され，最終合意が成立するまでにきわめて煩雑な経過をたどった。以下，考察を体系だててすすめるためにも，その経緯を整理しておくことが重要だろう。

　前者の東北停戦全般に関わる草案は，4月23日にマーシャルが原案を作成（マ草案①），25日に蒋がそれを修正（蒋草案①），28日にマーシャルが再修正（マ草案②），5月10日にマーシャルが包括的内容の草案を作成（マ草案③［覚書の形式での提案］），24日に蒋が新たに提案（蒋草案②），26日に周が「蒋草案②」を修正（周草案①），28日に蒋が追加提案（蒋草案③［各論点の見解を述べたもの]），6月4日にマーシャルと蒋の合意内容を記した文書が作成され（マ草案④），5日にマーシャルの修正案（マ草案⑤）が提起された。この「マ草案⑤」が最終合意され，6月6日に蒋，周がそれぞれ記者発表した。

　後者の長春軍調部管理案に関する議題は，マーシャルが国府代表との会談（5月4, 8日）で提案したことから始まった。その後，提案内容が「マ草案③」に盛り込まれ，5月13日以降，マーシャルが周との会談でそれを紹介した。周は5月26日にこの提案に同意，蒋は「蒋草案③」で基本的にこの案に同意し，6月1日に再度受け入れる旨明らかにした。これを受けて，軍三委は合意内容を6月4日に軍調部に指示するとともに，5日には記者発表した。

(2)　接収の最優先

　マーシャルの東北政策は，当然のことながら，国共関係と向き合いながら展開された。国共の政治・軍事戦略については第3章で論じたが，それを背景にして国共両者はマーシャル調停に対してどのような態度をとったのだろうか。東北問題をめぐる両者の交渉戦略を検討しておきたい。

　ここではまず，国府の戦略をみてみよう。彼らは領土接収を最優先の課題に

していたため，無条件に接収をすすめられるよう，軍調部が東北で活動することに反対した。1946 年 1 月 28 日，蒋は軍調部国府代表・鄭介民に電文を送り，執行小組の東北派遣には絶対反対だという政府の立場を伝えた[4]。その後，マーシャルが一時帰国する直前まで，蒋は小組の東北派遣に反対し続けた[5]。ただし 3 月中旬，国府軍は東北南部の接収に集中していたため，すぐに北進できる状態ではなかった。そこで蒋は「東北に対しては急進を求めず，力に応じて主権接収」するという方針を決めていく[6]。同時に，ソ連軍に対しては，「ソビエト軍が依然撤退していない長春，ハルビン，その他の地区において，中国政府代表を安全に受け入れるよう保証」することを求めた[7]。

3 月 11 日，軍三委が開始されたとき，張治中は小組の東北派遣それ自体には反対しなかった[8]。代わりに，国府接収を確保するため，2 つの条件を提示することにしたのである。

1 つは，ソ連軍撤退地域と国府による中東・中長鉄道の接収をそれぞれ明記するという条件である。3 月 13，17 日の軍小委において，張治中がこの点を求めた[9]。ここには，たとえ小組が派遣されることになったとしても，東北を停戦令の「例外」として扱い，国府は主権接収のための進軍を続けるべきだという意味あいがあった。実際 3 月 21 日，蒋はギレンとの会談のなかで，この点を求めた。23 日，彼は，たとえ小組の東北派遣を認めたとしても，「将来の東北主権接収問題については，東北における中央軍の行動は制約を受けないという停戦協定の規定を我々中央とともに堅持するよう米側に理解を求める」という見解をもつに至った[10]。

---

4)　蒋中正から鄭介民への電文，1946 年 1 月 28 日（『蒋文物』：①2020.4，②戡乱時期，③4450.01，④6，⑤蒋中正革命文献―政治協商輿軍事調処（中），⑥21）。

5)　蒋は一時帰国直前のマーシャルに対し，東北の軍調部関与に否定的であることを非公式に語った。Informal Statement by the Generalissimo to Marshall just prior to his departure on March 10th（MM：box. 1, RG59, NA）。

6)　蒋介石の決定事項，1946 年 3 月 21 日，『大事長編』（6-上：79）；『事略稿本』（1946 年 3 月 21 日）。

7)　上記の点は，王世杰がト道明（外交部亜西司司長）を通じて伝えた内容である。ミクラシフスキート会談，1946 年 3 月 18 日（PKO, V-1：no. 36, стр.82）。

8)　Minutes of Meeting of the Committee of Three, Mar. 11, 1946, 15：00（FR 1946, IX：547-550）。

9)　Minutes of Meeting of Military Sub-Committee, Mar. 13, 1946, 17：15（FR 1946, IX：559-560）；Minutes of Meeting of Military Sub-Committee, Mar. 17, 20：00（Ibid：567-568）。

第7章　東北方針の展開　　　　　　　　　　　　　185

　国府接収を確保するためのもう1つの条件は，政治・軍事問題をそれぞれ分
離した上で，執行小組の権限を軍事問題にのみ制限することであった。張治中
は，軍三委が始まった11日からこの点を要求し続けた[11]。これは，中共地区
の承認問題を議題から外すための戦略にほかならなかった。

　3月下旬以降，国府は小組派遣に異議こそ唱えなかったものの，小組の活動
を支えるよりは，政府の接収をすすめることに重点をおいた。3月30日，蒋
は熊式輝に停戦令の「例外」規定を堅持するよう指示した[12]。さらに翌日，
国民参政会第四期第二次大会において，蒋は「政府の主権接収，権力行使に影
響しない限りで，軍事衝突の調停をすすめるべきだ」という自らの要求を明確
に述べたのである[13]。当時，マーシャルの帰国に加え，ウェデマイヤーもま
た健康問題を理由に帰国するとあって，蒋はトルーマンにこう伝えた。「目下，
東北問題は以前にもまして重大になっており，処置が急がれる」から，「マー
シャル将軍が中国に早期帰還され，重大なる任務を続けていただくよう希望す
る」[14]。蒋はマーシャルにも「我々の東北各省の行政接収を促進するために」，
調停復帰を急いでほしいと伝えていた[15]。現地東北においては，小組・国府
メンバーが停戦令の「例外」規定を堅持するよう求めていた[16]。このように
して，国府は東北の接収をめぐって，いかなる譲歩も考えなかった。

　4月下旬，マーシャルが調停に復帰すると，国府は東北において進軍を停止
するよう迫られることになった。蒋はこのようなマーシャルの措置に不満を募
らせることになるが，その様子を彼の日記からいくつか確かめてみよう。「昨

10)　Meeting with the Generalissimo, Mar. 21 (Micro MM：reel. 16).『事略稿本』(1946 年 3 月 23
　　日)。
11)　張は 11 日 (軍三委)，13 日 (軍小委) にそれぞれこの点を要求している (FR 1946, IX：548-
　　549, 556-557)。
12)　蒋中正から熊式輝への電文，1946 年 3 月 30 日 (『蒋文物』：①2020. 4, ②戡乱時期, ③4450. 01,
　　④6, ⑤蒋中正革命文献一政治協商與軍事調処 (中), ⑥49)。
13)　蒋の国民参政会第四期第二次大会政治報告 (大旨)，1946 年 4 月 1 日 (『大事長編』6-上：92)。
14)　蒋中正からトルーマンへの書簡，1946 年 3 月 30 日［英訳版もあり］(Truman Papers, O. F.
　　150：box. 757, TL)。
15)　Chiang Chung-cheng (蒋中正) to Marshall Apr. 9, 1946 (Marshall Papers：box. 124, folder. 36,
　　ML)。
16)　この点について詳細は，瀋陽協議 (第 1 回) で報告された。Meeting of Acting Committee of
　　Three and Three Commissioners With Members of Team27 at Mukden, Apr. 14, 1946, 15：00
　　(Micro MM：reel. 16)。

日，今日と2日間，マーシャルは会談において全力で圧力をかけ，[国民]政府が東北問題で譲歩するよう暗に迫った」。また，彼は「4ヵ条の調停方法［東北小組指令］を提起し，1月10日の停戦協定に多くの修正を加え，我が政府に多くの制約を与え，また共産党が組織した地方政権を承認するなど提案している」（4月23日）。「もし，米国が従来の消極的な政策を変更せず，東北に対して積極的な実力行使をしないというなら，我が中央［政府］による東北主権の回復と平和統一の政策を最後まで助力することなど絶対にできない。さらに，東アジアにおける米国の威信も失われ，挽回できなくなる」（4月28日）。「マーシャルは我が国の利害・禍福を無視するばかりか，本国の政策をどのように実現するかも顧みない。自分の功名と利益がどうなるかばかりを考えてい」る。「我が軍が長春を攻撃・占領することに対して，マーシャルは［宋］子文らにまったく賛成を示さなかったが，これは一貫した政策であり，特別なことではない。我々がいかにして理解と同情を与えるか，ただそれだけである」（5月24日）[17]。

　このようにして蔣は，国府接収を積極的に支持しようとしないマーシャルに強い不満を抱くことになった。しかし，対米関係の悪化を懸念し，これを公言することまではしなかった[18]。代わりに，彼はその不満を具体的行動で示すことにした。つまり，長春占領まではマーシャルの提案にさまざまな理由を付け，それを受け入れず，あくまでも進軍を続けたのである。これは明らかに米国の調停を無視した行動であった。その一連の行動を具体的にみてみよう。

　まず，マーシャルが東北停戦案を提起すると，蔣は政府接収の確保を停戦の条件にかかげ，なかなかこれに応じようとしなかった。「蔣草案①」では，政府軍が長春鉄道全線およびその両側30キロ地域を接収することを求め，「蔣草案②」においても「中共は中央政府が中ソ協定に基づいて東北主権接収するのを妨害してはならない」と明記した[19]。さらに「蔣草案③」では，停戦後，

---

17)　『蔣介石日記』（box. 45, folder. 5, 6［4月23, 28日，5月24日]），HI）。日記は『大事長編』（6-上：116, 124, 150）にも収録されているが，すべて原文に依拠した。

18)　国府が米中関係を重視していたことを示す資料は膨大な数にのぼるが，例えば1945, 1946年度の「外交部工作計画」はいずれも最初に「米中関係の強化」を検討している（『国府外交部档案―南京』「一九四五外交部工作計画及簡明表」：全宗号18, 案館号1887; 同上「四十六年度（外交）本部工作計画」：全宗号18, 案館号2250）。

政府が全地域を行政接収できるよう要求した[20]。

　次に，マーシャルが早期に合意達成しようとしていた長春軍調部管理案については，なかなか受け入れようとはしなかった。兪大維はマーシャルとの会談（5月8，11日）で，政府にとって長春，ハルビン，チチハルなどが死活的地域であると語り，当該地域の確保を求めたのである[21]。

　四平街で中共に戦勝してからは，蔣はようやく態度を軟化させ始め，徐永昌と鄭介民に次のように指示した。国府軍が四平街を回復したので，政府は寛大に平和統一方針をとり，停戦，整軍などの協定を守ること。また軍三委の平和解決も聞き入れるよう求めたのである[22]。その数日後，長春を占領した蔣は，しぶしぶ停戦に応じた心境を日記にこう表している。「東北の地位と外交・国際関係は，米露いずれにとっても微妙な要因である。わずかでも油断をすれば，重大な影響を受けてしまう。だから米国とマーシャルから理解が得られなくとも，我慢して平和解決を受け入れると表明せざるを得ない」[23]。最終的に，蔣は今回が「最後の交渉努力」になるとマーシャルに語り，10日間という期限付きでなら東北停戦に応じてもよいとした[24]。一方，長春軍調部管理案についても，国府が長春を占領した後でようやくこの案に合意したのである[25]。国府がマーシャルの調停にいくらかでも応じたのは，東北における要衝地を手に入れた後でしかなかった。

---

19)　「蔣草案①」は，Proposal by Generalissimo Chiang Kai-shek for the Cessation of Hostilities in Manchuria（FR 1946, IX：795-796）;『大事長編』（6-上：119-120 [4月24]）。「蔣草案②」は以下の文書で伝達された内容である。「蔣夫人致馬歇爾特使申述蔣主席対於停止衝突與恢復和平統一之意見函」，1946年5月24日（『史料初編』7-3：127）。この英文の原文は以下であるが，中文に拠った。Madame Chiang Kai-shek to Marshall, May 24（FR 1946, IX：891）。

20)　「蔣草案③」は，Chiang Kai-shek to Marshall, May 28, 1946（MM：box. 5, RG59, NA）。この文書に完全一致すると考えられる中文は『史料初編』7-3に収録されていない。

21)　Munites of Meeting Between Yu Ta-wei and Marshall, May 8, 1946, 15：00（Micro MM：reel. 16）; Minutes of Conference Between Marshall and Yu Ta-wei, May 11, 09：45（Ibid：reel. 16）。

22)　蔣介石から徐永昌への電文（鄭介民にも伝達），1946年5月20日（『大事長編』6-上：144-146）。

23)　『蔣介石日記』（box. 45, folder. 6 [5月25日], HI）。日記は，『大事長編』（6-上：151-152）『事略稿本』（1946年5月25日）にも収録されているが，ここでは原文に依拠。

24)　6月4日，蔣がマーシャルに語った内容による。Marshall to Truman, June 5, 1946（FR 1946, IX：977-979）。

25)　「蔣草案③」（MM：box. 5, RG59, NA）。

(3) 中共の交渉戦略

次に，中共が東北問題をめぐるマーシャル調停にどのような姿勢で臨んだのかを検討してみよう。彼らは，政治・軍事問題を同時解決するよう，一貫して求めた。具体的に彼らが要求したのは，無条件停戦をしてから「政治問題」を協議することだった。国府進軍をすぐに停止して，中共地区を確保するための交渉を設けるべきだという要求であった。

3月10日，軍三委招集を前に，周は中共中央にこの交渉方針を確認した[26]。翌日，彼はマーシャルとの個別会談，そして軍三委にそれぞれ臨み，いずれの協議においても政治・軍事問題を同時解決するよう要求した[27]。ただし，この点については，米国からも国府からも賛同がなかなか得られず，18日の軍小委で周は政治・軍事問題の分離に正面から反対することをやめた。彼はこのとき巧みに論点を変え，国府接収地域を制限するよう要求し始めたのである[28]。周がその後作成した文書には，東北執行小組の任務を軍事問題に限定することが記載されてはいたものの，それと同時に「満洲に関連するすべての政治・軍事問題」の「早期解決を達成するために」，国共政治交渉を確保すると明記されていたのである[29]。3月27日，最終的に「東北小組指令」が成立してから5月下旬に至るまで，周は政治・軍事問題がそれぞれ不可分であると訴え，また停戦後には政治問題を協議すべきだと主張した[30]。

では，彼らが要求した「政治問題」とは，どのような内容のものだったのだろうか。その具体的要求とは，国府接収を原則的に承認するものの，国府が接

---

26) 「代表団関於東北問題的対策」，1946年3月10日（『周談判』：131-132）。

27) 周―マーシャル会談記録，1946年3月11日（『周談判』：133; FR 1946, IX：535-536）。また軍三委の会談における周の発言については以下に依拠した。Minutes of Meeting of the Committee of Three, Mar. 11, 15：00 (Ibid：544, 547-549).『周談判』『周年譜』に会談記録なし。

28) 軍小委における周の発言による。「刪去"現時"両字与延安意見相去更遠」，1946年3月18日（『周談判』：143-144); Minutes of Meeting of Military Sub-Committee, Mar. 18, 08：10 (FR 1946, IX：579).

29) Draft Prepared by Chou En-lai (FR 1946, IX：584). 日付はないが，3月19日か20日に提出されたものと考えられる（Ibid：584, 注32a参照)。この中国語原文と考えられる文書は，『周談判』『周年譜』に収録されていない。

30) 以下が代表的なものである。周の記者会見，1946年4月4日（『周談判』：209); 周―ギレン会談，4月4, 9日（同上：216-217, 231-234); 軍三委，4月8日（同上：226); 周―マーシャル会談，5月26日（同上：359-360)。

収できる地域を明確に制限するというものであった。中共は，3月までにソ連軍が撤退した地域については国府接収を認めるものの，それ以降ソ連軍が撤退する地域については，中共に接収権があると主張するようになった[31]。

3月13日，中共中央は東北局に「長春鉄道の主要部分（瀋陽からハルビン―原文）および撫順，鞍山，本渓，営口，遼陽など」は国民党に譲歩してもよいと伝えた[32]。3月16日，軍小委の交渉を前にして，周は中共中央に方針を確認した。そのなかで彼は「政府は東北主権接収において，現時点でソ連軍が撤退している地区――長春鉄道両側各30里以内の地区を含む――に進駐する権限を有する」と指摘しながらも，中共「中央および東北局の意見に基づいて，我が軍が現在駐屯する地区はすべて国民党側には渡さない」と述べた[33]。

こうした方針が3月17日以降，軍小委における交渉に反映された。周は「現時点」でソ連軍が撤退している地域（中長鉄道の各都市［瀋陽―長春］，鉄道両側30里）についてのみ，国府接収を認めると主張したのである[34]。今後のソ連軍撤退地域については，中共にも接収権があるということを暗黙のうちに要求するものだった。4月以降，中共が東北北部で軍事的優位に立つと，この暗黙の要求を明確に語るようになる。4月9日，周はギレンとの会談で，抗日戦に貢献した中共にも接収権があるのではないかと訴えた[35]。同月29日，マーシャルとの会談で周は，東北の一部地域はすでに中共が獲得しており，「そこにはもはや主権問題は存在しない」と言明するにまで至った[36]。中共の軍

---

31) すでに2月下旬，葉剣英（軍調部中共代表）らは，軍調部による交通回復の指令を各解放区の責任者に伝えると同時に，次のように指示していた。「我々が包囲する敵・傀儡地区」から「能動的に撤退」しない。もし国府側が「撤退を要求」しても，これを拒絶し，「我々が包囲する敵・傀儡の降伏を受理し，武装解除」しなければならない。葉・勝代遠・羅瑞卿から各解放区責任者への電文，1946年2月23日（『葉年譜』上：450-451）。

32) 「中央関於東北問題的談判方針給東北局和中共赴渝談判代表団的指示」，1946年3月13日（『中共文件』第16冊：90）。

33) 「関於東北問題同張治中初歩商定六点意見的説明」，1946年3月16日（『周談判』：137）。

34) 17日，周はギレンに上記の内容を含む草案を渡している。Draft Prepared by Chou, Mar. 17 [16]（FR 1946, IX：565）。同日行われた軍小委において，周はこの提案内容について説明した。Minutes of Meeting of Military Sub-Committee, Mar. 17, 1946, 08：00 (Ibid：567-570)．以上，2つの資料はいずれも『周談判』『周年譜』に収録なし。

35) 周恩来―ギレン会談，1946年4月9日（『周談判』：232-233）; Minutes of Conference Between Gillem and Chou En-lai, Apr. 9, 1946, 14：00 (Micro MM：reel. 16)．

36) 周恩来―マーシャル会談，1946年4月29日（『周談判』：280）; Minutes of Meeting Between

事的優位を前にして，米国がいくらか譲歩するとみていた彼は，当時ペトロフ
にこう話している。「マーシャルは満洲において中共が勢力を強めたという認
識をもっており，そのため整軍方案，その他決議の修正に同意してもよいと考
えている」。さらに「米国人は，蔣介石の内戦遂行を直接援助することに不満
をいだいているため，おそらく実際に軍隊を華北から撤退させるだろう」。華
北における米国の国府軍輸送支援は，「迂回的手段によって行われるだろ
う」[37]。周は，マーシャルの態度をかなり冷静に読んでいた。

　この間，中共は軍事戦略によって，次々に東北の支配地域を拡大していった。
3月下旬，中共中央は東北局の林彪や彭真等に対して，小組が到着する前に長
春，ハルビン，チチハルを占領するよう指令を出した[38]。その後，中共は東
北北部を獲得していった（第3章を参照）。しかし5月中旬，国府の軍事的攻勢
が加速し始め，中共の敗色が濃くなり始めると，中共中央は全国内戦を少しで
も先延ばしにすべく，東北・全国停戦を熱心に要求するという方針に転じ
た[39]。結局，停戦に応じるかどうかという判断は，軍事情勢に左右されてい
たといえる。

　長春軍調部管理案に関しては，5月下旬に長春を失うまで，中共はこの提案
に応じなかった。長春を失う直前の5月21日，周はマーシャルと会談し，延
安が長春軍調部管理案を憂慮していることを伝えた。なぜなら国府がこの案に
合意せず，長春を占領してしまう可能性があるからだった[40]。しかし22日，
すでに形勢が不利だと判断した周は，長春に関して譲歩するよう延安に具申し
た。そうしなければ米国が蔣の長春攻撃を助けると判断したからである[41]。
これに対して延安は，「現在の条件下では，我々は長春撤退を決意するしかな

　　Marshall and Chou En-lai, Apr. 29, 10：30 (Micro MM：reel. 16). 周の発言は中文記録に拠った。
　　英文記録では「共産主義者は現在までに［ソ連軍が］撤退した地域を一部占領しているので，す
　　でに主権回復という基本的考えは適用できない」となっている。

37）　ペトロフ―周恩来会談，1946年4月26日（PKO, V-1：no. 60, стр. 106, 107).

38）　「中央関於東北停戦前堅決保衛戦略要地給林彪，彭真等的指示」，1946年3月25日（『中共文
　　件』第16冊：102）。

39）　「中央関於時局及対策的指示」，1946年5月15日（『中共文件』第16冊：161);「中央関於目前
　　時局及我之基本方針的指示」，5月21日（同上：168-169）。

40）　マーシャル―周恩来会談，1946年5月21日（『周談判』：348); Minutes of Conference
　　Between Marshall and Chou En-lai, May 21, 10：40 (Micro MM：reel. 16).

41）　周恩来から中共中央への電文，1946年5月22日（『周談判』：351-352）。

い」，責任をもって談判をすすめよと周に指示した[42]。その後，周はマーシャルの提起している軍調部管理案を認めることになった[43]。長春を喪失した中共にとって，この案に反対する理由はもはやなくなっていた。

結局のところ，戦場における争奪戦が，国共両者の交渉戦略を大きく規定することになった。

2. 米国の情勢認識

(1) 証拠に乏しい推測

米国は東北地域で調停をすすめるとき，どのような情勢認識をもっていたのだろうか。詳細な政策過程を追いかける前に，まずはその前提となる認識の変遷をみておこう。

正確な情勢認識にとって，最大の難点はソ連─中共関係の評価にあった。両者関係が東北をめぐる国共争奪戦にきわめて大きな影を落としていたにもかかわらず，それを決定づける証拠に乏しかったからである。包括的な情勢報告は，主に駐華米国大使館から本国政府へと届けられた。一部，モスクワの米国大使館からも報告が行われたが，いずれも確たる証拠がないなかでの推測だった。

まず，駐華米国大使館が本国に送った情勢分析をみてみよう。2月28日，ロバートソン（公使兼軍調部執行委）は，ソ連占領軍と中共組織下にある「満洲民主聯軍」との関係は不明であり，両者間に衝突がみられるという証拠はないとした[44]。3月9日，ラッデン二等書記官もまた，中共の公式声明が常にソビエト共産党の路線に近く，この数週間でその傾向が強まってはいるものの，将来中共がソ連と組んで「東欧に似た衛星国を満洲に樹立」するのか，党内で「親ロシア派とナショナリスト勢力」との対立が起こるのか，「現在入手可能な証拠だけで，いずれの説明も完全に受け入れることはできない」として，両者関係の最終的評価については留保していた[45]。4月10日，中共の軍事攻勢が

---

42) 中共中央から周恩来への電文（毛沢東起草），1946年5月22日（『毛年譜』下：85）。

43) 周恩来からマーシャルへの覚書，1946年5月26日（『周談判』：359）; Memorandum of Chou Ean-lai's comments or stipulations of Generalissimo of May 24th for termination of hostilities（MM：box. 5, RG59, NA）.

44) Robertson to Byrnes, Feb. 26, 1946 (FR 1946, IX：449).

加速していたときでさえ，スミス大使館参事は，ソ連による中共支援の実態については「憶測の域を出ない」と報告していた[46]。

一方，モスクワにいたケナン米国代理大使も，両者関係に関する詳しい報告を1月10日，本国に送っている。それによれば，「モスクワがヨーロッパの共産党を支配しているという証拠はもっているが，延安が現在モスクワの指令を受けて行動していることを証明，反証できる証拠は我々の文書にはない」。だからソ連―中共関係は不明瞭であるとしながらも，ケナンは中共がモスクワから独立しているだろうと推測した[47]。3月5日，これと同じような分析が駐ソ米国大使館の覚書として作成された。そこには，ソ連―中共関係を証明する文書がないというケナンの上記の指摘がそのまま反映されていた[48]。

ソ連軍撤退が完了した5月4日，マーシャルは「ロシア政府が公然と［中国］共産主義者を支援しているとはいえないが，現地のソビエト軍司令官が支援している」と推測していた[49]。これは，両者に何らかの関係があるとしても，それはあくまでも非公式で，散発的なものだという認識だった。

決定的な証拠に欠ける以上，現実の変化を後追いしながら，情勢を判断するしかなかった。そこで情勢変化に大きく左右されることになった，その判断の変遷をみてみよう。

(2) 脅威の増幅

まず，1945年末から中ソ経済協力交渉が行き詰まる1946年2月末までの第一期についてである。このときには，ソ連が中共を支援して衛星国を樹立しようとしているのではなく，東北での経済利権を追求しているのだという推測が

---

45) Ludden to Marshall, Mar. 9, 1946 (FR 1946, IX：513-515).

46) Smyth to Byrnes, Apr. 10, 1946, 893. 00/4-1046 (Micro US-China：reel.3).

47) その理由として，彼は以下の点を指摘している。中共は抗日戦などでモスクワとの関係に関わりなく，生き延び，成長してきた。また中共は独自のマルクス主義と現地の伝統とを発展させてきた。中共は独自の軍隊・政治行政組織をもつ「*事実上の政権*」（斜体は原文イタリック）を築いており，大きな既得権益を発展させている。最後に彼らにはナショナリストの色彩が強いことを挙げた。Kennan to Byrnes, Jan. 10, 1946 (FR 1946, IX：118-119).

48) 駐ソ大使館の覚書の摘要による。"A summary of an interpretation by the American Embassy in Moscow of Soviet aims and tactics in China and of Soviet relations with the Chinise Communists," Mar. 5, 1946, FW893. 00/3-546 (Micro US-China：reel. 3).

49) 1946年5月4日，マーシャルがビールに語った内容による（Beal 1970：28）。

第7章　東北方針の展開　　　　193

大勢を占めていた。1945 年 12 月末，マーシャルは，「満洲」におけるソ連軍の戦利品要求は特殊なものではなく，ヨーロッパなどでもみられるものだと考えていた[50]。翌年 1 月 4 日，モスクワ外相会談を終えたバーンズ国務長官は，その会談結果をマーシャルに報告しているが，そのなかで「私の見積もりでは，彼［スターリン］は現在，中国との条約を遵守することを意図しており，統一中国の成立をめざす我々の努力を破壊しようと意図的に行動することはまったくないだろう」と述べていた[51]。同月下旬，スターリンはハリマン駐ソ米国大使と会談し，次のように話していた。「蔣介石と同じく，共産主義者も中国の民主主義樹立に努めているが，その方法が異なる」。中共は中国のソビエト化を求めてはいないし，「延安にはソビエトのシステムはない。共産主義者がソビエト化を求めているなら，それは愚かなことである。［国共間の］主な対立は，共産主義者が完全な民主主義をすぐにでも中国に導入しようとしているところにある」[52]。ハリマンはスターリンからこのような話を聞いた上で，ソ連は「戦利品問題解決まで満洲から撤退したがらない」とみなすようになった。マーシャルは，この点に関してハリマンと議論する機会を得たが，そのときマーシャルはハリマンのこの見解に賛同したのだった[53]。2 月に入って，マーシャルは「ソ連は『戦利品』と呼ぶべきものを何か要求しているというよりは，むしろ現在と将来にわたって，満洲で大幅な経済的譲歩を［国府から］引き出そうとしている」と認識するようになった[54]。いずれにせよ，このときにはソ連が東北で求めているのは，あくまでも経済利権だと推測されていた。何よりも 2 月上旬から中旬にかけて，マーシャルはソ連からの非難を避けるためにも，米海兵隊の撤退と「中国戦線」の終了を早めることが有効だと考え，これ

---

50)　これはマーシャルが宋子文との会談で示した見方である。Notes on Conference Between Marshall and T. V. Soong, 09：00, Dec. 24, 1945 (FR 1945, VII：806-807). またマーシャルは蔣との会談でも同様の見解を語り，蔣を納得させたとトルーマンに報告している。Marshall to War Dep (to Truman and Byrnes or Acheson), Dec. 29 (Truman Papers, SMOF, Naval Aide to the President Files, 45-53, Communications File：box. 8, TL).

51)　Byrnes to Marshall, Jan. 4, 1946 (FR 1946, IX：17-18).

52)　スターリン—ハリマン会談記録，1946 年 1 月 23 日 (PKO, V-1：no. 13, стр. 46-47).

53)　ハリマンのメッセージは以下の電文で伝達された。Smyth to Byrnes, Jan. 30[31], 1946 (FR 1946, X：1101-1102).

54)　マーシャルは王世杰との会談でこれについて語り，その発言内容をそのままトルーマンに報告した。Marshall to Truman, Feb. 9, 1946 (Micro US-China：reel. 3).

194 第2部 マーシャル・ミッションの展開

をトルーマンに提言するほどであった。トルーマンはこれを了承したが，この案はすぐには実行に移されなかった[55]。

このような認識に変化が生まれるのが，2月下旬から4月中旬までの第二期である。マーシャル不在中，駐華米国大使館では東北情勢に対する警戒感を強めていく。このとき脅威の対象となったのは，撤退を始めたソ連軍よりは，むしろ中共の方にあった。

最初に心配されたのは，中共の対ソ接近であった。2月13日，中共中央スポークスマンが，中共組織下の東北民主聯軍は約30万であると記者に語る[56]。発表当時，この会見はとりたてて注目されなかったが，2月末以降，情勢の変化とともにこの会見内容に大きな意味が与えられていく。2月28日，ロバートソンは国務長官に「もしこの大きな勢力に関する声明発表が信頼できるものなら，日本崩壊以来，満洲で顕著な共産勢力拡大が起こったことを示す」ものになると懸念を伝えていた[57]。3月9日，ラッデンもこの会見を重視するようになり，中共がこの会見以降，ソ連の公式見解への接近を強めていることに注目した。彼によれば，中共はソ連で使われているそのままの意味で「ファシスト」という用語を使っている。また，中共は『中国人ファシスト』と『日本人ファシストの残党』との結託についても非難しているが，これは最近ソ連が満洲問題について指摘している内容であるという[58]。その数日後，スミスも「ここ数週間，アジア太平洋問題に関する中国共産党の報道・ラジオが，以前に比べてソビエト共産党路線に接近しつつあることは明らかである」と国務長官に報告した。後にスミスは，このような中共の態度を「新しくて強硬的な路線」と表現するようになった[59]。

次に米国が警戒したのは，3月下旬以降，東北北部において中共が進軍を加

---

55) Marshall to Truman, Feb. 9, 1946 (Micro US-China：reel. 3)；Truman to Marshall, Feb. 13 (FR 1946, IX：434). なお，この点については本書の第6章も参照。

56) 「中共中央発言人関於東北現勢与中共対東北問題的主張答新華社記者問」，1946年2月13日（『中共文件』第16冊: 75）。

57) Robertson to Byrnes, Feb. 28, 1946 (FR 1946, IX：448).

58) Ludden to Marshall, Mar. 9, 1946 (FR 1946, IX：513-514).

59) スミスの情勢認識はそれぞれ以下の電文に示されたものである。Smyth to Byrnes, Mar. 11, 1946, 893.00/3-1146 (Micro US-China：reel. 3)；Smyth to Byrnes, Mar. 29, 1946, 893.00/3-2946 (Ibid：reel. 3).

速させているという情勢であった。3月23日，スミスは劉鍇（国府外交部常務次長）から次のような話を聞かされた。前日，劉はソ連大使から覚書を受け取り，ソ連軍撤退が遅延した原因が天候条件にあったことを知らされたが，具体的な撤退のスケジュールについては覚書に何ら記載がなかった。だから劉は「もしこれ以上，ソ連が通告なしに撤退すれば，政府軍よりも先に"別の軍隊"が進軍できることになる」と懸念していたという[60]。当時ギレンは，中共が「満洲問題の交渉で有利な地位を得るために，次から次に手段を講じて，軍事的立場を優勢にしているよう」であるし，その焦点は「満洲北部」にあると一時帰国中のマーシャルに伝えていた[61]。4月上旬，ロバートソンもまたマーシャルに宛てた報告のなかで，「共産主義者はロシアとの取決めによって，あるいはそうではなくとも，満洲のロシア人撤退地域の大部分を接収する心構えでいる」と思うと述べていた[62]。本国でもヴィンセント極東局長がこれと同じような認識を示していた。彼は，中共軍が「おそらくロシアの援助を受け，満洲北部で政治的優位に立つために長春以北，特にハルビン周辺に集中するだろう」と予測していた[63]。

　このような情勢下にあって，ロバートソンは「情勢は非常に深刻で急速に悪化しつつある」から，すぐに調停に復帰する必要があるとマーシャルに伝えた[64]。

　第三期の4月下旬から情勢認識が，さらに深刻化していく。まず東北においては，中共が相対的に軍事的優位に立っていると認識されるようになった。調停復帰直後の4月22日，マーシャルが兪大維との会談で語った内容は，それを象徴していた。

　　情勢は非常に深刻であり，中国人民からみて，全方面に受け入れられるような解決法をみつけることは非常に難しい。元来，国民政府がこの難題の

---

60) 以下で報告された内容による。Smyth to Byrnes, Mar. 23, 1946 (FR 1946, IX : 595).

61) Gillem to War Dept. (Marshall へ), Mar. 30, 1946 (Micro MM : reel. 7).

62) Robertson to War Dept. (Marshall へ), Apr. 8, 1946 (Micro MM : reel. 7).

63) Vincent to James C. Davis (国務省内のマーシャルとの連絡担当), Apr. 5, 1946 (FR 1946, IX : 731).

64) Robertson to War Dept. (Marshall へ), Apr. 6, 1946 ((Micro MM : reel. 7).

大半を除去できるはずだったが，いまやすべての情勢が逆転している。
……私が中国を去って3週間，情勢は完全に手に負えなくなってしまった。
……中共は満洲で優勢に立っており，それを基礎にして，国府軍に対して
満洲を放棄することまで提案している。……もともと，国民党には満洲で
平和を実現させる絶好の機会があったが，その機会を逃してしまった。中
共は自らの有利な地位を利用して，日増しに強くなっている。政府の地位
が不利になっているので，私は解決策を見出さなければならない[65]。

同日，スミスは本国に電文を送っているが，そこでは国府軍が中共の頑強な
抵抗にあい，瀋陽からの北進に手間取っているという状況が伝えられてい
た[66]。翌日，マーシャルは徐永昌と会談した。この席でもマーシャルは，「昨
年12月から始まった交渉において，政府は満足いくように問題解決できる機
会が何度かあったにもかかわらず，それを逸してしまった」。「現在，共産主義
者は政府に対して要求を過剰に突きつけられる立場にいる」と述べた[67]。5月
初旬，マーシャルはトルーマンに「政府の満洲回復は，進展がきわめて難しい
状況」にある。彼らは「長距離を小規模な軍隊で北上しなければならず，日々
軍事的地位は弱くなっていった」。しかしその一方で，中共は日本軍装備など
で「着実に軍事力を強化」させていると伝えた[68]。

5月下旬，国府軍が攻勢に転じた後でも，大きな認識の変化はなかった。5
月21日，ロバートソンはマーシャルに次のように報告した。中共軍が熱河省
において，「国民政府の物資供給線を遮ろうとしている」ことは疑う余地がな
い。「この行動によって，彼らは満洲で事実上，完全な勝利を収める」だろう。
「そのとき国民政府に残されているのは，劣勢な営口港だけであるが，彼らが
満洲南東部で同港を共産軍から死守できるかどうか疑わしい」[69]。6月初旬，

---

65) Minutes of Meeting Between Marshall and Yu Ta-wei, Apr. 22, 1946, 14:00 (Micro MM：reel. 16).

66) Smyth to Byrnes, Apr. 22, 1946 (FR 1946, IX：790).

67) Minutes of Meeting Between Marshall and Hsu Yung-chang, Apr. 23, 1946, 14：30, (Micro MM：reel. 16).

68) Marshall to Truman, May 6, 1946 (Micro MM：reel. 8).

69) Robertson to Marshall, May 21, 1946 (FR 1946, IX：867).

スミスから国務長官に宛てた電文にも，こう述べられていた。現在，国民党の勝利は確実ではない。中共は武力を温存すべく，長らく大規模な戦闘を避けてきた。「今夏，高粱やその他背丈の高い穀物が人の高さにまで成長したとき，経済的混乱によって急増する強盗が政府にとって大きな痛手となろう。古くから無秩序と付き合っている地域においては，このことが共産主義者の主張に直接的・間接的に有利に働くだろう」[70]。

　国府の軍事的優勢が一時的なものにとどまるだろうという厳しい予測に加えて，米国を悩ませたのは，内戦が東北から華北に拡大するという事態だった。5月6日，マーシャルは，国民「政府と共産主義者が満洲問題で完全に行き詰まり」，「軍事衝突が中国本土まで南下拡大する恐れ」があるとトルーマンに知らせた[71]。その後，マーシャルは兪大維との会談で，東北停戦が達成できなければ，「間違いなく華北ですぐに内戦が起こる」と語り，兪に停戦に応じるよう説得した[72]。5月22日，内戦の拡大を心配するマーシャルからトルーマンに宛てて，次のような報告が届けられた。

　　華北の軍事情勢は内戦勃発の寸前という深刻な状態であり，満洲では戦闘が続いている。ただし，満洲での交渉は軍事・政治問題の妥協を基礎にして，停戦が合意できそうなところまできている。華北で戦闘が勃発すれば，合意達成の可能性は完全に崩れるだろうから，時間は切迫している[73]。

　ここにきて，東北情勢と華北とを切り離して考えることは難しくなっていた。

3. 東北方針の変容過程

(1) 原則の堅持

　次々に変化を迫られた情勢の認識は，これまでの方針の再考につながってい

---

70)　Smyth to Byrnes, June 4, 1946, 893.00/6-446 (Micro US-China：reel. 3).

71)　Marshall to Truman, May 6, 1946 (Micro MM：reel. 8).

72)　Minutes of Conference Between Marshall and Yu Ta-wei, May 11, 1946, 09：45 (FR 1946, IX：830, 832).

73)　Marshall to Truman, May 22, 1946 (Micro MM：reel. 8).

198 　第2部　マーシャル・ミッションの展開

く。ここで，マーシャル・ミッションの東北方針がどのように変容を迫られることになったのか，それぞれの時期に分けてたどっていこう。

　まず，1946年2月末までの第一期である。この時期には，国府接収の支持という当初の原則が堅持された。その重要な局面として，2つ挙げることができる。

　1つは，当時ソ連が「戦利品」を要求していたが（第3章を参照），米国は国府の主権接収を阻害しかねないこの主張を公式に非難したということである。1月末，ハリマンが訪中し，マーシャル，蔣介石と会談した。この会談のなかで，蔣は日本工業資産やソ連軍撤退をめぐる中ソ交渉について言及し，国府の交渉方針についても語った。蔣の見解を聞いたハリマンは，「ソビエトの立場を受け入れたり，あるいは承認したりすべきではないように思う」と指摘し，「満洲の日本工業資産を主に中国の賠償として，中国が受けた被害に対する賠償として扱うべきだというのが，我々［米国］の一貫した方針だと理解している」と述べた。さらに彼は，もしロシアの要求を受け入れれば，「ロシアは満洲の産業と経済を支配することになり，米国の商業的利益と門戸開放政策全体に深刻な影響を与えることになろう」と話した。最後にハリマンは，ソ連に圧力をかけるためにも，「この問題に対する注目を集め，我々の立場をソビエト政府に即刻表明すべきである」と助言した[74]。

　2月上旬に入って，ソ連軍は期日通りに東北から撤退せず，中ソ経済協力交渉もまた暗礁に乗り上げたが，このとき米国政府は自らの公式的立場をソ連政府に伝えた。つまり，中ソ条約やその付属協定に基づけば，中ソ共同管理の対象は満洲の鉄道であって，工業ではない。工業を中ソ共同管理するというのは，「門戸開放の原則に反する」し，「満洲産業の発展に参加したいと考える米国人に対する明白な差別」でもあり，「将来満洲との貿易関係を築く上で，米国の商業的利益を明らかに不利にする」ものである。また，満洲の資産は大半が敗戦前の日本資産であるため，満洲の工業は日本の賠償問題の対象にあたる。その最終的処理は連合国間で決定すべき問題であり，「戦利品」として持ち去ることも，あるいは資産所有の管理を中ソ間の協定で決めることも，現時点では

――――――――――
　74）　以上は，ハリマンがまとめた会談内容であるが，これがスミスを通じて本国に報告された。Smyth to Byrnes, Jan. 30, 1946 (FR 1946, X : 1100-1102).

第 7 章　東北方針の展開　　　199

不適切きわまりないだろうというのが，米国の公式見解であった[75]。しかし，ソ連はすぐに回答せず，ソ連軍が東北から撤退する直前の 3 月 5 日になって，ようやく正式な立場を伝えてきた。彼らは従来の見解を崩すことなく，東北の日本資産が「戦利品」であり，これと賠償問題とは切り離すべきであるとした。さらに，工業施設すべてを中ソが排他的に支配するのではなく，そのうちの一部分だけを中ソ合弁会社の管理下におくのだから，これは門戸開放原則には反しないと述べた[76]。その 2 日後，米国は再びソ連に対して自らの公式見解を表明した。日本の対外資産は，8 年間抗戦してきた友好的同盟国である中国の領土内にあり，日本が侵略・占領した国家にある日本人所有の資産は，すべてそれが物理的に存在する国家によって接収されるべである。満洲の工業施設のうち，たとえ一部分であっても中ソ共同管理することは，米国や他の同盟国・国家の利益を無視したものである。そして，ソ連の主張は前例のない不公正なものだとして，米国はソ連の立場を正式に非難したのである[77]。

　もう 1 つ，米国が国府接収を支持する上で重要であったことは，米海軍が国府軍を「満洲諸港」に輸送支援する態勢を整えたことである。1 月 10 日，「停戦協定」の成立によって，東北への国府軍輸送が確保されることになった。同時期，米国政府内では対中武器貸与法（Lend-lease）の期限延長（3 月 2 日から 6 月 30 日へ）が協議されていた。1 月 14 日，陸海両軍長官はウェデマイヤーに国府軍輸送支援を続けさせるために，当該法案の規定に基づいて，必要な物資・業務のすべてを 6 月 30 日まで提供できるよう追加的権限を陸海両軍長官に与えるべきだとトルーマンに提言した[78]。1 月 19 日，国務省はこの期限延長を認めたが，このときはあくまでも国務省が既定方針と解釈している内容の範囲内で援助を行うことなどを求めた。同日，トルーマンは武器貸与法の期限延長を承認した[79]。その後，ウェデマイヤーは，国府軍計 7 個軍を 9 月 1 日

---

75) Byrnes to Kennan, Feb. 9, 1946 (FR 1946, X：1104-1105). その後，スミスが当該文書の見解を覚書にまとめ，王世杰に手交した。Smyth to Byrnes, Feb. 12 (Ibid：1105-1106).

76) ソ連からの回答は以下で伝達された。Kennan to Byrnes, Mar. 5, 1946 (FR 1946, X：1112-1113).

77) Byrnes to American Embassy in Moscow, Mar. 7, 1946, 893. 00/3-5[7]46 (Micro US-China：reel. 3).

78) Royal, Forrestal to Truman, Jan. 14, 1946 (FR 1946, X：724-725).

79) Acheson to Truman, Jan. 19, 1946 (FR 1946, X：725-727)；[Annex] Revised Draft of Memo-

までに「満洲」に輸送完了させるという計画を立てた[80]。

米軍は「満洲諸港」まで国府軍輸送をすると決めてはいたが，国府軍上陸後の接収や進軍のあり方については，立場を定めていなかった。そもそも1月の停戦交渉の結果，「停戦令」における「例外の内容」（接収の具体的内容や進軍の条件）は未解決のままに残されたのである（第5章を参照）。だから「停戦令」の解釈をめぐっては，解釈の余地がいくらかあった。

軍調部のロバートソンは，「満洲」が停戦令の「例外」であり，国府軍は主権接収するための移動が許可されているのだから，中共軍がこれに反対することはできないと解釈していた[81]。他方，マーシャルは国府による東北接収を原則として認めながらも，現地で停戦を成立させることもまた必要だと考えていた。例えば，1月24日，彼は情勢が悪化している営口に執行小組を派遣してはどうかと張群（軍三委国府代表）に打診している[82]。国府は当然これに反対したが，2月19日，マーシャルは張治中，周恩来と会談したとき，「東北は停戦協定内に含まれる」と述べ，営口に小組を派遣するよう国府に迫った[83]。

ロバートソンとマーシャルの解釈は，それぞれ異なるものだったが，これは「停戦令」のなかに未解決の問題を残してきた帰結であった。ところが，第一期にはこの解釈の差が大きな論争にならなかった。この時点では，国府接収を支持するという原則だけは明確だったが，国府接収と停戦（中共地区の現状維持）が原理上衝突するものだと想定した上で，いずれを優先させるべきかについて，明確な回答を用意していなかったのである。例えば，2月下旬に成立した「整軍方案」のなかで，米国は国共両軍統一の第1段階において中共1個軍を東北に配置することを認めた。これは，第2段階において国共両軍が統一されることを見越した譲歩だったとはいえ，一時的にせよ中共軍の存在を東北において認めたことになる（詳細は第6章を参照）。しかし，方案成立当時，この

---

randum From Truman to Royal and Forrestal (Ibid：727-728)。

80)　ウェデマイヤーの国府軍輸送計画に関しては，陸軍長官から国務長官に報告された内容に基づく。Patterson to Byrnes, Feb. 18, 1946 (FR 1946, X：729)。

81)　Robertson to Marshall, Jan. 22, 1946 (FR 1946, IX：372)。

82)　Marshall to Chang Chun, Jan. 24, 1946 (FR 1946, IX：376)。

83)　以下で報告された内容による。張治中から蔣中正への電文，1946年2月19日（『蔣文物』：①2020.4，②戡乱時期，③4450.01，④6，⑤蔣中正革命文献―政治協商與軍事調処（中），⑥30）。英文記録見当たらず。

点をめぐって大きな論争になった経緯はない。

(2) 停戦と国府接収の並存

　1946 年 3 月から 4 月中旬までの第二期，米国は軍事衝突の広がる東北情勢への対応を迫られた。このとき，従来までの国府接収支持という原則を維持したまま，東北においても停戦調停を開始することになる。その調停プロセスをみていくことにしよう。

　マーシャルは東北での停戦を成立させるために，「マ小組案」（3 月 9 日），「マ小組修正案」（11 日）をそれぞれ作成し，現地への小組派遣を提案した。そのなかで，派遣先については国共両軍の戦闘地域，両軍の近接地域とされた[84]。彼は一時帰国する直前，「1 月 10 日の停戦協定は満洲を含む」が，その停戦実施「方法はまったく講じられていなかった」（下線は原文）から小組派遣を決定したとトルーマンに宛てて報告していた[85]。

　一方，マーシャルは停戦の成立を試みるのと同時に，国府の領土接収を全面的に確保すべく，草案のなかで接収地域を明文化した。「マ小組案」のなかでは，第 3 項で「政府軍は中国の主権回復に必要な地域をすべて占領」し，中長鉄道の「両側 30 キロの範囲内を排他的に占領する権限を有する」こと，第 4 項で「共産軍は政府軍が主権・交通・炭鉱・公共施設などの回復のために占領する地域すべてから撤退する」こと，第 5 項で「共産軍はロシア軍撤退地域に進軍」したり，当該地域を「占領」してはならないことがそれぞれ明記された。「マ小組修正案」ではこの文言，項目が一部修正されたが，接収地域を明文化した箇所に関しては，「マ小組案」とほぼ同一の内容だった[86]。3 月 13 日，マーシャルは東北への小組派遣をめぐってすでに合意達成したと考え，その旨本国に報告していた[87]。その直後，彼は約 1 ヵ月間中国を離れ，一時帰国する

84）　Document Prepared by Marshall［マ小組案］, Mar. 9, 1946 (FR 1946, IX：542); Draft of Instructions for Executive Headquarters Regarding the Entry of Field Teams Into Manchuria［マ小組修正案］(Ibid：543).

85）　Memorandum for the President［Oral Statements of Views of Chinese Central Government And Communist Party Reference Situation as of 10 March 1946, in Personal Conversations with General Marshall］, Mar. 13, 1946 (MM：box. 1, RG59, NA).

86）　「マ小組案」「マ小組修正案」(FR 1946, IX：542, 543)。

87）　Memorandum for the President, Mar. 13, 1946 (MM：box. 1, RG59, NA).

ことになった。

　しかし，マーシャルが不在になって間もなく，軍三委，軍小委において中共が「マ小組修正案」に反対し始めることになる。ギレンは中共から譲歩を引き出すために，原案の一部文言を削除するよう提起したが，そのときでも国府の接収地域を明文化するのをやめなかった[88]。彼は，前述のように中共が国府軍の接収地域を制限するような規定を提起していることに注意を払っていたのである[89]。その後，「マ小組修正案」のうち，国府軍の接収地域を明文化した第4・5項をめぐって，なかなか合意が得られなかった。張治中はあくまでも国府接収の明文化にこだわり，周は国府の接収地域に制約を加えようとしたからである[90]。18日の軍小委において，ギレンはマーシャルの意見を紹介し，「満洲」への小組派遣を急ぐことが重要だと述べた。それを受けて周は，第4・5項以外の3項目だけをもって小組を派遣した方がよいと述べ，後日，3項目からなる草案を用意した[91]。結局，第4・5項を入れないまま，「東北小組指令」が最終的に成立することになった。ギレンは国府接収地域の明文化をあえて見送ることで，合意の達成を急ぐとともに，国府接収の原則について譲歩することを避けた。これによって国府接収という原則そのものは，暗黙のうちに維持されることになった[92]。

　このような一連のプロセスを経て，停戦と国府接収という2つの目標が並列することになった。しかし，両者が衝突したとき，どのように対応するかについては依然未定だった。当初からマーシャルは軍事・政治問題を区別した上で，

---

88) 軍小委におけるギレンの提案内容による。なお，このとき彼が削除してもよいとした「マ小組修正案」の文言は次の二文である。「政府軍は満洲における中国の主権を回復する権限を有する」，「共産軍は政府軍が主権回復のために占領が必要となるような地域——炭鉱を含む——から撤退しなければならない」。Minutes of Meeting of Military Sub-Committee, Mar. 13, 1946, 17：15〔以下，軍小委.3.13〕(FR 1946, IX：558).

89) Gillem to War Department (Marshall へ), Mar. 20, 1946 (Micro MM：reel. 7).

90) 軍小委.3.13 (FR 1946, IX：559-561); Minutes of Meeting of Military Sub-Committee, Mar. 17〔以下，軍小委.3.17〕, 1946, 08：00 (Ibid：567, 573-574).

91) Minutes of Meeting of Military Sub-Committee, Mar. 18, 1946, 08：10 (FR 1946, IX：578-579);『周談判』：514. 周が用意した草案は，Draft Prepared by Chou (FR 1946, IX：584). この原文は『周談判』『周年譜』『中共文件』第16冊に収録なし。

92) ギレンは「満洲」における国府軍の移動を支持すべく，自らの草案に停戦令の例外規定を入れると蔣介石に話していた。Meeting of Gillem with the Generalissimo, Mar. 21, 1946 (Micro MM：reel. 16).

第7章　東北方針の展開　　　203

後者の協議を先送りするよう提案していたからである。マーシャルは，「マ小
組修正案」第1項で「執行小組の任務は軍事問題のみに限られる」と明記し，
3月11日の軍三委においても政治問題については今後の協議に委ねると述べ
ていた[93]。マーシャルが一時帰国した後，ギレンも同様の立場をとった。彼
は13日の軍小委において，政治問題を軍三委や軍調部とは異なる「別の機関」
で処理するよう訴えた[94]。17日の軍小委のなかで，彼は軍事・政治問題を分
離して，前者の問題を当面執行小組の任務とすること，政治問題については後
に協議することをそれぞれ提言していた[95]。何よりも彼は，政治経済問題に
ついては国共両者が解決すべきであって，現在，最重要の問題は軍事情勢を統
制するために小組を派遣することだと考えていたのである[96]。

　最終合意された「東北小組指令」（3月27日）をみてみよう。張治中，周恩
来，ギレンの三者が執行小組を満洲に即時派遣することで合意し，次のような
規定に従うという内容だった。

第1項　執行小組の任務は軍事問題の調整だけを行うものとする。
第2項　執行小組は政府軍および共産軍の駐屯地域内で活動するが，依然ロ
　　　　シアが占領している地域についてはその限りではない。
第3項　執行小組は停戦の実施や必要かつ公正な調整を行うために，政府軍
　　　　と共産軍との対立地点あるいは近接地点に向かうものとする。
　　　　　さらに，軍事三人委員会議事録の記録として，以下の声明文を付
　　　　記することで合意する。
　　　　　軍事三人委員会は，満洲の軍事問題をさらに協議していく。満洲
　　　　の政治問題については，早期解決をめざして個別協議を行うものと
　　　　する[97]。

---

93)　マ小組修正案（FR 1946, IX：543）; Minutes of Meeting of the Committee of Three, Mar. 11,
　　　1946, 15：00（Ibid：548）.
94)　軍小委. 3. 13（FR 1946, IX：558）.
95)　軍小委. 3. 17（FR 1946, IX：573-574）.
96)　Gillem to Marshall, Mar. 21, 1946（FR 1946, IX：590）.
97)　Memorandum by the Committee of Three to the Three Commissioners at Peiping（FR 1946,
　　　IX：603）.

小組派遣についてはかろうじて決定されたが，国府の接収地域はおろか，東北の政治問題については何一つ合意されていなかった。

マーシャルの調停復帰まで，米国の東北政策に変化は見られなかった。ロバートソンはマーシャルの不在中，「後に彼の調停を危うくしかねない原則上の譲歩」はしない方がよいとギレンに助言していた[98]。ギレン自身もまた，政策の変更は望まず，停戦と国府全面接収という2つの目標を並存させ続けた。「ギレン提案①，②」をみてみよう。この2つの文書は形式・項目などに違いがあるものの，内容的には近似している。まず「ギレン提案①」のなかで，「停戦令」が「満洲にも適用可能」であることが明記された（「ギレン提案②」では明記せず）。さらに両提案ともに，国府軍の自由な移動を認める一方で，中共軍は移動を禁止され，「中ソ条約で規定されている鉄道の両側あるいは鉄道沿線の全都市から撤退する」ことが要求された[99]。しかし，中共地区の扱いなど「政治問題」の具体的言及については避けた。

その後，軍三委が瀋陽を訪問する。4月14，15日，現地で軍三委，軍調部執行委，執行小組が一同に会して，協議が行われた。しかし，軍三委の国共代表を務めたのは代理人（秦徳純［国府代表］，陳士渠［中共代表]）であったし，協議では目立った成果が得られなかった。国府接収を一部制限してでも停戦を優先させるべきなのか，国府接収を全面的に承認すべきなのか。現地執行小組が直面しているこのような根本的問題に対して，軍三委や軍調部は何ら明確な指示を与えることはできなかったのである[100]。

98）　Robertson to Gillem, Apr. 9, 1946（MM：box. 26, RG59, NA).

99）　Draft of Additional Instructions for Field Teams Entering Manchuria［ギレン提案①]（FR 1946, IX：745-746［なお「都市」の原文表記が "towers and cities" となっているが，"towns and cities" の誤植だと考えられる]）：Draft of Additional Instructions for Field Teams Entering Manchuria［ギレン提案②]（Ibid：751-752). なおギレンは「停戦令が満洲にも適用可能である」ことを「受け入れ，公表することが重要な問題だと考える」とマーシャルに報告している。Gillem to War Dept（Marshall へ), Apr. 6, 1946（Micro MM：reel. 7).

100）　14日の会談記録は以下。Meeting of Acting Committee of Three and Three Commissioners With Members of Team27 at Mukden, Apr. 14, 1946, 15：00（Micro MM：reel. 16). さらに15日の会談記録は以下。Meeting of Acting Committee of Three and Three Commissioners With Members of Teams Numbers27, 28 and 19 at Mukden, Apr. 15, 09：00（Ibid：reel. 16). なお前者の会談に参加した現地執行小組は第27組のみであり，後者の会談には第27組のほか，第28，29組も参加した。

第7章　東北方針の展開　　　　205

　帰国中のマーシャル自身も，この問題については明確な回答をもっていなかった。彼はワシントンでウェデマイヤーと面会したとき，「我々は中国共産主義者と交わしたいかなる合意にも違反するつもりはない」という信条をもちながらも，国府軍二個軍を満洲に輸送することについては「中国共産主義者がこの移動に反対することは間違っている」と述べたという[101]。ここでもやはり，停戦と国府接収という2つの目標は並存していた。

(3)　初めての回答

　4月下旬以降，中共が軍事的優位に立つなど情勢が急変するなか，マーシャルが調停に復帰した。この第三期において，停戦と国府接収の全面支援という2つの目標が，いよいよ両立不可能となる状況が現実に生まれることになった。

　マーシャルの調停復帰は，辛らつな国府批判から始まった。4月22日，マーシャルは兪大維との会談のなかで，中共が優位に立っているにもかかわらず，国府が進軍を続けたことを非難した。「私は蔣主席の助言者が誰だか存じ上げないが，それが誰であったとしても彼らは非常におろかである。彼らのしていることは政府にとって建設的ではなく，ごたごたを引き起こしているだけである」[102]。翌日，マーシャルは徐永昌と面会し，こう話した。私は主に「国民政府の名声を保ちながらも，同時に統一中国を建設するための方法を模索すること」に関心をもっているが，現在，この問題において窮地に陥っている[103]。中共が優位に立っている情勢下では，停戦を保ちながら国府進軍をすすめることは難しくなっていた。マーシャルは周にもこの事情を伝えている。「私の最大の難点は，満洲で蔣主席の権限を認めながら，中共にも一定程度適切な権利を与えるよう蔣主席に提案すること」であり，「軍隊の配置状況からみれば，現在中共は優位にある」。したがって，「私が国民政府の権威を保障しながら，一方で中共の政治要求権を否定しないような調停を行うのは困難になろう」と

---

101)　ウェデマイヤーの報告による。Wedemeyer to Chiang Kai-shek, Apr. 12, 1946（Wedemeyer Papers：box. 81, folder. 2, HI）.

102)　Minutes of Meeting Between Marshall and Yu Ta-wei, Apr. 22, 1946, 14：00（Micro MM：reel. 16）.

103)　Minutes of Meeting Between Marshall and Hsu Yung-chang, Apr. 23, 1946, 14：30（Micro MM：reel. 16）.

マーシャルは述べた[104]。

　5月6日，彼はトルーマンに「［国民］政府と共産主義者が満洲問題をめぐって，完全に行き詰まっている」と報告した。つまり，「蔣主席は［中共の］長春撤退と自身の同市占領という要求を堅持しているが，中共は当該地区を保持できるだけのパワーをもち，蔣の要求を拒絶している。簡単にいえば，我々は現在行き詰まっている」ということだった[105]。そこで，マーシャルは長春進軍を蔣に断念させるべく，説得に努めることになった。このときマーシャルが強調したのは，国府には中共軍を壊滅できるだけの能力はないということだった。彼は，国府軍が長春に北進して撃退されれば，「政府の地位は——私の見るところ——深刻な譲歩を迫られるため，政府の名声をことごとく犠牲にしない限り，平和解決の手立てはほとんどないだろう」と警告した[106]。

　「中国本土」で成立した停戦や各協定を破綻させないためにも，東北の軍事衝突は回避しなければならなかった（第6章を参照）。中共の軍事的攻勢に直面した米国が，国府進軍をこれ以上支持することは難しくなっていた。このような状況を前にして，マーシャルは先送りしてきた難問への回答を迫られることになった。そのとき彼が出した回答は，大きく3つの内容に分けられる。

　第1は，国府接収の制限である。4月23日，「マ草案①」で国府進軍の停止が初めて明記された。まずa項で「この協定が調印されてから24時間後に，国民政府と共産軍司令部は速やかにそれぞれの現地司令官に対して停戦令を出すこと」，特別規定を除いては「国共両軍の移動をすべて停止するようさらなる指示を出す」ことが謳われた。c項では「満洲内部において，主権回復や主要鉄道路線の安全確保を目的として行われる国府軍のさらなる移動については，軍事三人委員会が特別に許可した場合にだけ行われる」と規定し，事実上，主権接収のための国府進軍を制限することを決めた。ただし，b項において第60，93軍（当時海上を移動中だった国府軍）の満洲への移動を完了させることは例外的に認められた[107]。「マ草案②」にもこの一連の規定は受け継がれた。た

---

104)　Notes on Conference Between Marshall and Chou En-lai, Apr. 27, 1946, 10：30 (Micro MM：reel. 16).

105)　Marshall to Truman, May 6, 1946 (Micro MM：reel. 8).

106)　Marshall to Chiang Kai-shek, May 10, 1946 (FR 1946, IX：826).

107)　Draft Prepared by Marshall for the Immediate Cessation of Hostilities in Manchuria, Apr. 23,

だし，1月10日の「停戦令」を満洲にも適用すること（a項），軍事衝突している軍隊はそれぞれ現時点から30里撤退すること（c項）など新たに付け加えられた規定もあった[108]。

5月8日，マーシャルは兪大維との会談で，国府接収を制限するよう具体的に提言した。まず，「長春侵攻は非常に危険であり，その成否いかんによっては，今後の平和交渉の道を閉ざしかねない」と警告した上で，「国府軍は満洲南部に勢力を集中させるべきであり，その際，兵站上の支援と［満洲南部］以外の地域を占領したときの共産主義者の反発とをそれぞれ現実的に考慮に入れながら，それらと占領拡大の野心とを秤にかけなければならない」と諭した。マーシャルは，長春以北まで進軍しようとする国府の軍事戦略にあくまでも反対だった[109]。2日後，彼は「マ草案③」を作成し，蔣に次のように訴えた。

　　ソビエト政府からの攻撃に首尾よく抵抗することを目的にして，満洲における政府軍の配置を決めるべきではない，私はそう考える。その防衛に必要な政府軍と物資供給が，満洲では十分にまかなえない。したがって，［中国］共産党の将来の行動とそれに対するソビエト政府の反応が［国民］政府にとって不確かなものである，何よりもまずこのことを基礎にして，政府軍の配置を決定すべきだと私は考える。……

　　この2点から考えると，満洲南部に国府軍の勢力を集中させること，特に大部分を瀋陽近接地域と葫蘆島以北に集中させる［ことが妥当だという］ことになるだろう[110]。

　マーシャルの説得はその後も続いたが，国府はいっこうに進軍をやめなかった。23日，マーシャルは「四平街の勝利を機に，国民政府は即時停戦，平和解決を追求」すべきだと王世杰を諭し，国府進軍を抑えようとした[111]。翌日，

　　　1946［マ草案①］（FR 1946, IX : 793）.

108)　Draft Prepared by Marshall for the Immediate Cessation of Hostilities in Manchuria, Apr. 28, 1946［マ草案②］（FR 1946, IX : 801）.

109)　Munites of Meeting Between Yu Ta-wei and Marshall, May 8, 1946, 15 : 00（Micro MM : reel. 16）.

110)　Marshall to Chiang Ka-shek, May 10, 1946［マ草案③］（FR 1946, IX : 825）.

「蔣草案②」がマーシャルの手元に届いたが，主権接収でまったく譲歩しよう
としない蔣の回答にマーシャルは満足しなかった。ここでマーシャルは，「私
の調停役としての任務が難局に陥るし，早晩調停が不可能になる」という理由
で，「蔣草案②」を拒絶した[112]。国府進軍の停止を望むマーシャルの意思は固
かった。このマーシャルの回答に接した王世杰は，国府進軍を停止しないとマ
ーシャルが調停をやめることになると理解するほどであった[113]。

　さて次に，先送りにしてきた難問に対してマーシャルが出した第2の回答は，
中共の政治的要求への譲歩である。マーシャルは地方民選政府や中共軍を暫定
承認した上で，政治交渉を確保しようとした。「マ草案①」のなかで，初めて
それが明文化された。まず，d項で「満洲に関する政治問題は，国民政府と共
産党の各代表者が協議する。これら政治問題が解決するまで，地方民選政府は
妨害や干渉を受けることなく現状維持されるものとする」ことを明記した。ま
たb項では，「今後，満洲におけるすべての軍隊と部隊の配置は，1946年2月
25日に達成した整軍方案に従って決定される。特定の占領地域に関しては，
軍事三人委員会が決定する」と記載し，事実上，東北で中共1個軍を確保する
ことをあらためて確認したのである[114]。この提案の4日後，彼は「マ草案②」
を作成し，そのf項で張嘉璈議長，周恩来，莫徳恵から構成される新しい委員
会の設置を提起した。同委員会は「満洲の状況と情勢を調査」して，「軍隊の
配置」，「交通の回復」，さらに「現政治・経済委員会［東北行営内の各員会の
こと］の組織，省政府・都市の政治組織・行政」に関して，国民政府に勧告す
る役割を担うとされた[115]。ここで，マーシャルは国共両者と第三勢力による
東北軍事・政治問題の協議体を新設しようとしていた。5月8日，マーシャル
は，さらなる要求を兪大維に示した。「蔣主席は満洲の政治組織の人事に関し
て，共産主義者に譲歩することが必要」であること，「共産主義者を怒らせな

---

111) マーシャル―王世杰会談（『王日記』：222 ［1946年5月23日］）。英文記録には，マーシャル
　　の発言部分に関する記録なし。Memorandum of Meeting with Wang Shih-chieh, May 23, 17：00
　　（Micro MM：reel. 16）.

112) Memorandum for T. V. Soong, May 29, 1946 （MM：box. 5, RG59, NA）. これは宋子文を通じて，
　　蔣介石に伝達された。

113) 王世杰の日記（『王日記』：223 ［1946年5月29日］）。

114) 「マ草案①」（FR 1946, IX：793）.

115) 「マ草案②」（FR 1946, IX：801-802）.

いよう」その政治組織の人員に無党派代表を指名すること，「共産主義者が均衡勢力として行動できるよう彼らに数名分の人事指名権を許可すべき」ことなど，政治行政分野で中共に譲歩するよう求めたのである[116]。

「マ草案③」はこれらを包括する内容としてまとめられ，マーシャルから蔣介石に提起された。彼は「共産軍（将来，国軍の一部となるものとして—原文）」をハルビン以西から満洲里までの地域に最終的に配置するよう求めた後で，政治問題の譲歩について次のように提案した。

　　……私が民主同盟代表や周恩来と会談するなかで明らかになったことは，満洲の政治・経済委員会を改組することで，他のすべての交渉が促進されるだろうということである。当該委員会から軍事支配を排除し，共産主義者，満洲人民双方の代表を認めることが望ましいことは明らかである。［政府以外の］他の集団の代表者が［当該委員会に］適度に参加すれば，政府による委員会統治は受け入れられると私は思う。

　　共産主義者は民選の地方政府を堅持するよう明確に主張しているし，おそらく満洲の政治問題が政治交渉で解決されるまで，彼らは地方政府の武力統治を続けるだろう。彼らは最終的な取決めにおいて，少なくともこれら地方政府の一部を堅持しようと試みるだろうし，省長をめぐる人事問題においても数人の代表を確保することに固執するだろうと私は考える。ここで，特に私には彼らを満足させるために必要な知識はないが，地図から判断したところ，共産軍部隊が配置される地域，つまり嫩江，興安，遼北，黒竜江の各省において，この問題［省長に関する人事問題］で譲歩することは可能だと思われる。このような共産勢力の集中は，かなり望ましくないものだとも考えられようが，共産勢力が地域全体に分散し，国境沿いでソ連勢力と連携するという事態——貴殿はこの事態を不可避とみなすだろうが——前述の望ましくない提案とこの事態とを比べてみなければならないだろう[117]。

---

116)　Munites of Meeting Between Yu Ta-wei and Marshall, May 8, 1946, 15：00 (Micro MM：reel. 16).

117)　「マ草案③」(FR 1946, IX：825, 827).

マーシャルにとって，内戦を回避するために国府進軍を停止させることと中共への政治的譲歩とは表裏一体のものとなった。

最後に，マーシャルが出した難問への第3の回答は，長春の地位に関するものである。国共両者にとって，当地は重要な戦略拠点だった。とりわけマーシャルは，蔣が停戦に応じるのは長春を獲得した後になるだろうとみていた。中共が長春を獲得して間もない4月29日，マーシャルは周との会談のなかでこう述べている。蔣は「長春の明け渡しと政府軍による長春占領を条件に停戦を行う」という提案に同意するだろうし，「もし中共が長春を明け渡せば，蔣主席が共産主義者に大きく譲歩し，満洲の他の地域に関して交渉しようとするだろう」[118]。その後，マーシャルは「蔣主席が再び長春を軍事力で獲得し，その地域［東北］で共産軍に対し優勢に立つよう考えている」ことが分かったとトルーマンに報告した[119]。マーシャルは，国共両者の要求の最大公約数をとる方法を模索することになった。

5月4日，マーシャルは徐永昌との会談で，その具体案を示している。まず，長春から中共軍を撤退させ，力の真空状態をつくる。そこに軍調部先遣隊を派遣し，長春市長に平和維持部隊（a peace preservation corps）をつくらせるというものだった[120]。マーシャルは軍調部が統制する前に国府が長春を占領することについては，あくまでも反対の立場だった。5月10日，彼は蔣介石に宛てた「マ草案③」のなかで，軍調部が長春を統制した後，3ヵ月も交渉すれば，国府が長春を占領することで最終合意できるだろうと述べ，蔣を説得しようとした[121]。翌日，兪大維と会談したマーシャルは，国府が長春を占領することに対して，明確に反対した[122]。17日，彼はこれまで示してきた提案をさらに詳細にして，それを周に提示した。まず，国共間で口頭による合意を達成する。

---

118) Minutes of Meeting Between Marshall and Chou En-lai, Apr. 29, 1946, 10：30 (Micro MM：reel. 16).

119) Marshall to Truman, May 6, 1946 (Micro MM：reel. 8).

120) Minutes of Conference Between Marshall and Hsu Yung-Chang, May 4, 1946, 20：15 (Micro MM：reel. 16).

121) 「マ草案③」(FR 1946, IX：826).

122) Minutes of Conference Between Marshall and Yu Ta-wei, May 11, 09：45 (Micro MM：reel. 16).

第7章　東北方針の展開　　　　211

次に，周が軍調部先遣隊の構成案を作成し，同時に国共両者が停戦令を出す。
その後，長春に軍調部を設置するのと並行して，中共軍を撤退させる。中共軍
撤退後，軍調部が市政を担当するとともに，長春に停戦執行小組を3〜4チー
ム設け，軍調部先遣隊が小組を指揮する。マーシャルは，およそこのような手
続きですすめることを提案した[123]。その後，21, 23日にもマーシャルは周に
この提案への同意を求めた[124]。

4.　東北方針の終焉へ

　最終的に合意達成された協定の内容を，ここで整理しておこう。まず，「東
北停戦令」は蔣に一部譲歩して，期限付きとなった。その期限については，当
初マーシャルと蔣が10日間と決めたが，周が1ヵ月の期間を要求したため，
15日間という期限で決着をつけることになった[125]。これが「マ草案⑤」に採
用され，合意に至った[126]。

　次に，「政治問題」であるが，これは最終合意案（マ草案⑤）には盛り込ま
れなかった[127]。国府の説得に時間をかけるよりも，停戦の成立を優先させた
のである。「政治問題」をめぐる協議は，停戦期限内の交渉に譲ることになっ
た。最後に，長春の軍調部管理案については，国府の長春占領後ようやく成立
することになった。6月4日，軍三委から軍調部に指令が出され，翌日，軍三
委が軍調部管理案を発表した[128]。すぐに軍調部先遣隊が長春に設置されたが，
すでに当地を占領している国府軍を撤退させることはきわめて困難だった。

　米国がこれまで抱えてきた「中国の統一」をめぐる問題は，ここで1つの帰

---

123)　Minutes of Meeting Between Chou En-lai and Marshall, May 17, 1946, 10：00 (Micro MM：
　　　reel. 16).
124)　Minutes of Conference Between Marshall and Chou En-lai, May 21, 1946, 10：40 (Micro MM：
　　　reel. 16); Minutes of Meeting Between Marshall and Chou En-lai, May 23, 18：00 (Ibid：reel. 16).
125)　マーシャルと蔣の会談内容は以下の電文で紹介されている。Memorandum for Chou En-lai,
　　　June 4, 1946 (MM：box. 5, RG59, NA). マーシャルと周の会談内容については，以下の電文に記
　　　されている。Marshall to Truman, June 5, (FR 1946, IX：977-979).
126)　Marshall to Chiang Kai-shek, June 5, 1946, Enclosure：Draft Press Release for the Committee
　　　of Three [マ草案⑤] (FR 1946, IX：981).
127)　Ibid (981).
128)　Press Release Issued at Nanking on June 5, 1946 (FR 1946, IX：976-977).

結にたどりついた。それはほかでもなく，国府（現政権）の領土接収を制約するという決定だった。当初，これは米国にとって暫定的な措置にすぎなかった。具体的な取決めは，停戦期間中の交渉に委ねられたからである。しかし，交渉が決裂して内戦が拡大すると，戦勝の見込みのない国府の領土接収を支援することはいよいよ難しくなった。9月下旬，マーシャルは「今後，私が通知するまでは，いわゆる（満洲の—原文）領土回復計画を達成するためのあらゆる行動——中国政府への兵器，戦闘装備供給——を延期させる」ことを望むとした[129]。この時期，米国政府は中国への武器禁輸を始め，米海兵隊も撤退し始めていた（第8章を参照）。結果的に，国府の領土統一を援助するという方針が放棄される原点は，1946年6月におけるマーシャルの決定にあったということになる。

　戦後米国にとって，国府接収とは抽象的な原則ではあっても，具体的な現実を想定した処方箋ではなかった。情勢変化への柔軟な対応は，あくまでも現地の調停作業に委ねられていた。東北で戦闘が激しくなり，中共が一時的にせよ優位に立つと，停戦の成立している華北への戦闘拡大が何よりも警戒されることになった。このときになって初めて，「中国本土」方針が東北に適用されることになり，それによって従来の東北方針は終焉することになった。以後，マーシャル・ミッションには連合政府構想だけが残されることになった。

---

129)　以下で伝達された内容による。Marshall to Gillem, Sep.27, 1946（FR 1946, X: 761).

第 8 章　国共調停の終焉過程

1. 最後の調停

　国共内戦の拡大は，停戦調停を基礎にしたマーシャルの連合政府構想を瓦解させていった。本章では，1946 年 6 月から翌年 1 月にかけて，米国が国共調停を完全に終了させていくまでの最終時期を扱う。米国は情勢をどのように認識し，目標をどのように立て，目標達成のためにどのような方法を模索したのだろうか。以下では，連合政府樹立という「目標」を一貫させながらも，実質的には目標達成の「方法」を次々に喪失し，やがて「目標」が実現できなくなっていくまでの展開を分析したい[1]。この時期は，各地で戦闘が拡大していくという情勢下にあったため，米国の調停内容・経緯は，以前よりもさらに複雑なものになった。そこで，まずはその調停プロセスを概観しておこう。

　6 月，「東北停戦令」の期限内で，マーシャルの国共調停が行われた。調停は，マーシャルが国共両代表それぞれと個別会談をもつか，あるいは軍三委を招集する（6 月 22, 23, 24 日）ことによってすすめられた。議題の中心は，当然のことながら，東北問題にあった。まず，東北停戦の期限延長が問題になった。15 日間の期限が過ぎた後，周が「実際の停戦協定」を成立させるよう要求したところ，蔣は 6 月 30 日まで延長することを認めた[2]。さらに延長期間中，

---

1)　タンは米国の「目的」を現国府改組，その「手段」を武力行使と想定し，後者が欠如していたために「目的」を達成できなかったとする（Tang 1963：ch. 9；邦訳 1967：第 9 章）。ここからは連合政府形成（目的）を達成するために，停戦に立脚した調停（手段）をどのように展開したのか，あるいはそれを喪失したのかが分析できない。

2)　Minutes of Meeting Between Marshall and Chou En-lai, June 6, 1946, 20：00（Micro MM：reel. 4［『周談判』：404 には該当箇所の記録なし]）．蔣の回答，6 月 20 日（『大事長編』6-上：187）。

24 日の軍三委において，無期限の東北停戦令が成立した（6.24 停戦令)[3]。次に，停戦実施の円滑化についても話し合われた。ここでは，軍調部と停戦執行小組の間に長春軍調部先遣隊（以下，先遣隊）をおき，先遣隊が東北小組の派遣先・派遣日程などを決定することで合意した。また小組レベルに限って，米国メンバーに最終決定権を付与することも決定した[4]。最後に，国共両軍の配置についてもまた中心的議題の1つになっていた。中国本土，東北ともに，停戦成立時における両軍の配置を回復することが原則とされた。つまり，本土については1月13日，東北は6月7日が，軍隊配置を回復するときの原点とされた（6.24 停戦令）。ところが，具体的配置までは協議がまとまらなかった。

　6月末，戦闘が広がり，こうした合意事項は有名無実になる。以後，内戦下での調停が模索されたが，正式な組織を通じた調停はもはや困難になっていた。軍三委は招集が難しく，11月11日に一度非公式協議が行われただけである。また8月，政治問題を協議する非公式五人委員会（非公式委）の設置が提案された。これは，米代表（スチュアート），国共代表各二名の計五名からなる文人の組織だったが，同委員会は正式な名称さえ決まらず，一度も招集されることなく，提案のみに終わった[5]。内戦下にあって，マーシャルとスチュアートは，国共両代表者それぞれと個別会談（南京）をしながら，調停をすすめていった。そのときの議題の変遷を整理しておこう。

　7月，軍事衝突の激しい華北において，中共軍撤退後の地方行政組織を承認するかどうかが問題になった。当時，スチュアートが駐華米国大使に就任し，マーシャル調停を支え始めた。7月末になると，議題は連合政府樹立までの手

---

3) Directive for the Termination of Hostilities in Manchuria ［以下，6.24 停戦令］(FR 1946, IX：1186-1187).

4) 長春軍調部先遣隊に関する合意文書は以下のものである。Memorandum by the Committee of Three to the Three Commissioners, at Peiping, June 14, 1946 ［以下，軍三委 6.14］(FR 1946, IX：1058-1059). 米国メンバーの最終決定権に関する合意は，以下で達成された。Minutes of Meeting of Committee of Three, Nanking, June 24, 10：35 ［以下，軍三委 6.24］(Micro MM：reel. 3). なお，その合意文書は，"Stipulations for the Resolution of Certain Disagreements Among the Field and Communication Teams, and Executive Headquarters in Changchun and Peiping," June 24 (FR 1946, IX：1189) である。

5) 米国政府資料には当委員会の名称が "Dr. Stuart's small group"，"small committee"，"informal committee"，"5 man committee" などさまざまに記録され，正式な固有名称は定まらなかった。本書では便宜上これらをすべて「非公式委」と呼ぶ。

第8章　国共調停の終焉過程　　　215

順に移っていった。停戦，交渉（非公式委，国府委），国大召集のいずれを優先させるかが，最大の争点であった。この優先順位をめぐる論争はやがて行き詰まり，9月16日，周恩来は南京から上海に退去することをマーシャルに書簡で伝えた[6]。以後，中共側の対米交渉役は王炳南，董必武に交代した。その後，周とマーシャルとの会談は，上海で1回（10月9日），南京で3回（10月26日，11月10日，12月16日）行われただけであった。

　その間にも協議すべき問題は増え続け，10月以降，論争状況はきわめて複雑なものになった。新たに追加された論点としては，張家口の10日間停戦，国大招集の手順・時期，憲草の内容とその作成手順，国府委・行政院改組の手順と内容などがあった。10月初旬，中国国内の第三勢力が国共調停を始めると，米国は自らの調停をやめ，彼らの調停を見守ることにした。ところが，11月15日に国大が召集されると，第三勢力それ自身の結束に亀裂が入ってしまった（第3章を参照）。以後，マーシャルは調停終了の検討を本格化させる。これを受けて，米国政府の中国政策に関する声明が用意されることになり，12月18日，トルーマンがその声明を発表した。翌年1月8日，マーシャルは調停を終え，帰国した。

2.　戦場を背景にした交渉

(1)　国府の交渉戦略

　6月以降，国共両者は内戦による対決の決意を固めていった。マーシャルは両者を戦場から政治交渉に引き戻そうとするが，戦闘の拡大とともに交渉のテーブルは縮小していった。むしろ軍事戦略を背景にした駆け引きとして，ようやく交渉が成立していたともいえる。だからマーシャル調停は，これまで以上に国共関係に翻弄されることになった。では，国共はどのような交渉戦略をもって，米国の調停に向き合ったのだろうか。

　まず，国府の戦略をみておこう。彼らが交渉で要求したものは，3つに分けられる。

---

6)　『周年譜』：692（1946年9月16日）。

216　　　　第2部　マーシャル・ミッションの展開

　第1は，支配地域の拡大である。これは第二次大戦後，領土統一という目標
を一貫して追求していた国府にとって，最優先ともいえる課題であった。1946
年6月以降，蔣はあるトレード・オフを中共に迫ることになった。6月17日，
彼は東北（黒竜江，興安，嫩江，吉林各省内）において中共軍3個師団の配置を
認める代わりに，華北（熱河，チャハル，山東）の中共軍に撤退するよう求め
たのである。特に熱河，チャハルについては，9月1日までに撤退することを
要求し，山東省については，6月7日正午以降中共軍が占領したあらゆる地区
から7月1日までに撤退するよう迫った。なお，その山東省においては，中共
軍が撤退するとすぐに当該地区を国府が占領するとしていた。国府が煙台，威
海衛，青島といった重要地区をすぐにでも確保したいという意思が，ここには
あからさまに示されていた[7]。6月25日，蔣はこの要求をさらに広げ，中共軍
が6月7日以降に占領した山東・山西両省の全都市，また承徳，古北口，蘇北，
膠済線などから撤退することを求めた[8]。7月2日，蔣は周恩来と直接会談し，
東北の重要地区（嫩江，興安など）が必要なら「チャハル，熱河両省を同時に
政府に渡すべきである」として，強硬的な姿勢でトレード・オフを迫った[9]。

　以後，蔣は停戦に一定の条件を設け，中共がその条件を受け入れるまでは戦
闘を続けるという戦略をとった。8月初旬，彼は停戦の5条件（以下，蔣5条
件）を提起し，これまでと同じようなトレード・オフを求めるとともに，中共
軍撤退地区にある地方政府については，これを確保するかどうかまで明言しな
かった[10]。蔣は，この条件が「政府の最大限の譲歩」であるとして，中共が
これに同意しなければ「談判は断固中止する」と強圧的な姿勢に出た[11]。た
だし，8月下旬までにマーシャルからの執拗な説得を受け，蔣は「蔣5条件」

---

7)　この提案は米を通じて周に伝達された。Memorandum by Caughey to Chou En-lai, June 17, 1946
　　［Annex1, 2］（FR 1946, IX：1075-1077）．提案の概要は，『大事長編』（6-上：181［6月17日]）。

8)　Memorandum From the Headquarters of Generalissimo Chiang Kai-shek, June 25, 1946（FR 1946,
　　IX：1193-1194）．なお『史料初編』7-3，『大事長編』6-上に収録なし。

9)　「蔣主席召見中共代表周恩来商談停止衝突恢復交通及整編統編軍隊等問題之談話記録」，1946年7
　　月2日（『史料初編』7-1：198）。

10)　蔣は「蔣5条件」をスチュアートに語り，米国側から周に伝達。Record of Conference, U.S.
　　Embassy, Aug. 6, 1946（Micro MM：reel. 3）．

11)　これは1946年8月6日，蔣がスチュアートに伝達するよう潘昌煥秘書に指示した内容である
　　（『大事長編』6-上：230）。

第8章 国共調停の終焉過程　　217

を堅持しながらも，一部マーシャルに譲歩して，軍事進攻をふみとどまること
もあった。蔣はこのときの心情を，日記にこう綴っている。「マーシャルがい
つも圧力をかけ，我々が承徳に進攻するのを制止した。もしそのようにせず，
我々が承徳をあえて占領したなら，将来東北で戦争が起こることになるが，そ
のときには［国民］政府が責任を負わねばならないと彼［マーシャル］は考え
ていた」[12]。

　しかし，蔣は停戦の条件を巧みに変更することで，戦闘を続けられるように
した。彼は，当時中共が反対していた非公式委・軍三委の招集，そして国大代
表者指名をわざわざ停戦の条件にしたのである[13]。9月中旬，この条件は微修
正されたが，基本的要求はこのときも同一だった[14]。10月16日，蔣は声明を
発表し，非公式委・軍三委・憲草委の招集などを停戦の条件に掲げると同時に，
もし停戦令を下すことになった場合には，中共に国大参加を宣言するとともに
国大代表者の名簿を提出するよう求めた。また彼はこの声明のなかで，国共両
軍の現状維持を求めていた。これは，国府軍が7月以降獲得した地区を確保し
ようとする声明にすぎなかった[15]。当然，中共はこれを拒否した。

　その間，国府は進軍を続け，11月までに華北・東北の要衝地（張家口，安
東）を獲得した。彼らは戦略拠点を押さえたところで，ようやく書面上の停戦
に応じた（11月8日）[16]。ここまで積み上げた既成事実を前提に，陳誠が11月
11日の非公式軍三委に臨むことになったが，そのとき彼が求めたのは，同日
正午の両軍配置を現状維持することであった[17]。もはや，戦場での成果を認

12)　蔣は「蔣5条件」の立場を譲らないという考えを，兪大維を通じてマーシャルに伝達した。
　　Minutes of Meeting Between Marshall and Yu Ta-wei, Aug. 28, 1946, 17：30 (Micro MM：reel. 3).
　　なお日記の内容は，『蔣介石日記』(box. 45, folder.9 [8月28日], HI)。日記は『大事長編』(6-
　　上：242) にも収録されているが，原文に拠った。
13)　Memorandum of Meeting With Generalissimo［蔣─マーシャル会談］, Sep. 9, 1946 (Marshall
　　Papers：box. 124, folder. 31, ML).
14)　蔣がマーシャルとの会談で要求した内容による。Marshall's Notes on Conferences With
　　Generalissimo, Sep. 15 and 17 at Kuling (Micro MM：reel. 3).
15)　「蔣主席発表関於処理目前時局之声明」，1946年10月16日（『史料初編』7-3：228-230）。
16)　「蔣主席頒布第三次前面停戦令」，1946年11月8日（『史料初編』7-3：241-242）。なお11月11
　　日正午から停戦令を実行するよう指令している。
17)　Minutes of Informal Meeting of Committee of Three, Nov. 11, 1946［以下，非公式軍三委］(FR
　　1946, X：518). このとき政府の提案文書が示され，その内容が紹介された。当該文書の全文は，
　　Chinese Government Proposal on Nov. 11 (Ibid：521) である。

めさせようとするだけの交渉でしかなかった。

　第2の交渉戦略は，停戦実施組織における中共の権限を抑制することである。国府は，軍調部や執行小組における米・国・共三者の全会一致原則（中共の拒否権）を制約しようとした。6月中旬，国府代表はマーシャルとの会談のなかで，軍調部や執行小組の米国メンバーに最終決定権を付与するか，あるいは多数決を導入するよう提案した[18]。しかし，このような提案はマーシャルや中共から了承を得られなかったため，国府は長春の先遣隊においてのみ，米国に決定権を与えることに同意した[19]。ところが7月以降，軍調部と小組はともに機能不全に陥っていき，結局，この決定がもつ意味は限りなく小さかった。停戦の当事者の一方が他方の権限を制約しようとすること自体が，停戦を維持することの難しさを物語っていた。

　最後の交渉戦略は，対米政策に関わるものである。そもそも蔣介石は，［国共に対して中立的な立場の］スチュアートが駐華米国大使に任命されることに「明らかに不満」であり，［国府寄りの］ウェデマイヤーに期待を寄せていた[20]。その蔣がとりわけ強い不満を抱いたのは，マーシャルの中共に対する妥協的な姿勢である。7月中旬，彼は日記にこう書いている。「マーシャルにはこう考えてもらわねばならない。彼の成功は，国共を調停して妥協を求めるばかりでは得られない。そうではなく，他方面で別の道を探すことだ。まずは，［国民］政府が共匪を軍事解決することに協力し，その後で共匪を招いて，硬軟おりまぜて対応するという道がある」（7月14日）。ただし，11月上旬，蔣は次のようにも書いている。第三勢力は中共に脅され，国大に参加できなくな

---

18)　蔣は米国メンバーに最終決定権を与えるべきだという自らの主張を，周との会談で強調するよう兪大維に言い渡した。6月18日，兪大維がマーシャルとの会談でこの点について語った。Minutes of Meeting Between Marshall, Hsu Yung-chang and Yu Tawei, June 18, 1946, 16：40（Micro MM：reel. 3）. 徐の日記によれば，彼は「多数決が実際に最も合理的であると解釈する」としている（『徐永昌日記』：289［6月18日］）。20日，兪大維はマーシャルに，多数決の原理を導入するよう提案した。Minutes of Meeting Between Marshall and Yu Ta-wei, Nanking, June 20, 9：30（Micro MM：reel. 4）.

19)　Minutes of Meeting Between Marshall, Hsu Yung-chang and Yu Ta-wei, Nanking, June 22, 1946, 09：30（Micro MM：reel. 3）.『徐永昌日記』：291（6月22日）には，この会談内容についての詳細な記載なし。

20)　これは，劉仲容と白崇禧が以下の会談で伝えた内容による。フェドレンコ―劉・白会談，1946年7月18日（PKO, V-1：no. 86, стр. 137）.

ったが，その中共の「目的は，米国代表を追い出し，マーシャルとスチュアートによる調停参加を拒むことにしかない。そうなれば，政府がいかに譲歩したところで，問題の解決をはかることはできない。ただし，マーシャルとスチュアートはひょっとすると我が政府に少しずつ接近できるかもしれない」（11 月 6 日）[21]。蔣はこのように記し，米国がすすめる調停に不満を抱きながらも，対米関係の改善にいくらか期待を残してはいた。何よりも内戦下にあっては，米国から援助を調達することが求められた。7 月 5 日，駐米大使に就任した顧維鈞にとって，米国による 5 億ドルの対中援助の取決めや武器弾薬提供の援助継続などは重要課題だった[22]。

　そこで蔣は対米批判を公言せずに，あくまでも調停に協力する姿勢をアピールした[23]。8 月初旬，トルーマンが蔣に直接メッセージを送り，マーシャル調停への協力を求めたとき，蔣は中共の停戦違反を非難しつつも，政府の基盤を拡大（全政党・無党派の参加）したり，政協決議を実施するなどしてマーシャルに協力すると回答した[24]。同月 23 日，パリ講和会議に出席した王世杰がバーンズに伝えた内容によれば，蔣介石はマーシャルが中国にとどまって協力してくれることを切望しているし，中共が参加するような政府改組を準備しているということだった[25]。国府からみれば，米国はかたくなまでに国府改組を望んでいた。9 月上旬，顧維鈞大使はこう報告している。米国は「昨年 12 月，トルーマン大統領が［中国政策について］宣言したものをいまなお維持し

---

21)　『蔣介石日記』（box. 45, folder. 8, 12〔7 月 14 日，11 月 6 日〕，HI）。日記は『大事長編』（6-上：217, 296）にも収録されているが，すべて原文に拠った（特に，11 月 6 日は原文と『大事長編』で大きな違いがみられる）。

22)　『顧維鈞回憶録』（第 6 分冊：1）。なお，米国政府が顧大使就任に同意するかどうかについて，国府は事前に譚紹華（駐米中国代理公使）を通じて照会している。このとき，アチソン国務長官代理は，彼の大使任命を「申し分ない」と高評価した。Acheson to Truman, June 21, 1946 (Truman Papers, O. F. 150：box. 757, TL).

23)　ただし，白崇禧によれば，トルーマンが対中 UNRRA 援助を一時停止したことは「蔣介石の神経を逆なでし」，蔣は「中国内政にあまりに深く介入するトルーマンの行動に強い憤りを覚え」たという。フェドレンコ―劉仲容・白崇禧会談，1946 年 7 月 18 日（PKO, V-1：no. 86, стр. 137）。

24)　「蔣主席覆杜魯門総統説明馬歇爾調処経過及共党破壊協定攻撃国軍情形並重申合作態度函」，1946 年 8 月 19 日（『史料初編』7-3：213-214）。伝達された英文は以下。Koo（顧維鈞）to Truman, Aug. 28, 1946 (Truman Papers, PSF, Subject File, 1940-1953：box. 150, TL).

25)　「王世杰部長呈蔣主席告與米国務卿貝爾納斯面談馬歇爾続留華合作及対華政策問題並建議力持忍耐電」，1946 年 8 月 23 日（『史料初編』7-3：214）。

ており，我々［中国］が連合民主政府を成立するのを助けようとしている」。また，マーシャルや国務省はどうやら「我々が政治分野で実際に，何らかの表明をするよう切望している」ようだ。現在協議している「国民政府改組の方法が合意達成できない場合でも，我々が自ら改組をして，改革に向けた誠意と決意を示すよう望んでいる」[26]。このように米国が望む以上，それを公然と非難することは難しかった。

しかし，蔣は現実の軍事戦略においては，米国の調停を無視し続けた。例えば，10月下旬，彼は宋子文に「安東接収計画は決定済みであり，マーシャル個人の喜怒哀楽で我々の東北接収の大計を頓挫させられない」と伝えた[27]。

その後，蔣は要衝地を獲得し，国大の召集まで終えることになるが，そのときになって初めて米国に公然と不満を語り始める。12月1日，蔣はマーシャルとの会談のなかで，国共連合ではなく「現中国政府と極東の安定」を促進することを求めたり，中共を「政府の有効な一部分」とみなすべきではないと訴えたりして，中国政策を再考するよう迫った[28]。9日，魏道明・前駐米大使もマーシャルに「米国は中国共産党の政府参加を強制することはできない」，それができるのはロシアだけだと伝えた。ただし魏は，ロシアの「最終目標は中国政府の転覆」にあるから，彼らが中共を政府参加させるために影響力を行使することはないだろうと付言した[29]。12月中旬になると，蔣はマーシャルに国共調停役ではなく，自身の「顧問」になることまでを求めるようになった[30]。国共調停を拒絶する姿勢は，いまやあからさまなものになった。

---

26) 顧維鈞から宋子文への電文，1946年9月9日（『宋子文文書』：box. 49, folder. 5, HI）。

27) 蔣介石―宋子文会談，1946年10月24日（『大事長編』6-上：286）。

28) Notes of Meeting With the Generalissimo from 4 to 7 p. m. Dec. 1, 1946 (Micro MM：reel. 4)。中文記録は『大事長編』（6-上：318-319）に収録されているが，会談の摘要であるため英文記録に依拠した。

29) Minutes of Meeting Between Marshall and Wei Tan-ming（魏道明，立法院副院長），Dec. 9, 1946, 17：00 (Micro MM：reel. 4)。

30) 蔣はスチュアートを通じて「顧問」に関する件を要請した。Minutes of Meeting Between Marshall and Stuart, Dec. 9, 1946, 11：00 (Micro MM：reel. 4)。『大事長編』（6-上：325 [12月12日]）。

(2) 中共の交渉戦略

　次に，中共の戦略について考察しよう。6月以降，中共は米国の政策や姿勢をどのように理解していたのだろうか。

　その前提にあったのは，米国国内を反動派（帝国主義勢力）と公正な勢力（一般人民，民主主義勢力など）に二分して捉えるという認識である。前者を非難して，後者の支持を獲得しようとする戦略がここから生まれた[31]。

　6月22日，毛沢東は声明を発表し，米国の軍事援助が「実際には，中国内戦への軍事介入にすぎないし，国民党独裁政府を強く支持して中国を内戦・分裂・混乱・恐怖・貧困に陥れるものにすぎないし，中国による軍隊再編・復員，そして国連の義務履行を不可能にするものにすぎないし，中国の国家安全保障・独立・領土主権保全を危うくするものにすぎないし，さらには米中両国の民族の栄光・友好，米中貿易の将来の発展を破壊するものにすぎない」と痛烈に批判した[32]。7月7日，中共中央は「米国の反動派は中国反動派と協力し，日本に代わって中国を米帝国主義の植民地にしようとしている」と宣言し，辛らつな反米非難を展開した[33]。翌日，周はこの非難の真意について，それが「米国人民あるいは米国政府全体への反対」を示すものではなく，誤った政策の再考を求めるものだとマーシャルに説明した[34]。あくまでも反動派の政策が攻撃の対象になっていた。

　その後も中共は，米国が国府の内戦を援助していると非難して憚らなかった[35]。7月末，周は「マーシャルの好意はすべて蒋介石に向けられている」とペトロフに不満を漏らした[36]。10月，周は上海の記者会見の席で，米国が国

---

31)　これは以下の各指示に現れている。「中央関於動員各群衆団体要求美国改変対華反動政策的指示」，1946年6月24日（『中共文件』第16冊：217);「中央宣伝部関於対美宣伝中的政策問題的通知」，7月21日（同上：259）。

32)　「反対美国対蒋軍事援助法案的声明」，1946年6月22日（『毛文集』第4巻：124）。

33)　「中国共産党中央委員会為紀念"七七"九周年宣言」『解放日報』，1946年7月7日（『停戦談判』：182）。

34)　周からマーシャルへの覚書，1946年7月8日（『周談判』：532）。

35)　後に，周はこう回想している。整軍方案が破られ，「内戦が勃発し，我々の代表は南京を去った。このときから我々は熱心に米国の正体を暴き始めた」。ミコヤン―周ら会談，1949年2月1日（PKO-V-2：no. 428, стр. 44）。

36)　このとき，ペトロフもまた次のように明言している。「マーシャルは自身の任務が脅威にさらされていることを理解してはいるが，彼の立場は国民党支援という米国の全般的政策によって決定

民党の大規模な内戦を援助しているとして,「中国の内戦を食い止めるために,駐華米軍を即刻撤退させ,一面的な援助［対国府援助］をすべて停止しなければならない」と要求した[37]。当時,中共中央は「マーシャルとスチュアートが調停を退くのを引き止める必要はない」と周恩来らに指示していた[38]。米国による調停があろうがなかろうが,もはや国府軍の攻勢を押しとどめることは難しかった。12月末,周は記者会見で3月以降の米国政府の政策を振り返り,米国が自国内の公正な世論に反して,反動的な中国政策を擁護・継続していると述べた[39]。

中共の対米姿勢はあくまでも厳しかったが,実際には米国と戦闘になることだけは避けようとした。7月初旬,中共中央は国民党軍に対する自衛的戦闘は認めながらも,「各地にいる米軍とは依然衝突を回避しなければならない」という方針を明確にした[40]。当時,周は米国の姿勢を冷静に判断しており,彼らが中国内戦に大規模な介入をすることはないとみていた。6月末,周はペトロフに次のように話した。マーシャルは「内戦再開が三大国による中国内政干渉をまねきかねず,そうなれば米国に不利だと理解してもいる。だから,彼は中共と国民党にお互い譲歩させるため,両者に圧力をかけているのだ。共産主義者はマーシャルも満足するような譲歩を,いくつか国民党に与える用意がある」[41]。周は10月末になっても,「国民党は米国から援助を得ているという利点はあるが,その援助は無条件ではなく,物的資源の援助に限られている。米国が戦闘に直接介入する可能性は非常に少なく,米海兵隊と小競り合いになる

づけられているのである」。ペトロフ—周恩来会談,1946年7月31日（PKO, V-1：no. 93, стр. 148）。

37) 上海における国内外記者に対する周の談話,1946年10月1日（『周談判』：662-664）。
38) 中共中央から周恩来・董必武への指示,1946年10月4日（『董年譜』：267）。
39) これはトルーマンの中国政策に関する声明（1946年12月18日）に対する評価として周が論じた部分である。「周恩来同志就時局問題答復新華社記者問」,12月28日（『新華日報』,12月29日）（『停戦談判』：240）。なお1946年夏以降,中共は米国が国府に余剰物資売却をしたことも非難していた。以下の声明,覚書それぞれにその非難が示されている。「中共中央関於反対美国以剰余戦争物資援蒋内戦的声明」,8月29日（『中共文件』第16冊：282-283）。周恩来からマーシャルへの覚書,9月14日（『周談判』：645-646）。
40) 中共中央から各中央局への指示,1946年7月6日（『葉年譜』上：460 [6月30日]）。
41) ただし周は,米国の援助がなければ「国民党の状況はまったく違っていただろうから,米国の援助は重大な要因である」と付言している。ペトロフ—周恩来会談,1946年6月27日（PKO, V-1：no. 77, стр. 127）。

第8章　国共調停の終焉過程　　223

以外，その可能性はない」とペトロフに語っていた[42]。

このように中共は，米国が軍事介入することは考えにくいものの，国府への軍事援助をすぐに全面停止することはないとみていた。したがって，戦場における状況を背景にして，政治交渉の戦略を組み立てるということに変わりはなかった。

交渉において彼らが要求した内容は，3つに大別できる。

第1は，交渉再開の手順である。彼らは，戦闘を続けながら政治交渉をしても，国府を利するだけだと考えていた。そこで停戦の成立を最優先にして，その後で政府改組の交渉，地方政府の承認，憲法制定，省選挙を順にすすめるよう提案したのである。この一連の要求は，多少の相違点はあるものの，6月以降，一貫していた[43]。8月，米国が非公式委の招集を求めたときにも，周は非公式委招集の前提条件として，あくまでも停戦を求めた[44]。9月5日，周はマーシャルとスチュアートにこう訴えた。蔣が「蔣5条件」を放棄すれば，特に彼が停戦を確約すれば，非公式委を招集してもよいし，中共としても譲歩はする。停戦がない状態で政府改組を議論しても不毛であるから，国府委の設置までには停戦が必要である[45]。周はペトロフとの会談でもこの問題を取り上げ，米国も国民党も非公式委の招集を提案するものの，彼らは「停戦を確約しない」と説明していた[46]。9月11日，周はマーシャルとの会談で，停戦がなければ政治交渉で譲歩はできないと従来の主張をくり返し，軍事問題，とりわけ

---

42)　ペトロフ―周恩来会談，1946年10月26日（PKO, V-1：no. 132, стр. 191）.

43)　例えば，6月下旬，7月下旬における周―マーシャル会談でそのような要求が提起された。Minutes of Meeting Between Marshall and Chou En-lai, June 26, 1946, 14：00 (Micro MM：reel. 3).『周談判』：477, 479; Minutes of Meeting Between Marshall and Chou En-lai, July 26, 10：15 (Micro MM：reel. 3).『周年譜』：684（7月26日）. 周はペトロフとの会談でも，「即時，無条件に停戦し」てから政府改組すべきだという中共の立場を報告している。周―ペトロフ会談，7月31日（PKO, V-1：no. 93, стр. 147）.

44)　Minutes of Meeting Between Marshall, Chou, Robertson and Yeh, Aug. 15, 1946, 10：45 (Micro MM：reel. 3).『周談判』：611. ただし，中文は会談摘要なので英文に拠った。

45)　Minutes of Meeting with Chou, Stuart, and Marshall, Sep. 5, 1946, 16：40 (Micro MM：reel. 3). なお『周年譜』：690（9月5日）の会談摘要によれば，周は非公式委を招集するのに3条件を提起している。①国府委の改組を政協決議の手順通りに政協総合小組が最終決定すること，②国府委改組の方法を決定後，政府が即時停戦に応じること，③政府が「蔣5条件」を放棄することである。

46)　ペトロフ―周恩来会談，1946年9月10日（PKO, V-1：no.104, стр.159）.

停戦問題のみを扱う軍三委を即時招集することを求め，その後で政治問題を扱う非公式委を開き，国府委を設置するよう訴えたのである[47]。しかし，その要求が実現しないまま，9月下旬までに周は南京を退去してしまい，政治交渉から距離をとることになった。そのとき彼が交渉復帰の条件として求めたのは，やはり停戦あるいは停戦協議をするための軍三委を招集することであった[48]。周から交渉を引きついだ董必武は，国府が大挙して張家口などに進攻しているさなか，「どのようにして停戦を保障するのか」とスチュアートに迫った。また董は軍三委であれ，非公式委であれ，「我々の最終目標は停戦である」として，これまでの主張をマーシャルにぶつけた[49]。

第2の要求は，国共両軍の配置に関するものである。中共は，停戦令が効力をもった時点における両軍の配置を基準にして，情勢を回復するよう求めたのである。したがって，東北については6月7日，本土（関内）については1月13日時点がその基準となった。6月17, 18日，周はマーシャルと会談し，東北を6月7日正午時点の情勢に回復するよう訴えた。なかでも18日の会談のなかで，周は関内における両軍の配置を1月13日時点に回復することが最も公正であると述べていた[50]。19日，彼はマーシャルに具体的な両軍配置についての覚書を提出し，次のように求めた。東北においては安東，牡丹江，チチハル，北城，ハルビンの5地点にそれぞれ中共軍各1個師団を配置する。華北においては，国共双方ともに停戦令の実行された1月13日以降に占領した都市・農村からそれぞれ撤退する[51]。周はこのように要求したが，蔣は東北における両軍配置の基準を6月7日時点にすることに否定的であった。それでも周は譲歩することなく，6月29日，マーシャルとの会談のなかで，「整軍方

---

47) Minutes of Meeting Between Marshall and Chou En-lai, Sep. 11, 1946, 10：35 (FR 1946, X：179-181).『周談判』『周年譜』ともに収録されていない。

48) 周からマーシャルへの覚書，1946年9月21日（『周談判』：649-650); 周からマーシャル・スチュアートへの覚書，9月27日（同上：651)。なお，周は南京から上海へ去るとき，「閣下が三人会議［軍三委］の召集を決定され，その通知を受けたら，私はすぐに南京に戻ります」とマーシャルに書簡で伝えていた（『董年譜』：264［9月16日]）。

49) 董必武・王炳南―スチュアート会談，1946年9月28日，董必武―マーシャル会談，29日（『董年譜』：265-266)。

50) 周―マーシャル会談，1946年6月17, 18日（『周談判』：438, 445-446)。

51) 周からマーシャルへの覚書，1946年6月19日（『周談判』：455-456)。

第8章　国共調停の終焉過程　　225

案」の暫定的修正案を作成するにあたって，東北は 6 月 7 日，本土は 1 月 13
日の時点を両軍配置の基準にするよう明記してもらいたいと迫った[52]。彼は
10 月 9 日のマーシャルとの会談においても，11 月の非公式軍三委においても
この主張を変えることはなかった[53]。

　第 3 の要求は，憲法制定までの手順である。7 月末以降，国共交渉再開まで
の手順が議題の中心になったとき，憲法制定までの順序もまた具体的な争点と
して浮上し始めた。中共は，国大を 11 月 12 日に召集するという国府の単独決
定を最初から拒絶していた（第 3 章を参照）。中共にとっては，国大で憲法を制
定するまでに経るべき手順というものがあった。8 月 29 日，周はマーシャル
との会談でその手順を語っている。それによれば，まず憲草委で憲草の修正に
取り組み，次に政協総合小組で国大の代表者を決定する。その後，国大を召集
し，憲法制定にすすむという手順であった。ただし，この憲法制定の手順につ
いては，政府改組の手順（非公式委招集から国府委設置までの手順）とは区別し
てすすめるべきだという複雑な主張であった[54]。

　以上，3 つの要求を複雑に組み合わせながら，中共は交渉をすすめていた。
ただし，交渉全体の流れを整理したとき，時期によって彼らが強調する部分を
変化させていることに気づく。

　11 月までは迫りくる国府の進軍を抑えるため，第 1・第 2 の要求がとにかく
強調された。例えば，6 月には蔣の求めるトレード・オフ提案を拒絶している。
6 月 18 日，周はマーシャルとの会談のなかで，この提案を「考慮することが
できない」と突っぱね，27 日には，東北と関内を［取引きするのではなく］
分離して議論すべきだと訴えた。特に，国府が求める膠済鉄道，承徳，古北口
等からの中共軍撤退には応じなかった[55]。7 月末，周はペトロフ大使に「蔣介

52）　Minutes of Meeting Between Marshall and Chou En-lai, June 29, 1946, 15：30（Micro MM：reel.
　　3）. 中文記録は『周談判』：502-504 に収録されているが，上記の発言内容については記載されて
　　いない。

53）　周―マーシャル会談，1946 年 10 月 9 日（『周談判』：670）; 非公式軍三委［11 月 11 日］（FR
　　1946, X：518 ［中文記録は『周談判』：685-687 に収録されているが，該当部分の発言は収録され
　　ていない]）。

54）　Minutes of Meeting Between Marshall and Chou, Aug. 29, 17：00, 1946（Micro MM：reel. 3). な
　　お『周年譜』：688（8 月 29 日）は，簡素な会談摘要であり，該当部分の記録なし。

55）　周―マーシャル会談，1946 年 6 月 18, 27 日（『周談判』：444, 487)。

石は戦略的に最重要な地区から中共軍を撤退させようとしている」が，中共は
それを手渡さないと報告していた。たとえ手渡さなければばならないとしても，
「少なからず他の重要地区を確保するよう努める」つもりだと周は付言した[56]。
8月，蔣が「蔣5条件」を提起したときも，周はそのすべての条件に反対して
いる[57]。9月末，国府軍の張家口攻撃が迫るなか，周は即時停戦を呼びかけた。
たとえ10日間の期限付き停戦が議題になったところで，周は無期限の停戦だ
けを求めた。彼は，「国民党が張家口およびその周辺地域に対する一切の軍事
行動を即刻停止しない場合，中共としては政府が全面的決裂を公然と宣言し，
政治的解決の方針を最終的に放棄したものとみなさざるを得ない」と言明し
た[58]。このとき中共が懸念していたのは，10日間のうちに蔣が軍隊移動の便
宜をはかろうとすることであった[59]。董必武は米国側に「このような期限を
設けるのは，勝者が敗者を脅迫する以外の何ものでもない」として，国府の要
求をあくまでも拒絶した[60]。その後，中共は国府の進軍を受けて張家口を失
ったが，彼らが従来の要求を変えることはなかった。中国本土においては1月
13日時点の情勢を回復すべきであるという第2の要求に基づいて，張家口を
中共に返還するよう求めたのである[61]。彼らは「蔣介石が引き続き進攻する
のを利するだけ」だから，「現地点での停戦は提起しない」よう第三勢力を説

---

56) ペトロフー周恩来会談，1946年7月31日（PKO, V-1：no. 93, стр. 147）。

57) 8月6日，周がスチュアートに語った内容による。Record of Conference, U. S. Embassy, Aug. 6, 1946 (Micro MM：reel. 3)．なお同日，周から中共中央，葉剣英に伝達された電文においても当該会談内容が紹介された。そのなかで周はスチュアートに「一条たりとも絶対に受け入れることはできない」と話したと報告している。「蔣介石的五条要求絶対不能接受」，8月6日（『周談判』：583）。

58) 周は上記の点を国府に伝達するようマーシャルに要請した。周からマーシャルへの覚書，1946年9月30日（『周談判』：654）。なお周が期限付き停戦に反対した点については，以下で確認できる。周がスチュアートに口頭で語り，その内容をスチュアートが記録した文書（Reply from Yenan as follows, Oct. 8 [Micro MM：reel. 4]．『周談判』『周年譜』に記録なし）。

59) 「中央関於目前戦局及談判問題給周恩来，董必武的指示」，1946年10月10日（『中共文件』第16冊：307）。

60) 董必武・王炳南—マーシャル・スチュアート会談，1946年10月8日（『董年譜』：268）。

61) Memorandum of Conversation Between Stuart and Wang Pin-nan（王炳南），Oct. 17, 1946 (FR 1946, X：381)．なお10月4日，すでに中共中央から周恩来・董必武に次のような指示があった。「国民党が張家口に進攻したため，談判は止めなければならない。談判するには，1月13日以前の部隊配置に戻さねばならない。さもなければ周の［会談］復帰は先送りする」（『董年譜』：267 [10月4日]）。

得しようとした[62]。

　ところが 11 月，蒋が要衝地を押さえ，書面の上で停戦令に合意し，国大を召集すると，中共は従来通りの交渉戦略で臨むことができなくなった[63]。そこで，彼らは重点を第 2・第 3 の要求に移していった。つまり国共交渉を再開する条件として，軍隊の配置と国大の停会をセットにして要求するようになったのである[64]。11 月末，董必武はスチュアートを訪問し，「国大が召集されているさなか，三人会議［軍三委］で話し合えることはないし，何の保障にもならない。米国は調停方法を改めねばならない。さもなければ，逆効果になるだけだ」と厳しい口調で語った[65]。中共が交渉に復帰する見込みは，これでほとんどなくなってしまった。

　このように中共は戦況の推移に合わせるようにして，政治交渉の重点を変化させた。しかし，彼らが 3 つの要求それ自体の内容を修正することはなかった。柔軟に対応しながら，ときに譲歩するといった姿勢は，少なくとも公式の立場にはみられなかった。どれだけ情勢に変化が生まれても，同じ要求しかくり返さなかったところに，中共の断固たる対決姿勢が現れていた。

3. 内戦下の政策目標

(1) 米国からみた国共

　国共内戦を前にして，米国はどのような方針をとったのだろうか。その政策目標を考察するために，まずは彼らの情勢認識を検討しておこう。ここでは，調停を主導したマーシャルとスチュアート大使の認識を中心に取り上げたい。

　まず国共それぞれに対して，彼らはどのような評価を下していたのだろうか。6 月以降，彼らの国府認識はほぼ一貫していた。マーシャル，スチュアートと

---

62)　中共中央から周恩来・董必武への指示，1946 年 10 月 20 日（『董年譜』：269）。

63)　　当時，軍調部中共代表・葉剣英は，「蒋介石が公布した停戦令は事前に中共の同意を得ていないので効力をもたない」という見解を示していた。レドフスキー—葉会談，1946 年 11 月 11 日（PKO, V-1：no. 140, стр. 203）.

64)　「中共中央発言人廖承志関於揭穿蒋介石継続大打陰謀的声明」，1946 年 11 月 10 日（『中共文件』第 16 冊：331）；周からマーシャルへの覚書，12 月 3 日（『周談判』：700）。

65)　董必武—スチュアート会談，1946 年 11 月 29 日（『董年譜』：275）。

も政府内でCC系や軍事指導者が台頭し，彼らが武力方針を先導しているとみていた。CC系や軍事指導者は，右派あるいは反動派と呼ばれることもあった。マーシャルは，自身の調停を阻害する主な勢力がCC系であると考えていた。例えば5月4日，蔣の政治顧問を務めるビールが南京にマーシャルを訪問した際，マーシャルは反共活動を扇動する「CC系」を「自らの調停における敵」とみなしていたという[66]。またスチュアートの回想によれば，「マーシャル将軍は自身の［調停］努力を阻害する反動勢力の指導者として，彼［陳立夫］のことに頻繁に言及した」という。スチュアート自身，CC系を率いる陳立夫と陳果夫が蔣介石のパトロンであり，CC系が国民党内の派閥をすべて支配しており，彼らが「大きな影響力」をもっていると考えていたという。陳兄弟の子分たちは，その影響力を脅しや自己利益のために使い，あまりに残忍で抑圧的なやり方をとっていたとスチュアートは回想している[67]。

　6月17日，東北問題の解決に手を焼いていたマーシャルは，国府内の将校・政治家のなかには「武力方針だけが情勢を改善するだろうし，共産主義者はすぐに壊滅できる」という信念を自由に語るものがいるとトルーマンに報告した[68]。スチュアートも国民党最右派が中共の軍事消滅を公然と主張していることに懸念を示すようになった[69]。8月，「蔣5条件」などに接したマーシャルは，「現時点で蔣主席は，明らかに唯一の解決策として武力方針をとることに傾いているようだ」と蔣の強硬姿勢に警戒を強めた[70]。11月の国大召集後，マーシャルは反動派の台頭はもはや覆せないと判断するようになった。11月23日，マーシャルは「反動的な国民党指導者の優位は明らかだ」と本国に伝えた[71]。12月初旬，彼はスチュアートとの会談のなかで，国府内の反動派権力を打倒できる可能性があるとは思えないと述べた[72]。同月中旬，マーシャ

---

66)　Beal (1970 : 23).

67)　Stuart (1954 : 164). ただし内戦当初，スチュアートは「蔣介石が反動派の多大な影響下におかれているわけではない」，「陳立夫は自らの反動的活動を長期間続けることはできないだろう」と述べていた。ペトロフ–スチュアート会談，1946年7月25日（PKO, V-1 : no. 92, стр. 146). 上記の回想は，事後の展開を加味した評価であろう。

68)　Marshall to Truman, June 17 (18), 1946 (FR 1946, IX : 1100-1101).

69)　Stuart to Byrnes, July 27, 1946 (FR 1946, IX : 1417).

70)　Marshall to Truman, Aug. 17, 1946 (FR 1946, X : 54).

71)　Marshall to Truman, Nov. 23, 1946 (FR 1946, X : 558).

第8章　国共調停の終焉過程　　　229

ルは蒋と反動派を引き離すことはきわめて困難だとスチュアートに語り，スチュアートもこれに異論を唱えることはなかった[73]。当時，マーシャルはこの問題についてペトロフ大使にも率直に語っており，国大の「反対勢力がCC系，黄埔系の支持者から構成され」ていて，「ファシスト的な軍事集団と国民党反動勢力は自らの地位に固執している」と非難していた。スチュアートは「蒋介石が国民大会において民主的憲法を採択できるよう尽力している」ことについては認めながらも，「新憲法は国民党の最も反動的な勢力，つまり最大の派閥であるCC系，そして彼らと提携している孔庚率いる保守主義の集団からかなり強い反対を引き起こした」とペトロフに話していた[74]。

　一方，彼らは中共をどのように認識していたのだろうか。スチュアートは中共の最終目標が共産中国の形成にあるとしても，「彼らはその達成のための一段階として，民主憲法をもった連合政府に協力する用意」はあるとみていた[75]。一方，マーシャルは中国政治における中共の役割について語ることはほとんどなく，事実上，スチュアートの見解に賛同していたと考えられる。後年，マーシャルは中共について「戦後現地に行くまで詳しく知らなかった」と回想している[76]。

　1946年夏から米国は中共からの辛らつな対米批判に直面する。スチュアートは8月以降，中共の報道機関がマーシャルを「反動派」と呼び，米国の調停を批判し始めたことを重くみていた[77]。マーシャルは，周が南京を去ってから第三勢力による説得にも応じようとしないことから，軍三委代表を自分が務めることに中共が反対するのではないかと懸念した[78]。しかし，スチュアー

---

72)　Minutes of Meeting Between Marshall and Stuart, Dec. 5, 10：00, 1946 (Micro MM：reel. 4).

73)　Minutes of Meeting Between Marshall and Stuart, Dec. 13, 1946, 10：30 (FR 1946, X：622).

74)　ペトロフ—マーシャル会談，1946年12月4日（PKO, V-1：no. 145, стр.212）；フェドレンコ—スチュアート会談，12月5日（Там же：no. 146, стр. 214）.

75)　Stuart (1954：172).

76)　1956年11月21日，ポーグとのインタビューにおけるマーシャルの回答による（Bland, ed. [1986] 1996：367）。当時，マッカーシズムのピークが過ぎて数年しか経っていないため，マーシャルはこの問題について明確な回答を避けたとも考えられる。しかし，少なくともマーシャル・ミッション当時，彼が中共評価（特にその政治的役割）を明確に論じた公式の文書は見当たらない。

77)　スチュアートが国務長官に宛てた電文にこの懸念が示されている。Stuart to Byrnes, Aug. 15, 1946 (FR 1946, X：49).

トにしてもマーシャルにしても，中共が内戦で守勢に立たされている以上，彼らが停戦を切望するのは当然だとみなしていた。8月末，周との会談に臨んだスチュアートは，どうやら周はマーシャルが蔣に停戦（3〜4日間）の圧力をかけるなら，中共も同様の停戦令を出す用意があると考えているようだと判断した[79]。その後，スチュアートもマーシャルも中共が停戦を強く求めているとみなすようになった[80]。特に，スチュアートは中共が武力闘争のために時間稼ぎをしているのではなく，停戦と連合政府の形成を求めているのだと判断していた[81]。だから10月初旬，中共が張家口の10日間停戦案を拒否したとき，2人にとってこれはまったく予想外のことだった。マーシャルは，周の回答を理解することは難しく，周を説得することは「ほとんど不可能だった」とトルーマンに伝えた[82]。

11月以降，彼らは中共がもはや交渉を望んでいないという認識に至った。11月13日，スチュアートは，周が上海から延安に帰還し，中国「共産党の連合政府計画への参入努力」が暗転したため，少なくとも現時点で当該計画は「実行不可能だと思われる」と本国に報告した[83]。12月初旬，中共が実現可能性の低い2つの条件（軍隊配置と国大停会）を要求したとき，スチュアートはますますその確信を強めた。彼は中共が「明らかにこれ以上の交渉を望んでいない」ようであるし，中共が蔣の武力解決による挑戦を受け入れたも同然だとみなした[84]。マーシャルもまた中共による「反米プロパガンダは，マーシャル使節に対する批判を念頭においたもので，まったく正当ではない」，中共は

---

78) Marshall to Truman, Oct. 17, 1946 (FR 1946, X : 383).

79) 8月28日午後，周－スチュアート会談が行われ，その会談内容が以下の会談で紹介されている。Meeting Between Stuart and Col. Hutchin（軍調部米国メンバー），Aug. 28, 1946, 18 : 15 (FR 1946, X : 91).

80) 両者の見解はそれぞれ以下の電文に示されている。Stuart to Byrnes, Aug. 30, Sep. 6, 1946 (FR 1946, X : 112, 162); Marshall to Truman, Sep. 6 (Ibid : 160).

81) ただし，中共が武力闘争のための時間稼ぎをしているという議論をあまりに軽視することはできない，とスチュアートは留保を付けている。Stuart to Byrnes, Sep. 18, 1946 (FR 1946, X : 204).

82) マーシャルからトルーマンへの報告は，以下。Marshall to Truman, Oct. 10, 1946 (FR 1946, X : 351-354). なおスチュアートは，以下の会談で，中共の態度が理解できないと語っている。Minutes of Meeting Marshall and Stuart, Oct. 8, 11 : 45 (Micro MM : reel. 4).

83) Stuart to Byrnes, Nov. 13, 1946 (FR 1946, X : 538).

84) Minutes of Meeting Between Marshall and Stuart, Dec. 5, 1946, 10 : 00 (Micro MM : reel. 4).

「残念ながら未確認の目的物に関して，まったく根拠のない非難をすることがよくある」と強い不満をペトロフにぶつけている[85]。12月末，彼は「共産主義者はすでに以前の方針に沿って米調停を受け入れるという意図はまったくなく，私は明らかに*好まれざる人物*になった」と本国に報告した[86]。

(2) 中国分断の警戒

国共ともに相手への不信や敵意は募る一方であり，両者の内戦は拡大の一途をたどった。では，米国は内戦の趨勢をどのようにみたのだろうか。

彼らは，短期的には国民党が優位であり，中共は守勢に立たされていると判断した。8月1日，マーシャルは周恩来と会談し，6月14日以降の「大規模な攻撃を仕掛けているのは政府側である」と思うと語り，国共双方ともに事態が統制できなくなることに懸念を示した[87]。同月16日，彼は蒋介石と会談したときにも，政府側が攻撃的作戦をとっているのに対して中共が防衛的対応をしているという中共の見解を紹介し，これが蒋の見解とは正反対であると語った[88]。9月中旬，スチュアートが国務長官に伝えた報告によると，中共は停戦を最優先に求めてはいるが，政府指導者はラディカルな改革よりも戦闘を優先していた[89]。このようにマーシャル，スチュアートともに国民党が攻勢に立っていると評価していた。

しかし，長期的な見通しとなると事情は異なった。彼らは，半年もすれば国共が軍事的に対峙し，中国分断の状況が生まれると予測した。9月下旬，スチュアートはこれまでの軍事情勢を詳細にまとめ，次のように報告した。観察者の間では，中共が攻撃・防衛いずれにおいても内戦には勝利できないだろうし，装備・訓練の面で国府軍よりも劣勢であるというのが一致した見解である。しかし，満洲で戦闘が再開すれば，内戦は全面化することになり，その6ヵ月後

---

85) 特に，マーシャルは蒋の張家口侵攻を阻止しようと努力したにもかかわらず，中共がその努力を知らないことに不満をいだいていたようである。ペトロフ=マーシャル会談，1946年12月4日 (PKO, V-1：no. 145, стр. 213).

86) Marshall to Truman, Dec. 28, 1946 (FR 1946, X：663). 斜体は原文イタリック。

87) Minutes of Meeting Between Marshall and Chou, Aug. 1, 1946, 16：00 (FR 1946, IX：1432-1433).

88) Notes of Meeting of Marshall With the Generalissimo, Aug. 16, 1946 (Micro MM：reel. 3).

89) Stuart to Byrnes, Sep. 18, 1946 (FR 1946, X：204-205).

には国府の攻勢は行き詰まるだろう。なぜなら国府には攻撃を拡大するだけの物資が不足しており，中共も戦闘を回避しながら国府軍の交通を遮断するなど反撃できると考えられるからである。そうなれば，沿岸，人口の集中した地区，大半の交通線を押さえた国府と内陸にいる中共とが対峙することになる[90]。このように国共が分立するだろうという予測は，国府が要衝地を押さえた10月下旬になっても大きく変わらなかった。たとえ国府が中共の根拠地を破壊したとしても，中共軍の主力は山岳の要塞に撤退しているため無傷であるし，彼らがゲリラ戦を展開するとみたからである[91]。この厳しい評価は，国府の財政状態が深刻であるという事情も手伝っていた[92]。スチュアートと同じく，マーシャルもまた国府が内戦に全面勝利できるとは考えていなかった。そもそも1946年春以降，彼は東北において国府軍が戦勝できる見込みは低いと評価していた（第7章を参照）。その後，国府軍が華北・東北で攻勢に立った10月下旬の時点においてさえ，彼の評価は厳しかった。中共には降伏する考えはないし，彼らは都市を失ってはいるが，軍隊までは失っておらず，国府の弱点に焦点をあてて，できるところから攻撃を仕掛けているとみたのである[93]。

　このような予測は，さらに大きな懸念を生んだ。中国内戦が拡大することによって，ソ連の介入を招いてしまうのではないかと心配されたのである。7月下旬，スチュアートは中国内戦が拡大すれば，中国分断につながるし，そうなればロシアの［利権］略奪にとって有利な状況になると蒋に伝えたが，その会談内容を本国にも報告した[94]。当時，CIAの前身であるCIG（Central Intelligence Group）も似たような推測を立てていた。ソ連は「少なくとも長期的には，中国全土で優越した影響力をもつことはできない」が，2つの方法によって「基本目標は達成できる」。1つは「中国共産党が主力として参加できる連合政府を形成する」こと，もう1つは「国家を分断して，中国共産党がソ

---

90)　Stuart to Byrnes, Sep. 27, 1946 (FR 1946, X：235-236).

91)　Stuart to Byrnes, Oct. 31, 1946 (FR 1946, X：458).

92)　これはペッファー（Nathaniel Peffer，コロンビア大学教授）の見解を基礎にしたスチュアートの情勢認識である。Stuart to Byrnes, Oct. 17, 1946 (FR 1946, X：387-388).

93)　これはマーシャルが蒋介石に語った内容を，改めてスチュアートに紹介したものである。Notes on Meeting Between Marshall and Stuart, Oct. 29, 1946, 10：45 (Micro MM：reel. 4).

94)　Stuart to Byrnes, July 21, 1946 (FR 1946, IX： 1389).

第8章 国共調停の終焉過程 233

ビエト連邦隣接地域を排他的に支配する」ことである。ソ連は連合政府の形成を優先するだろうが，「もし連合の樹立に失敗し，内戦に歯止めがきかなくなったときには，おそらくソビエト連邦は中国共産主義者が満洲と華北において実効支配をかためるのを支援するだろう」と予測したのである[95]。8月中旬，マーシャルは，内戦が全面化（特に熱河，満洲に戦闘が拡大すること）すれば，ソ連に直接あるいは秘密裏に中共を支援するための好機を与えることになると蔣に警告を与え，その見解をそのままトルーマンにも伝えた[96]。9月上旬になると，マーシャルの指示を受けて，駐華米国大使館が中国政策に関する報告書をまとめることになった。それによれば，「最大かつ緊要の要因は，内戦状態が中国の対立におけるソ連の利益をいやおうなく増進させるとともに，情勢を利用して米国に中国撤退を説得できるという希望をソ連にもたせることにある。ソビエトの中国に対する政治的拡張は米国の国家安全保障にとって脅威となるだろう」。また「内戦が膠着状態に陥るという深刻な危険」もあるし，そうなれば「中国は実質2つの地域に分断されることになり，その北方でソ連が優越的影響力を行使することになるだろう」と予測されていた[97]。

　当時，本国においても同じような警戒の声は聞かれた。例えば8月2日の閣議で，フォレスタルはこう述べた。米国が中国から撤退すれば，「ロシアの影響力が［中国］全土に浸透する」ことになるだろう。「好むと好まざるとにかかわらず，米国はいつであってもこのような事態や中国内戦という条件を受け入れることはできない。なぜなら，それが他の大国あるいは諸大国グループの中国介入を引き起こし，彼らによる中国支配を誘発するからである」[98]。また9月9日，ヴィンセントも譚紹華（駐米中国公使）に内戦の拡大がソ連の中共

---

95) Central Intelligence Group, "Soviet Foreign and Military Policy," July 23, 1946 (Clifford Papers, Subject File, 1945-54：box. 15, TL).

96) マーシャルが蔣に語った内容は，以下2つの会談記録による。Minutes of Interview Between The Generalissimo and Marshall, Aug. 8, 1946, Afternoon (Micro MM：reel. 3); Notes of Meeting of Marshall With the Generalissimo at Kuling, Aug. 16 (Ibid：reel. 3). また彼がトルーマンに報告した内容は，後者の会談内容に関するものである。Marshall to Truman, Aug. 17 (FR 1946, X：54).

97) Draft Policy Memorandum Prepared in the Embassy in China [W. Walton Butterworth Jr to Marshall, Sep. 6, 1946] (FR 1946, X：147-150).

98) Cabinet Meeting, Aug. 2, 1946 (Micro Forrestal：reel. 2, vol. 5, no. 1191).

234　　　第2部　マーシャル・ミッションの展開

支援を引き起こすことになるだろうと警告を発した[99]。

スチュアートはこのように危険な情勢を避けるべく，「ソビエト連邦が米国とともに中国問題の解決に参入する希望を捨てていない」とペトロフ大使に告げたことがあったが，ペトロフからは，「ソビエト連邦は中国への内政干渉を不可能だと考えて」おり，モスクワ外相会談の決議を堅持するという回答を得るにとどまった[100]。

11月末以降，国府の軍事攻勢が落ち着きをみせると，スチュアートはソ連がすぐに介入することはないだろうと判断するようになった[101]。マーシャルは「これまで彼［マーシャル］の知っている限り，ロシアの行動は消極的なものにすぎなかった」としながらも，「国民党の武力方針がロシア介入を招く」という懸念それ自体は放棄していなかった[102]。

(3) 連合政府の樹立

米国はこのような認識を前において，どのような目標を立てたのだろうか。彼らは中国情勢に強い警戒感をいだきながらも，これまでの政策目標を変えようとはしなかった。あくまでもトルーマン声明（1945年12月15日）のなかで示した路線——強い，統一された，民主的中国の成立——を堅持したのである。

1946年6月3日，マーシャルは周との会談のなかで，昨年12月以降，上記のトルーマン声明に基づいて調停をしてきたと述べた[103]。8月から9月にかけて，ヴィンセントも顧維鈞，グレイブズ（H. A. Graves）駐米英国大使館参事それぞれに対し，米国の中国政策に関する公式見解として，上記声明の路線を修正することなく，これを堅持すると伝えた[104]。12月，1年余りにわたるマ

---

99)　Memorandum of Conversation by Vincent, Sep. 9, 1946 (Truman Papers, PSF, Subject File, 1940-1953 : box. 150, TL).

100)　ペトロフ―スチュアート会談，1946年9月14日（PKO, V-1：no. 113, стр. 164）.

101)　Minutes of Meeting Between Marshall and Stuart, Nanking, Dec. 5, 1946, 10：00 (Micro MM：reel. 4).

102)　無党派見識者との会談におけるマーシャルの発言による。Notes on Meeting Between Marshall and Professors Lo Chung-shu, Wu Chi-yu, and Yi, Nanking, Nov. 19, 1946, 11：00 (FR 1946, X：552).

103)　Minutes of Meeting Between Marshall and Chou, June 3, 1946, 10：15 (Micro MM：reel. 4).

104)　顧との会談におけるヴィンセントの発言内容は以下による。Memorandum of Conversation by Vincent, Aug. 13, 1946 (Truman Papers, PSF, Subject File, 1940-1953：box. 150, TL). 同じくグレ

第8章　国共調停の終焉過程　　　235

ーシャル調停を総括するために，トルーマンが新たな声明を発表することになった。国務長官がその原案を作成したが，そのなかで前声明の内容が「現在も妥当である」ことが明示されていた[105]。マーシャルはその原案を一部修正したが，前声明について言及した箇所はそのまま残した。この修正案が12月18日に発表されたトルーマンの声明にほぼ引きつがれることになった[106]。

　このように公式の目標は維持されていたが，現実には1946年6月までに東北方針は終焉してしまい（第7章を参照），「中国本土」方針だけが生き残ることになった。したがって，マーシャル調停の目標は，停戦と連合政府の樹立に収斂していくことになった。どれだけ実現可能性が低くなろうとも，それ以外の代替案が立案されることはなかった。

　6月末，マーシャルはトルーマンに米国政府スポークスマンが発表すべき内容を具申した。それは，米国が中共を含む「全党派からなる政府」を通じて対中支援を行うという内容だった[107]。8月10日，マーシャルはスチュアートとともに共同声明を発表したが，そのなかで「中国における現在の衝突拡大を停止し，真に民主的な形態の政府を発展させるための予備段階を始めるためのあらゆる可能性をともに模索している」ことを宣言した[108]。8月末から9月初旬にかけて，マーシャルは江西省北部に位置する廬山の牯嶺を訪ね，蔣介石と会談した。彼はそのなかで，国民党下層の腐敗・強奪について指摘し，「真の二党政府を基礎にしない限り，このような条件を是正する望みはほとんどない」と断言した。マーシャルはこの会談内容をそのままトルーマンに伝えている[109]。同時期，蔣の政治顧問であったビールも宋子文に次のような助言を与

　　イブズとの会談におけるヴィンセントの発言は以下に拠った。Memorandum of Conversation by
　　Vincent, Sep. 3 (FR 1946, X：115).

105)　国務省で作成され，アチソン次官に承認された原案は以下の電文でマーシャルに伝達された。
　　Carter to Marshall, Dec. 11, 1946 (FR 1946, X：610-617).

106)　マーシャルの修正案は，Marshall to the Acting Secretary of State, Dec. 14, 1946 (FR 1946, X：
　　624-629) である。トルーマンが発表した声明の原文は，Statement by the President, "United
　　States Policy Toward China," Dec. 18 (US-Bulletin 1946, vol. XV, no. 391：1179-1183) である。

107)　Marshall to Truman, June 26, 1946 (FR 1946, IX：1203).

108)　Joint Statement by Marshall and Stuart, Aug. 10, 1946 (FR 1946, X：1).

109)　Marshall to Truman, Sep. 6, 1946 (FR 1946, X：160-161). なお廬山は景勝地，仏教の中心地と
　　して知られ，近代には外国人や要人の避暑地，保養地として利用されたほか，国民党の会議もた
　　びたび開催された地である（宇野和夫「廬山」，『岩波現代中国事典』：1332).

えた。国府は「『もし貴殿［米］が我々［国府］を支援しなければ，共産主義者が中国を押さえるだろう』」という議論に「過剰に依存している」ようだが，「米国政府はこのことを百も承知であるし，これを強調したところで，2つの悪のうちどちらかましな方を選べと言っているようなものだと私は考える。これでは訴え方としてまずいと思う」[110]。10月末になっても，スチュアートは「交渉による平和をめざした調停努力の時期は，過ぎ去ったようにみえる」としながら，あくまでも国民党一党訓政を終了させ，中共を政府に参加させるための国府改組の方法を考案していた[111]。12月上旬，マーシャルは何らかの取決めによって中共の地位が確保され，彼らによる地方政府の支配が確保され，彼らが鉄道の操業を妨害しないことに同意するなら，交渉は再開されるかもしれないとスチュアートに語っていた[112]。

　マーシャルは調停を終えて帰国する直前まで，国府に連合政府を樹立するよう説得し続けていた。12月9日，彼は魏道明に対して「合法的野党としての共産党の存在は，国民党内部にとって必要な改革を大いに迫るだろう」と諭した。28日には，蔣に対して一連の助言をした後，「彼［蔣］がそのような行動をとらなければ，真の二党政府は望めない」と迫った[113]。当時，マーシャルはペトロフ大使にも，国共の相互不信が深刻であることは認めながらも「会談再開の道はまだ残されている」，「実際に共産主義者の態度は未確定である」と話していた[114]。しかし，このような目標を実行することは，すでに至難であった。

---

110)　Beal to Soong, Sep. 17, 1946（『宋子文文書』：box. 37, folder. 17, HI）。

111)　Stuart to Byrnes, Oct. 31, 1946（FR 1946, X：458-459）.

112)　Minutes of Meeting Between Marshall and Stuart, Dec. 9, 1946, 11：00（Micro MM：reel. 4）.

113)　Minutes of Meeting Between Marshall and Wei Tao-ming（魏道明）, Dec. 9, 1946, 17：00（Micro MM：reel. 4）. マーシャル―蔣会談については以下の電文で紹介された内容による。Marshall to Truman, Dec. 28（FR 1946, X：661-663）.

114)　ペトロフ―マーシャル会談，1946年12月4日（PKO, V-1：no. 145, стр. 212-213）.

第 8 章　国共調停の終焉過程　　　　237

4.　調停方法の喪失

(1)　停戦を基礎にした調停

　これまでマーシャルは連合政府樹立を達成するための方法を停戦調停においてきた（第 6 章を参照）。当然のことながら，戦闘が広がれば広がるほど，この方法は利用できなくなってしまう。では内戦下において従来通りの目標を達成するために，どのような調停方法が模索されたのだろうか。調停終焉までの展開を考察していこう。

　1946 年 6 月は，停戦が維持されていた最後の時期となった。ここでマーシャルは停戦調停の機能を強化するための方法をいくつか導入しようとした。

　そのうちの 1 つが，東北停戦に関する試みだった。彼は東北の停戦活動を管轄するための組織を新設しようとした。6 月 9 日，長春軍調部先遣隊の米国代表（バイロード）がマーシャルにある提案をした。それによれば，先遣隊が停戦を速やかに実施し，戦略的地点に小組を派遣する。情勢調査が終了すれば，まずは満洲に 8 つの小組を配置する。その後，4 つの小組を追加して派遣するといった案だった[115]。これを受けてマーシャルは，東北における小組の活動を直接管轄する場合，軍調部（北平）が担当するよりは長春軍調部先遣隊が管轄した方がよいと考えるようになった。そこで 6 月 10 日，マーシャルは周恩来にバイロード案の一部を披露することにした。それは，先遣隊が満洲における停戦実施の大部分を担い，小組をハルビン，吉林，鞍山，営口など重要地区に派遣するという案だった。周はこれに同意した[116]。翌日，マーシャルは徐永昌にもこの案を説明したが，徐は蔣介石が先遣隊の活動に否定的な意見をもっていると述べた[117]。14 日，徐からマーシャルにその回答が届けられた。それによれば，国府はバイロード提案を承認するが，6 月 22 日までに新たに満洲の停戦協定が達成できない場合，「東北小組指令」（3 月 27 日）を無効とみな

---

115)　Byroade to Marshall, June 9, 1946 (FR 1946, IX : 1007-1008).

116)　マーシャルの提案と周の同意は以下の会談による。Minutes of Conference Between Marshall and Chou En-lai, at Nanking, June 10, 1946, 10 : 10 (Micro MM : reel. 4).

117)　Minutes of Conference Between Marshall and Hsu Yung-chang, June 11, 1946, 10 : 00 (Micro MM : reel. 4).

し，以後その規定には拘束されないということだった[118]。国府は東北停戦に消極的な姿勢を示したものの，ひとまずバイロード提案は承認されることになった。そこで15日，軍三委は軍調部にバイロード提案を実行するよう指示を出した[119]。

　調停機能を強化するためのもう１つの試みは，全国停戦に関するものであった。調停組織は全会一致を原則とするため，国共両者の対立によって停戦実施が滞ってきた。そこでマーシャルは組織内の米国メンバーに最終決定権を与えることで，事態の改善を図ろうとしたのである。５月30日，彼は３項目からなる「軍事調停執行部の活動促進を確保するための協定草案」を作成した。それは停戦など軍事問題をめぐって意見対立が生じたとき，軍調部，長春［軍調部先遣隊］，小組の各レベルで米国メンバーに最終決定権を与えるという提案だった[120]。しかし，全会一致の原則が崩れることを嫌った中共がこれに同意せず，マーシャルの提案は次々に修正を迫られた[121]。まず，批判の強かった軍調部における米国の最終決定権が削除されることになった。６月13日，マーシャルの作成した文書が徐永昌，周恩来に送付されたが，そのなかには軍調部の最終決定権に関する項目はなかった。ただし，満洲における小組の活動に関して，軍調部先遣隊の米軍上級将校が決定権をもつことについては記載されていた[122]。次に，この先遣隊の権限についてもマーシャル案は譲歩を迫られた。６月16日，バイロードは先遣隊の組織に関する草案を作成し，それをマーシャル宛てに送付した。その草案には，米国に最終決定権を与えることに反対し，全会一致原則に固執する中共の意見が強く反映されていた。バイロード案では先遣隊の内部で意見相違があった場合でも，軍三委，軍調部執行委の指

---

118)　Hsu Yung-chang to Marshall, June 14, 1946 (FR 1946, IX：1058).

119)　Memorandum by the Committee of Three to the Three Commissioners, at Peiping (FR 1946, IX：1058-1059). これは６月15日に軍三委で承認され，軍調部に送付された草案である (Ibid：1058, 注96)。

120)　"Draft of Agreement To Insure the More Expeditious Functioning of Executive Headquarters," (FR 1946, IX：914-915).

121)　中共側からの反対については，マーシャルが以下の電文で本国に伝達している。Marshall to Carter, June 10, 1946 (FR 1946, IX：1020).

122)　Draft Proposal Prepared by Marshall, June 13, 1946 (FR 1946, IX：1044-1045). この文書のコピーが６月13日，コウヒーから徐，周にそれぞれ送付された (Ibid：1044, 注78)。

第8章　国共調停の終焉過程　　239

示，指令に従うとされていた。マーシャルは基本的にこのバイロード案を受け入れ，小組レベル，先遣隊レベルで意見対立があったときは，軍調部か軍三委に状況を報告するとした[123]。

このようにして米国メンバーの最終決定権は，小組レベルに限定されることになった。さらにその権限も小組の派遣先，派遣日程などの決定に限られていた[124]。そもそもマーシャルは米国が最終決定権をもてば，過剰な責任を負うことになると懸念していた[125]。そこで譲歩を重ねた結果，米国に与えられたのがこのように限られた権限だったのである。ここには，戦闘拡大を阻止できるほどの権限はなかった。小組の上位組織（軍三委，軍調部，先遣隊）においては，国共の拒否権が担保されていたからである。6月末以降，軍三委を頂点とした，全会一致を原則にした調停組織では，戦闘の拡大を抑えることができなくなった。

そこで6月末以降，マーシャルは米国政府からの対中援助を制限することによって，国府に圧力をかけ，内戦を停止しようと試みる。ところで戦後米国は，主に2つの方面から対中援助をすすめた。1つは，兵役・軍務である。1946年2月25日，トルーマンは戦時権限に基づいて，南京に軍事顧問団を設置するよう指示し，中国軍の軍事訓練に取り組んだ。同年6月末に大統領の戦時権限が失効すると，海軍軍事顧問団に関する法案（公法512号）が成立した。その他の軍事顧問団は海軍軍事顧問団とともに中国で活動をしていたが，結局，全顧問団は1948年末に完全撤退した。もう1つの援助は，経済・物資である。さまざまな援助が与えられたが，なかでも総額7億8100万ドルにのぼる戦後対中武器貸与援助は重要な位置を占めていた。そのなかには，戦時計画として

---

123)　バイロード案は以下の文書である。Memorandum by Henry A. Byroade to Marshall, June 16, 1946 (FR 1946, IX：1060-1061). マーシャルの提案は徐永昌に提起された。Draft Proposal for the Termination of Hostilities in Manchuria, June 17 (Ibid：1074).

124)　Stipulations for the Resolution of Certain Disagreements Among the Field and Communication Teams, and Executive Headquarters in Changchun and Peiping (FR 1946, IX：1189). なお，この文書には6月24日に通過したとメモされている (Ibid：1189, 注75)。

125)　マーシャルはこれらの見解を民主同盟代表者に語っている。Minutes of Conference Between Marshall and Lo-Lung-chi and Carsun Chang, June 17, 1946, 17：30 (FR 1946, IX：1080); Minutes of Conference Between Marshall and Lo Lung-chi and Carsun Chang, June 21, 08：20 (Micro MM：reel. 3).

支援が予定されていた中国軍39個師団の軍装備のうち未達成部分（全体の半分）の物資，1億100万ドル相当の米軍余剰物資（航空機300機以上，大半は武器弾薬），1948年の中国援助法に基づく1億2500万ドル（大半は1948年から1949年までに軍装備に費やされた）が含まれる[126]。

さて1946年6月下旬，マーシャルは徐永昌に内戦が勃発すれば，おそらく米海兵隊を撤退させ，第七艦隊を引き，軍事・経済援助を中断することになるだろうと恫喝した[127]。このマーシャルの脅しもむなしく，華北における国府進軍を抑えることはできなかった。そこで7月からマーシャルは具体的な措置をとっていく。まず，対中武器禁輸を発動するよう本国に具申し，それがすぐに実行されることになった[128]。その後，米国政府は武器貸与法に基づく対中援助のうち，日本人の本国送還や国府接収に必要な物資・軍部の提供，そして訓練・軍装備支援などについては，10月31日以降は延長しないという方針を固めた[129]。7月下旬，マーシャルはさらに国府の反動派に圧力をかけるため，対中援助の新規立法を急いではならないと本国に提案し，国務長官の賛同を得た[130]。11月上旬，陸軍省も新規立法の準備を1947年1月以降に見送ることを決定した[131]。これと並行して，米海兵隊の撤退についても検討された。1946年7月上旬，マーシャルは蔣介石との会談のなかで，戦闘が拡大すれば米軍部隊を撤退させることになると発言した[132]。実際，9月下旬から華北の

126) 以上の点は，『中国白書』の解説と下院外交委員会編纂の議事録解題の内容による（CWP, vol. 1：ch. VII; USPFE, vol. VII：105-108)．

127) Minutes of Meeting Between Marshall and Yu Ta-wei, Nanking, June 20, 1946, 09：30（Micro MM：reel. 4)．

128) 米国からの輸出禁止は7月29日，太平洋基地からの輸出禁止は8月中旬から効力をもった（CWP, vol. 1：354-356; Acheson 1969：207; 邦訳 1979, 第1巻：253)．

129) この点については内戦拡大前から検討されていた事案ではあるが，6月末以降，本格的に検討された。政府内で方針が固まっていく過程は，以下の各電文の内容を参照。William L. Clayton to Acheson, June 26, 1946（FR 1946, X：750-751); Acheson to Patterson, July 10（Ibid：751-753); Carter to Marshall, Sep. 26（Ibid：760-761)．

130) マーシャルから本国への提言は以下の電文で示された。Marshall to Carter, July 22, 1946（FR 1946, X：753)．一方，国務長官の承認は以下の電文で伝達された。Carter to Marshall, July 23（Ibid：754)．

131) Carter to Marshall, Nov. 5, 1946（FR 1946, X：765)．

132) Marshall to Truman, July 11, 1946（FR 1946, IX：1349)．マーシャルは訪中したフォレスタルにも同様に語っていた。その会談の記録は，Micro Forrestal（reel. 2, vol. 5, no. 1129 [Trip-China, July 7]）に拠る。

米海兵隊は撤退を始めた。また米海兵隊については，軍調部への物資供給や交通路線の確保，軍調部の安全確保に必要な程度にまで削減することが方針として固まっていった[133]。しかし，米国本国政府によるこうした一連の措置も蔣の進軍を抑制することまではできなかった。もはや米国にとって，蔣に停戦を確証させるだけのパワーはなかった[134]。

(2)　2つの準備

　1946年7月，停戦を基礎にした既存の調停組織は機能不全に陥った。軍三委は停会が続き，軍調部の活動も滞ってしまった。7月中旬，ロバートソン（軍調部執行委）がマーシャルに報告した内容によれば，軍調部は全レベルで合意達成が不可能になっていた。軍調部執行委員の国共両代表者も南京［軍三委］における合意達成がない限り，軍調部は力不足の状態だと考えているため，軍調部の指令を現地で遵守させることは難しいということだった[135]。8月下旬，ティンバーマン（Thomas S. Timberman）軍調部計画執行処長が停戦実施の実態を詳細にまとめたが，それによれば軍調部の指令には権威がなくなり，実行力を伴っていない。多くの小組で停戦実施が滞っているという状態であった[136]。ちなみに11月下旬，軍調部米代表・ギレンが北平駐在ソ連総領事に語った内容もまた象徴的であった。軍調部において，国共は「一方が協定のある項目に同意しがたいと述べると，他方は別の項目に同意しがたいと述べる。にもかかわらず，文書には署名するのだ。米国側は，あらかじめ協定や文書に何ら実際的意味がないとは知りながらも，国民党と中共両代表が署名するなか，署名せざるを得ない」[137]。ここに停戦調停の機能など皆無だった。

　さて，7月からマーシャルの努力は停戦回復のための試みに収斂していくことになる。当時，華北の中共軍撤退地区における地方政府を維持するかどうか

---

133)　以下の各電文の内容による。Cooke to Marshall, Sep. 19, 1946 (FR 1946, X：875); Carter to Marshall, Nov. 18 (Ibid：883); State-War-Navy, Nov. 20 (Micro Forrestal：reel. 2, vol. 6, no. 1340).

134)　これはマーシャルとスチュアートが周に対して語った内容である。マーシャルはこの内容をトルーマンに報告している。Marshall to Truman, Sep. 6, 1946 (FR 1946, X：162).

135)　Robertson to Marshall, July 13, 1946 (FR 1946, IX：1354-1355).

136)　Timberman to Caughey, Aug. 28, 1946, Annex, Sub-annex (FR 1946, X：93-95).

137)　A. M. レドフスキー―ギレン会談，1946年11月25日（PKO, V-1：no. 143, стр. 210）。

が国共間の論争点になっていた。マーシャルは停戦回復にとって，この問題の解決が不可欠だと考えるようになった[138]。7月8日，マーシャルは周と会談し，「もし我々が地方政府の問題を扱わなければ，共産主義者が撤退した後，政府が即座に現地政府を掌握するという事態に直面することになると思う。それによって決裂は深刻なものになるだろうから，平和はおろか新たな火種を生むことになるだろう」と語った。翌日，マーシャルは国府代表（王世杰，邵力子，陳誠）とも面会し，停戦令達成までの唯一深刻な問題が地方政府問題にあると述べ，この議題に取り組む姿勢を示した[139]。

そこで，マーシャルは2つの準備をすすめることになった。1つは，協議体の新設である。これまで停戦を中心にした軍事問題の調停組織は確立してきたが，地方政府など政治問題を調停する協議体はなかった。6月30日，マーシャルは「文民代表の小集団」を設置する必要があると考え，その設置案をトルーマンに報告した。この提案を受けたアチソン国務長官代理はすぐにこれに賛同し，「現在とりうる最重要な手段の1つは，政協決議に基づいた政治協議の復活である。そこで貴殿が政治解決を協議するための上位集団による会合を設置すべく合意達成に尽力されていることは，我々にとってきわめて優れた策だと思われる」と回答した[140]。

もう1つの準備は，中国政治を熟知した人物からの助力を得ることであった。これは事実上，駐華米国大使の後任人事問題となった。これまでその最有力候補は，反共的な軍人ウェデマイヤーであった（第6章を参照）。しかし6月1日，マーシャルはウェデマイヤーを大使にすれば，中共の対米批判を引き起こすと考え，人事を再考し始めた。ひとまず（東北での）停戦達成までは，この件についての検討を見送るとウェデマイヤー本人に伝え，ウェデマイヤーもこれに

---

138) 7月5日，マーシャルはビールと面会し，地図を指し示しながら華北の問題が政治的であると語った。マーシャルの理解では，中共軍が山東半島から徹底するに際して，平和維持軍に明け渡すこと，現地の文民政府を維持することなどを要求していたからである。ビールの記録（7月5日付の日記）による（Beal 1970：108）。

139) Minutes of Meeting Between Marshall and Chou En-lai, Nanking, July 8, 1946, 16：00 (FR 1946, IX：1322); Minutes of Conference Between Marshall, Wang, Shao and Chen, July 9, 15：00 (Micro MM：reel. 3).

140) Marshall to Truman, June 30, 1946 (FR 1946, IX：1271); Acheson to Marshall, July 4 (Ibid：1296).

第 8 章　国共調停の終焉過程　　　　　　　　　　　　243

従う意向を示した[141]。他方，マーシャルはスチュアートからの助力を求め始
めた。

　スチュアートは 1876 年，米国宣教師の息子として中国に生まれ，11 歳のと
きに米国に来た。1896 年にハンプデン・シドニー・カレッジ（Hampden-
Sydney College）を卒業し，1904 年 12 月，宣教師として再び中国に渡った。彼
は 1919 年に燕京大学（キリスト教系）の初代学長に就任し，1946 年までその
役職を務めた人物である[142]。マーシャルがスチュアートと初対面したのは，
1946 年晩春のことであった。そのときマーシャルは，「大いに感銘」を受けた
という。後年，マーシャルは「スチュアート博士のほかに，彼と同程度に中国
人の性格，歴史，政治的複雑さを理解している者がいるとは思えない」し，
「彼の意見はその誠実さによって重要性を格段に増していた」と高く評価して
いる[143]。またマーシャルは，スチュアートが 15 年にわたって中国に滞在し，
国共両者のことを熟知していたことやマーシャルの提案を理解し，できるだけ
中国人をいらだたせないようそれを伝えることができたという点も評価してい
る[144]。なお，ウェデマイヤーもスチュアートのことを高く評価し，スチュア
ートの「極東に関する知識，中国の人々が彼にいだいている尊敬の念，そして
何よりも彼が中国共産主義者に受け入れられているという事実，こうしたこと
から彼はこの上なく大使に適任である」としていた[145]。

　マーシャルが最初にスチュアートに助力を求めたのは，1946 年 6 月中旬の
ことである。この時点では，7～10 日間程度，非公式に調停を支援するよう申
し出ただけであった[146]。マーシャルが彼に大使就任の話を持ちかけたのは，

---

141)　Marshall to WARCOS (Wedemeyer へ), June 1, 1946 (Marshall Papers：box. 124, folder. 31,
　　　ML); Wedemeyer to Marshall, June 13 (Ibid：box. 124, folder. 9, ML).

142)　Stuart (1954：347 [About the Author]); 林立樹 (1990). なお，駐華米国大使在任中のスチュ
　　　アートに関連する文書を編纂した資料集のなかで，編者がスチュアートの経歴についてまとめて
　　　いる (Rea and Brewer eds. 1981：xi-xxii).

143)　George C. Marshall, "A Prefatory Note on John Leighton Stuart" (Stuart 1954：[ページ数な
　　　し]).

144)　ボーグのマーシャルへのインタビュー内容による。"Interview Notes", Oct. 29, 1956 (Bland, ed.
　　　[1986] 1996：607).

145)　ウェデマイヤーは「現在の米国の政策をつづける限り，私が大使をすることはきわめて難しい。
　　　なぜなら私が政策を実行する立場にあれば，不都合だと確信するからである」とも述べている。
　　　Wedemeyer to Chiang Kai-shek, Aug. 2, 1946 (Wedemeyer Papers：box. 81, folder. 2, HI).

244　第 2 部　マーシャル・ミッションの展開

戦闘が拡大し始め，政治問題の協議が不可欠になった 7 月 4 日のことである。
このときスチュアートは次のように回答したという。

　　私は 70 歳の誕生日を迎えたばかりですし，大学当局には辞表を提出いた
　　しました。この歳になれば，人は新しいことを始めたり，活動的な任務か
　　らは退かなければならないでしょう。また私は外交については素人ですな
　　どと異議を差し挟んだ。しかし，私は最後に言った。貴殿の任務があまり
　　に困難かつ重要であるなら，貴殿に助力を求められる人物はそれに協力す
　　べきでありましょうし，私としてもこの件は貴殿に委ねることにいたしま
　　す。[147]

　消極的ながらも前向きの回答を得たマーシャルは翌日，スチュアートの大使
就任に関する件を本国に正式に打診した。人選の理由は，国共両者から厚い信
頼を得ており，政治交渉において特別に役立ってくれるだろうということだっ
た。何よりも「彼［スチュアート］は民主的政府に向かう真の出発点を確保す
べく，蒋主席をはじめ政府高官に対して，軍事問題のレベルから高度な政治レ
ベルに至るまで交渉をするよう緊急に提言している」ことが評価された[148]。
またマーシャルは，米国世論の反応も問題ないと判断した[149]。マーシャルか
らの要請を受けたトルーマンは，すぐにこの件を承認した[150]。またアチソン
からこの決定を聞かされたウェデマイヤーは，反対することなく決定を受け入
れた[151]。後年，ウェデマイヤー自身が回想した内容によれば，このとき彼は
中共によって米国政府の人事問題が左右されたことを不服に思うとアチソンに

---

146)　Marshall to Robertson, June 11, 1946 (FR 1946, IX : 1023).

147)　スチュアート自身の回想による (Stuart 1954 : 165-166)。

148)　Marshall to Acheson, July 5, 1946 (FR 1946, IX : 1298-99).

149)　これは 7 月 5 日，マーシャルとビールが会談し，両者が一致した見解である。ビールの記録
　　（7 月 5 日付の日記）による (Beal 1970 : 111)。

150)　Carter to Marshall, July 8, 1946 (Micro MM : reel. 6).

151)　Wedemeyer to Marshall, July 12, 1946 (Marshall, Papers : box. 124, folder. 9, ML). なお，この
　　公電のなかでウェデマイヤーは，アチソンが「何が起こったのか正確には教えてくれなかった」
　　ものの，自分の中国帰還に関してくり返し報道され，誤解や憶測が飛び交い，それによってマー
　　シャルを当惑させたのではないかと推測し，無念の胸中を語っている。

第 8 章　国共調停の終焉過程　　　245

述べたという[152]。その後，ウェデマイヤーは蔣介石に対して，中共に対する武力行使も辞さない姿勢をとるべきだと非公式にではあるが提言している[153]。

　いずれにせよ，このような予定人事の急変は，従来の調停が機能不全に陥っていることを反映するものであった。

　以上，2つの準備がやがて合流し，非公式委の設置案へと発展する。これは内戦下において，停戦状態を前提にしなくともよい，新たな調停組織をつくろうとする試みだった。

(3)　停戦を前提としない調停

　8月，マーシャルは「何らかの形式の連合政府を速やかに形成すること」が最優先であると考えた。なかでも彼とスチュアートが最も現実的な方法として取り上げたのが，国府委を設置することであった[154]。二人は，当面国府委の問題に集中して取り組むことで，国共両者に停戦成立のための相互信頼が生まれるだろうと期待したのである[155]。これは停戦が成立する前に，政治交渉の場を確保しようとする試みだった。

　そこでマーシャルは国府委設置などの政治問題を協議するために，スチュアートと国共両代表者から構成される非公式委の招集を国共両者に呼びかけた。蔣はこの案にすぐに賛同したが，周がこれに反対した。8月3日，マーシャルは周と会談し，これを発案したのは蔣介石ではなくスチュアートであると述べ，周を説得しようとした。また非公式委を招集することで国府委を早期に創設したいと思っているし，停戦令の即時達成も強く望んでいると語った。さらにマーシャルは周に，スチュアートは通訳が不要で大抵の中国人と個人的に面識があり，「中国人の反応，やり方，中国政治史について特別な見識」をもってい

---

152)　Wedemeyer (1958：366；邦訳［1997］1999，下：267-268)．訳文は引用者が一部修正。

153)　ウェデマイヤーは「共産主義者とわたり合う唯一の方法は，合意を遵守することもさることながら，必要な場合には武力の行使も辞さないという確固たる姿勢をとることである」と蔣介石に提言していた。ただし，「優れた政府と健全な経済をつくりあげ，そして人権を一様に承認する」ことが最終的には最善の策だとも付言した。Wedemeyer to Chiang Kai-shek, Aug. 2, 1946 (Wedemeyer Papers：box. 81, folder. 2, HI).

154)　これはマーシャルが周に語った内容である。Minutes of Meeting Between Marshall and Chou En-lai, Aug. 1, 1946 (FR 1946, IX：1433-1434).

155)　Marshall to Truman, Sep. 6, 1946 (FR 1946, X：160).

るため，政治交渉においてはマーシャルよりもスチュアートをできるだけ利用することが最善だろうと助言した。周は政府改組を協議するために非公式委を設けることそれ自体には賛成するが，停戦がなければ国府が交渉中に占領地域を拡大させるだけだと語り，政治交渉と停戦を同時にすすめるよう訴えた[156]。

数日後，「蔣5条件」が提起されると，周の態度はますます硬化していく。8月6日，米国側は蔣が非公式委の設置を承認した旨周に伝えたが，周は「蔣5条件」を全面的に拒絶し，あくまでも無条件停戦と政協各委員会の招集を求めた[157]。同月10日，マーシャルとスチュアートが周と会談したが，周は無条件停戦を求めるばかりだった[158]。23日，マーシャルは非公式委の招集が米国の発案であり，「蔣5条件」とは無関係であること，この委員会を招集することで国府委の創設，さらには停戦につなげたいという希望を周に語った。しかし，周は交渉再開の条件として政協決議の遵守や停戦を挙げ，マーシャルの説得に応じようとしなかった[159]。それでもマーシャルは，非公式委を招集して国府委を設置することが行き詰まった情勢を打開する唯一の策だと考えていた。なぜならマーシャルは，蔣が非公式委の招集に応じたことが，蔣自身にとっての大きな譲歩であるとみたからである[160]。スチュアートの理解もこれと同様のものであった。彼は，非公式委によって国府委と政府改組に関する問題解決がはかられるが，「最近，蔣介石がその提案を受け入れたので，情勢が改善される可能性が現れた」。非公式委招集は「我々にとって，深刻な現状を脱する唯一の道だと思われる」とペトロフに話していた[161]。進軍を続ける蔣が，この点において譲歩している以上，ここを出発点に交渉を再開することが停戦への

---

156) Minutes of Meeting Between Marshall and Chou En-lai, Aug. 3, 1946 (Micro MM：reel. 3). なお8月2日までに，蔣はスチュアートとの会談で非公式委の招集を認めていた。この点については，以下の電文で確認できる。Marshall to Truman, Aug. 2 (FR 1946, IX：1439).

157) Record of Conference, U. S. Embassy, Aug. 6, 1946 (Micro MM：reel. 3). この会談にはスチュアート，フー（Philip Fuph），周恩来が出席。

158) Minutes of Meeting Between Marshall, Chou En-lai and Stuart, Aug. 10, 1946, 10：40 (FR 1946, IX：1493-1502).

159) Minutes of Meeting Between Marshall and Chou En-lai, Aug. 23, 1946, 11：20 (Micro MM：reel. 3).

160) この認識については，以下の電文に示されている。Marshall to Truman, Aug. 23, 1946 (FR 1946, X：79-80).

161) ペトロフ－スチュアート会談，1946年8月29日（PKO, V-1：no. 97, стр. 152).

第 8 章　国共調停の終焉過程　　　247

近道だという判断がマーシャルにもスチュアートにもにあったといえる。

　マーシャルは，その後も周への説得を続けた。9月5日，マーシャルとスチュアートは，非公式委における交渉を通じて国府委の創設と停戦の成立をめざす手順を周に説明した[162]。11日，周は非公式委と軍三委の同時招集を訴えたが，マーシャルはこれに反論した。6月末には停戦と政治交渉を同時並行してすすめた結果，行き詰まってしまった。だからその後，マーシャルとスチュアートは，軍三委よりも非公式委の招集を優先させることで事態の打開をはかってきたというのがマーシャルの説明だった。周はそれでも納得しなかった[163]。周が南京を退去する前日まで，スチュアートは非公式委が「停戦令達成までの最も確かで最短の方法」だと周に力説したが，1ヵ月半にわたる説得はついに不毛に終わってしまった[164]。16日，周は上海に去った。その後も中共代表（王炳南）への説得は続けられたが，同意は得られなかった[165]。

　結局，停戦回復をめざすはずの試みは，停戦が現時点で成立していないことを理由に拒絶されてしまったのである。内戦下に調停の場を確保しようとした非公式委の本来の目的は，ここに完全に終焉した。

　以後，マーシャルは非公式委招集と停戦成立を同時追求せざるを得なくなった。9月12日，マーシャルはスチュアートとの会談のなかで，国共両者からの譲歩が得られない現状を前にして6月末の状態に戻ってしまったと漏らした[166]。振り出しに戻ったマーシャルは，停戦と政治交渉を両立させるべく尽力した。

　ここから米国の提案内容が複雑になっていく。最初の提案がなされたのは，9月27日である。マーシャルは蔣に発表させるための声明草案を作成し，そのなかで非公式委と軍三委の同時招集を提案した。これは政治・軍事問題を並

---

162)　Minutes of Meeting with Chou, Stuart and Marshall, Sep. 5, 1946, 16：40 (Micro MM：reel. 3).

163)　Minutes of Meeting Between Marshall and Chou En-lai, Sep. 11, 1946, 10：35 (FR 1946, X：171-182).

164)　スチュアートが周を説得しようとした点については，以下の電文でマーシャルに報告された。J. Hart Caughey to Marshall, Sep. 15, 1946 (FR 1946, X：188).

165)　マーシャル，スチュアートは以下の会談で王炳南への提案内容を決定した。Notes on Meeting Between Marshall and Stuart, Sep. 17, 1946, 19：00 (Micro MM：reel. 3).

166)　Minutes of Meeting Between Marshall and Stuart, Sep. 12, 1946, 19：00 (Micro MM：reel. 3). 同様の指摘は以下にも見られる。Marshall to Truman, Sep. 13 (FR 1946, X：187).

行して処理するための提案だった。まず、非公式委において政治問題の交渉を進め、政協総合小組の招集につなげる。そこから国府委創設のための協議を進展させ、国府委が組織されれば、そこで地方政府問題を扱う。一方、軍三委においては6月の各協定（停戦令や軍隊配置など）を実施し、停戦を成立させる。このように非公式委と軍三委を同時招集するという提案は、中共代表にも示された[167]。10月14日、この手順は一部修正され、非公式委・軍三委・憲草委の同時招集が提案された[168]。なお、マーシャルは交渉手順が複雑になっていたため、停戦や憲草作成といった問題に議題を最小化させることも提案していた[169]。このとき、スチュアートは「国民党と中共の会談が近い将来、再開されるかもしれない。この数日以内に蒋介石は声明を発表し、そのなかでより柔軟かつ理性的な提案を示すだろう」とペトロフ大使に語り、最後の望みをつないだ[170]。

　しかし、国共両者にとって重大な展開はもはや政治交渉よりも戦場にあった。だから10月下旬になっても米国の提案はまったく合意を得られないまま、国府が張家口、安東に進軍するという事態を迎える。この間、米国は国府の進軍を抑制することはおろか、調停方法を確保することさえできなかったのである。後年、スチュアートは10月の張家口陥落、11月12日の国大召集などが複合的な原因となって、調停が失敗したことを認めたが、なかでも非公式委が一度も招集されなかったこと、「このことがおそらく最終的な失敗の始まりだった」と回想している[171]。

　10月中旬以降、持ち駒をことごとく失ったマーシャルは、中国側に国共調停役を探し始めることになる。米国の調停は、このとき実質的に終焉した。

167）　9月27日の提案はマーシャルが蒋との会談で示した。Draft of Suggested Statement by Generalissimo Chiang Kai-shek（FR 1946, X：238-239［238の注1も参照］）。中共代表に対しては、以下の会談で提案された。Minutes of Meeting Between Marshall and Tung Pi-wu and Wang Ping-nan, Communist Delegation, Sep. 29, 1946, 10：00（Micro MM：reel. 3）.

168）　Redraft of Suggested Statement for Generalissimo Chiang Kai-shak, Oct. 14, 1946（FR 1946, X：368-369［367の注56も参照］）.

169）　マーシャルが以下の会談で提案した内容による。Minutes of Meeting Between Marshall and Chou En-lai, Oct. 9, 1946（FR 1946, X：335）; Minutes of Meeting Between Marshall and Chou Ean-lai, Oct. 26, 11：30（Micro MM：reel. 4）.

170）　ペトロフースチュアート会談、1946年10月14日（PKO, V-1：no. 124, стр. 173）.

171）　Stuart（1954: 167-169）.

第 8 章　国共調停の終焉過程　　　　　　249

⑷　委譲から終焉へ

　10 月中旬から 11 月までは，中国国内に第三勢力という調停役が存在した。マーシャルはこの既存の調停役に望みを託すことになった。スチュアートは当時のことを回想して次のように記している。「10 月末まで我々米国人がまったく達成できなかったものを，多様な『第三勢力』指導者が引き受けた。我々はすぐに退いたが，中国人による介入が成功していれば喜んだことだろう」[172]。

　10 月 22 日，マーシャルとスチュアートは第三勢力の代表者（民主同盟，青年党，無党派）と会談した。この会談のなかで，スチュアートは彼らの活発な活動に感謝するとともに，「大きな希望がみえ始めた」と彼らを励ました。また中国人がリーダーシップをとることは特に喜ばしいとも述べた[173]。当時スチュアートは，中共「代表が上海から首都に戻ってきてから，『第三勢力』の代表も会談で大きな進展を見せたが，会談は依然として非公式な性格のままである」とペトロフに話していた。ただし，スチュアートは「会談参加者には根本的な意見対立はない」。蔣の提案も中共の提案も「実質的な相違点は少ない」。「『第三勢力』の代表もこの条件に満足している」と発言していた[174]。10 月 24 日，マーシャルもまた陳誠，兪大維との会談において，第三勢力の調停が大きな望みであると述べていた[175]。同じ頃，彼はトルーマンにも第三勢力が少なくとも現在のところ一致団結し，平和解決に熱心であると報告していた。ただし，事態が改善するか悪化するか予測できないから「最善の策は様子見」にあるとして，マーシャルはあくまで慎重な姿勢を崩さなかった[176]。調停能力にどれほど疑問があろうと，それに依存することでしか情勢の進展が望めないという判断だった。

　これと同時に，米国は調停の主導権を中国側に渡すことにした。10 月 14 日，スチュアートは，国共「会談が再開された折には，彼［スチュアート］とマー

---

172)　Stuart (1954：173).

173)　Minutes of Meeting Between Marshall, Stuart and Members of the Third Party Group, Oct. 22, 1946, 10：45 (FR 1946, X：401).

174)　ペトロフースチュアート会談，1946 年 10 月 24 日（PKO, V-1：no. 131, стр. 187).

175)　Minutes of Meeting with Marshall, Chen Cheng, and Yu Ta-wei, Oct. 24, 1946, 10：30 (Micro MM：reel. 4).

176)　Marshall to Truman, Oct. 26, 1946 (FR 1946, X：435, 437).

シャルは助言役を務めはするが，会談に積極的には参加するつもりはない」とペトロフ大使に説明していた[177]。その後，マーシャルは民主同盟代表，周恩来とそれぞれ会談し，米国が調停するよりも中国人自身が交渉，解決に取り組んだ方がよいと話した[178]。

11月初旬，マーシャルとスチュアートは米国が交渉を主導することを拒否し，少なくとも政治問題については中国人の中立グループによる調停が望ましいという方針を決めた。マーシャルはこの決定を本国に通達した[179]。

しかし，中国国内にいた既存の調停役はすぐに失われてしまった。11月6日，民主同盟，中国青年党ら第三勢力の一部が，過去3週間の調停努力は不毛になったので，米国による交渉を再開してほしいとスチュアートに申し出てきたのである[180]。さらに彼らは，国大参加をめぐる対応でも足並みがそろわなかった。11月16日，マーシャルは，国大召集によって第三勢力は行動の統一性を失い，「二大政党間のよき均衡役としての影響力を著しく弱めた」とトルーマンに報告した[181]。

その後もマーシャルは，米国の調停を再開しなかった。あくまでも中国側に調停役を探そうとすることに変わりはなかった。既存の調停役がいなくなった以上，新たな勢力の登場に期待するしかなくなった。そのときマーシャルが期待したのは，「リベラル勢力」という意味も対象も曖昧なものだった。11月下旬から彼はこの構想を語り始めたが，具体性には欠けていた。国共間の均衡勢力，あるいは国府改組の担い手として，全国のリベラル勢力を結集するというのが構想の外郭であったが，その役割を担う具体的な勢力を指摘することはなかった[182]。12月中旬，彼は中国民主党，国府にその構想を披露し，その助言

---

177) ペトロフ-スチュアート会談，1946年10月14日（PKO, V-1：no. 124, стр. 173）.

178) Notes on Meeting Between Marshall and Liang Shu Ming and Yeh Tu Yi, Oct. 17, 1946, 16：20 (Micro MM：reel. 4); Minutes of Meeting Between Marshall and Chou Ean-lai, Oct. 26, 11：30 (Ibid：reel. 4).

179) Marshall to Truman, Nov. 4, 1946 (FR 1946, X：471).

180) Stuart to Byrnes, Nov. 13, 1946 (FR 1946, X：535).

181) Marshall to Truman, Nov. 16, 1946 (FR 1946, X：548).

182) 以下2つの会談で，マーシャルはこのような構想を語っている。なお前者の会談における会談相手は特定の政党の代表者ではなく，中国国内の有識者である。Notes on Meeting Between Marshall and Professors Lo Chung-shu, Wu Chi-yu, and Professor Yi, Nov. 19, 1946 (FR 1946, X：551-552); Minutes of Meeting Between Marshall and Stuart , American Embassy, Dec. 13, 10：30

第 8 章　国共調停の終焉過程　　　251

内容をトルーマンにも紹介した。しかし，それは国共調停役を形成するために，もしくは政府内の反動派を排除するために，中国国内の全リベラル勢力を結集し，政党を組織するというあくまで荒削りの提案でしかなかった[183]。それどころか，彼はその政党を形成するための具体的関与はせず，構想を提案するだけだった。

　その間，マーシャルは調停終了の準備に取り掛かっていた。12月1日，彼はバタワース駐華米国公使に「彼［マーシャル］の中国における役割は，多くの国民党員，とりわけ反動派には必要悪とみなされているだろう。なぜなら政府の反動派は，彼［マーシャル］を奉ることで交渉への前向きな姿勢を偽装しながら，非民主的活動，軍事作戦を続けることができるからである」と語った。また「このことによって，彼［マーシャル］は米国の方針を損なわせかねない」と付け加えた[184]。そのような折，国大で憲法が採択される運びとなった。マーシャルは調停終了の口実をみつけたかのように，トルーマンにこう報告した。彼は「交渉決裂後，立派な憲法を採択できるよう」調停を続けてきたが，憲法が採択されたいま，もはや自分が交渉再開のための努力をする必要はなくなった。これまで自分が助言してきた内容を中国人自身が実行すべきときがきている[185]。ヴィンセント，アチソンはこのようなマーシャルの見方を概ね支持した[186]。

　11月下旬，トルーマンが新たに声明発表することが提案され始めた頃，調停終了が本格的に検討されることになった。11月20日，アチソンは陸海軍長官列席会議で，米国の中国政策に関する大統領の新たな声明を1年ぶりに発表するようバーンズ，トルーマンに提案していると述べた[187]。ここから声明の

　　(Micro MM：reel. 4).

183)　Notes on Meeting Between Marshall and Hou Yeh-chun（候野君，中国民主党），Dec. 16, 1946, 10：45（Micro MM：reel. 4); Minutes of Meeting Between Marshall and Li We-kuo（李惟果，国府宣伝副部長），Dec. 23, 18：00（Ibid：reel. 4); Marshall to Truman, Dec. 28（FR 1946, X：662-663).

184)　Minutes of Meeting Marshall and Butterworth, Dec. 1, 1946, 11：00（Micro MM：reel. 4).

185)　Marshall to Truman, Dec. 28, 1946（FR 1946, X：664-665).

186)　ヴィンセントの見解については，次の覚書の中に示されている。Memorandum by the Director of the Office of Far Eastern Affairs[Vincent] to the Under Secretary of State[Acheson], Dec. 31, 1946（FR 1946, X：671-672). またアチソンはこのヴィンセント覚書をバーンズに送付する際，ヴィンセントの見解を賢明だと述べている（Ibid：671, 注48)。

草案が作成され始めるが，調停終了の時期はあくまでもマーシャルの決定に委ねられていた（第4章を参照）。

12月8日，マーシャルはトルーマンが新たに声明を発表し，中国におけるこれまでの米国の活動を要約することに同意した。ただし，声明が「早期準備」できるかどうか，さらにはマーシャル自身の「いわゆる最終報告」が提出できるかどうかが心配だと付け加えた[188]。これによって，マーシャルが調停を終了させる意思を明確にしたことになった。その2日後，彼はワシントンに召還されるときに備えて，どのような声明を発表すればよいかバタワースと協議した[189]。こうしてマーシャルは調停を終了し，帰国する意思を固めていったため，蔣から「顧問」役になるよう要請されたときも，これを拒絶したのである[190]。1947年1月8日，マーシャルは調停を終え，中国を後にした。

彼の召還によって米国の国共調停は終了し，それとともに調停する組織も意図も失われていった。まず，軍三委・軍調部（小組含む）が完全に解体された。マーシャルが調停を終える約1ヵ月前の1946年12月10日，ティンバーマンはマーシャル調停の終了を発表するに伴い，米国メンバーによる軍調部参加も終了するよう発表すべきだと提案した[191]。その後，1947年1月6日，帰国直前のマーシャルはスチュアートと会談し，すぐに軍調部を廃止し，それによって駐華「米海兵隊を大幅に削減することが必要である」と説いた[192]。マーシャルが中国を離れて数週間経った1月下旬，トルーマンは軍三委・軍調部の業務から米国を撤退させることを決定した[193]。そして翌月末までに，米・国・共メンバーがすべて軍調部から退去した[194]。ここに調停組織は名実ともに失われることになった。

米国はこれ以上調停を続けることを望まなかった。1947年1月24日，ヴィンセントは新たに国務長官に就任したマーシャルに対して，「マーシャル将軍

---

187) State-War-Navy, Nov. 20, 1946 (Micro Forrestal：reel. 2, vol. 6, no. 1340).

188) Marshall to the Acting Secretary of State, Dec. 8, 1946 (FR 1946, X：598).

189) Minutes of Meeting Between Marshall and Butterworth, Dec. 10, 1946 (Micro MM：reel. 18).

190) Minutes of Meeting Between Marshall and Stuart, Dec. 9, 1946, 11：00 (Micro MM：reel. 4).

191) Memorandum by Timberman to Caughey, Dec. 10, 1946 (FR 1946, X：608).

192) Minutes of Meeting between Marshall and Stuart, Jan. 6, 1947, 13：00 (Micro MM：reel. 18).

193) Carter to George V. Underwood, Jan. 27, 1947 (FR 1946, X：709-710).

194) 以下の報告内容による。Underwood to Carter, Feb. 20, 1947 (FR 1946, X：716).

の［中国からの］召還と米国の調停努力の——少なくとも現時点における——
終了は，実質的にこの機関［軍調部］の有用性に終止符を打つものである」と
伝えた[195]。このとき国務長官を辞任したばかりのバーンズは後年，当時のこ
とをこう回顧している。「多くの人は夫婦喧嘩に口を出すという苦い経験をし
たことがあるが，自分たちの助言が両者に受け入れられないとき，最良の方針
は身を引くことにあるということを我々は学んできた」[196]。

5. 連合政府構想の瓦解へ

(1) 影響力の喪失

　調停する方法を次々に失ったことで，目標の実現はますます難しくなった。
それとともに米国が提案した内容は次々に譲歩を迫られ，やがて影響力を失っ
てしまった。その軌跡をここでたどることにしたい。
　6月，軍三委における最大の論争点は，国共両軍の配置にあった。蔣が前述
のようにトレード・オフを提案し，中共がそれを突っぱねるというのが論争の
構図であった。マーシャルはこの議題に関して，6月28, 29日にそれぞれ整軍
方案の暫定的修正案（以下，修正案①，②）を作成し，そのなかで軍隊配置に
関する「原則」とその「具体案」を示した[197]。まず，彼が提起した軍隊配置
の「原則」について確認しておこう。彼は本土については1月13日，東北に
ついては6月7日時点の両軍配置をそれぞれ回復することを原則として示した。
この東北の原則については，中共の同意を得るために，マーシャルが周の主張
に配慮して決めた内容であった。6月13日，マーシャルが作成した草案のな
かには，「1946年6月7日正午時点に存在していたと考えられる現地情勢に対
して特別な配慮をする」という規定があるだけだった[198]。しかし17日，彼は

---

195)　Memorandum by Vincent to Marshall, Jan. 24, 1947 (FR 1946, X：706).
196)　Byrnes (1947：229).
197)　6月28日，マーシャルは周恩来との会談で「修正案①」を提起した。Preliminary Agreement To Govern the Amendment and Execution of the Army Reorganization Plan of February 25, 1946 (FR 1946, IX：1240-1242). 翌日，マーシャルが作成した「修正案②」は，Preliminary Agreement to Govern the Amendment and Execution of the Army Reorganization Plan of Feb. 25, Annex (Ibid：1246-1248) である。
198)　Draft Proposal Prepared by Marshall (FR 1946, IX：1045). 6月13日，コウヒーがこの文書の

周の意見を勘案して,「1946年6月7日正午時点に存在していたと考えられる現地情勢を,軍隊の配置換えを決定する上での基礎にする」という文言に修正したのである[199]。

では,マーシャルはこのような「原則」を前提にして,どのような軍隊配置の「具体案」を示したのだろうか。東北においては現状に鑑みて,中共軍を北部(黒竜江,興安,嫩江,吉林)に配置することを考えた(修正案②)。激しい論争となった華北に関しては,国共両者の要求を折衷することにした。28日,マーシャルは承徳での中共軍配置を保障する代わりに,彼らに江蘇・安徽の一部,膠済線などから撤退するよう求めたのである(修正案①)。しかし,周恩来がこれに納得しなかったため,翌日,マーシャルは周の要請に配慮しながら,草案を再修正した。そのとき盛り込まれたのが,現地の治安維持を目的として,中共軍撤退地区に残された地方政府と平和維持部隊を保持するという規定であった(修正案②)。中共がつくり上げた統治を少しでも現状維持するための配慮であった。

さて,マーシャルはこのように軍隊配置に関して「原則」と「具体案」のそれぞれを考案していたが,結局,後者については国共間で合意を得ることができず,「原則」だけが当面の合意事項になった(6.24停戦令)。マーシャルが示した「具体案」については,7月以降,戦闘の拡大とともに大きな譲歩を迫られることになる。

8月,「蔣5条件」が提起されたとき,マーシャルは6月末時点における国府の要求に比べて,今回の要求の方が,中共にとってはより過酷なものであると理解していた[200]。なぜならその要求は,中共軍に山東,山西,承徳からの撤退を迫りながらも,中共軍撤退後,当地に残された地方政府を維持することについては何ら確約のない厳しい条件だったからである。このとき蔣が示した条件は,マーシャルが6月に提起していた軍隊配置の「具体案」よりも明らかに国府にとって有利なものであった。それにもかかわらず,マーシャルは国共

コピーを徐永昌,周恩来にそれぞれ伝達した(Ibid:1044,注78)。

199)　Draft Proposal for the Termination of Hostilities in Manchuria (FR 1946, IX:1074). この文書は,6月17日,マーシャルから徐永昌に送付された(Ibid:1074,注7)。

200)　以下の電文の内容による。Marshall to Truman, Aug. 16, 1946 (FR 1946, X:50).

第8章　国共調停の終焉過程　　255

交渉の再開を急ぐために，国府に譲歩を迫りながらも，周恩来には「蔣5条件」に沿った内容を受け入れるよう非公式に求めていたのである[201]。マーシャルが6月に提起していた「具体案」は事実上，このときに放棄されることになった。

　国共両軍の配置について，その「具体案」だけでなく，「原則」についても譲歩を迫られるのは，もはや時間の問題だった。9月下旬，マーシャルは張家口停戦を受け入れようとしない蔣に調停を打ち切ると恫喝した[202]。このときマーシャルは，「延々とつづく交渉，もしくは時間を無駄使いするメッセージの伝達に私が今後も参加すれば，軍事作戦の継続を黙認する交渉に実質的に参加しているとみなされることは間違いないだろう」と考えていた[203]。そこで，彼は米国政府に対して召還を要請した[204]。ところが，蔣が10日間停戦に応じる態度を示したため，マーシャルはすぐに本国に打電し，召還の要請を取り消すことにした[205]。その後，周が張家口の停戦案に反対したため，結局，蔣は張家口進軍の口実を得て，当地を占領してしまった。ここで，マーシャルは即時停戦を求めるとともに，軍三委において整軍問題が合意達成されるまで揚子江以北の国府軍を現状維持するよう蔣に提案した。マーシャルはこの提案を周にも示した[206]。これは，軍事情勢の変化に対応した暫定的な提案には違いな

---

201)　マーシャルは宋子文に「追加条件を提起せず，国府委問題で早期合意を達成すれば，軍事問題の解決はそれほど難しいとは思わない」と語った。Minutes of Conference between Marshall and T. V. Soong, Aug. 22, 1946, 10：00 (Micro MM：reel. 3). 一方，スチュアートとマーシャルが周に対して非公式に要求した内容については以下の会談記録による。Minutes of Meeting Between Marshall, Chou En-lai and Stuart, Aug. 10, 10：40 (FR 1946, IX：1499-1500).

202)　9月末，マーシャルは蔣との会談でこのように迫った。Notes by Marshall of Meeting With Chiang Kai-shek on September 28 and 30, 1946 (FR 1946, X：257). その後，マーシャルは蔣に覚書を送り，戦闘を停止させるために，これ以上遅延することなく合意達成の基礎を見つけなければ「私［マーシャル］の召還と米政府による調停努力の終了を大統領に具申する」と圧力をかけた。Memorandum by Marshall to Chiang Kai-shek, Oct. 1 (Ibid：268).

203)　これはマーシャルがアチソンに伝えた内容による。Marshall to Acheson, Oct. 2, 1946 (Truman Papers, PSF, Subject File, 1940-1953：box. 150, TL).

204)　Marshall to Truman, Oct. 5, 1946 (FR 1946, X：289-292).

205)　Marshall to Carter, Oct. 6, 1946 (FR 1946, X：298-299).

206)　Redraft of Suggested Statement for Generalissimo Chiang Kai-shek (FR 1946, X：368-369). これは蔣に発表させるべく，10月14日，マーシャルが用意し，スチュアートが承認した声明草案である (Ibid：367, 注56)。Minutes of Meeting Between Marshall and Chou, Oct. 26, 11：30, 1946 (Micro MM：reel. 4).

かったが，張家口に進軍した国府の行動を追認する内容にほかならなかった。マーシャルは，両軍配置の「原則」についても事実上，譲歩することになったのである。

11月5日，蔣が停戦令を出す予定だとスチュアートに語ったことを受け，翌日，マーシャルとスチュアートは蔣の声明文を作成することを決める[207]。彼らが最初に作成した草案には，中共に配慮して，国大招集直後，国大を一時休会し，その間に憲草委での憲草作成と国府委・行政院改組を完了させることが明記されていた[208]。しかし，この草案を受け取った蔣は「わが国の存亡」に関わる問題なので「米国人民の心理に留意ばかりもできない」とマーシャルに語り，代わりに修正案を提示した。その案のなかで，蔣は米国の提案に耳を傾けることなく，あくまでも国大における憲法採択を急ぐ姿勢を貫いた。蔣は，憲草委において未完成のままとなっている憲法修正案を国大に提出する用意があるとしながらも，新しく採択された憲法に沿って，国大休会後6ヵ月以内に総選挙をする予定だなどと明言していたのである[209]。この蔣の修正案に接したマーシャルは失望と怒りを隠せなかった。彼はスチュアートに「その声明を読んであまりに失望したため，まったく新しい声明を用意しなければならないと思った」。「蔣主席の言葉づかいが挑発的で，誤解を招きやすく，いらだたせるようなものであるため，停戦という最重要の理念がひどく薄れてしまい，そのために声明の真の重要性が失われることになるだろう」と強い不満を漏らしていたのである[210]。そこでマーシャルは再修正案を作成するが，このときにはすでに米国が調停を主導しないという方針を固めていたこともあって，蔣の修正案の骨子を部分的にそのまま残して，表現を一部修正するにとどめた[211]。

---

207) Minutes of Meeting Between Marshall and Stuart, Nov. 6, 1946, 10：30 (Micro MM：reel. 4).

208) Memorandum Prepared by the Embassy in China, Nov. 6, 1946 (FR 1946, X：476).

209) マーシャル―蔣会談の内容については，『大事長編』(6-上：296 [1946年11月7日]) に拠った。蔣の修正案は以下の文書である。Draft Statement by Chinag Ka-shek [日付は不明] (FR 1946, X：479-480). ただし，この中国語原文は『大事長編』6-上，『史料初編』7-3 に収録されていない。

210) Minutes of Meeting Between Marshall and Stuart, Nov. 7, 1946, 10：30 (FR 1946, X：481).

211) 例えばマーシャルは，憲草委でまだ完成していない憲法修正草案を国大に提出する予定だという内容は残しながらも，今国大での決定があくまでも暫定的なものであり，全党を代表する機関によってそれを修正し，その修正案を以後国大で採択できる，という文言を入れるなどした。マーシャルの再修正案は以下のものである。Second Draft Statement for Chiang Ka-shek Prepared

第8章　国共調停の終焉過程　　257

11月8日，マーシャルとスチュアートは蒋と会談し，その再修正案を提示した。マーシャルはこの再修正案について「米国政府代表としての私が承認したものではない」ことを了承していただきたい，国府「軍事指導者とはまったく意見が異なる」と蒋に釘をさして，声明文を渡したのである[212]。こうして蒋の主張が事実上，黙認されることになった。以後，マーシャルは調停の終了を検討し始めることになる。

(2) 目標と方法の乖離

内戦勃発後，マーシャル・ミッションにとって重要な政策変化は，目標においてではなく，それを達成するための方法において現れた。方法の喪失とともに，米国は国共調停から手を引くことになった。そのとき残されていたのは，中国側に事態の推移を委ねるという選択でしかなかった。ここには，少なくとも2つの意味があった。

第1に，米国が自ら調停方法を確立し，主体的に関与するという意味での中国連合政府構想が瓦解したことである。その瓦解の原点は，調停の基礎である停戦状態の崩壊にあった。そもそもマーシャルが設置した調停組織は，米・国・共三者による全会一致の原則によって機能していた。国共両者が拒否権をもつ以上，戦場の対立が政治交渉に波及してしまうと，調停組織もまた機能不全に陥ってしまう。停戦を実施するための組織が，拒否権をもつ内戦の当事者によって構成されていた点にこそ，マーシャル調停の脆弱性があった。

第2に，中国国内に国共関係を仲介できる有力な調停役が存在しなくなれば，国共両者の軍事行動を黙認することになる。マーシャルの蒋に対する圧力が追認・黙認に変化していったのは，国府支持への転換を表すものではなく，調停方法を喪失した結果にすぎない。

達成するための方法を失った目標は，やがて再考を迫られ，放棄されてしま

---

by Marshall and Stuart, Nov. 8, 1946 (FR 1946, X : 484-486).
212)　マーシャル，スチュアート―蒋会談（11月8日）におけるマーシャルの発言内容は以下による。Notes of a Series of Meetings with the Generalissimo (Micro MM : reel. 4). なお蒋が発表した声明文（11月8日）は，『大事長編』（6-上：296-298）に収録されている。この声明にはマーシャルの再修正案の内容が部分的に反映されている。例えば，憲法に対して修正意見がある場合，各党派は次回以降の国大において法に基づいて意見を提起することができるとした（同上：298）。

うことになる。1947年以降, 国共連合政府の成立をめざす構想は, すがたを消していくことになった（第2章を参照）。目標と方法が乖離していく過程が, 連合政府構想を瓦解へと導いた。マーシャル・ミッションはそのようにして終焉したのである。

第9章 「中国喪失」をめぐる論争

1. 『中国白書』の発表

中華人民共和国の成立前夜，共和党議員を中心に政府の中国政策に対する批判が高まっていた。そこで 1949 年 8 月，トルーマン政権はその批判を抑えるために，『中国白書』を発表した[1]。白書発表の意図は，前文において示されている。その前文は，アチソン国務長官がトルーマン大統領に宛てた書簡である。

そのなかでアチソンは，「中国内戦の惨憺たる結果は米国政府の手に負えなかったというのが，残念ながら逃れることのできない事実である」として，国府崩壊の原因を中国国内の問題に求めた。彼によれば，国民党は 1927 年の国共対立以後，革命の情熱を失い始め，やがて 1930 年代後半，戦争初期の時点になると，彼らの腐敗はすすみ，危機への対処能力，軍隊の士気，人民の支持，そのいずれも失っていた。一方，中共は徹底した規律と情熱によって「人民の保護者と解放者として自らを売り込もうとした」。戦後国府自身が弱体で，退廃しており，人民の支持を得ていない以上，米国政府は内戦回避に腐心するしかなかった。米国にとっては，全面的な軍事介入は不可能だった。もし介入することになれば，これまでつぎ込んだ不毛な出費よりもさらに多額の支出が必要となるし，何より米軍将校が国府軍を指揮しなければならなくなる。そうなれば，米陸海空軍のすべてを投入することにもなってしまう。そのときには，中国の人々から抵抗を受けることになるし，やがては米国内からも伝統的な対

---

1) Blum (1982 : 88, 94).

中友好政策を放棄したなどと非難が巻き起こるだろう。アチソンは，このような論理でこれまでの政府の中国政策を説明し，非難を退けようとした[2]。

しかし，政府への非難は強まることはあっても，止むことはなかった[3]。とりわけ共和党議員からの批判は厳しかった。8月5日，第81議会第1会期では上下両院とも政府の政策に対して非難が浴びせられた。上院において，ノーランド（William F. Knowland）が発言した内容をみておこう。

　　白書は次のような事実を立証し，裏書きするものである。政府は戦中，戦後の重大な数年間，共産主義者を中国政府に参加させるよう促し，誘い，強制した。蔣介石総統が今日と同様，当時から国際共産主義との連携に断固反対してきたことは彼にとって不滅の名誉である。……ソビエトの影響下にある中国は，日本の影響下にある中国と同程度に大きな脅威である[4]。

　一方，下院ではジャッド（Walter Judd）が非難の声をあげた[5]。「共産主義者に支配された中国は，アジアにとって，ひいては我々自身にとって死活的脅威」である。ところが，我が政府の指導者は中国人指導者とは違い，「世界共産主義の陰謀の性格，目標，方法，潜行性の脅威」について無理解であった，と政府の認識不足を問題にした[6]。同月7日には，上院において，ハーレイ元駐華米国大使の声明文『1000ページの白書に対する若干のコメント』が紹介されている。そのなかでハーレイは，戦時中，重慶の米国大使館が「親共産主義者たちで一杯」であり，彼らが国府転覆をもくろむ中共に対して軍事援助するよう提言していたにもかかわらず，これらの事実が白書に盛り込まれていな

---

2)　Letter of Transmittal, Acheson to Truman, July 30, 1949 (CWP, vol. 1：v-vi, xiv, xvi, x, xv-xvi). なお，アチソンの見解については，山極（1997：29）も参照。

3)　以下，『中国白書』発表後，共和党議員やハーレイが政府を非難した一連の展開に関しては，以下を参照した。Tang（1963：509; 邦訳 1967： 403）; 山極（1997: 29-30）.ただし，各発言，声明，覚書の内容についてはそれぞれオリジナルの議会資料に依拠した。

4)　Congressional Record (Senate, Aug. 5, 1949, vol. 95, pt. 8：10813).

5)　かつて中国で医療宣教師として活動していたこともあるジャッドは，第二次大戦期，中共に対して友好的な態度をとっていたが，大戦末期になって反中共の姿勢へと転じた。この点について，米国政府の政策レベルを含めて検討した研究として，加藤（1994：35-48）を参照。

6)　Congressional Record (House, Aug. 5, 1949, vol. 95, pt. 8：10875).

第9章 「中国喪失」をめぐる論争　　261

いことを責めた[7]。彼の外交官に対する積年の恨みが，ここでも表出することになった。

　その後，ブリッジス（Styles Bridges），ノーランド，マッカラン（Patrick McCarran），ウェリー（Kenneth S. Wherry）各上院議員が長文の覚書を作成し，政府に対する批判をまとめた。ここで前提となっているのは，2つの批判である。

　第1は，政府の中共認識の甘さである。彼らは，最近まで米国政府が中国共産主義者を共産主義者としてではなく，農地改革者（agrarian reformer）とみなしていたことについて取り上げ，これを楽観論と呼んだ。もし中国が共産化すれば，共産主義は東南アジア，インド，インドシナ，マラヤに拡大していくことになる。そうなれば，アジアにおける「西側産業の市場と原料」は失われ，「ソ連に最終的な世界支配のための人員，資源を与えることになる」。結局，「中国の共産主義支配は，太平洋における米国の戦略的地位を深刻にさせる」ことになる。このような論理から，政府の楽観論を攻撃していったのである。

　第2は，このような状況に対して政府が有効な手立てを用意していないという批判である。彼らは，『中国白書』を「結局中国を放棄し，自分勝手に共産主義者の目的に奉仕した政策から足を洗おうという試みである」と決めつけた。現時点で，「中国は危険な状態ではあるが，国務省の主張とは異なり，まだ［中国は］失われていない」。彼ら上院議員がこのとき求めたのは，ほかでもなく中国の自由地域（共産軍の支配を受けていない地域）に物質的援助をするとともに，近隣諸国と相互防衛協力をすることだった[8]。

　彼らはこのような前提を組み立てながら，その覚書のなかで政府の中国政策を歴史的にたどりながら，1つ1つ批判していった。ここでは，最も重要な批判として，3つ取り上げておこう。

　1つめは，ヤルタ会談の秘密協定である。彼らは，政府がソ連から対日参戦の約束を引き出す代わりに，中国東北地域の利権の一部などをソ連に譲り渡し

7）Congressional Record (Senate, Aug. 8, 1949, vol. 95, pt. 8 : 10941).

8）Memorandum on the White Paper on United States Relations with China, Extension of Remarks of Hon. Styles Bridges of New Hampshire, in the Senate of the United States, Aug. 22, 1949 (Congressional Record, vol. 95, pt. 15 : A5451-A5454).

たと非難した。また，この協定によって，米国の伝統的な中国政策であった門戸開放は終焉してしまい，「中国が戦後平和と統一を達成する上で［この協定が］最もひどい打撃」になったとも考えた。さらに，この秘密協定をきっかけにして，ソビエトは中国，ポーランド，ユーゴスラビアなどにおいて拡張主義を強めていったとした。2つめは，マーシャル・ミッションである。ここでは，マーシャルが国府に対して国共協調を迫り，圧力をかけたことが問題にされた。なかでも，中共をモスクワと無関係の農地改革者とみなしていたこと，また国府に圧力をかけるために武器禁輸に踏み切ったことが列挙された。3つめは，1947年以降の対中国援助についてである。政府の軍事援助があくまでもヨーロッパに偏り，中国・極東が無視されたというのが彼らの評価だった[9]。

　この長文の覚書によって，『中国白書』への非難はクライマックスに達した[10]。その後，「マッカーシズム」の嵐が吹き荒れるなかで，中国政策に対する批判は過激になるが，そのとき展開された批判内容の原型は，すでにこの長文の覚書のなかにあった。

2. マッカーシズムの展開

(1) 最初の騒動

　「マッカーシズム」は，1940年代末から1950年代にかけて米国内の政治家，官僚，その他反共の運動家が協力して，国内から共産主義の脅威を排除しようとした政治現象である[11]。この現象が最も過激であったのは，その嵐を巻き起こした扇動的な政治家，マッカーシー（Joseph McCarthy）上院議員が勢力を誇った1950年から1954年末までであった[12]。

　マッカーシズムの標的の1つが政府の中国政策に向けられた。朝鮮戦争が勃

---

9) Ibid：A5451-A5453.

10) Tang（1963：509; 邦訳 1967：403）.

11) Schrecker（1998：x）.

12) マッカーシズムの特徴については，Fried ed.（1997：1-9）を参照。同書はマッカーシズム関連の資料を編集し，各資料に解題を付けた便利な資料集である。なおマッカーシーは社会的，経済的秩序に関心をもたず，「根っからの破壊勢力，革命的ビジョンなき革命家，理由なき反逆者であった」（ロービア［邦訳］1993：16）。

発する前から火種はまかれていたが，戦争勃発によって批判がますます高まることになる。

そこでまず，朝鮮戦争勃発までの時期について整理しておこう。1950 年 2 月 9 日，マッカーシーはウェスト・バージニア州ホィーリングで演説し，国務省に 205 名の共産党員がいると演説した[13]。この演説が大きな騒動を巻き起こす。同月 22 日，上院で決議案が採択され，上院外交委員会，その分科委員会に国務省員の忠誠に関する調査を行う権限が与えられることになったのである。そこで，3 月 8 日からタイディングス（Millard E. Tydings）委員長率いる上院外交委員会分科委員会が聴聞会を開くことになった。その聴聞会でマッカーシーは，共産主義への偏向がみられる人物として 9 名を挙げ，彼らを非難した。そのなかには，中国政策に関与したジェサップ（Philip Jessup），ラティモア，サーヴィスが含まれていた。とりわけラティモアへの非難は厳しく，ロシアのスパイだと嫌疑をかけられるほどであった。しかし，4 ヵ月後，タイディングスはマッカーシーの告発を全面的に退ける報告書を出し，この問題はひとまず沈静化した[14]。

(2) マッカーサー解任を受けて

ところがその後，朝鮮戦争が勃発すると，政府のアジア・中国政策に対する非難が再燃することになった。まず，朝鮮半島で軍隊を指揮するマッカーサーと本国政府の間で政策の対立が生じたことが，1 つのきっかけをつくってしまう。本国政府は，蒋介石による本土攻撃が米国と中共の間で戦争に発展することを警戒したが，マッカーサーは蒋を全面支援することを望んだのである。こ

---

13) このときの演説には正確な記録がない。残されているのは翌日，ソルトレイクで行われたマッカーシーと地元記者とのインタビュー記事，同月 20 日の上院議場でのマッカーシーの発言内容である。以上の点と具体的な記事，発言内容については，"Versions of the Wheeling Speech, Feb. 10 and 20, 1950"（Fried ed. 1997：78-80）を参照。この資料に付けられた解題によれば，2 月 10 日のインタビューで，マッカーシーは国務省の共産党員を 205 名から 57 名へと減少させている。

14) 以上のマッカーシズムの起源と展開については，山極（1997：33-36）を参照。またタイディングス委員長の聴聞会に関する詳細は，Tang（1963：540-546; 邦訳 1967：428-431）を参照。第 81 回第 2 会期（1950 年 7 月 20 日）において，タイディングスがマッカーシー告発（ラティモアらに対する嫌疑）に対して反論した点については，以下の会議記録の摘要と解題が参考になる。"Democratic Rebuttal, July 20, 1950"（Fried ed. 1997：83-84）。

の対立と並行するようにして，米国内では共和党の上院議員から北朝鮮の南進を招いた原因は米国政府のアジア政策にあるという非難の声があがった。彼らはアチソン国務長官の解任を求めた[15]。

米国内で政府の中国政策に対する非難が激化するのは，1951年4月，トルーマンがマッカーサーを解任してからである。その非難の舞台は，主に上院議会に設置された2つの聴聞会であった。1つは，太平洋問題調査会（Institute of Pacific Relations）に関する聴聞会，もう1つは，上院軍事委員会・外交委員会合同による聴聞会である[16]。

前者の聴聞会についてみてみよう。太平洋問題調査会とは，1920年代初頭，太平洋の社会・経済問題に関心をよせるハワイの実業家集団により組織が発展し始め，1925年に朝鮮，中国，日本，オーストラリア，ニュージーランド，フィリピン，米国の各代表者により結成された調査会であり，このとき第1回会合が行われている。その後，英国，インド，そして1934年にはソ連からメンバーが加わった。組織は各国・民族別の組織からなる緩やかな連合であり，米国支局には実業家，学者，教師，ジャーナリスト，公務員，各地域の指導者をはじめ1000人以上のメンバーがいた[17]。この調査会の活動が親共産主義的であったのではないか，というのが聴聞会の主旨であった。1951年7月25日から翌年6月20日までマッカラン委員長率いる上院司法委員会の委員7名による分科委員会が聴聞会を行い，多数の調査会関係者が召喚された。結果，87名が共産党と関係のある人物とされ，マッカーシーの試みは容易に勝利を収めたのである[18]。結局，太平洋問題調査会の活動は客観的でも無党派的でもなく，国際共産主義，中国共産主義そしてソビエトの利益に奉仕するものであり，米国の利益に反するものだとされたのである[19]。

(3) 中国政策への非難

一方，上院軍事委員会・外交委員会合同による聴聞会は，これまでの政府の

---

15) Tang（1963：565-569; 邦訳 1967：448-451）.
16) 山極（1997：38-39）。
17) 太平洋問題調査会の特徴は，Kubek（1963：344）.
18) 以上の点は，山極（1997：39-40）。
19) Kubek（1963：345）.

第9章　「中国喪失」をめぐる論争　　　265

中国政策を直接的に問い詰める場になった。上院軍事委員会のラッセル（Richard B. Russel）が聴聞会の議長を務め，1951年5月3日から6月27日まで政治家，軍人が次々にこの聴聞会に召喚された。調査の対象はマッカーサー解任問題に始まり，第二次世界大戦以降の中国政策にまで及んだ[20]。召喚された人物のなかで中国政策に関わる重要な証言者として，マーシャル（5月7〜14日），アチソン（6月1〜9日），ウェデマイヤー（6月11〜13日），ハーレイ（6月20, 21日）といった顔ぶれが並んだ。とりわけ政策決定に深く関わったマーシャル，アチソンに非難の矛先が向かうことは避けられなかった。聴聞会では，きわめて広範囲かつ詳細に中国政策が議論されたが，ここではその概要だけを整理するにとどめたい。

　大きな論点は，3つあった。いずれも米国政府の国府支援が不十分であったことを問題にするものである。第1は，米国政府内に極東・中国政策をめぐって2つの立場があったのではないかという点である。ブリッジス議員は，国務省に比べて，国防省やJCSが中国，極東に対して強硬路線をとっていたのではないかとマーシャルに問うた。スミス（H. Alexander Smith）議員は，ラティモア・ヴィンセント派とウェデマイヤー派という二派を挙げ，前者は共産主義支配を自分たちの利益とみなし，同盟者であった蒋を即刻排除するよう迫ったのに対し，後者は蒋への支援継続を訴え続けたのではないかと指摘した。いずれの質問に対しても，マーシャルは明確に回答しなかった。マーシャルが語ったことは，蒋は好人物ではあるが，そのことと彼の政策あるいは彼と人民との関係については別問題だということくらいだった[21]。

　第2の論点は，国府が内戦に敗退した原因についてである。ロング（Russel B. Long）議員は，国府にさらなる軍事援助を与えていれば，結果は変えられたのではないかとマーシャルに質問した。ノーランド議員は，援助のあり方からみれば，ギリシャ・トルコ政策に比べて，中国政策は敗北主義的アプローチだったのではないかとアチソンに詰問した。こうした問いに対して，マーシャルとアチソンはともに国府が敗退した原因は国府自身にあるという立場を崩さ

---

20)　山極（1997：38-39）。
21)　ブリッジスの発言，5月8日（MSFE, pt. 1：382）; スミスの発言，5月10日（Ibid., pt. 1：462-463, 467）; マーシャルの発言，5月11日（Ibid., pt. 1：547-548）。

なかった。マーシャルは国府のリーダーシップのあり方，国府軍が人民から支持されていなかったことが敗退の原因であると語り，数千年にわたって育まれた中国流の文化ややり方（腐敗など）は，良し悪しを別にして，克服することがかなり難しいものであると述べた。アチソンは，『中国白書』前文で示した自らの見解が正確だったと述べ，国府が敗退したのは米国の軍事援助が不十分であったからではなく，国府の不適切な政治・軍事的リーダーシップ，軍隊の士気低下が原因にあると語った[22]。

　第3は，国務省の中共認識に関する論点である。まず，中共を共産主義ではなく，農地改革者とみなす勢力が国務省内にいたのではないかという点が問題になった。マーシャルは自らの中共認識について，こう語った。マーシャル・ミッション当初から「この集団［中共］の指導者がマルクス主義的共産主義者であることに疑いはな」かったし，ソ連が中共と緊密に連絡をとっていたことは明らかだった[23]。マーシャルは，国務省高官の中共認識についてはほとんど触れなかったが，ヴィンセントがかなり長期にわたって国務省の中国問題処理を代表しており，彼らは「マルクス主義ソビエト体制とはかなり異なる，農地［改革的］共産主義体制について論じていた」と証言した。ただし，この点についての論拠は曖昧であった。次に，省内に親共産主義者がいたのかどうかが問題になった。この問題については，アチソンとウェデマイヤーがそれぞれ証言している。アチソンは，省内にそのような者は皆無である，すべての者が米国の利益に奉じ，中共を共産主義者と理解していたとはっきり言明した。ウェデマイヤーもまたデーヴィス，サーヴィスらが国府を批判し，共産政権を評価してはいたが，それだけで彼らを共産主義者だと決め付けることはできないし，彼らは知的で協力的で，優秀な人物だったと評価した[24]。

　このように大きな論点のいずれについても，マーシャルとアチソンは議員か

22）　ロングの発言，5月12日（MSFE, pt. 1：659, 661-662）；ノーランドの発言，6月2日（Ibid., pt. 3：1803-1804）；マーシャルの発言，5月12日（Ibid., pt. 1：661-663）；アチソンの発言，6月2, 4日（Ibid., pt. 3：1804, 1857）。

23）　マーシャルが中国滞在中に中共の政治的性格について公式に論じたことはほとんどなかった（特に第8章を参照）。したがって，この点は正確な証言とはいいがたい。

24）　マーシャルの発言，5月8, 10, 11日（MSFE, pt. 1：377, 462, 542）；アチソンの発言，6月4日（Ibid., pt. 3：1858, 1873）；ウェデマイヤーの発言，6月11日（Ibid., pt. 3：2401-2402）。なお，ウェデマイヤーがマッカーシズムの最中，冷静に外交官を評価していたことは注目される。

第9章 「中国喪失」をめぐる論争　　267

らの批判に何とか反論を加えていった。次に，個別の政策もまた非難の対象に
なった。ここでは，くり返し議題にされたもののうち，特に重要なものを取り
上げておこう。

　まず，ヤルタの秘密協定（ソ連参戦に関する取決め）である。ノーランド議員
は，この協定によって共産主義者が満洲で足場を得たという議論があることを
紹介し，こう問いかけた。当時，ソ連参戦がどれほど望ましいもので，必要な
ものかであるかについて，どのような議論があったのか，またマーシャルはど
のような提言をしていたのか。スミス議員もまたこの協定が中国を犠牲にした
対ソ譲歩ではないか，この協定が契機となって戦後満洲でソ連が中共に武器を
援助することになり，やがて国府が内戦に敗退していったのではないか，と問
い詰めた。さらに，ハーレイも証言台に立ち，ヤルタ協定を厳しく批判した。
彼は，米国の中国政策がこの協定を境にして積極的政策から弱腰で混乱した政
策へと転換したと断じた。ハーレイによれば，積極的政策とは個人の自由，民
主政府（self-government），正義，さらには大西洋憲章の諸原則などに基づく
ものであるのに対し，弱腰政策とは「共産主義と帝国主義への譲歩，ロシアへ
の恐怖を基礎にする」ものである。彼は，米国がヤルタ協定で中国の領土保全，
政治的独立を譲り渡し，中共支配の青写真を描くことになったと述べた[25]。
当時大使を務めていたハーレイの証言は，怒りに満ちたものだった。

　一方，マーシャルは議員からの質問に対し，当時，秘密協定の取決めについ
ては軍事問題と完全に切り離されていたために知らなかったし，少なくとも参
謀本部ではソ連参戦が「戦争の早期終結にとって，まさに不可欠の要因」だと
いう見解の一致がみられたと証言した。アチソンも原爆を保有していなかった
当時，ソ連参戦は必要だったと答えた。また彼は，国府代表が不在のまま秘密
協定が締結された理由として，ヤルタ会談の中心的議題がヨーロッパ戦線にあ
ったこと，ソ連参戦が重大な軍事機密であったことを挙げた。さらに彼は，
1945年8月の中ソ友好同盟条約によって国府はソ連から大きな助力を得たと
いう点を付け加えた[26]。

---

25)　ノーランドの発言，5月11日（MSFE, pt. 1 : 559, 562-563）；スミスの発言，5月14日，6月4
　　日（Ibid., pt. 1 : 696-697; Ibid., pt. 3 : 1870-1871）；ハーレイの発言，6月20日（Ibid., pt. 4 : 2827-
　　2830, 2832, 2837）。

次に論題となったのは，国共連合政府構想である。ここでは，蔣に圧力をかけて，国共連合政府を樹立しようとしたことが問題になった。ラッセル議長は，マーシャル・ミッション期に構想されたこの案が米国政府の発案かどうか質問した。また，ウィリー（Alexander Willey）議員は，現実に国共協調の可能性があったと考えるかどうかと問うた。マーシャルは，同構想が1937年以降，蔣介石によって提言されたものであり，米国は1944年以降になって国共調停を開始したと証言した。また，彼はマーシャル・ミッション期，内閣レベルでの国共連合は実現不可能だと考え，立法府の連合政府化を構想していたとも語った[27]。アチソンは，同構想が国府の発案であることを確認した上で，国共協調の可能性はあったとした。その理由として，国共両者にとって国共協力は公式の方針であったし，スティルウェル，ウェデマイヤー，ハーレイ，マーシャル全員がそのために努力してきたことなどを挙げた。ハーレイもまた，戦時中ローズベルトの指示に従い，対日戦のために中国国内の全軍事勢力を統一することに尽力したと証言した[28]。

さらに，朝鮮戦争勃発前，台湾が不後退防衛線から外されたことの意味が問われた。まずアチソンは，1948年10月から1950年6月まで，政府が一貫してとってきた台湾政策について証言した。政府は台湾を戦略的に重要だと認識し，米国に敵対する勢力を台湾から排除すべきだという立場をとっていたが，米軍を投入しないという点については軍部を含め政府内に一致があった。しかし，国防省が軍事援助の拡大や軍事ミッションを求めたとき，アチソンは効果が得られないという理由でこれに賛成しなかったという[29]。このように証言しながら，アチソンは次のような結論を述べた。朝鮮・台湾に対して戦略的関心はあったが，米軍を投入するべき地域とはしなかった。両地域の防衛は，何よりも現地人民自身の責任であるし，その次に責任を負うとすれば，それは国

---

26) マーシャルの回答，5月11, 14日（MSFE, pt. 1：560, 563-565, 694, 696）；アチソンの回答，6月4日（Ibid., pt. 3：1845, 1869, 1871-1872）。

27) この点についての証言は正確な歴史的事実とはいえない（第6, 7, 8章を参照）。

28) ラッセルの発言，6月6日（MSFE, pt. 3：1969）；ウィリーの発言，6月6日（Ibid., pt. 3：1986）；マーシャルの発言，5月8, 11, 12日（Ibid., pt. 1：395-396, 551, 553-554, 636）；アチソンの発言，6月6日（Ibid., pt. 3：1970, 1986）；ハーレイの発言，6月21日（Ibid., pt. 4：2903）。

29) アチソンの発言，6月1, 2日（MSFE, pt. 3：1671-1672, 1674, 1681, 1808-1810）。

連メンバーである[30]。

　マーシャルやアチソンらの反論もむなしく，政府の中国政策に対する攻撃は簡単に収まるものではなかった。むしろ，この上院軍事委員会・外交委員会合同の聴聞会をきっかけにして，マッカーシーは攻撃の対象を絞り込んでいく。

3. 「中国喪失」をめぐって

　1951年6月14日，マッカーシーが上院議会で演説を行った。その後，その演説を基にして『アメリカの勝利からの後退：ジョージ・カトレット・マーシャルの物語』と題する本を出版した[31]。マッカーシーはそのなかで，中国政策批判の標的をマーシャルに絞り込んでいる。彼は本の冒頭で，上記聴聞会が直接の契機となり，マーシャルの歴史を残す決心をしたと述べた[32]。批判の概要は次の文章にみごとに表れている。

　　　アチソンとヴィンセントの助けを借りながら，中国政策を形作った者こそマーシャルその人である。彼の形作った政策は中国を壊滅させ，我々から偉大で友好的な同盟国を奪い，我々とソビエト帝国主義との闘いにおける緩衝地帯を奪ってしまった[33]。

　マッカーシーは，「中国喪失」の主たる責任をマーシャルに求めたのである。その批判の具体的内容は，これまで共和党議員が中心になって論じてきたものに近かったが，より攻撃は過激になっていた。

　第1に，第二次世界大戦期のアジア戦略，とりわけヤルタの秘密協定を問題にした。ローズベルトが中国の安全保障にとってきわめて重要な満洲をロシアに譲り渡したのは，マーシャルの圧力によるものであると断言した[34]。しかし，決定的証拠はなく，各政策決定者の証言や回顧などあくまで断片的な資料

30）　アチソンの発言，6月2日（MSFE, pt. 3：1812-1813, 1818）。
31）　Pogue（1987：489）.
32）　McCarthy（1951［1962］：4；邦訳［2005］2006：22）.
33）　Ibid：170（邦訳：261）. 日本語訳は引用者が大幅に修正した。
34）　Ibid：ch. 4（邦訳：第4章）.

から推測したにすぎなかった。

　第2の論点は，マーシャル・ミッションである。国共連合政府の樹立をめざ
したマーシャル調停を徹底して糾弾した。「マーシャルは中国滞在中，一貫し
て［中国共産］党の方針を無害であると受け入れ，共産党が大衆の福利に貢献
する社会改革者の政党であるという姿勢を示した」と批判し，「マーシャルの
任務全般が延安への服従の1つであった」と断言した[35]。

　第3に，マーシャルが国務長官を務めた時期について取り上げた。マッカー
シーは，1947年秋の時点で「中国が我々の援助によって共産帝国主義者に打
ち勝つチャンスはまだあった」とした。しかし，「国務省の在任期間を通じて，
マーシャルは中華民国にとって公然たる，情け容赦ない敵であった。そのよう
な敵意は当然，延安の共産主義者とモスクワにいる彼らの主人にとって有利な
ものであった」と述べ，マーシャルの国府援助の消極性を責めた[36]。

　マッカーシーは，共産主義勢力に対して強硬的態度をとらなかったマーシャ
ルを責めたが，この批判については上院議員の受け入れるところとなり，マー
シャルの評判は以前ほど高いものではなくなってしまった。それでもなお，マ
ーシャルの米国政府に対する忠誠だけは，疑われることはなかった[37]。

　マッカーシーによる中国政策の批判は，このときピークに達していた。そも
そも共和党議員を中心にした中国政策に対する非難は，1947年末から米国内
で拡大し始め，1951〜1952年が最も深刻な時期であった[38]。その後，扇動家
の力は長続きせず，1954年にはマッカーシーの上院における影響力は，急速
に失われていった[39]。

　そのときまでに米国政府は，トルーマン政権からアイゼンハワー（Dwight
D. Eisenhower）政権へと移行していた。結局，民主党政権の中国政策は激しい
攻撃にさらされるなかで，共和党に政権を譲ることになったのである。その後，
マッカーシズムは終息していくが，「中国喪失」をめぐる責任追及は学術研究
にまで広がっていった[40]。

---

35)　Ibid：104, 111（邦訳：173, 182）．日本語訳は引用者が大幅に修正した。

36)　Ibid：150, 133（邦訳：233, 211）．日本語訳は引用者が大幅に修正した。

37)　以上の点は，Pogue（1987：490）を参照。

38)　Koen（1974：213）．

39)　ロービア［邦訳］（1993：309-310）。

第9章 「中国喪失」をめぐる論争　　　271

　例えば，クベックは1963年の著書『いかにして極東は失われたか』のなか
で，「中国に派遣されたマーシャル・ミッションは，共産主義がこの国を支配
することに貢献した最大の要因であった」とし，中国が共産主義者に対して失
われたのだという見方を示した[41]。何よりも，このときクベックが主な論拠
にしていたのは，1951年に行われた上院軍事委員会・外交委員会合同の聴聞
会資料であった。

　「中国喪失」の責任を追及するという議論は，マッカーシズムや米中冷戦と
いう時代状況がつくり出したものであった。現実の情勢や政策に大きな変化が
現れない限り，このような論争が完全に収束することはなかった。ところが，
1970年代，米中接近をきっかけにして，この論争が大きく様変わりしていく。
例えば，1940年代後半において米国と中共が関係改善できる見込みはなかっ
たのか，その可能性を検討しようとする「機会喪失論」（序章を参照）の登場は，
その1つの現れであったといえる。そのときになって，かつて批判された中国
問題専門家が復権し始めることになるのである[42]。

　中国を喪失したのは誰かという論争は，過去の政策を非難するための道具で
あったが，そのことによって米国は中国政策における幅広い選択肢を失うこと
にもなったのである。

---

40)　トルーマン政権からアイゼンハワー政権に交代し，マッカーシズムが終息するなかで米国内の
　　中国政策をめぐる論争がどのような状況にあったのかに関しては，山極（1997：14-16, 41-45）を
　　参照。また「中国喪失」論と学術研究との関係については，加藤（2001：32）。
41)　Kubek（1963：323）.
42)　以上，「中国喪失」論から「機会喪失」論への移行については，加藤（2001：32）を参照。

終章　マーシャル・ミッションからアジア冷戦へ

1. 戦後米国と「大国中国」の崩壊

　序章で示した設問に従って，これまで展開してきた議論を3つに整理してみ
よう。

　第1は，米国の「中国大国化」構想が終焉していく，その重要な転換点とし
てマーシャル・ミッションが位置づけられるのではないかという問題である
（第1章）。

　戦時中，連合国にとってアジアにおける軍事戦略の中心は，当然のことなが
ら，対日戦略にあった。これを前提にして，米国が「中国大国化」構想を主導
することになった。当初，「大国中国」には2つの役割が期待されていた。1
つは中国大陸を対日戦略の拠点とすることであり，もう1つは戦後アジア地域
の秩序を構想する上で，中国を中心勢力にするというものであった。しかし，
前者の役割は1943年末に米国が対日戦略の拠点を中国大陸から太平洋米軍に
移動させ始めたとき，終焉することになった。ただし，後者の役割への期待は
その後も続いた。それが明確に崩れていくのは戦後中国内戦が勃発した後であ
り，1947年から1948年にかけて，それに代わるような新しい「封じ込め」戦
略がアジア地域に現れることになった。

　このような展開からみれば，「中国大国化」構想が最終的に瓦解していく史
的過程として，マーシャル・ミッションを理解することができるだろう。マー
シャルは国共調停を通じて，「強い，統一された，民主的中国」を成立させ，
それをアジア地域の安定勢力にしようと試みたが，中国内戦によってその構想
は終焉してしまう。以後，米国は中国大陸と太平洋島嶼地域の間に防衛線を引

き，日本をその戦略拠点に据えるような構想に向かっていく。このとき戦勝国と敗戦国に区分される戦後の平和秩序構想は，大きく再考を迫られることになった。

　第2は，米国がどのように「大国中国」の成立に関与したのかという問題である（第2章）。米国の「中国大国化」構想によれば，「大国中国」を担うべき政権が蔣指導下の国府におかれていた。しかし，「大国中国」は所与のものではなく，国府は少なくとも2つの点で国家が未統一であった。1つは，一部地域（東北や台湾など）の領土統一が未達成であった。もう1つは，中国内部に独自の軍隊と支配地区をもつ中共がいたため，政治統一が依然なされていなかった。米国はこの2点から国府の国家統一に関与することになった。前者については，1943年末のカイロ会談で国府の領土回復すべき地域が明確にされ，戦後米国は彼らの領土接収を支援することになる。後者については，米国が1944年から国府崩壊を阻止し，対日戦における中共の勢力をも活用すべく国共調停を開始し，現政権を基礎にしながらも，さまざまな政治諸勢力の参加を呼びかける連合政府の形成を支援することになった。

　終戦後，米国はこの2点をどのように両立させて中国の国家統一を支援するのかという問題に出会うことになった。この「中国の統一」をめぐる問題が，最も顕著に現れたのが「力の真空」が生まれた地域であった。なぜなら国府進軍を無条件にすすめながら現政権の領土統一を全面支援するのか，国共停戦を成立させて中共地区を暫定的に承認しながら国共間の政治交渉を確保するのか，2つに1つの選択を迫られたからである。

　米国政府内では，両者の優先順位をめぐって政策論争が生まれた。それは戦時中から続く中国政策をめぐる論争の延長線にもあった。単純化すれば，現政権への全面支援をとるか，国府改組（国共連合政府）を優先させるかという論争であった。マーシャル・ミッションは両者の立場を並存させたが，結局，いずれも達成できずに調停は終了した。中国内戦が激しくなってくると，「中国の統一」それ自体が非現実的な目標となり，この問題は政策論争の中心から外れていくことになった。

　第3は，マーシャル・ミッションにおいて上記2つの立場がどのように並存し，どのように実行され，そして瓦解していったのかという問題である。

終章　マーシャル・ミッションからアジア冷戦へ　　　275

　まず，2つの立場はどのように並存したのだろうか（第4章）。米国政府内には，最初から一致した見解があった。それは中国全体で連合政府の成立をめざしながらも，東北をその「例外」におくというものである。東北においては，国府の領土接収をすすめるため，彼らの進軍を優先的に認めることでコンセンサスがあった。ワシントンで論争されたのは，中共の支配地区が存在し，しかも国府接収が緊要な東北以外の重要地域——主に華北——において，どのような方針をとるかということであった。結局，東北における方針と中国本土（華北を含む）における方針が区別されることになり，2つの立場がそれぞれの方針に別々に反映されることになった。

　次に，この2つの方針がどのように実行されたのかについてである。マーシャルにとって最初の調停であった国共停戦交渉において，2つの方針を実行するための基礎が構築された（第5章）。「停戦協定」では「停戦令」を中国本土に限定し，東北の国府進軍を許可する態勢が整えられた。さらに国共調停の方法として，停戦実施組織（軍三委，軍調部，執行小組）が設置された。このような下準備を基礎にして，2つの方針が実行に移されていった。1つは，連合政府構想の展開である（第6章）。マーシャルは中国本土における停戦実施には直接参加しながらも，停戦後に行われる政府改組には介入しないという「限定的関与」で臨んだ。連合政府構想の立脚点は，あくまでも国共停戦におかれた。もう1つは，東北方針である（第7章）。当初，国府の領土接収を支持するという原則を維持していたが，1946年春にそれが変更を迫られることになった。

　最後の局面は，2つの方針がそれぞれ終焉していく過程である。まず，東北方針は中国本土方針と衝突するなかで変容を迫られ，やがて終焉していった（第3章，第7章）。東北方針は，国府接収を援助するという原則だけは確定していたものの，情勢の急変を前にした具体的な対応策までは未定であった。1946年3月以降，ソ連軍撤退地区に中共が勢力を広げるなかで，米国は初めて具体的な対応を迫られた。マーシャルは国府が中共地区に進軍を続ければ，軍事衝突が華北にも拡大しかねないと警戒し，中国本土の方針を東北に適用することで何とか事態の収拾をはかった。このとき東北方針が事実上，放棄されることになったのである。

　最後まで残ったのが，連合政府樹立のための方針であった。しかし，1946

年夏以降，停戦状態が次々に綻びをみせ始め，調停の基盤は崩れていき，やがてこの方針もまた終焉を余儀なくされた。マーシャルは調停方法を確保できないまま，10月中旬には調停の役割を実質的に終えてしまった（第8章）。

2. 戦後米国の中国政策

(1) 「中国大国化」構想の脆弱性

戦後米国の中国政策は，終戦後わずか1年余りのうちに転機をむかえることになった。米国の構想と現地の情勢は日を追うにつれてかけ離れていき，政策は大きな再考を迫られた。このような全体の史的展開を，2つの論点から捉えなおしてみよう。

第1に，戦後中国情勢のめまぐるしい変動と米国の「中国大国化」構想が瓦解していく過程は，どのような関係にあったのだろうか。マルチ・アーカイバルな分析からどのような考察ができるだろうか。まず，2つのことを確認しておこう。

1つは，米国が直面した「中国の統一」をめぐる問題である。これは戦後中国の政治・軍事問題を集約するような内容であった。国共両者は現政権の改組をめぐる政治交渉をすすめながらも，戦場においてはそれぞれ自らの陣地の拡大をはかった。このとき国府の領土統一をどのようにすすめるのか，はたまた中共地区を承認するのかどうかが決定的な対立点の1つになった（第3章）。「中国の統一」をめぐる問題とは，何よりもまず戦後中国自身が抱えた難題でもあった。

もう1つは，「中国大国化」構想のおかれた位置である。これは既存の「大国」を前提にした構想ではなく，あくまでも米国が何らかの形式で中国の「大国化」に関与するというものである。一方，米国は中国の政治経済体制を変革するという大規模な内政干渉を行ったわけでもなかった。結果，マーシャル・ミッションでは「限定的関与」が行われることになったが，これは内政不干渉を原則に掲げた事実上の内政干渉である。そのとき米国は国府の領土接収，連合政府の樹立という原則だけは確定しながらも，その具体的計画までは自分たちで立案せず，中国側の決定に委ねるという姿勢で臨んだ（第4章，第6章）。

終章　マーシャル・ミッションからアジア冷戦へ　　277

　以上の2つを重ね合わせたとき，米国が「中国の統一」をめぐる問題について最初から詳細な決定を行うつもりはなく，あくまでも中国側の解決を待っていたことが分かる。米国は中国内戦が拡大するまで，この問題についての具体的な回答をほとんど用意してこなかった。マーシャル・ミッションの任務決定過程においても，1946年1月の停戦交渉においても，3月の東北停戦調停においても，この問題への回答は先送りされ続けたのである（第4章，第5章，第6章）。

　現地勢力の決定を尊重すればするほど，調停は現地の情勢変化に対して脆弱になっていく。とりわけ国共両者が停戦という「現状維持」を崩し，戦闘を拡大させたとき，米国の政策は現地の対立に大きく翻弄されることになる。国共両者の軍事衝突が激しくなった1946年5月初旬になって，ようやくマーシャルは「中国の統一」をめぐる問題への具体的回答を検討することになった。しかし，これは東北情勢の急速な展開によって従来の方針が維持できなくなり，回答を迫られた結果であった（第7章）。その後，国共両者の軍事・交渉戦略によって，米国は調停を確保することさえ至難になっていくのである（第8章）。

　「中国大国化」構想は，自らに瓦解の種を内包するものであった。なぜなら「限定的関与」によって，米国は国共両者の決定を尊重することになるが，両者が武力解決を選択したときには，構想それ自体の基盤が掘り崩されてしまうからである。国共合作を基礎にした中国政策は，中国内戦という現地勢力の選択によって瓦解してしまったのである。

(2)　中国内戦の意味

　第2の論点は，戦後米国の中国政策において中国内戦がどのような意味をもっていたのかについてである。従来の研究では，内戦の前後における中国政策の一貫性・継続性が強調されてきた（序章）。しかし本書では，内戦勃発後の政策変化を考察するために，政策の目標と方法とが乖離していく過程を考察した。「強い，統一された，民主的中国」の成立という目標は，1947年1月までには実現の方法をことごとく失っていた（第8章）。戦後米国の中国政策における基本目標は，国共内戦によって大きく瓦解することになったのである。こ

のことは，その後の中国政策にとって少なくとも3つの意味をもっていた。

1つは，政策の選択肢が減少するのと政策論争の激化とが重なったことである。米国内で中国政策をめぐる論争が激しくなるのは，1948年頃からである。この頃から国務省と軍部の対立にとどまらず，議会，中国ロビーを巻き込んだ論争にまで発展していく（第2, 9章）。この論争は，政策の選択肢が少しでも残されていたマーシャル・ミッション期において展開されたのではなく，すでに多くの選択肢が失われた後になって論争が本格化したという特徴をもつ。このとき争われたのは，「中国をどのように統一するか」ではなく，中共と敵対する国府を少しでも延命するための支援をどう拠うかという難題であった。やがて，この論争は中国大陸において共産勢力の台頭と国府崩壊を招いた原因は誰にあるのかという政治責任を追及する内容に転じていく。責任を追及することしかできなかったことが，もはや事態の改善が容易ではないことを暗示していた。

結局，戦後米国の中国政策をめぐる論争は，政策選択の幅を広げるための豊かな議論としてではなく，過去の政策の責任を追及しながら，いかにして中共とソ連を「封じ込める」かという論点を中心に発展したものでしかなかった。責任の追及を目的にした論争が自由で，豊かな内容をもつはずもない。例えば，マッカーシズムが吹き荒れるなか，マーシャル・ミッションが中共に対して宥和的であったのではないかという非難の声が高まったとき，当時米国政府には中共・ソ連の両者関係を決定づける証拠がなかったという事実は語られず，当時から中共とソ連を一枚岩の勢力として認識していたということだけが強調された。まして，当時米国が国共両者の決定を尊重するような「限定的関与」をとっていたことや，その結果，「中国大国化」構想が瓦解したことなどは大々的には語られなかった[1]。国府政権がいかに腐敗し，弱体であり，自ら崩れていったのかを雄弁に語ることで，その非難を退けるしかなかったのである（以上，第9章）。しかし，「限定的関与」というあり方こそ，当時米国政府自身が

---

1) 1951年の上院軍事委員会・外交委員会合同の聴聞会において，マーシャルは自らの調停が中国の政治交渉には介入しない，停戦活動を中心にしたものだったと何度も述べている（5月8, 10, 11, 12日）。また中国側に政治問題をめぐる合意（政協決議など）がすでにあったことも指摘している（MSFE, pt. 1：396, 458, 549-550, 636-637）。しかし，この点が注目されて議題の中心になるということはなかった。

終章　マーシャル・ミッションからアジア冷戦へ　　279

選択した政策であった。これは中国自身の選択を尊重する政策であったが，その結果生まれたはずの中共の台頭という事態を米国はすぐに受け入れられなかったのである。このあまりに皮肉な過程こそ，戦後米国の中国政策がたどった軌跡であった。

　2つめの意味は，伝統的原則の後退である。中国内戦が進展し，中華人民共和国が成立するまでの過程は，米国の伝統的な中国政策が静かに後退していくプロセスでもあった。19世紀末以来，米国の中国政策における伝統的原則は「門戸開放」にあった。それは外国勢力が中国に軍事・政治・経済的利権を拡大するのを抑止しようとする外交戦略あるいは道義的主張であった。「門戸開放」は20世紀前半における米国のアジア・中国政策を理解する上で，中心的な位置を占めてきた[2]。

　1945年以降，一部の地域を除けば中国大陸から主要な外国勢力は排除されることになったし，中華人民共和国が成立したことによって，中国国内の勢力がひとまず中国大陸を統治するに至った。1950年代初頭まで米国政府はソ連という外国勢力が依然として中共に対して圧倒的な影響力を及ぼしていると主張することで，「門戸開放」原則を継続する姿勢を暗示してきた[3]。しかし，中国に外国勢力が存在するという状況を前提にして成り立っていた「門戸開放」原則は，やがて米国の中国政策における中心的な地位から大きく後退していく[4]。少なくとも，かつてのようにこの原則が大々的に表明されることはな

---

2)　米国の中国政策における「門戸開放」原則の起源と展開を分析した代表的な研究として以下が挙げられる。Williams（[1959] 1972; 邦訳 1986）; Tan（1963; 邦訳 1967）.

3)　アチソン国務長官は1949年，『中国白書』の前文で「もし共産政権がソビエトロシア帝国主義の目的に追従し，中国近隣へと侵攻を企てるなら，我々国際連合のメンバーは国連憲章に違反する状況，また国際的平和・安全保障を脅かす状況に直面することになる」と述べ，「門戸開放」原則を継続する旨を明らかにしていた（CWP, vol. 1：xvii, iv）。その後，彼は1951年の上院軍事委員会・外交委員会合同の聴聞会（6月7日）で，ソ連が中共政権に対して支配的であるが，「我々は常に中国を自由で独立し，外国勢力から支配されないよう努力してきた」と述べた（MSFE, pt. 3：2109）。

4)　「門戸開放」が終焉していくまでの史的過程はウィリアムズやタンのような代表的な研究においても必ずしも明示的に検討されていない（Williams [1959] 1972; 邦訳 1986）。タンは「門戸開放」が米・中共間の対決，2つの中国という現実よって終焉したと指摘しているのみである（Tan 1963：590-591; 邦訳 1967：469）。Wang Xiaodong（2002）では，中共が内戦に勝利した後，米国の半世紀にわたる伝統的な「門戸開放」政策が満洲において終焉していく過程が部分的に描かれている。ただし，その終焉の意味は，米国による中国封じ込めという文脈から考察されているだけで

くなった。結果的にみれば，この伝統的な原則が現実の情勢変化を前にして事実上終焉し始めるのは，やはりマーシャル・ミッション期だったといえるだろう。なぜなら 1946 年春から初夏にかけて，マーシャルが東北における国府の領土接収を抑制し始めたとき，この伝統的な原則を達成するための具体的な政策を次々に放棄していったからである（第 7 章）。半世紀近く踏襲してきた原則に立脚できなくなったとき，米国は中国政策のなかに新たな難題を抱えることになった。

それが，3 つめの意味にあたる。「中国の統一」をめぐる問題は，やがて「中国政府とは何か」という難題に発展していくことになる。マーシャル・ミッションでは既存の政権を承認した上で，多様な政治諸勢力をそこに参加させようとしてきたため，現政権への反対勢力が現れ，彼らが台頭してきたとき，彼らをどのように位置づければよいのかという根源的な問題に直面することになったのである。1946 年春，東北において国府のみならず，中共までもがソ連軍撤退後の地域の接収権を公然と主張し始めたとき，マーシャルは「蒋主席と周将軍の根本的相違点は，『主権を構成するものが何か』という問題に関連している」と周に語っている[5]。国共両者ともに中国を代表して接収権を求めるという状況に，マーシャルは当惑した。しかし，当時米国は連合政府に参加する勢力として中共の地位を承認することはあっても，国府と武力衝突する独立した勢力として中共を認めるという前提をもたなかった。あくまでも承認すべき「中国政府」とは中華民国国民政府のことであった。1946 年 6 月 17 日，マーシャルは周との会談で次のように断言している。

周将軍は共産主義者が共産軍のプレゼンスによって主権を接収したということを主張されたいのだと拝察いたしますが，共産主義者が主権を接収したといえない限り，ロシアが撤退したというだけで，直ちに主権問題が決着するわけではありません。私は［周の］言い分が公平だとは思いません。

ある。戦後米国の中国政策において「門戸開放」がどのように終焉したのかについては，さらなる研究が待たれる。

5) Minutes of Meeting Between Marshall and Chou En-lai, Apr. 29, 1946, 10：30 (Micro MM：reel. 16).

終章　マーシャル・ミッションからアジア冷戦へ　　281

なぜならこの数ヵ月，共産主義者は正確な意味で中央政府のために［主権を］接収したわけではないからです。[6]

　マーシャルは，国民政府から独立して中共が支配地域をもつことを明確に否定したのである。その後，内戦によって中国大陸に中華人民共和国が樹立され，国府が台湾に逃れると，「中国政府とは何か」という難題がますます米国の中国政策に重くのしかかることになった。以後，4半世紀近く米国はこの問題を抱えることになる。米国にとって「中国の統一」をめぐる問題は，冷戦期の中国政策における1つの難題の起点にあったといえる。

3. アジアの戦後史

　戦後アジア地域における国際政治の歴史は，対象にする資料も歴史的事実もあまりに豊富である。問題の関心によって研究対象はさまざまにフォーカスできるし，各地域で展開された戦後国家建設や独立運動にはそれぞれ個性もあっただろう。しかし，序章で示したように，第二次大戦後この地域において国際政治がどのように展開したのかを考察する上で2つの大きな戦争——第二次大戦と冷戦——の経験を取り上げることは，重要な出発点になるだろう。しかもこの両者の経験はいびつに結びついている。例えば，第二次大戦によって中国は五大国の1つになったが，冷戦下において中台分断という状況がそれと結びつくことになった。

　これは一例にすぎないが，少なくとも2つの経験が重なり合って，アジア地域の国際政治は形づくられることになった。冷戦終焉後，中国をめぐるアジア冷戦史の研究は質量ともに成長をとげたにもかかわらず，その大半は第二次大戦の経験を取り上げることなく，冷戦の起点を追いかけることにあまりに熱心であった。しかも，その視点は東側陣営の同盟を主体的に形成したアジアの現地勢力——中共——におかれている。このような研究動向を批判的に検討することが，本書の目的の1つでもあった（序章）。

---

6)　Minutes of Meeting Between Marshall and Chou En-lai, Nanking, June 17, 1946, 10：00 (FR 1946, IX：1066).

当然のことながら，2つの経験の結節点を余すところなく論じることは至難である。そこで本書では，第二次大戦後の平和構想が瓦解しながら，やがて東西対立へと移行していく，その重要な転換点に研究対象をフォーカスすることにした。では，本書の考察からどのような結論が導き出せるだろうか。

2つのプロセスを並べてみよう。1つは，戦勝国を中心にして構想された戦後平和のあり方——「中国大国化」構想と敗戦国日本の占領——が崩壊あるいは変容していくなかで，米国がアジア政策を再考し，やがて防衛線を中心にした戦略へと転換していくプロセスである（第1章）。もう1つは，中共が内戦を通じて東北から中国大陸全土へと勢力を拡大させるなかで，米国の「中国大国化」構想が終焉していくまでの過程である。この延長線上に，中華人民共和国が誕生し，中ソ友好同盟相互援助条約が締結された（第3章）。以上の2つは，並行して起こったプロセスである。「中国大国化」構想が崩れていくなかで，東西両陣営がそれぞれ形成されていったという大まかな史的過程がここに素描できる[7]。

戦後中国をめぐる国際政治史を描くとき，その物語の出発点は中国東北にだけあるのではなく，敗戦国日本にもあったことが分かる。敗戦国をめぐる戦勝国間の関係が崩れていく過程が，重要な史的プロセスの1つだったからである。

「中国革命の軌跡」から戦後史を描く論者は，その物語の起点を中国東北地域におき，そこから米国の政策についても観察してきた。しかし，戦後米国の中国政策を東北政策に還元することはできない。1946年春，マーシャルが東北において中共を抑圧しながら，国府の軍事的優勢を確立するような「封じ込め」政策をとろうとしたという証拠はほとんど見当たらない。まして，この反共政策によって中国内戦が引き起こされたというのも誇張だろう[8]。本書の結論に従えば，むしろ事態の推移はその反対であったといえる。米国が停戦調停に立脚しながら，いかに軍事衝突を抑えようとしても，またいかに国府の領土接収を抑制しようとしても，国共が選択した武力衝突という決定によって米国の「中国大国化」構想は崩れていくことになったからである。米国がアジア地

---

7) ただし，中国以外の地域を含めた戦後アジア国際政治史を描くには，さらなる検討が必要である。

8) 米国の政策が中国の内戦勃発に少なからず影響を与えたことは否定できないだろうが，当時マーシャルが中共に敵対するために，国府の内戦戦略を助力しようとしたという証拠は見当たらない。

域において，「封じ込め」戦略を展開し始めるのは，ようやくその後になって
からである（第1章）。

　中国内戦の勃発を受けて，米国の政策はこのように大きく変化することにな
った。したがって，内戦勃発前後における米国のアジア・中国政策を「ヤルタ
システム」という枠組みで一貫して捉えることもできないだろう。

　平和をつくるための構想は，冷戦という新しい戦争を前にして，そのすがた
を大きく変えることになった。そのとき，かつての敗戦国（日本）はその戦勝
国（米国）と同盟関係を結び，国際社会に復帰することになる。

参考文献

本文中に略記で示した資料・文書館名については，【　】内に付した

1. 第一次資料

(1) 未公刊資料

National Archives and Record Administration, Washington D. C【NA】

  Record Group 59：

    General Records of the Department of State, 1945-1949, Central Decimal File box. 3398-3401

    Records of the Office of Far Eastern Affairs: Subject File, 1944-47; Lot. 110, box. 1-11; Top Secret Subject File, 1945-50; Lot56D151, box. 12-19

    General Records of the Department of State Marshall Mission Records, 1944-48, box. 1-55.【MM】

    Records of the Office of Assistant Secretary and Under Secretary of State Dean Acheson, 1941-48, 1950

    Records Relating to Accounts of the Far East, 1941-1947, box. 9-12

  R. G. 226：

    Strategic Services Unit Intelligence Reports 1945-46（マイクロフィルム）【SSU】

      roll. 1（Reports A-57234 through A-67497）

      roll. 2（Reports A-67500 through A-69099）

      roll. 3（Reports A-69100 through A-69999）

George C. Marshall Library, Lexington, Virginia【ML】

  George C. Marshall Papers【Marshal Papers】

  A. Fairfield Danna Papers

  Manuscript No. 118：Peiping Headquarters Group：Historical Record of the Executive Headquarters. April. 1-June. 30, 1946.

Harry S. Truman Library, Independence Missouri【TL】

  Clark M. Clifford Papers【Clifford Papers】

  Dean G. Acheson Papers【Acheson Papers】

  George M. Elsey Papers【Elsey Papers】

  Harry S. Truman Papers：

    Official File【Truman Papers, O. F.】

    The President's Secreary's Files【Truman Papers, PSF】

Confidential File 【Truman Papers, WHCF】
SMOF (Staff Member and Office Files)【Truman Papers, SMOF】
John F. Melby Papers
John Paton Daivies Jr. Papers
Mathew J. Connelly Papers 【Connelly Papers】
John Stewart Service and Charles Edward Phretts Papers

Hoover Institution, Stanford University【HI】
Albert C. Wedemeyer Papers【Wedemeyer Papers】
Chang Kia-ngau Papers【『張嘉璈文書』】
Chiang Kai-shek Diaries【『蔣介石日記』】
H. H. Kung Papers【『孔祥熙文書』】
T. V. Soong Papers【『宋子文文書』】
Victor C. Hoo Papers【『胡世沢文書』】

国史館（台北）
蔣中正総統文物, 革命文献（戡乱）：①分類番号, ②分類名, ③序列号, ④冊号, ⑤冊名,
⑥目次号『蔣文物』①〜⑥と略記】
事略稿本【『事略稿本』】

中央研究院近代史研究所档案館（台北）
外交部档案【『国府外交部档案―台北』】

中国第二歴史档案館（南京）
国民党政府外交部, 全宗号 18, 案巻号 142-2986【『国府外交部档案―南京』】
―142：駐美大使館摘陳美国対於戦後国際和平組織問題之意見
―765：與蘇連有関条約及其他有関文件
―1884：王世杰任内一年来最重要国際会議的報導
―1887：三十五年外交部工作計画及簡明表
―1888：駐外使領館三十四年致秘書処的函件
―1896：関於日本賠償問題與蘇連外交部美国国務院的来往文書（抄本）
―1903：駐外使領館三十四年致亜東司的函件
―1916：駐外使領館三十四年致本司的函件
―1986：関於軍事政治情況給駐外各使領館的広播詞
―2111：駐美大使館之宣傳臨時報告及有関国務院的組織状況的報告
―2246：第一七五次至一八六次（外交）部務会議記録
―2249：駐外使領館三十五年致次長的函件
―2250：四十六年度（外交）本部工作計画

一2282：関於設置日本賠償委員会事美駐華使館的来函（抄本）
一2320：駐外使領館一九四六年致本司的函件
一2393：関於呈送英文参考消息致宋子文部次長等函件
一2398：関於索取重要外交報告和国際消息的與国民参政会的来往文書
一2472：駐外使領館一九四六年致本司的函件（第一冊）
一2473：駐外使領館一九四六年致本司的函件（第二冊）
一2478：関於一九四六年巴黎会議情況的参考消息外国報紙的摘録及王世杰與蘇連外交　部
　　　　長莫洛托夫的備忘録之印本（英）
一2478：本司編第五十八期国際情勢
一2985：戦後国際和平機構及其他問題

北京市国家図書館
　新善本，SC277『軍事調処執行情況彙編』（1946 年 1 月 13 日—4 月 15 日）【『軍事調処執
　　行情況彙編』】

(2)　マイクロフィルム（公文書・日記・回想録）
Adam Matthew Publications, *Diaries of James V Forrestal, 1944-1949, Secretary of the Navy, 1944-1947, and first Secretary of Defense, 1947-1949: Complete and unexpurgated diaries from the Seeley G Mudd Manuscript Library, Princeton University*, reel. 1-4. 【Micro Forrestal】
Scholarly Resources Inc. *The Complete Records of the Mission of General George C. Marshall to China, December 1945-January 1947*, reel. 1-50. （慶應義塾大学所蔵）【Micro MM】
——. *Records of the US Department of State Relating to the Internal Affairs of China, 1945-49*, 893. 00/11-2145-893. 00/6-1146. （早稲田大学所蔵）【Micro US-China】
——. *Records of the Office of Chinese Affairs*, 1945-55 （Lot File）. （早稲田大学所蔵）【Micro CA】
University Publications of America, Inc. *Confidential U. S. State Department Central Files, United States-China Relations, 1940-1949*. （慶應義塾大学所蔵）
——. *Records of the Joint Chiefs of Staff, The Far East, Part II: 1946-1953*. （慶應義塾大学所蔵）【Micro JCS-II】
——. *CIA Research Reports, China, 1946-1976*. （慶應義塾大学所蔵）
熊式輝日記・文書・回想録
　Columbia University Libraries Preservation Department, *Hiung, Shih-hui Diaries* （【熊式輝日記】）, Portfolio 2 : 1943-1946; List of 1975 Addition （in Chinese）（【熊式輝文書】）; Hiung, She-hui, Memoir of Hsiung Shi-hui （1907-1950）（【熊式輝回想録】）, New York : Columbia University Libraries, 1995-1996.

(3) 公刊資料，資料集，その他（日記・回想録など）
（米国）

Acheson, Dean（[1959] 1961）, *Sketches From Life of Men I Have Known*, New York： Harper and Brothers.

——（1969）, *Present at the Creation*, New York： W. W. Norton（吉沢清次郎訳『アチソン回顧録』第1巻，恒文社，1979年）.

Beal, John Robinson（1970）, *Marshall in China*, Garden City, New York： Doubleday.

Bland, Larry I., ed.（[1986] 1996）, *George C. Marshall Interviews and Reminiscences for Forrest C. Pogue Third Edition*, Lexington, Virginia： George C. Marshall Foundation.

——and Stevens, Sharon Ritenour, eds.（2003）, *The Papers of George Catlett Marshall, vol. 5 (January1, 1945-Janutary7, 1947)*, The Johns Hopkins University Press.

Byrnes, James（1947）, *Speaking Frankly*, New York and London： Harper and Brothers Publishers.

Cold War International History Project, Bulletin, Woodrow Wilson International Center, Washington D. C.【CWIHP, Bulletin】

——Issues.6-7,1995/1996 Winter（アジア冷戦の特集号）
http://www.wilsoncenter.org/index.cfm?topic_id=1409&fuseaction=topics.publications&group_id=15127

——Issues.8-9, 1996 Winter（Section4 が中ソ関係の新資料）
http://www.wilsoncenter.org/index.cfm?topic_id=1409&fuseaction=topics.publications&group_id=14051

——Issue.16, Fall 2007/ Winter 2008（中国の冷戦に関する特集号）
http://www.wilsoncenter.org/topics/pubs/CWIHPBulletin16.pdf

Ferrell, Robert, ed.（1980）, *Off the Record: The Private Papers of Harry S. Truman*, Columbia and London： University of Missouri Press.

Goodrich, Leland M. and Carroll, Marie J., eds.（1942）, *Documents on American Foreign Relations vol. IV, July 1941-June 1942*, Boston： World Peace Foundation.

Grew, Joseph C.（1952）, *Turbulent Era: A Diplomatic Record of Forty Years, 1904-1945*, Vol. 2, Boston： Houghston Mifflin Company.

Harriman, W. Averell and Abel, Elie（1967）, *Special Envoy to Churchill and Stalin, 1941-1946*, London： Hutchnson.

Hechler, Ken.（1982）, *Working with Truman: A Personal Memoir of the White House Years*, Columbia： University of Missouri Press.

Kennan, George F.（1967）, *Memoirs, 1925-1950*, Boston： Little, Brown and Company（清水俊雄訳『ジョージ・F・ケナン回顧録：対ソ外交に生きて』上下，読売新聞社，[1973] 1984年）.

Lyman, P. Van Slyke reissues,（1967）, *The China White Paper August 1949*, 2 volumes, Stanford University Press, 1967.【CWP】

――(1976), *Marshall's Mission to China, December 1945-January 1947: The Report and Appended Documents*, 2 volumes, University Publications of America.

Marshall, Katherine Tupper, (1946), *Together: Annals of an Army Wife*, New York : Tupper and Love (大森繁子訳『夫とともに：一軍人の妻の年代記』光文社, 1951 年).

Rea, Kenneth W. and Brewer, John C., eds. (1981), *The Forgotten Ambassador: The Reports of John Leighton Stuart, 1946-1949*, Boulder, Colorado : Westview Press.

Stuart, John Leighton (1954), *Fifty Years in China: The Memoirs of John Leighton Stuart Missionary and Ambassador*, New York : Random House.

Truman, Harry S. (1956), *Memoirs, Vol. 2 Years of Trial and Hope*, New York : Doubleday (加藤俊一ほか訳『トルーマン回顧録』第 2 巻, 恒文社, 1992 年).

U. S. Congress, *Congressional Record*, annual volumes, Washington, D. C : Government Printing Office. 【Congressional Record】

U. S. Department of State, *Foreign Relaions of the United States*, annual volumes, 1942-1949, Washington, D. C : GPO. 【FR】

――, *Bulletin*, annual volumes, 1941-1950, Washington, D. C : GPO. 【Bulletin】

U. S. House of Representatives, Committee on International Relations, *United States Policy in the Far East*, pt. 1, Selected Executive Session Hearings of the Committee, 1943-1950, vol. VII. 【USPFE】

U. S. President (1961-1962), *The Public Papers of the Presidents of the United States: Harry S. Truman, 1945-1946*, Washington D. C.

U. S. Senate, Committee on Armed Services and Committee on Foreign Relations, *Military Situation in the Far East*, 82nd Congress, 1st Session, pt. 1-5, Washington, D. C : GPO, 1951. 【MSFE】

Vandenberg,Jr. Arthur H., ed. (1953), *The Private Papers of Senator Vandenberg*, London : Victor Gollancz Ltd.

Weber, Ralph E., ed. (2001), *Talking with Harry: Candid Conversations with President Harry S. Truman*, Wilmington: Scholarly Resources.

Wedemeyer, Albert C. (1958), *Wedemeyer Reports!*, New York : Henry Holt (妹尾作太男訳『第二次大戦に勝者なし』講談社, 上下巻, [1997] 1999 年).

(国民政府)

王世杰 (1999), 「赴莫斯科談判日記 (1945 年 8 月)」中国社会科学院近代史研究所・近代史資料編輯部編『近代史資料』総 99 号, 205-214 頁. 【『王日記・莫斯科』】

――(2003), 「《王世杰日記》選：従抗戦勝利到内戦爆発」『近代史資料』総 105 号, 174-228 頁. 【『王日記』】

外交部編 (2001), 『外交部档案叢書：界務類』第 1 冊 (東北巻), 第 2 冊 (中蘇関係巻), 台北：外交部. 【『界務類』】

何智霖編輯 (2007), 『陳誠先生書信集：與蔣中正先生往来函電』上下, 台北：国史館.

郭廷以編著（1985），『中華民国史事日誌』第4冊，台北：中央研究院近代史研究所.

呉淑鳳編輯（2005），『陳誠先生回憶録：国共戦争』台北：国史館.

徐永昌（1992），『徐永昌日記』第8冊（1945-1947），台北：中央研究院.【『徐永昌日記』】

秦孝儀総編集（1978），『総統蔣公大事長編初稿』5巻（下冊），6巻（上下冊），1978年.
　　【『大事長編』】

中華民国重要史料初編編輯委員会編輯，秦孝儀主編（1981），『中華民国重要史料初編（第七
　　編）戦後中国』一～三，中国国民党党史委員会.【『史料初編』7-1～3】

中国国民党中央委員会党史委員会影印（1996），『国防最高委員会常務会議記録』第8冊.
　　【『国防最高委』】

中国社会科学院近代史研究所訳（1988），『顧維鈞回憶録』第6分冊，中華書局.【『顧維鈞回
　　憶録』】

張治中（1985），『張治中回顧録』文史資料出版社.

張秀章編著（2007），『蔣介石日記掲秘』上下，団結出版社.

趙正楷・陳存恭合編（1996），『中央研究院近代史研究所史料叢刊（34）徐永昌先生函電言論
　　集』台北：中央研究院近代史研究所.

姚崧齡編著（1982），『張公権先生年譜初稿』上下，台北：伝記文学出版社.【『張公権年譜』】

李宗仁（口述），唐徳剛（撰写）（1980），『李宗仁回憶録』上下，広西人民出版社.

（中共）

四川大学馬列主義教研室中共党史科研組編（1981），『停戦談判資料』四川人民出版社.【『停
　　戦談判』】

薛銜天編（1996），『中蘇国家関係史資料匯編』社会科学文献出版社.

中央档案館編（1991-1992），『中共中央文件選集』第14-18冊（1943-1949），中共中央党校
　　出版社.【『中共文件』】

中央文献研究室等編（1989），『周恩来年譜　1898-1949』中央文献出版社.【『周年譜』】

――（1993），『毛沢東軍事文集』第3巻，軍事科学出版社，中央文献出版社.

――（1993），『毛沢東年譜　1893-1949』下，中央文献出版社.【『毛年譜』】

――（1996），『劉少奇年譜　1898-1969』上下，中央文献出版社.【『劉年譜』】

――（2006），『朱徳年譜　1886-1976』新編本，中，中央文献出版社.【『朱年譜』】

中共中央毛沢東主席著作編輯委員会編（1966），『毛沢東選集』第4巻，人民出版社.【『毛選
　　集』】

中共中央文献研究室編（1996），『毛沢東文集』第4巻.【『毛文集』】

中共中央文献研究室・中共南京市委員会編（1996），『周恩来一九四六年談判文選』中央文献
　　出版社.【『周談判』】

中共中央文献研究室・中国人民解放軍軍事科学院編（2010），『建国以来毛沢東軍事文稿』上
　　中下，軍事科学出版社・中央文献出版社.

中共中央文献編輯委員会（1980），『周恩来選集』上，人民出版社.【『周選集』】

――（1981），『劉少奇選集』上，人民出版社出版.【『劉選集』】

――(1983), 『朱徳選集』人民出版社出版.【『朱選集』】

――(1991), 『彭真文選 (1941-1990)』人民出版社.【『彭文選』】

――(1996), 『葉剣英選集』人民出版社.【『葉選集』】

中国人民解放軍軍事科学院編 (2007), 『葉剣英年譜 一八九七――一九八六』上下, 中央文献出版社.【『葉年譜』】

中共中央党校党史教研室選編 (1979), 『中共党史参考資料』第6巻, 人民出版社出版.【『中共参考』】

『董必武年譜』編纂組 (2007), 『董必武年譜』中央文献出版社.【『董年譜』】

『彭真伝』編写組編 (2002), 『彭真年譜 1902-1997』上, 中央文献出版社.【『彭年譜』】

(露文)

Академия Наук СССР Институт Китаеведения. (1959 [Repinted in New York, AMS Press Inc, 1973]), *Советско-китайские отношения, 1917-1957, сборник документов*, Издательство восточнойлитературы, Москва.【СКО】

Ледовский, А. М. (1999), *СССР И Сталин В Судьбах Китая: Документы и Свидетелъства Участника Событий 1937-1952*, Москва.

Ледовский, А. М. Р. А. Мировицкая, В. С. Мясников (Составители). (2000), *Русско-китайские отношения вXX веке. Т. IV: Советско-китайские отношения. 1937-1945 гг. Кн. 2: 1945 г.* Отв. ред. С. Л. Тихвинский исторической мысли.【РКО, IV-2】

――(2005), *Русско-китайские отношения вXX веке. Т. V: Советско-китайские отношения. 1946-февраль 1950 гг. Кн. 1: 1946-1948 гг.* Отв. ред. С. Л. Тихвинский. М.: Памятники исторической мысли.【РКО, V-1】

――(2005), *Русско-китайские отношения вXX веке. Т. V: Советско-китайские отношения. 1946-февраль 1950 гг. Кн. 2: 1949-Февраль 1950 гг.* Отв. ред. С. Л. Тихвинский. М.: Памятники исторической мысли.【РКО, V-2】

(邦文)

外務省特別資料部編 (1989), 『日本占領重要文書』第2巻, 日本図書センター.【『日本占領重要文書』】

日本国際問題研究所・中国部会編 (1963), 『新中国資料集成』第1巻, 日本国際問題研究所.【『新中国資料集成』】

2. 事典・事典など

Kort, Michael (1998), *The Columbia Guides to the Cold War*, Columbia University Press.

徐友春主編 (2007), 『民国人物大辞典［増訂版］』上下, 河北人民出版社.

武月星主編 (1999), 『中国現代史地図集 1919-1949』中国地図出版社.

天児慧他編 (1999), 『岩波現代中国事典』岩波書店.【『岩波現代中国事典』】

京大東洋史辞典編纂会編（1999），『[新編] 東洋史辞典 [第 13 版]』，東京創元社．【『東洋史辞典』】

3. 第二次資料

(1) 英文

Acheson, Dean (1971), "The Eclipse of the State Department," in *Foreign Affairs*, 49, 4, pp. 593-606.

Barnett, A. Doak (1963), *China on the Eve of Communist Takeover*, New York : F. A. Praeger.

Bland, Larry I. (with special assistance by Jeans, Roger and Wilkinson, Mark F.), ed. (1998), *George C. Marshall's Mediation Mission to China December 1945-January 1947*, Lexington Virginia : George C. Marshall Foundation.

Blum, Robert M. (1982), *Drawing the Line: The Origin of the American Containment Policy in East Asia*, New York : W W Norton and Company.

Borg, Dorothy and Heinrichs, Waldo, eds. (1980), *Uncertain Years: Chinese-Americans Relations, 1947-1950*, New York : Columbia University Press.

Buhite, Russell D. (1973), *Patrick J. Hurley and American Foreign Policy*, Londn : Cornell University Press.

――(1981), *Soviet-American Relations in Asia, 1945-54*, Norman : University of Oklahoma Press.

Carr, Edward H. ([1939] 1964), *The Twenty Years' Crisis, 1919-1939*, New York : Harper and Row Publishers (井上茂訳『危機の二十年』岩波書店，[1996]1998 年).

――([1947] 2002), *International Relations Between the Two World Wars, 1919-1939*, New York : Palgrave (衛藤瀋吉ほか訳『両大戦間における国際関係史』清水弘文堂，[1968] 1987 年).

Chang, Gordon H. (1990), *Friends and Enemies: The United States, China, and the Soviet Union, 1948-1972*, Stanford : Stanford University Press.

Chen, Jian (陳建) (1994), *China's Road to the Korean War: The Making of the Sino-American Confrontation*, New York : Columbia University Press.

Chen, Jian (2001), *Mao's China and the Cold War*, Chapel Hill : The University of North Carolina Press.

Cohen, Warren I. (1980), "Acheson, His Advisers, and China, 1949-1950," in Borg, Dorothy and Heinrichs, Waldo, eds., *Uncertain Years: Chinese-Americans Relations, 1947-1950*, New York : Columbia University Press, pp. 13-52.

――(2000), *America's Response to China: A History of Sino-American Relations*, (Forth edition), New York : Columbia University Press.

Cumings, Bruce (1981), *The Origins of the Korean War: Liberation and the Emergence of Separate Regimes 1945-1947*, Princeton : Princeton University Press.

—— (1994), "Japan and the Asian Periphery," in Painter, David S. and Leffler, Melvyn P., eds., *Origins of the Cold War: An International History*, London and New York : Routledge, pp. 215-235.

Eiler, Keith E. (1998), "Devotion and Dissent: Albert Wedemeyer George Marshall, and China," in Bland, Larry I. (with special assistance by Jeans, Roger and Wilkinson, Mark F.), ed., *George C. Marshall's Mediation Mission to China December 1945-January 1947*, Lexington Virginia : George C. Marshall Foundation, pp. 91-114.

Etzold, Thomas H. (1978), "American Organization for National Security, 1945-50," Thomas H. Etzold and John Lewis Gaddis, eds., (1978) *Containment: Documents on American Policy and Strategy, 1945-1950*, New York : Columbia University Press, pp. 1-23.

Feis, Herbert (1953), *The China Tangle: The American Effort in China from Pearl Harbor to the Marshall Mission*, New Jersey : Princeton University Press.

Fenby, Jonathan ([2004] 2005), *Chiang Kai-shek: China's Generalissimo and the Nation He Lost*, New York : Carrol & Graf Publishers.

Fried, Albert, ed. (1997), *McCarthyism: The Great American Red Scare, A Documentary History*, New York : Oxford University Press.

Gaddis, John L. (1982), *Strategies of Containment: A Critical Appraisal of Postwar American National Security Policy*, New York : Oxford University Press.

—— (1987), *The Long Peace: Inquiries Into the History of the Cold War*, New York : Oxford University Press.

—— (1992), *The United States and the End of the Cold War: Implications, Reconsiderations, Provocations*, New York : Oxford University Press.

—— (1997), *We Now Know: Rethinking Cold War History*, New York. : Oxford University Press.

—— ([1972] 2000), *The United States and the Origins of the Cold War 1941-1947*, New York : Columbia University Press.

—— (2005), *The Cold War: A New History*, New York : The Penguin Press.

Gallicchio, Marc S. (1988), *The Cold War Begins in Asia: American East Asian Policy and the Fall of the Japanese Empire*, New York : Columbia University Press.

Gellman, Barton (1984), *Contending with Kennan: Toward a Philosophy of American Power*, New York : Praeger.

Goldstein, Steven M. (2001), "Dialogue of the Deaf?: The Sino-American Ambassadorial-Level Talks," in Ross, Robert S. and Jiang Changbin, eds., *Re-examining the Cold War: U. S.-China Diplomacy, 1954-1973*, Cambridge. : Harvard University Press, pp. 200-237.

Goncharov, Sergei N., Lewis, John W. and Xue Litai, eds. (1993), *Uncertain Partners: Stalin, Mao, and the Korean War*, Stanford : Stanford University Press.

Gould-Davies, Nigel (1999), "Rethinking the Role of Ideology in International Politics During the Cold War," *Journal of Cold War Studies*, 1, 1, pp. 90-109.

Graebner, Norman A. (1984), *America As a World Power: A Realist Appraisal from Wilson to Reagan*, Wilmington : Scholarly Resources.

Harding, Harding and Yuan Ming, eds. (1989), *Sino-American Relations 1945-1955: A Joint Reassessment of a Critical Decade*, Wilmington : Scholarly Resources.

He, Di (1998), "Mao Zetong and the Marshall Mission," in Bland, Larry I. (with special assistance by Jeans, Roger and Wilkinson, Mark F.), ed., *George C. Marshall's Mediation Mission to China December 1945-January 1947*, Lexington Virginia : George C. Marshall Foundation, pp. 173-199.

Heinzig, Dieter (2004), *The Soviet Union and Communist China, 1945-1950: The Arduous Road to the Alliance*, Armonk. : M. E. Sharpe.

Heinrichs, Waldo (1980), "American China Policy and the Cold War in Asia : A New Look," in Borg, Dorothy and Heinrichs, Waldo, eds., *Uncertain Years: Chinese-Americans Relations, 1947-1950*, New York : Columbia University Press, pp. 281-292.

Hunt, Michael H. (1980), "Mao Tse-tung and the Issue of Accommodation with the United States, 1948-1950," in Borg, Dorothy and Heinrichs, Waldo, eds., *Uncertain Years: Chinese-Americans Relations, 1947-1950*, New York : Columbia University Press, pp. 185-233.

—— (1996), *The Genesis of Chinese Communist Foreign Policy*, New York : Columbia University Press.

Ikenberry, G. John (2001), *After Victory: Institutions, Strategic Restraint, and the Rebuilding of Order After Major Wars*, Princeton : Princeton University Press.

——and Moon, Chung-in, eds. (2008), *The United States and Northeast Asia: Debates, Issues, and New Order*, Lanham : Rowman and Littlefield Publishers.

—— (2008), "The Political Foundations of American Relations with East Asia," in Ikenberry, G. John and Moon, Chung-in, eds., *The United States and Northeast Asia: Debates, Issues, and New Order*, Lanham : Rowman and Littlefield Publishers., pp. 19-37.

Iriye, Akira (1974), *The Cold War in Asia: A Historical Introduction*, New Jersey : Prentice-Hall.

Jacob, John N. (1987), *George C. Marshall Papers, 1932-1960, A Guide*, Lexington, Virginia : George C. Marshall Foundation.

Jeans, Roger B. (1998), "Last Chance for Peace : Zhang Junmai (Carsun Chang) and Third-Party Mediation in the Chinese Civil War, October 1946," in Bland, Larry I (with special assistance by Jeans, Roger and Wilkinson, Mark F.), ed., *George C. Marshall's Mediation Mission to China December 1945-January 1947*, Lexington Virginia : George C. Marshall Foundation, pp. 293-325.

Jespersen, T. Christopher (1996), *American Images of China 1931-1949*, Stanford : Stanford University Press.

Kaldor, Mary (1990), *The Imaginary War: Understanding the East-West Conflict*, Oxford :

Basil Blackwell.

Koen, Ross Y. (Edited with an Introduction by Richard C. Kagan) (1974), *The China Lobby in American Politics*, New York : Harper and Row Publishers.

Kolko, Joyce and Gabriel (1972), *The Limits of Power: The World and United States Foreign Policy, 1945-1954*, New York : Happer and Row Publishers.

Kubek, Anthony (1963), *How the Far East Was Lost: American Policy and the Creation of Communist China, 1941-1949*, Chicago : Henry Regnery Company.

LaFeber, Walter (2002), *America, Russia, and the Cold War, 1945-2002, Ninth Edition*, New York : The McGraw-Hill Companies.

Lee, Steven Hugh (1995), *Outposts of Empire: Korea, Vietnam, and the Origins of the Cold War in Asia, 1949-1954*, Montreal : McGill-Queen's University Press.

Leffler, Melvyn P. (1992), *A Preponderance of Power: National Security, the Truman Administration, and the Cold War*, Stanford : Stanford University Press.

―(1994), *The Specter of Communism: The United States and the Origins of the Cold War, 1917-1953*, New York : Hill and Wang.

―(2000), "Bringing it Together: The Parts and the Whole," in Westad, Odd Arne, ed., *Reviewing the Cold War: Approaches, Interpretations, Theory*, London : Frank Cass, pp. 43-63.

―and Painter, David S. ([1994] 2005), *Origins of the Cold War: An International History*, Second Edition, New York and London : Routledge.

―and Westad, Odd Arne, eds. (2010), *The Cambridge History of the Cold War*, Vol. I-III, Cambridge : Cambridge University Press.

Levine, Steven I. (1979), "A New Look at American Mediation in the Chinese Civil War : The Marshall Mission and Manchuria," *Diplomatic History*, 3, 4, pp. 349-375.

―(1987), *Anvil of Victory: The Communist Revolution in Manchuria, 1945-1948*, New York : Columbia University Press.

―(1998), "International Mediation of Civil Wars : China (1945-46) and Mozambique (1990-92)," in Bland, Larry I. (with special assistance by Jeans, Roger and Wilkinson, Mark F.), ed., *George C. Marshall's Mediation Mission to China December 1945-January 1947*, Lexington Virginia : George C. Marshall Foundation, pp. 527-547.

Lew, Christopher R. (2009), *The Third Chinese Revolutionary Civil War, 1945-49: An Analysis of Communist Strategy and Leadership*, London : Routledge.

Lowe, Peter (1997), *Containing the Cold War in East Asia: British Policies Towards Japan, China and Korea, 1948-53*, Manchester, New York : Manchester University Press.

Lundestad, Geir (1986), "Empire by Invitation ? The United States and Western Europe, 1945-1952," in *Journal of Peace Research*, 23, 3, pp. 263-277.

―(1992), "The End of the Cold War, the New Role for Europe, and the Decline of the United States," *Diplomatic History*, 16, 2, pp. 247-255.

Lutze, Thomas D. (2007), *China's Inevitable Revolution: Rethinking America's Loss to the Communists*, New York：Palgrave Macmillan.

McCarthy, Joseph R. ([1951] 1962), *America's Retreat from Victory: The Story of George Catlett Marshall*, New York：The Devin-Adair Company（本原俊裕訳『共産中国はアメリカがつくった：G・マーシャルの背信外交』成甲書房，[2005] 2006 年).

McCauley, Martin (2003), *The Origins of the Cold War 1941-1949*, Third Edition, London：Pearson Education.

McMahon, Robert J. (1988), "The Cold War in Asia：Toward a New Synthesis?," in *Diplomatic History*, 12, 3, pp. 307-327.

――(2003), *The Cold War: A Very Short Introduction*, New York：Oxford University Press.

Mastny, Vojtech (1996), *The Cold War and Soviet Insecurity: The Stalin Years*, New York：Oxford University Press.

――, Holtsmark, Sven G. and Wenger, Andreas (2006), *War Plans and Alliances in the Cold War: Threat Perceptions in the East and West*, London：Routledge.

Messer, Robert L. (1989), "Roosevelt, Truman, and China：An Overview," in Harding, Harding and Yuan Ming, eds., *Sino-American Relations 1945-1955: A Joint Reassessment of a Critical Decade*, Wilmington：Scholarly Resources, pp. 63-77.

Miscamble, Wilson D. C. S. C., (2007), *From Roosevelt to Truman: Potsdom, Hiroshima, and the Cold War*, New York：Cambridge University Press.

Morgan, Patrick M. and Nelson, Keith L., eds. (2000), *Re-Viewing the Cold War: Domestic Factors and Foreign Policy in the East-West Confrontation*, London：Praeger.

Murray, Brian (1995a), "Stalin, the Cold War, and the Division of China：A Multi-Archival Mystery", Working Paper, no. 12, the Cold War International History Progect. Washington, D. C.：Woodrow Wilson Center. (http: //www. wilsoncenter. org/topics/pubs/ACFB69.PDF)

Murray, Brian Joseph (1995b), "Western versus Chinese Realism：Soviet-American Diplomacy and the Chinese Civil War, 1945-1950," Ph. D. dissertation, Columbia University, UMI Company.

Myers, Ramon H. (1998), "Frustration, Fortitude, and Friendship：Chiang Kai-shek's Reactions to Marshall's Mission," in Bland, Larry I. (with special assistance by Jeans, Roger and Wilkinson, Mark F.), ed., *George C. Marshall's Mediation Mission to China December 1945-January 1947*, Lexington Virginia：George C. Marshall Foundation, pp. 149-171.

Nagai, Yonosuke and Iriye, Akira, eds. (1977), *The Origins of the Cold War in Asia*, Tokyo：University of Tokyo Press.

Nagai Yonosuke (1977), "The Roots of Cold War Doctrine：The Esoteric and the Exoteric," in idem and Iriye, Akira, eds., *The Origins of the Cold War in Asia*, Tokyo：University of Tokyo Press, pp. 15-42.

Niu, Jun (牛軍) (1998a), "The Origins of the Sino-Soviet Alliance," in Westad, Odd Arne, ed., *Brothers in Arms: The Rise and Fall of the Sino-Soviet Alliance, 1945-1963*, Stanford : Stanford University Press, pp. 47-89.

―― (1998b), "Guomindang and CCP Policies Toward the United States During the Period of the Marshall Mediation," in Bland, Larry I. (with special assistance by Jeans, Roger and Wilkinson, Mark F.), ed., *George C. Marshall's Mediation Mission to China December 1945-January 1947*, Lexington Virginia : George C. Marshall Foundation, pp. 235-253.

―― (2010), "The Birth of People's Republic of China and the Road to the Korean War," in Leffler, Melvyn P. and Westad, Odd Arne, eds., *The Cambridge History of the Cold War*, Vol. I-III, Cambridge : Cambridge University Press, Vol. 1, pp. 221-241.

Nye, Joseph S., Jr. (1999), "Redefining the National Interest," *Foreign Affairs*, 78, 2, pp. 22-35.

Paterson, Thomas G. (1988), *Meeting the Communist Threat: Truman to Reagan*, New York : Oxford University Press.

―― (1998), "In Marshall's Time : Nation Building in a Transforming World," in Bland, Larry I. (with special assistance by Jeans, Roger and Wilkinson, Mark F.), ed., *George C. Marshall's Mediation Mission to China December 1945-January 1947*, Lexington Virginia : George C. Marshall Foundation, pp. 515-526.

Pechatnov, Vladimir O. (2010), "The Soviet Union and the World, 1944-1953," in Leffler, Melvyn P. and Westad, Odd Arne, eds., *The Cambridge History of the Cold War*, Vol. I-III, Cambridge : Cambridge University Press, Vol. 1, pp. 90-111.

Pepper, Suzanne (1978), *Civil War in China: The Political Struggle, 1945-49*, Berkley : University of California Press.

Pogue, Forrest C. (1973), *George C. Marshall: Organizer of Victory*, George C. Marshall Research Foundation.

―― (1987), *George C. Marshall: Statesman, 1945-1959*, George C, Marshall Research Foundation.

Qing, Simei (2007), *From Allies to Enemies: Visions of Modernity, Identity, and U. S. -China Diplomacy, 1945-1960*, Cambridge : Harvard University Press.

Reardon-Anderson, James (1980), *Yenan and the Great powers: The Origins of Chinese Communist Foreign Policy, 1944-1946*, New York : Columbia University Press.

Reynolds, David (2000), *One World Divisible: A Global History Since 1945*, New York : W. W. Norton.

―― (2006), *From World War to Cold War: Churchill, Roosevelt, and the International History of the 1940s*, Oxford : Oxford University Press.

Roberts, Priscilla, ed. (1991), *Sino-American Relations Since 1900*, Hong Kong : University of Hong Kong.

Ross, Robert S. and Jiang Changbin, eds. (2001), *Re-examining the Cold War: U. S. -China Diplomacy, 1954-1973*, Cambridge : Harvard University Press.

Ross, Robert S. (2001), "Introduction," in idem and Jiang Changbin, eds., *Re-examining the Cold War: U. S. -China Diplomacy, 1954-1973*, Cambridge：Harvard University Press, pp. 1-23.

Schaller, Michael (1985), *The American Occupation of Japan: The Origins of the Cold War in Asia*, New York：Oxford University Press (五味俊樹監訳『アジアにおける冷戦の起源：アメリカの対日政策』木鐸社，1996 年).

——(2001), "Detente and the Strategic Triangle：Or, ""Drinking Your Mao Tai and Having Your Vodka, Too""," in Ross, Robert S. and Jiang Changbin, eds., *Re-examining the Cold War: U. S. -China Diplomacy, 1954-1973*, Cambridge：Harvard University Press, pp. 361-389.

——(2002), *The United States and China: Into the Twenty-First Century*, Third Edition, New York：Oxford University Press.

Schrecker, Ellen (1998), *Many Are the Crimes: McCarthyism in America*, Boston：Littele, Brown and Company.

Shaw, Yu-ming (1992), *An American Missionary in China: John Leighton Stuart and Chinese-American relations*, Cambridge：Harvard University Press.

Shen, Zhihua (沈志華) (2000), "Sino-Soviet Relations and the Origins of the Korean War：Stalin's Strategic Goals in the Far East," *Journal of Cold War Studies*, 2, 2, pp. 44-68.

Sheng, Michael M. (1997a), *Battling Western Imperialism: Mao, Stalin, and the United States*, Princeton：Princeton University Press.

Sheng, Michael M. (1997b), "The Triumph of Internationalism：CCP-Moscow Relations before 1949," *Diplomatic History*, 21, 1, pp. 95-104.

Shyu, Larry N. (1998), "In Search of Peace on Postwar China：The Domestic Agenda," in Bland, Larry I. (with special assistance by Jeans, Roger and Wilkinson, Mark F.), ed., *George C. Marshall's Mediation Mission to China December 1945-January 1947*, Lexington Virginia：George C. Marshall Foundation, pp. 275-291.

Snow, Edgar (1946), *The Pattern of Soviet Power*, Bombay.

Spanier, John (1975), *American Foreign Policy Since World WarII Sixth Edition*, New York：Praeger.

Stein, Gunther ([1945] 1975), *The Challenge of Red China*, New York：Da Capo Press.

Stoler, Mark A. (1989), *George C. Marshall: Soldier-statesman of the American century*, Boston：Twayne Publishers.

Stoler, Mark A. (1998), "Why George Marshall？A Biographical Assesment," in Bland, Larry I. (with special assistance by Jeans, Roger and Wilkinson, Mark F.), ed., *George C. Marshall's Mediation Mission to China December 1945-January 1947*, Lexington Virginia：George C. Marshall Foundation, pp. 3-14.

Stueck Jr., William Whitney (1981), *The Road to Confrontation: American Policy toward China And Korea, 1947-1950*, Chapel Hill：University of North Carolina Press.

参考文献　　　299

Stueck, William (1989), " The Marshall and Wedemeyer Mission : A Quadrilateral Perspective," in Harding, Harding and Yuan Ming, eds., *Sino-American Relations 1945–1955: A Joint Reassessment of a Critical Decade*, Wilmington : Scholarly Resources, pp. 96–118.

Tang, Tsou (1963), *America's Failure in China 1941–50*, Chicago : University of Chicago Press (太田一郎訳『アメリカの失敗』毎日新聞社, 1967 年).

Tao, Wenzhao (1989), "Hurley's Mission to China and the Formation of U. S. Policy to Support Chiang Kai-shek against the Chines Communist Party," in Harding, Harding and Yuan Ming, eds., *Sino-American Relations 1945–1955: A Joint Reassessment of a Critical Decade*, Wilmington : Scholarly Resources, pp. 78–95.

Taylor, Jay (2009), *The Generalissimo: Chiang Kai-shek and the Struggle for Modern China*, Cambridge : The Belknap Press of Harvard University Press.

Thornton, Richard C. (1973), *China: The Struggle for Power, 1917–1972*, Bloomington : Indiana University Press.

Tu, Chuande (屠傳徳) (2000), "The 1945–1946 GMD-CCP Peace Talks and the Origins of the Chinese Civil War," Ph.D. dissertation, University of Wisconsin-Madison, UMI, Bell and Howell Information and Leaming Company.

Tucker, Nancy Bernkopf (1983), *Patterns in the Dust: Chinese-American Relations and the Recognition Controversy, 1949–1950*, New York : Columbia University Press.

Tucker, Robert C. (1997), "The Cold War in Stalin's Time : What the New Sources Reveal," *Diplomatic History*, 21, 2, pp. 273–281.

Varg, Paul A. (1973), *The Closing of the Door: Sino-American Relations 1936–1946*, East Lansing : Michigan State University Press.

Wang, Chen-mian (1991), "A Re-Examination of the Instructions Used by Marshall's Mission in China (December 1945–January 1947)," in Roberts, Priscilla, ed., *Sino-American Relations Since 1900*, Hong Kong : University of Hong Kong, pp. 349–372.

——(1998), "Marshall's Approaches to the Mediation Effort," in Bland, Larry I. (with special assistance by Jeans, Roger and Wilkinson, Mark F.), ed., *George C. Marshall's Mediation Mission to China December 1945–January 1947*, Lexington Virginia : George C. Marshall Foundation, pp. 21–43.

Wang, Xiaodong (2002), "Cold War in Manchuria : Sino-Soviet-U. S. Relations, 1948-1953," Ph. D. dissertation, University of North Carolina, UMI Dissertation Services.

Wehrle, Edmund S. (1998), "Marshall, the Moscow Conference, and the Harriman," in Bland, Larry I. (with special assistance by Jeans, Roger and Wilkinson, Mark F.), ed., *George C. Marshall's Mediation Mission to China December 1945–January 1947*, Lexington Virginia : George C. Marshall Foundation, pp. 65–90.

Westad, Odd Arne (1993), *Cold War and Revolution: Soviet-American Rivalry and the Origins of the Chinese Civil War, 1944–1946*, New York : Columbia University Press.

―― (1997a), "Secrets of the Second World : The Russian Archives and the Reinterpretation of Cold War History," *Diplomatic Histpry*, 21, 2, pp. 259-271.

―― (1997b), "Losses, Chances, and Myths : The United States and the Creation of the Sino-Soviet Alliance, 1945-1950," *Diplomatic History*, 21, 1, pp. 105-115.

――, ed. (1998a), *Brothers in Arms: The Rise and Fall of the Sino-Soviet Alliance, 1945-1963*, Stanford : Stanford University Press.

―― (1998b), "Introduction," in idem, ed., *Brothers in Arms: The Rise and Fall of the Sino-Soviet Alliance, 1945-1963*, Stanford : Stanford University Press, pp. 1-46.

―― (1998c), " Could the Chinese Civil War Have Been Avoided ? An Exercise in Alternatives," in Bland, Larry I. (with special assistance by Jeans, Roger and Wilkinson, Mark F.), ed., *George C. Marshall's Mediation Mission to China December 1945-January 1947*, Lexington Virginia : George C. Marshall Foundation, pp. 501-514.

―― (2000a), "Bernath Lecture The New International History of the Cold War : Three (Possible) Paradigms," *Diplomatic History*, 24, 4, pp. 551-565.

――, ed. (2000b), *Reviewing the Cold War: Approaches, Interpretations, Theory*, London : Frank Cass.

―― (2000c), "Introduction : Reviewing the Cold War," in idm, ed., *Reviewing the Cold War: Approaches, Interpretations, Theory*, London : Frank Cass, pp. 1-23.

―― (2003), *Decisive Encounters: the Chinese Civil War, 1946-1950*, Stanford : Stanford University Press.

―― (2005), *The Global Cold War: Third World Interventions and the Making of Our Times*, Cambridge : Cambridge University Press.

Wight, Martin (Edited by Hedley Bull and Carsten Holbraad, Foreword by Jack Spence) ([1978] 2004), *Power Politics*, New York : Continuum.

Williams, William Appleman ([1959] 1972), *The Tragedy of American Diplomacy*, New Edition, W. W. Norton and Company (高橋章他訳『アメリカ外交の悲劇』御茶の水書房, 1986 年).

Wu JiaJing (1984), "The Marshall Mission and the KMT-CCP Negtotiations After World War II," Thesis (M. A.), Michigan State University.

Yahuda, Michael (1996), *The International Politics of the Asia-Pacific, 1945-1995*, London and New York : Routledge.

Yergin, Daniel (1978), *Shattered Peace: The Origins of the Cold War and the National Security State*, Boston : Houghton Mifflin Company, 1978.

Yick, Joseph K. S. (1995), *Making Urban Revolution in China: The CCP-GMD Struggle for Beijing-Tianjin, 1945-1949*, Armonk: M. E. Sharpe.

Zhang, Baijia (1998), "Zhou Enlai and the Marshall Mission," in Bland, Larry I. (with special assistance by Jeans, Roger and Wilkinson, Mark F.), ed., *George C. Marshall's Mediation Mission to China December 1945-January 1947*, Lexington Virginia : George C.

Marshall Foundation, pp. 201-234.

――and Jia Qingguo（2001）, "Steering Wheel, Shock Absorber, and Diplomatic Probe in Confrontation Sino-American Ambassadorial Talks Seen from the Chinese Perspective," in Ross, Robert S. and Jiang Changbin, eds., *Re-examining the Cold War: U. S. -China Diplomacy, 1954-1973*, Cambridge：Harvard University Press, pp. 173-199.

Zhang, Han Ying（1991）, "The Marshall Mission and United States Relations with the Nationalists and Communists in China, " in Roberts, Priscilla, ed., *Sino-American Relations Since 1900*, Hong Kong：University of Hong Kong, pp. 373-395.

Zhao, Suisheng（1997）, *Power Competition in East Asia: From the Old Chinese World Order to Post-Cold War Regional Multipolarity*, Basingstoke：Macmillan Press.

Zubok, Vladislav and Pleshakov, Constantine（1996）, *Inside the Kremlin's Cold War: From Stalin to Khurushchev*, Cambridge：Harvard University Press.

Zubok, Vladislav（1997）, "Stalin's Plans and Russian Archives," *Diplomatic History*, 21, 2, pp. 295-205.

――（2007）, *A Failed Empire: The Soviet Union in the Cold War from Stalin to Gorbachev*, Chapel Hill：The University of North Carolina Press.

⑵　中文

尹德蓉（1998）,「国，共，美，蘇的政策與馬歇尔調処的失敗」中国人民大学『復印報刊・中国現代史』1998 年 8 月，79-84 頁。

于景陽・王晶（1995）,「論東北解放戦争初期中国共産党與蘇連的関係」『中国現代史』1995 年 9 月，139-142 頁。

王奇生（2003）,『党員，党権與党争：1924～1949 年中国国民党的組織形態』上海書店出版社。

王成勉編（1992）,『馬歇爾使華調処日誌（1945 年 11 月-1947 年 1 月）』国史館。

汪朝光（1996）,「抗戦勝利後国民党東北決策研究」『中国現代史』1996 年 2 月，77-90 頁。

――（2000）,「1946 年早春中国民主化進程的頓挫：以政協会議及国共関係為中心的研究」歴史研究編輯部『歴史研究』2000 年第 6 期，107-119 頁。

――（2002）,「戦後国民党対共政策的重要転折：国民党六期二中全会再研究」『中国現代史』2002 年 2 月，81-96 頁。

――（2010）,『1945～1949：国共政争與中国命運』社会科学文献出版社。

華慶昭（1991）,『従雅爾塔到板門店：美国与中，蘇，英　一九四五至一九五三』中国社会科学出版社。

牛軍（1992a）,『従延安走向世界：中国共産党対外関係的起源』福建人民出版社。

――（1992b）,『従赫利到馬歇爾：美国調処国共矛盾始末』福建人民出版社。

――（2002）,「一九四五年至一九四九年的美蘇国共関係」『歴史研究』2002 年 2 月，84-103 頁。

牛大勇・沈志華主編（2004）,『冷戦與中国的周辺関係』世界知識出版社。

関中（2010），『中国命運・関鍵十年：美国與国共談判真相（1937~1947）』台北：天下遠見。

胡華（2009），『中国新民主主義革命史』中国青年出版社。

崔丕主編（2002），『冷戦時期美国対外政策史探微』中華書局。

資中筠（1987），『美国対華政策的縁起和発展（1945-1950）』重慶出版社。

——（2001），「追根溯源：対美国対華政策（1945-1950）的再思考」中国人民大学『復印報刊資料・中国外交』2001 年第 1 期，44-49 頁。

徐焔（2004），『毛澤東与抗美援朝戦争』解放軍出版社。

邵宗海（1995），『美国介入国共和談之角色』台北：五南図書出版有限公司。

沈志華（2001），「対中蘇同盟経済背景的歴史考察：中蘇経済関係（1948-1949）研究之一」中共中央文献研究室中央档案館『党的文献』2001 年第 2 期，53-64 頁。

——（2003a），『毛沢東，斯大林與朝鮮戦争』広東人民出版社。

——（2003b），『蘇聯専家在中国（1948-1960）』中国国際広播出版社。

——主編（2007），『中蘇関係史綱（1917-1991）』新華出版社。

——主編（2009），『一個大国的崛起與崩壊：蘇聯歴史専題研究（1917~1991）』中冊，社会科学文献出版社。

薛銜天（2003），『中蘇関係史（1945-1949）』四川人民出版社。

——・金東吉（2009），『民国時期中蘇関係史（1917-1949）』上，中，下，中共党史出版社。

曹希嶺（1998），「新中国成立前夕中国共産党的対美政策」『中国現代史』1998 年 5 月，84-88 頁。

孫堂厚（1996），「戦後国共東北之争及其対両党関係的影響」『中国現代史』1996 年 4 月，84-88 頁。

趙学功（2002），『巨大的転変：戦後美国対東亜的政策』天津人民出版社。

張玉法（2008），『中華民国史稿（修訂版）』台北：聯経。

張桂華（1998），「国民政府『外交接収』東北與戦後美蘇関係」『中国現代史』1998 年 11 月，37-42 頁。

趙春生（1996），「周恩来縦論 1946 年国共談判：読周恩来《関於国共談判》，《談判使党贏得了人心》」『中国現代史』1996 年 6 月，97-101 頁。

張盛発（2000），『史達林與冷戦（1945~1953 年）：根拠新解密的档案文献』台北：淑声出版社。

陳兼（2002），「関于中国和国際冷戦史研究的若干問題」『中国外交』2002 年第 3 期，52-61 頁。

陳少銘（2010），「新中国成立前後英国対華政策中的美国因素」『中国現代史』2010 年 7 月，126-136 頁。

陶文釗他主編（2003），『中美関係与東亜国際格局』中国社会科学出版社。

陶文釗（2004），『中美関係史（1911-1949）』上巻，上海人民出版社。

鄧野（2002），「東北問題與四平決戦」『中国現代史』2002 年 1 月，70-84 頁。

——（2003），『連合政府與一党訓政：1944-1946 年間国共政争』社会科学文件出版社。

——（2005），「論国共重慶談判的政治性質」『中国現代史』2005 年 7 月，79-93 頁。

参考文献　　303

付春楊（2007），『民国時期政体研究（1925-1947 年)』法律出版社。

卞慕東（1997），「論建国前後中美全面対抗的必然性」『中国現代史』1997 年 3 月，83-88 頁。

蒲国良（2003），「朝鮮戦争與中蘇大論戦的起源」『中国外交』2003 年 10 月，31-35 頁。

楊奎松（1997），『中共與莫斯科的関係 1920-1960』台北：東大図書公司。

――(1999a)，『毛沢東與莫斯科的恩恩怨怨』江西人民出版社。

――(1999b)，「美蘇冷戦的起源及対中国革命的影響」『歴史研究』1999 年第 5 期，5-22 頁。

――(2010)，『失去的機会？：抗戦前後国共談判実録［修訂版］』新星出版社。

楊樹標・楊菁（2008），『蔣介石伝（1887-1949)』浙江大学出版社。

楊碧川（1998），『国共談判』台北：一橋出版社。

――(1999)，『国共内戦』台北：一橋出版社。

李楊（2010），「蔣介石與雅尔塔協定的再認識」『中国現代史』2010 年 3 月，114-130 頁。

劉成（2001），「新中国成立前後美国対華政策調整的原因」『中国外交』2001 年第 2 期，41-47
　　頁。

劉立範・李安民（1997），「解放戦争前後中美関係的演変及影響」『中国現代史』1997 年 9 月，
　　103-107 頁。

林桶法（2003），『戦後中国的変局：以国民党為中国的探討（1945-1949 年)』台北：台湾商
　　務印書館。

林立樹（1990），『司徒雷登調解国共衝突之理念與実践』台北：稲郷出版社。

林利民（1997），「1949 年美国延宕承認新中国 "共同陣線" 政策述評」『中国現代史』1997 年 6
　　月，74-81 頁。

――(1998)，「試論美国対華遏制政策的確立與貫徹」『中国現代史』1998 年 3 月，130-136 頁。

――(2000)，『遏制中国：朝鮮戦争與中美関係』時事出版社。

(3)　邦文

青山瑠妙（2007），『現代中国の外交』慶應義塾大学出版会。

浅川公紀（2001），『アメリカ大統領と外交システム』勁草書房。

阿南東也（1997），「対外政策決定機構：ポスト冷戦期対外政策の効率と民主主義のジレン
　　マ」今村浩ほか編，『巨大国家権力の分散と統合：現代アメリカの政治制度』東信堂，
　　217-251 頁。

五百旗頭真（1993），『米国の対日占領政策』上下，中央公論社。

五十嵐武士（1995），『戦後日米関係の形成：講和・安保と冷戦後の視点に立って』講談社。

石井明（1990），『中ソ関係史の研究（1945-1950)』東京大学出版会。

石井修（2002），『国際政治史としての二〇世紀』有信堂高文社。

石島紀之・久保亨編（2004），『重慶国民政府史の研究』東京大学出版会。

伊藤剛（2004），「同盟の「拡大」と「多元化」：東アジアの潜在的脅威への対処に関する理
　　論的考察」日本国際政治学会編『国際政治』135，11-23 頁。

井上久士（2001），「国共交渉と国民政府」姫田光義編著『戦後中国国民政府史の研究 1945-
　　1949 年』中央大学出版部，31-52 頁。

入江昭（1971），『米中関係：その歴史的展開』サイマル出版社。

江夏由樹ほか編（2005），『近代中国東北地域史研究の新視角』山川出版社。

大蔵省財政史室編（1976），『昭和財政史：終戦から講和まで』第3巻（アメリカの対日占領政策），東洋経済新報社。

岡部達味（2002），『中国の対外戦略』東京大学出版会。

小此木政夫（1986），『朝鮮戦争：米国の介入過程』中央公論社。

カー，E.H.（大窪愿二訳）（[1952] 2006）『ナショナリズムの発展』みすず書房。

加々美光行（1994），「国際政治の変動と中国，アジア：非同盟の視点から」鴨武彦編『講座・世紀間の世界政治』第3巻，日本評論社，93-149頁。

香島明雄（[1990] 1993），『中ソ外交史研究 1937-1946』世界思想社。

加藤公一（1994），「アジア太平洋戦争末期の中国論争：「大国化」構想の空洞化とアメリカ知識人」アメリカ史研究会『アメリカ史研究』17，35-48頁。

――（2000），「アジア太平洋戦争末期の米国の対日戦略と中国：スティルウェル解任とソ連参戦問題」一橋大学一橋学会編『一橋論叢』123，2，2000年2月，341-360頁。

――（2001），「中国共産党の対米認識とソ連の対日参戦問題，1944-1945年：「喪失した機会」と「独立自主」」歴史学研究会『歴史学研究』751，2001年7月，32-51頁。

――（2004），「「スティルウェル事件」と重慶国民政府」石島紀之・久保亨編『重慶国民政府史の研究』東京大学出版会，147-167頁。

鴨武彦（1994），「世界政治における冷戦構造の崩壊と終焉：その背景分析と歴史的意味」同編『講座・世紀間の世界政治』第1巻，日本評論社，13-72頁。

川島真他編（2007），『東アジア国際政治史』名古屋大学出版会。

川島真・毛里和子（2009），『グローバル中国への道程：外交150年』岩波書店。

菅英輝（[1992] 1997），『米ソ冷戦とアメリカのアジア政策』ミネルヴァ書房。

――（2006），「第七章 アメリカのヘゲモニーとアジアの秩序形成，一九四五～一九六五年」渡辺昭一編『帝国の終焉とアメリカ：アジア国際秩序の再編』山川出版社，196-225頁。

神谷不二（1977），『朝鮮戦争：米中対決の原型』中央公論社。

久保亨（1999），『戦間期中国〈自立への模索〉：関税通貨政策と経済発展』東京大学出版会。

――編（2006），『1949年前後の中国』汲古書院。

小林弘二（1981），『対話と断絶：アメリカ知識人と現代アジア』筑摩書房。

斉藤道彦（2005），「民国後期中国における国民党政権の鳥瞰図」中央大学人文科学研究所編『民国後期中国国民党政権の研究』中央大学出版部，1-45頁。

佐々木卓也（1993），『封じ込めの形成と変容』三嶺書房。

――（2009），「米ソ冷戦史：アメリカの視点」日本国際政治学会編『日本の国際政治学』第4巻，有斐閣，111-131頁。

下斗米伸夫（2004），『アジア冷戦史』中央公論新社。

――（2006），『モスクワと金日成：冷戦の中の北朝鮮 1945-1961年』岩波書店。

白石隆（2001），『海の帝国：アジアをどう考えるか』中央公論新社。

進藤榮一（1999），『敗戦の逆説：戦後日本はどうつくられたか』筑摩書房。

──(2002),『分割された領土』岩波書店。

杉田米行（1999），『ヘゲモニーの逆説：アジア太平洋戦争と米国の東アジア政策 1941 年─ 1952 年』世界思想社。

添谷芳秀（2005），『日本の「ミドルパワー」外交：戦後日本の選択と構想』筑摩書房。

──(2008)，「吉田路線と吉田ドクトリン：序に代えて」日本国際政治学会編『国際政治』 151, 1-17 頁。

高橋進（1989），「冷戦」『世界大百科事典 30』平凡社，86-90 頁。

高橋伸夫（1996），『中国革命と国際環境』慶應義塾大学出版会。

滝田賢治（1996），『太平洋国家アメリカへの道：その歴史的形成過程』有信堂。

田中明彦（2001），「冷戦後東アジアの国際政治」田中恭子編『現代中国の構造変動』第 8 巻， 東京大学出版会，39-72 頁。

田中孝彦（2001），「冷戦史研究の再検討：グローバル・ヒストリーの構築に向けて」一橋大 学法学部創立五〇周年記念論文集刊行委員会編『変動期における法と国際関係』有斐閣， 523-547 頁。

──(2003)，「序論：冷戦史の再検討」日本国際政治学会編『国際政治』134, 1-8 頁。

──(2009)，「グローバル・ヒストリー：その分析視座と冷戦史研究へのインプリケーショ ン」日本国際政治学会編『日本の国際政治学』第 4 巻，有斐閣，37-52 頁。

中央大学人文科学研究所編（2005），『民国後期中国国民党政権の研究』中央大学出版部。

土田哲夫（2005），「抗戦期の国民党中央党部」中央大学人文科学研究所編『民国後期中国国 民党政権の研究』中央大学出版部，105-155 頁。

豊下楢彦（1992），『日本占領管理体制の成立：比較占領史序説』岩波書店。

永井陽之介（1978），『冷戦の起源：戦後アジアの国際環境』中央公論社。

西村成雄（1991），『中国ナショナリズムと民主主義』研文出版。

──(1997)，「1945 年東アジアの国際関係と中国政治：ヤルタ「密約」の衝撃と東北接収」 日本現代中国学会編『現代中国』71, 6-19 頁。

──編（2004），『中国外交と国連の成立』法律文化社。

──・国分良成（2009），『党と国家：政治体制の軌跡』岩波書店。

姫田光義（2000），『中国革命史私論：「大同の世」を求めて』桜井書店。

──編著（2001），『戦後中国国民政府史の研究 1945-1949 年』中央大学出版部。

福田茂夫（1979），『第二次大戦の米軍事戦略』中央公論社。

藤原帰一（1991），「田舎の冷戦：統合米軍顧問団とフィリピン国軍再編成 1948-1950」千葉 大学法学会『千葉大学法学論集』6, 2, 67-80 頁。

──(1992)，「アジア冷戦の国際政治構造：中心・前哨・周辺」東京大学社会科学研究所編 『現代日本社会』第 7 巻，東京大学出版会，327-361 頁。

──(1998a)，「世界戦争と世界秩序：20 世紀国際政治への接近」東京大学社会科学研究所 編『20 世紀システム』第 1 巻，東京大学出版会，26-60 頁。

──(1998b)，「冷戦の終わりかた：合意による平和から力の平和へ」東京大学社会科学研 究所編『20 世紀システム』第 6 巻，東京大学出版会，273-308 頁。

── (2002)，『デモクラシーの帝国：アメリカ・戦争・現代世界』岩波書店。

丸川哲史 (2005)，『冷戦文化論』双風社。

丸山鋼二 (1992)，「中国共産党「満洲戦略」の第一次転換：満洲における「大都市奪取」戦略の復活」アジア政経学会『アジア研究』，39，1，25-53 頁。

宮城大蔵 (2009)，「戦後アジア国際政治史」日本国際政治学会編『日本の国際政治学』第 4 巻，有斐閣，151-171 頁。

宮里政玄 (1981)，『アメリカの対外政策決定過程』三一書房。

毛里和子 (1989)，『中国とソ連』岩波書店。

山極晃・毛里和子編 (1987)，『現代中国とソ連』日本国際問題研究所。

山極晃 (1994)，「序論」同編『東アジアと冷戦』三嶺書房，5-10 頁。

── (1997)，『米中関係の歴史的展開：1941 年-1979 年』研文出版。

山本有造 (2005)，「国民政府統治下における東北経済」江夏由樹ほか編『近代中国東北地域史研究の新視角』山川出版社，243-273 頁。

湯浅成大 (1987)，「第二次大戦末期 F. D. ルーズベルトの対中国政策の再検討」アメリカ学会『アメリカ研究』21，147-166 頁。

横山宏章 (1997)，『中華民国：賢人支配の善政主義』中央公論社。

李鍾元 (2004)，「序論 東アジア地域論の現状と課題」日本国際政治学会編『国際政治』135，1-10 頁。

劉維開（加島潤訳）(2004)，「国防最高委員会の組織とその活動実態」石島紀之・久保亨編『重慶国民政府史の研究』東京大学出版会，25-48 頁。

ロービア，R. H.（宮地健次郎訳）(1993)，『マッカーシズム』岩波書店。

[付記] 上記文献・資料のなかの一部は加藤公一准教授（岐阜大学）所蔵のものをお借りした。記して感謝申し上げる。

あとがき

　映画『天空の城ラピュタ』（宮崎駿監督，1986 年公開）のラスト・シーンは，印象的で忘れることができない。恐るべき破壊力をほこるラピュタ帝国の復活をめざすムスカが，少年パズーと少女シータに銃を向ける。パズーはもっていた大砲で抵抗することもなく，自ら武器を捨て，シータとともに滅びの呪文を唱える。兵器によってではなく，呪文によってラピュタ帝国は崩壊する。

　呪文は「言葉」である。ただし，その背後にある飛行石の結晶——核兵器さながらの巨大な破壊力をもたらす科学技術の結晶——によって「力」を与えられた「言葉」である。武器を捨てることと引き換えに得た平和な「言葉」と，目にみえないところでその言葉を支える「力」とが結びついたとき，ラピュタ帝国は終幕をむかえた。

　大日本帝国の崩壊もまた，軍隊を放棄して得た言葉（平和憲法）とその言葉を支える力（核の傘にも代表される日米同盟）によって特徴づけられる戦後日本のすがたへとたどり着いた。この「言葉」と「力」がどのように結びついたのか，これまでおもに日米関係を中心にして考察されてきた。しかし，戦後の平和と冷戦の対立とが結び合う地点は，ひとり日本だけの経験ではなく，東アジア地域，さらにはグローバルに広げて考えることのできる問題なのではないか。この途方もない難題と向き合うことから，本書の取り組みは出発している。

＊　　　　　　　　＊　　　　　　　　＊

　本書は，早稲田大学大学院政治学研究科に提出した博士論文「戦後米国と『大国中国』の崩壊—マーシャル・ミッションを中心に—」（2008 年 2 月 22 日，政治学博士の学位取得）を加筆修正したものである。本書の各章は，旧稿の原型をとどめていないものもあるが，初出はおよそ次の通りである（以下，拙稿①〜⑬）。序章が②（ただし，④⑦⑪の一部を含む），第 1 章が①，第 2 章が③，第 3 章は書き下ろし（ただし，④⑤⑥⑫の一部を含む），第 4 章が④，第 5 章が

⑤，第6章が⑥，第7章が⑬，第8章が⑩，終章は書き下ろし（ただし，②⑦⑪⑫の一部を含む）である。なお，⑧⑨は博士論文をまとめた同一内容の論稿である。

①松村史紀（2003a），「米国の戦後アジア地域秩序構想と中国—「戦後」から「戦前」へ—」早稲田大学大学院政治学研究科『早稲田政治公法研究』第74号（2003年12月），1-24頁。

②——（2004a），「アジアにおける冷戦の形成—二つのイメージとその再検討—」（研究ノート）アジア政経学会『アジア研究』第50巻第2号（2004年4月），126-137頁。

③——（2004b），「米国と「中国の統一」（一九四〇年代)—二つの力学をめぐって—」『早稲田政治公法研究』第75号（2004年4月），35-57頁。

④——（2005a），「マーシャル・ミッションの任務決定過程—米国と「中国の統一」—」日本国際政治学会『国際政治』第143号（2005年11月），141-154頁。

⑤——（2005b），「『停戦協定』の成立過程—米国，中国国民政府，中共の「例外」規定をめぐる論争—」『早稲田政治公法研究』第79号（2005年8月），169-189頁。

⑥——（2006），「上からの国家建設と大国間秩序の間：中国内戦前夜，米国の中国連合政府構想」社団法人中国研究所『中国研究月報』第60巻第8号（第702号），2006年8月，1-13頁。

⑦——（2007），「東北アジアにおける冷戦の形成：戦後中国をめぐる国際関係」近現代東北アジア地域史研究会『News Letter』第19号，2007年12月，118-121頁。

⑧——（2008），「二战后的美国与"中国大国化"的崩溃——从马歇尔调处到亚洲冷战」人間文化研究機構・現代中国地域研究『当代中国探索』第2号，2008年11月，1-35頁。

⑨ Fuminori Matsumura（2008），"Postwar America and the Fall of the 'Great Power China': From the Marshall Mission to the Asian Cold War," National Institutes for the Humanities, Contemporary Chinese Area Studies, *Contemporary China Review*, No. 2, Nov. 2008, pp. 36-78.

⑩松村史紀（2010a），「アメリカと中国内戦：戦後秩序の崩壊過程　一九四六年六月～一九四七年一月」菅英輝編著『冷戦史の再検討：変容する秩序と冷戦の終焉』法政大学出版局，2010年1月，209-237頁。

⑪——（2010b），「序章　東アジアの国際政治：二つの「戦後」から見た地域秩

序」松村史紀，森川裕二，徐顕芬編著『NIHU 現代中国早稲田大学拠点研究シリーズ2　二つの「戦後」秩序と中国』早稲田大学現代中国研究所発行，2010年3月，7-26頁。

⑫──(2010c)，「第二章　東アジアの戦後秩序設計：「大国中国」というアポリア」同上書，51-69頁。

⑬──(2010d)，「アメリカの戦後『満洲』政策：『伝統的方針』の終焉へ（1946.1-6）」戦後「満洲」史研究会編『近きに在りて』第57号，2010年6月，13-23，39頁。

　未熟な点が残されているとはいえ，ここにたどり着くまでに，実に多くの方々のお世話になった。博士論文の審査に当たられた山本武彦・早稲田大学教授（主査），毛里和子・同大学名誉教授（副査），田中孝彦・同大学教授（副査），菅英輝・西南女学院大学教授（副査）の先生方からは，厳しく，粘り強く，暖かいご指導をいただいた。修士課程に入学以来，一貫して研究指導していただいた山本先生からは国際政治という広い視野から研究することをご教示いただき，毛里先生からは資料批判をはじめ，一つの作品を構成するまでの厳しい作業を学んだ。田中先生には，「外交史」の授業のなかで，実証研究の厳しさと批判的精神を教えていただいた。菅先生はいつも拙稿を丁寧に読んでくださり，有益なご助言を幾度となく賜った。なお，大学時代の恩師・小林誠教授（現在，お茶の水女子大学），そして修士論文の副査に当たられた大畠英樹・早稲田大学名誉教授からは，その後も叱咤激励をいただいている。心から感謝申し上げる。

　また，戦後「満洲」史研究会，戦後東アジア国際政治研究会，早稲田大学21世紀COE「現代アジア学の創生」，同大学グローバルCOE「アジア地域統合のための世界的人材育成拠点」，同大学現代中国研究所，中国現代史研究会，科研費プロジェクトなどで出会った先生方，研究仲間にも支えられた。なかでも加藤公一准教授（岐阜大学）には，拙稿への厳格な批判や資料の提供など一方ならぬお世話になった。川島真准教授（東京大学）からは，初めての学会報告（日本国際政治学会）の機会を与えていただいた。貴志俊彦教授（京都大学）と松重充浩教授（日本大学）には，『20世紀満洲歴史事典』（吉川弘文館，近刊）の編集作業にお誘いいただくなど，多大な研究上の援助を賜っている。また，英米関係史研究会でお会いした君塚直隆教授（関東学院大学）からは，博士論

文を出版してはどうかとご助言をいただいた。このような支えが，どれほどの励みになったか分からない。厚く御礼申し上げる。

さらに，さまざまな教育・研究機関からも研究活動への援助を受けた。幸いなことに，2005〜07 年，早稲田大学現代政治経済研究所で研究助手をさせていただいた。博士論文執筆のためにいただいた研究費（特定課題研究助成費など）と研究時間は，他の研究機関ではおよそ得られないほど恵まれたものだった。鈴木健夫教授，真柄秀子教授，白木三秀教授ら研究所の先生方が配慮して下さったおかげである。2009〜11 年には，大阪国際大学国際コミュニケーション学部において専任講師として幅広く教育できる機会を得た。2011 年 4 月からは宇都宮大学国際学部に異動し，国際政治と現代中国について教育・研究させていただく場を得た。浅学菲才なものに，このような身に余る環境を与えてくださったことに深く感謝したい。

そして，本書が何とか出版にこぎ着けたのは，天児慧教授（早稲田大学）のご尽力のおかげである。学会や研究会などの後，きまって暖かい激励の言葉を下さったのが天児先生である。博士課程在籍のころ，先生の言葉に何度も救われたことを思い出す。この場を借りて，先生に感謝申し上げたい。

本書の出版には，NIHU 現代中国地域研究連携プログラムの支援をいただいた。刊行にあたって，勁草書房編集部の宮本詳三さんには，原稿の完成を粘り強く待っていただいた。立派な装丁の書籍に仕上げてくださったことに，感謝する。

最後に，私事にわたるが，大学院時代以来，ずっと苦楽をともにしてくれている東洋史研究者の妻・仁麗，そして将来の設計もできないままに大学院進学を決めた息子に，最大限の援助を与えてくれた京都の両親には心から感謝している。先のみえない研究活動に理解を示し，辛抱強く支えてくれた両親に本書を捧げたい。

　　2011 年 11 月　立冬の埼玉にて

　　　　　　　　　　　　　　　　　　　　　　　　松村　史紀

人名索引

ア 行

アイゼンハワー（Dwight D. Eisenhower）
　270, 271
アチソン（Dean G. Acheson）　12, 32, 38, 47–
　50, 52, 53, 70, 79, 103, 118, 122, 123, 125, 127,
　132, 134, 137, 160, 219, 235, 242, 244, 251, 255,
　259, 260, 264, 265–269, 279
アンダーソン（Clinton Anderson）　124
入江昭　7, 11
ウィリー（Alexander Willey）　268
ヴィンセント（John Carter Vincent）　37,
　40, 60–62, 70, 71, 74–76, 123, 125–129, 133, 195,
　233–235, 251, 252, 266, 269
于右任　95, 96
ウェスタッド（Odd Arne Wested）　7, 14,
　17, 18, 23, 106
ウェデマイヤー（Albert C. Wedemeyer）
　25, 38, 43, 63, 67, 69, 70, 72, 76, 78, 79, 131,
　136, 172–174, 185, 199, 200, 205, 218, 242–245,
　265, 266, 268
ウェリー（Kenneth S. Wherry）　261
ウォーレス（Henry A. Wallace）　35, 66, 67
エルゼイ（George M. Elsey）　129
王若飛　86–88, 95, 97, 140
王成勉（Wang Chen-mian）　7, 18, 25
王世杰　25, 75, 84, 86, 92, 97–99, 101–113, 140,
　143, 151, 152, 173, 182, 184, 193, 199, 207, 208,
　219, 242
黄埔系　88, 229

カ 行

カー（Edward H. Carr）　4
ガウス（Clarence E. Gauss）　61, 66, 67
菅英輝　16

ギャディス（John L. Gaddis）　12, 16
牛軍　7, 9, 14, 20, 21, 139, 179
ギレン（A. C. Gillem）　120, 171, 176, 182,
　184, 189, 195, 202–204, 241
グルー（Joseph C. Grew）　36, 37
ケナン（George F. Kennan）　15, 43, 45, 46,
　64, 192
顧維鈞　25, 219, 220, 234
コウヒー（J. Hart Caughey）　171, 238, 253

サ 行

サーヴィス（John S. Service）　59–62, 73,
　263, 266
ジェサップ（Philip Jessup）　263
シェノー（Claire L. Chennault）　63
資中筠　7
ジャッド（Walter Judd）　76, 260
周恩来　163, 168–170, 182, 190, 191, 200, 203,
　208, 209, 215, 216, 222, 226, 227, 231, 237, 238,
　246, 250, 253–255
朱徳　114
蔣介石　19, 25, 34, 35, 37, 40, 58, 59, 61–63, 65,
　67, 84–88, 91, 93, 96, 101–103, 105, 106, 111–114,
　122, 126, 133, 141–143, 151, 152, 154–156, 162,
　170, 171, 175, 182, 184, 187, 190, 193, 198, 202,
　208–210, 218, 219, 221, 225–229, 231, 232, 235,
　237, 240, 245, 246, 248, 260, 263, 268
蔣経国　95, 97–99, 101, 102, 104–107
邵力子　86, 140, 149, 153, 242
徐永昌　26, 111, 170, 171, 182, 187, 196, 205,
　210, 237, 238–240, 254
ジョンソン（Nelson T. Johnson）　62
スターリン（Joseph V. Stalin）　15, 17, 38, 64,
　65, 68, 69, 71, 85, 95, 97, 105, 193

スチュアート（John Leighton Stuart） 25,
75, 79, 93, 96, 113, 119, 120, 123, 214, 216, 218–
220, 222–224, 226–236, 241, 243–250, 252, 255–
257
スティムソン（Henry W. Stimson） 36, 38,
70
スティルウェル（Joseph W. Stilwell） 66,
67, 268
スナイダー（John Snyder） 44
スミス（Robert L. Smyth） 159–161, 170,
175, 176, 192, 194–199
スミス（H. Alexander Smith） 265, 267
宋子文 72, 84, 93, 107, 109, 111, 113, 114, 182,
193, 208, 220, 235, 255

タ 行

タイディングス（Millard E. Tydings） 263
ダーブロウ（Elbridge Durbrow） 64
タン（Tan Tsou） 5, 7, 158, 213, 279
チェイス（Augustus S. Chase） 60
チャーチル（Winston Churchill） 33, 34, 58
張嘉璈（張公権） 25, 99, 105, 106, 107, 110,
208
張群 84, 86, 138, 140, 163, 200
張治中 26, 86, 147, 148, 163, 165, 169, 171, 184,
185, 200, 202, 203
張発奎 167, 169–171
陳雲 102, 108
陳果夫 84, 228
陳誠 94, 217, 242, 249
陳立夫 84, 96, 228
鄭介民 107, 155, 167, 184, 187
デーヴィス（John P. Davies） 59–61, 67, 266
董必武 26, 140, 164, 215, 222
トゥンキン（G. Tunkin） 97
ドーマン（Eugene H. Dooman） 36
トルーマン（Harry S. Truman） 5, 24, 25,
36, 38, 39, 41, 45–47, 52, 53, 56, 69, 72, 73, 89,
117, 119–125, 131, 134–136, 143, 152, 159–161,
163, 169, 172–174, 178, 185, 193, 194, 196, 197,
199, 201, 206, 210, 215, 219, 222, 228, 230, 233–

235, 239, 241, 242, 244, 249, 250–252, 259, 264

ナ 行

ノーランド（William F. Knowland） 260,
261, 265–267

ハ 行

バイロード（Henry A. Byroade） 170, 177,
178, 237, 238
バタワース（W. Walton Butterworth, Jr.）
43, 47, 49, 79
ハーディング（Harry Harding） 7
ハミルトン（Maxwell Hamilton） 62
ハリマン（Harriman） 65, 69, 127, 193, 198
ハル（John E. Hull） 34, 123, 125, 129, 130,
132
ハーレイ（Patrick J. Hurley） 38, 39, 64–69,
73, 88, 118, 124, 260, 265, 267, 268
バーンズ（James F. Byrnes） 71, 106, 122,
123, 125
ビール（John Robinson Beal） 25, 192, 228,
235, 242
フォレスタル（James V. Forrestal） 42, 44,
70, 71, 74, 77, 113, 114, 233, 240
傅秉常 100
ブリッジス（Styles Bridges） 261, 265
ブレイクスリー（George H. Blakeslee） 36
ペトロフ（Appolon Alexandrovich Petrov）
65, 66, 86–88, 90, 91, 94–97, 100–102, 105–107,
109, 110, 115, 155, 190, 221–223, 225, 229, 231,
234, 236, 246, 248, 249, 250
ベルロソフ 99, 100
彭真 98, 102, 108, 110, 111
ホプキンズ（Harry L. Hopkins） 33, 69
ボートン（Hugh Borton） 36
ボーレン（Charles E. Bohlen） 69
ホーンベック（Stanley K. Hornbeck） 62

マ 行

マーシャル（George C. Marshall） 6, 7, 18,
19, 18, 24–26, 28, 39, 40–43, 73–75, 79, 88, 90,

93, 94, 112, 114, 115, 117-127, 129, 130, 132-143,
146-190, 192-198, 200-240, 243-257, 262, 265-
270, 273, 275-278, 280-282

マッカーサー（Douglas MacArthur） 45,
263-265

マッカーシー（Joseph McCarthy） 262-264,
269, 270

マッカラン（Patrick McCarran） 261, 264

マックロイ（John J. McCloy） 72, 103

マリノフスキー（R. Malinovsky） 97, 99,
101, 103, 108, 109

毛沢東 17, 86, 87, 91, 95, 110, 111, 114, 141,
154, 159, 160, 164, 169, 221

モロトフ（Viacheslav M. Molotov） 31, 33,
34, 64, 65, 69, 97, 105, 106

ヤ 行

兪大維 113, 119, 182, 187, 195

葉剣英 26, 95, 114, 140, 155, 167, 189, 226, 227

熊式輝 25, 84, 97, 99, 101, 104, 108, 111, 149,
150, 152, 185

吉田茂 36

ラ 行

ラッセル（Richard B. Russel） 265, 268

ラッデン（Raymond P. Ludden） 175, 191,
194

ラティモア（Owen Lattimore） 58, 263

リーバイン（Steven I. Levine） 7, 179

リーヒー（William D. Leahy） 125, 129

レドフスキー（A. M. Ledovsky） 27, 88, 95,
98

ロイヤル（Kenneth Royal） 45, 46

ロゾフスキー（A. Lozovsky） 97, 100, 105

ロバートソン（Walter S. Robertson） 155,
160, 166, 167, 171, 172, 176, 178, 191, 194-196,
200, 204, 241

ロング（Russel B. Long） 265, 266

事項索引

アルファベット

ASEAN 地域フォーラム（ARF）　3

CC 系　84, 88, 91, 228, 229

GDP　3

NSC → 国家安全保障会議

SWNCC → 国務・陸軍・海軍三省調整委員会

ア 行

アジア　3, 7, 8, 10-14, 16-18, 21, 41, 46-48, 54, 65, 77, 79, 260, 261, 273, 281

アジア太平洋経済協力会議（APEC）　3

アジア冷戦　10, 12, 13, 15-17, 18, 23, 26, 273

アリューシャン　50

安全保障　3, 9, 10, 18, 36, 37, 43, 45, 58, 77, 269

安東　100, 108, 116, 146, 217, 224, 248

一号作戦　59

一般命令第一号　68, 85

イデオロギー　8-11, 13-15, 41, 63

以党治国　84

インド　41, 46, 76, 261, 264

インドシナ　41, 46, 76, 261

新疆　49, 52, 64, 69

ウェデマイヤー・ミッション　78

内蒙古　49

ウッドロウ・ウィルソンセンター　26

営口　100-102, 108, 149, 189, 200, 237

衛星国　63, 191, 192

　　──化　38

延安　63, 65, 67, 98, 99, 140, 148, 150, 164, 169, 178, 190, 192, 193, 230, 270

煙台　103, 126, 169, 171, 216

カ 行

解放区（解放地域）　38, 70-72, 87, 88, 91, 99,

126, 129, 130, 132-136, 140, 142-145, 189

傀儡政府　63

カイロ　34, 58

　　──会談　21, 34, 35, 59, 68, 274

　　──宣言　34, 58, 128

学識経験者　87, 89, 93

核実験　47

核兵器　8

華北　7, 19, 37, 39, 60, 61, 70-73, 86, 88, 100, 103, 106, 113-116, 126, 127, 129, 131-136, 143, 148-150, 153, 156, 161, 176-178, 190, 197, 212, 214, 216, 217, 224, 232, 233, 240-242, 254, 275

樺太　11

漢口　63, 166, 168-170, 172

広東　63, 167, 169-172

関東軍　56, 105

機会喪失論　12, 14, 15, 271

吉林　109, 146, 237, 254

逆コース　45

旧ソ連　7, 19, 21, 24, 26, 83

共産主義　8, 15, 19, 32, 40, 41, 43-45, 47-51, 53, 54, 60, 63, 79, 261, 262, 263, 266, 267, 271

行政院　72, 84, 89, 92, 93, 104, 215, 256

共和党　76, 264, 270

共和党議員　41, 50, 259, 260, 269, 270

局地戦争　8

局地的な米ソ対立　13, 19

極東　35, 40, 41, 44, 45, 55, 62, 63, 65, 74, 76, 122, 220, 243, 262, 265, 271

錦州　100, 103, 149, 153

グローバルヒストリー　5

軍三委 → 軍事三人委員会

軍事顧問団　70, 71, 133, 174, 239

軍事三人委員会（軍三委）　138-141, 143-155,

事項索引　　315

165-168, 170-172, 176-178, 180, 182-185, 187,
188, 202-204, 206, 213, 214, 217, 224, 225, 227,
238, 239, 241, 247, 248, 252, 253, 255, 275
軍事三人小委員会（軍小委）　　163, 164, 165,
169, 171, 182, 184, 185, 188, 189, 202, 203
軍事視察団　　67, 151, 152
軍事調停執行部（軍調部）　　26, 115, 138, 151,
152, 154, 155, 160, 166-168, 170-172, 176-178,
180, 182-184, 189, 200, 203, 204, 210, 211, 214,
218, 237-239, 241, 252, 253, 275
軍事的手段　　15, 16
軍小委　→　軍事三人小委員会
訓政　　84, 87, 91, 131, 162
軍政期　　84
軍隊の国家化　→　整軍
軍調部　→　軍事調停執行部
軍備拡張　　8
軍部　　13, 40-42, 76, 79, 125, 240, 268, 278
経済復興　　15, 36, 43, 44, 46
ゲリラ　　63, 113, 114, 153, 232
権威主義　　61
憲政　　84, 87, 89-91, 156, 158, 162
憲草審議委員会（憲草委）　　89, 92, 217, 225,
248, 256, 257
現地勢力　　17, 277, 281
限定的関与　　158, 161, 166, 172, 175, 176, 180,
275-278
原爆　　15, 37, 267
鉱工業　　104
向ソ一辺倒　　14, 17
降伏受理　　68, 70, 84, 88, 132
向北推進，向南防御　　100
国際政治　　4, 8, 22, 23, 47, 281
──連合　　5, 6, 31, 135, 279
国史館　　25
国大　→　国民大会
国防最高委員会　　84, 85, 93
国防総省　　121
国民政府　　19, 25, 35, 39, 40-42, 49, 56, 59, 61,
62, 85, 91, 95, 106, 126-129, 131, 134, 137, 141,
142, 144, 148, 150, 175, 195, 196, 205, 206-208,

220, 280, 281
──委員会（国府委）　　84, 89, 90, 92, 163,
215, 223-225, 245-248, 255, 256
──軍事委員会東北行営（東北行営）　　97,
99-102, 104, 106, 109, 111, 208
国民大会（国大）　　89, 96, 130, 159, 161, 215,
217, 219, 220, 225, 227-229, 248, 250, 251, 256,
257
国民党　　6, 7, 14, 19, 48, 52, 60-62, 67, 74, 84,
86, 87, 90-94, 96, 100, 110, 112, 114, 115, 129,
133, 135, 144, 147, 148, 151, 159, 162, 175, 189,
196, 197, 221-223, 226, 229, 231, 234, 236, 241,
248, 259
──第六期中央執行委員会第二次全体会議
（二中全会）　　92
──中央常務委員会　　85, 91
国務省　　24, 35-37, 40-43, 47-50, 52, 53, 64, 69,
70, 74, 77-79, 121-133, 177, 195, 199, 220, 235,
261, 263, 265, 266, 270, 278
──極東局　　37, 43, 47, 70, 76, 79, 125, 195
──中国課　　43, 60, 75
──日本朝鮮経済問題局　　44
国務・陸軍・海軍三省調整委員会（SWNCC）
　　121
五五憲法　　89
国家安全保障会議（NSC）　　42, 121
NSC 文書 13/2　　46
──37/2　　52, 53
──37/5　　52, 53
──48　　47
──48/2　　53
国家軍事機構　　121
国共　　7, 14, 18, 19, 21, 24, 25, 35, 58, 63, 66, 67,
69, 70-73, 83, 84, 86-89, 92, 94, 98, 103, 112,
113, 115, 116, 120, 126, 129, 132, 134-136, 139,
140, 142, 143, 149, 150, 153, 156, 159, 163, 165,
167, 175, 177, 180-183, 191, 203, 208, 210, 211,
215, 218, 224, 227, 228, 231, 232, 236, 238, 239,
241, 243-245, 247, 248, 250, 254, 257, 258, 268,
276-278, 280, 282
──調停　　39, 66, 67, 92, 117, 120, 123, 125,

133, 138, 143, 213, 215, 220, 252, 257, 268, 273, 274, 275
──内戦 → 中国内戦
──両軍統一 → 整軍
──連合政府　19, 20, 59, 76, 258, 268, 270, 274
国境　57, 209
コミンテルン　60
葫蘆島　100, 101, 102, 207

サ 行

再軍備　17, 31, 32, 45
サンフランシスコシステム　11
執行小組（停戦小組）　155, 160, 166, 167, 177, 178, 180, 182, 184, 185, 188, 200, 203, 204, 211, 214, 218, 275
四平街　108, 111-113, 187, 207
資本主義　8, 18
社会賢人　91
上海　63, 73, 103, 119, 126, 215, 221, 222, 224, 230, 247, 249
重慶　27, 72, 85, 86, 88, 97, 100, 110, 136, 159, 167, 260
──談判　85-87, 88, 139, 142, 144
自由貿易体制　19, 33
主権接収　68, 126, 129, 134, 139, 141-143, 144, 148, 149, 154, 181, 184, 185, 198, 200, 206, 208
上院軍事委員会・外交委員会合同による聴聞会　264
蒋5条件　113, 216, 217, 223, 226, 228, 246, 254, 255
植民地　4, 6, 8, 221
親英米派　36
秦皇島　73, 103, 108
進歩勢力　62
瀋陽　100, 101, 103, 104, 106-108, 111, 112, 149, 182, 189, 196, 204, 207
綏遠　112
政学系　84, 88
政協決議　86, 91-94, 115, 160, 163, 172, 175, 176, 219, 223, 242, 246, 278

整軍（軍隊の国家化，国共両軍統一）　72, 87, 89, 159, 163, 165, 172, 174, 187
──方案　90, 119, 165, 166, 172, 175, 190, 200, 208, 221, 225, 253
政治協商会議（政協会議）　86, 87, 89-92, 127, 130-133, 136, 139, 141, 156, 159, 160-162, 164
青年党　89, 92, 93, 162, 249, 250
勢力均衡　11, 18, 19, 22, 35, 54, 55, 63
勢力範囲　8, 11, 18, 19
政令・軍令の統一　87, 142
世界経済体制　16
世界戦争　8
世界の警察官　31, 33
赤峰　100, 108, 147, 148, 149, 150, 151, 152, 155, 156, 166, 178
戦後　4-9, 11, 15-23, 26-28, 31, 33-39, 53, 56, 58, 60-63, 65, 68, 69, 70, 85, 91, 110, 116, 139, 179, 212, 229, 239, 259, 260, 262, 267, 273, 274, 276-282
──処理　68, 70-72, 84, 88, 103, 104, 126, 133
──中国　5-22, 23, 25, 26, 38, 53, 60, 83-85, 94, 95, 97, 116, 158, 179, 273, 276, 282
戦勝国　4-6, 21, 23, 28, 32, 38, 274, 282, 283
戦利品　103-107, 109, 193, 198, 199
相互依存経済圏　46
双十協定　72, 85, 87, 88
外モンゴル　35, 112
ソフトピース　36, 37, 54
ソ連軍（赤軍）　56, 64, 69, 85, 86, 88, 94, 97-112, 116, 128, 148, 149, 151, 174, 184, 189, 190, 192-195, 198, 199, 275, 280
ソ連の対日参戦　35, 37

タ 行

大国　22, 35, 179, 276
──中国　5, 6, 18, 20-22, 27, 28, 32, 34, 35, 38, 40, 42, 53, 56, 58, 74, 80, 273, 274
第三勢力　92, 93, 115, 119, 120, 208, 215, 219, 227, 230, 249, 250
第三世界　8

大西洋憲章　33, 36, 267
対中経済援助　119, 122
第二次世界大戦　4, 31, 117, 265, 269
対日講和　45
――占領　15, 37, 45, 46
太平洋
　――戦争　14, 134
　――島嶼地域　44, 273
　――問題調査会（Institute of Pacific
　Relations）　264
大連　35, 100, 101
脱植民地化運動　8
力の真空　57, 58, 85, 126, 135, 156, 210, 274
千島　11
知日派　36, 37
チャハル　99, 100, 112, 116, 126
中華人民共和国　10, 11, 13-15, 17, 47, 116,
259, 279, 281, 282
中華民国　59, 85, 97, 134, 142, 148, 162, 270,
280
中国
　――援助法　41, 79, 240
　――革命　16, 18, 23, 282
　――政策に関する声明　119, 120, 125, 135,
215
　「――大国化」構想　5, 21, 22, 27, 32, 33, 54,
58, 273, 274, 276, 277, 278, 282
　――大陸　3, 7, 13, 18, 41, 49, 50, 51, 54, 59,
79, 83, 273, 278, 279, 281, 282
　――長春鉄道（中長鉄道）　96, 97, 102, 184,
189, 201
　――東北（東三省，満州）　7, 11, 14, 17, 64,
68, 73, 85, 96, 110, 129, 134, 177, 181, 282
　――内戦（国共内戦）　6, 14, 18, 19-21, 28,
39, 40, 47, 54, 63, 64, 73-75, 78, 83, 94, 96, 145,
158, 180, 213, 221, 222, 227, 232, 233, 277
　――の国家統一　20, 27, 56, 274
　――白書　137, 240, 259-262, 266, 279
　――本土　34, 35, 50, 73, 115, 130, 135, 141,
142, 157, 158, 159, 166, 169, 172, 176, 177, 197,
206, 212, 214, 226, 235, 275

　――ロビー　13, 41, 50, 278
中国共産党（中共）　6, 13, 60, 141, 194, 220,
233
　――・ソ連の離反　49
　――地区　73, 87, 136, 141, 147, 153, 154,
156, 168, 182, 185, 188, 200, 204, 274-276
　――東北局　98, 102, 108, 111
　――のチトー化　48, 52, 54, 55
中ソ関係　26, 28, 64, 70, 83, 86, 98
　――経済協力　105, 110, 116, 192, 198
　――合弁工業会社　104
　――同盟　17, 18, 83, 116
　――友好同盟条約　68, 85, 95, 96, 99, 267
　――友好同盟相互援助条約　11, 47, 282
中東　40, 76, 184
張家口　115, 116, 166, 167, 215, 217, 224, 226,
230, 231, 248, 255, 256
長春　27, 97-113, 183, 184, 186, 187, 189-191,
206, 210, 211, 238
朝鮮戦争　11-13, 15, 16, 32, 47, 53, 55, 262,
263, 268
超大国　8, 17
超党派外交　79
青島　103, 126, 216
強い，統一された，民主的な中国　73, 135
――，独立した，統一された民主的中国　5
ディキシー・ミッション　67
帝国　4
　――主義　19, 221, 267, 269, 279
　――の招聘　9
停戦協定　28, 89, 91, 119, 127, 130, 133, 138-
141, 146, 152, 154-157, 160, 166, 171, 177, 181,
184, 186, 199, 201, 213, 237, 275
　――小組　→　執行小組
　――の「例外」（「例外」規定）　139, 141, 142
　――令　138, 139, 141, 142, 145, 151, 152, 154,
155, 169, 185, 200, 202, 204, 206, 207, 211, 214,
217, 224, 226, 227, 230, 242, 245, 247, 248, 254,
256, 275
敵国　5, 32, 34, 36
天津　73, 103

天皇制　36
統一戦線　60, 62
統合参謀本部　24, 39
塘沽　73
東西両陣営　8, 282
東三省 → 中国東北
島嶼地域　12, 49
東北小組　182, 214
――小組指令　182, 186, 188, 202, 203
――停戦　113, 114, 120, 183
同盟　4, 17, 18, 281
ドミノ　50
多倫　147-152, 155

ナ　行

内戦　5, 7, 8, 14, 18-21, 28, 39-41, 49, 50, 60,
　62, 63, 70, 72-74, 76, 79, 83, 85-87, 96, 113, 114,
　116, 120, 136, 154, 155, 158, 160, 164, 170, 180,
　197, 210, 212, 215, 221, 230-233, 239, 240, 265,
　267, 273, 279, 281, 282
ナショナリスト　57, 60, 191, 192
熱河　99, 100, 108, 112, 126, 143, 144, 147, 148,
　150-152, 156, 176, 216, 233
ナポレオン戦争　22
西側陣営　17
西太平洋　12
日米安全保障条約（日米同盟）　3, 4, 6
日本軍国主義　36
――占領　5, 6, 45, 46
二中全会 → 国民党第六期中央執行委員会第二
　次全体会議

ハ　行

敗者　4, 5, 226
敗戦国　4-6, 23, 32, 38, 274, 282, 283
パージ　46
八路軍　99, 102, 149, 150
ハードピース　37
ハルビン　108, 109, 111-113, 184, 186, 189,
　190, 195, 209, 224, 237
パワー・ポリティクス（権力政治）　11

東側陣営　9, 10, 15, 17, 18, 23, 281
東清，南満洲鉄道　35
非公式五人委員会（非公式委）　214, 215,
　217, 223, 224, 225, 245-248
封じ込め　12-16, 19, 21-23, 27, 43-46, 54, 79,
　273, 279, 282, 283
不後退防衛線　13, 32, 50, 53, 268
撫順　109, 112, 189
武装解除　32, 37, 39, 68, 84, 145, 173, 189
米海兵隊　103, 116, 122, 174, 177
米国のアジア政策　10, 12, 13, 15, 19, 44, 135
米中関係　7, 8, 10, 186
――対立　10-13, 18
平和憲法　6
――構想　4, 6, 23, 31, 35, 38, 282
――秩序　4, 5, 22, 53, 274
――と民主主義の新段階　91
防衛線　47, 49, 50-52, 54, 79, 273, 282
澎湖諸島　59
北平　73, 102, 103, 108, 138
ポツダム会談　128
ホワイトハウス　31, 33, 62
本国送還　39, 68, 84, 103, 126, 127, 129, 131,
　134, 136, 240

マ　行

マーシャル・プラン（ヨーロッパ復興援助）
　41, 79, 117
――・ミッション　6-8, 18-22, 24, 27,
　28, 53, 73, 74, 75, 81, 83, 86, 88, 95, 117, 119, 121,
　124, 125, 135, 137, 166, 172, 179, 198, 212, 257,
　258, 262, 266, 270, 271, 273, 274, 276-278, 280
マッカーシズム　28, 125, 229, 262, 263, 266,
　270, 271, 278
マレーシア　41, 76
マレー地域　51
満洲 → 中国東北
民主同盟　89, 92, 93, 162, 175, 249, 250
民選政府　61, 88, 144, 208
無条件降伏　36, 37
無党派　89, 92, 162, 219, 249

事項索引　319

モスクワ外相会談　71, 95, 96, 106, 127, 128,
　134, 145, 146
モスクワ宣言　34
門戸開放　65, 110, 198, 199, 262

ヤ 行

ヤルタ会談　11, 22, 35, 36, 69, 85, 261, 267
――協定　19, 95, 267
――システム　11, 12, 20, 283
揚子江　50, 169, 255
ヨーロッパ　11, 16, 18, 40, 43, 76, 77, 192, 193,
　262
　――復興援助 → マーシャル・プラン

ラ 行

陸軍省　71, 72, 121-125, 128, 129-133, 174,
　176, 177, 240
立法院　89, 92, 220
リベラル　19, 62, 250, 251
琉球　49-51, 53
柳州　63
領土回復　58, 68-70, 85, 98, 212, 274

――統一　19, 20, 22, 28, 57, 58, 68-73, 85, 126,
　128, 133, 135, 139, 181, 212, 216, 274, 276
遼寧　100, 146, 179
旅順口　35, 96, 97
冷戦　3-6, 8-11, 13-16, 21-23, 26, 117, 281,
　283
　――史　8, 9, 16, 18, 23, 281
　――史研究　8, 9, 16, 23, 28
連合国　5, 6, 32, 44, 110, 273
　――最高司令官総司令部　68
連合政府　19, 20, 22, 28, 35, 57, 61, 66-68, 70,
　87, 126, 128-131, 135, 136, 158-162, 166, 174-
　176, 179, 180, 213, 214, 229, 230, 233-235, 236,
　237, 245, 274-276, 280
連合政府構想　19, 28, 58, 158, 180, 212, 213,
　253, 257, 258, 275
6者協議　3

ワ 行

ワシントン会議　33
ワシントン D. C.　31, 32

著者紹介

松村史紀（MATSUMURA Fuminori）
1978年，京都府生まれ．宇都宮大学国際学部専任講師．立命館大学国際関係学部卒，早稲田大学大学院政治学研究科修士課程修了，同研究科博士号（政治学）取得．早稲田大学現代政治経済研究所助手，大阪国際大学国際コミュニケーション学部専任講師を経て，2011年4月より現職．
専攻：国際政治学，東アジア国際政治史（米中，中ソ関係）
著書：『冷戦史の再検討：変容する秩序と冷戦の終焉』共著，法政大学出版局，2010年．
『二つの「戦後」秩序と中国』共編著，早稲田大学現代中国研究所，2010年．
『東アジア地域の立体像と中国』共編著，早稲田大学現代中国研究所，2011年．

現代中国地域研究叢書 2
「大国中国」の崩壊
マーシャル・ミッションからアジア冷戦へ

2011年12月25日　第1版第1刷発行

著　者　松　村　史　紀
発行者　井　村　寿　人

発行所　株式会社　勁　草　書　房
112-0005 東京都文京区水道2-1-1　振替　00150-2-175253
（編集）電話 03-3815-5277／FAX 03-3814-6968
（営業）電話 03-3814-6861／FAX 03-3814-6854
三秀舎・青木製本所

©MATSUMURA Fuminori　2011

Printed in Japan

JCOPY　<(社)出版者著作権管理機構　委託出版物>
本書の無断複写は著作権法上での例外を除き禁じられています．
複写される場合は，そのつど事前に，(社)出版者著作権管理機構
（電話 03-3513-6969，FAX 03-3513-6979，e-mail: info@jcopy.or.jp）
の許諾を得てください．

＊落丁本・乱丁本はお取替いたします．
http://www.keisoshobo.co.jp

「大国中国」の崩壊
――マーシャル・ミッションからアジア冷戦へ

2018年8月10日　オンデマンド版発行

著者　松村史紀

発行者　井村寿人

発行所　株式会社　勁草書房

112-0005 東京都文京区水道2-1-1　振替 00150-2-175253
（編集）電話 03-3815-5277／FAX 03-3814-6968
（営業）電話 03-3814-6861／FAX 03-3814-6854
印刷・製本　（株）デジタルパブリッシングサービス http://www.d-pub.co.jp

© MATSUMURA Fuminori 2011　　　　　　　　　　　AK328

ISBN978-4-326-98327-8　　Printed in Japan

|JCOPY| ＜(社)出版者著作権管理機構 委託出版物＞
本書の無断複写は著作権法上での例外を除き禁じられています。
複写される場合は、そのつど事前に、(社)出版者著作権管理機構
（電話03-3513-6969、FAX 03-3513-6979、e-mail: info@jcopy.or.jp)
の許諾を得てください。

※落丁本・乱丁本はお取替いたします。
　　　http://www.keisoshobo.co.jp